学习心理与教学
——理论和实践（第三版）

卢家楣◎主编 刘 伟◎副主编

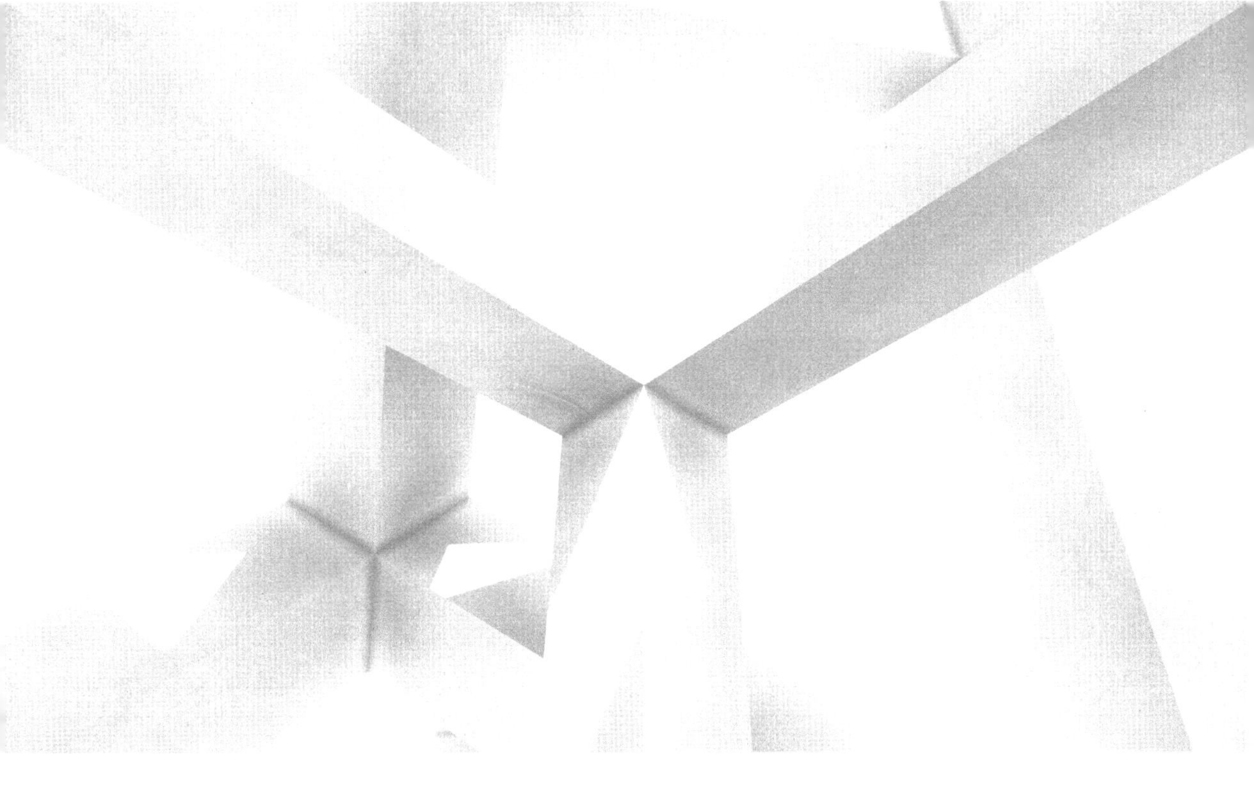

图书在版编目（CIP）数据

学习心理与教学：理论和实践 / 卢家楣主编. —3版. —上海：上海教育出版社, 2016.12（2025.8重印）
（给未来教师的心理学）
ISBN 978-7-5444-7384-2

Ⅰ.①学… Ⅱ.①卢… Ⅲ.①学习心理学—教材
Ⅳ.①G442

中国版本图书馆CIP数据核字(2016)第322768号

责任编辑　谢冬华
助理编辑　徐凤娇
封面设计　王　捷

给未来教师的心理学（中册）
学习心理与教学
——理论和实践（第三版）
卢家楣　主编

出版发行　上海教育出版社有限公司
官　　网　www.seph.com.cn
地　　址　上海市闵行区号景路159弄C座
邮　　编　201101
印　　刷　启东市人民印刷有限公司
开　　本　787×1092　1/16　印张 27.5　插页 3
版　　次　2016年12月第3版
印　　次　2025年8月第6次印刷
印　　数　15,201-17,200 本
书　　号　ISBN 978-7-5444-7384-2/G·6084
定　　价　55.00元

如发现质量问题，读者可向本社调换　电话：021-64373213

前 言

自德国哲学家、心理学家和教育家赫尔巴特首次提出将心理学原理应用于教育理论和实践以来,心理学在教育中的作用越来越受到重视。被誉为世界最著名教育家之一的俄国"教师的教师"乌申斯基甚至这样强调:"对于教育学和教育工作者而言,心理学当然站在一切科学的首位。"今天,心理学知识已成为教师知识结构中必要的组成部分,心理学也就成为教师教育中的必修课程。但是,在我国高等师范教育实践中,为师范生开设的心理学课程所占的比重不高,以至于长期以来在大多数高等师范院校中只设置一门心理学公共课程,这与心理学在教育特别是教师教育中的学科地位很不相称。

为扭转这一状况,更好地发挥心理学在教师教育中重要而独特的作用,加大心理学学科在教师教育课程体系中的分量,我们突破了传统的教师教育职前培养阶段的课程局限,从未来教师的实际需要出发组织有关的心理学学科内容,形成由三部分组成的内容体系,并撰写了三册教材——《心理学与教育——理论和实践》《学习心理与教学——理论和实践》《青少年心理与辅导——理论和实践》。这三册教材首次出版于1999年,修订出版于2011年,获2011年上海普通高校优秀教材一等奖,并于2014年入选"十二五"普通高等教育本科国家级规划教材。这是专家和使用者对这三册教材给予的充分肯定和高度评价,但我们没有因此而满足,而是本着教育部提出的对优秀教材也要不断修改完善的精神,针对教育部师范教育司在《中小学和幼儿园教师资格考试标准(试行)》和《高级中学教师资格考试大纲(试行·笔试部分)》中提出的有关"教育知识与能力"的内容模块与要求(简称"教师资格证考试的内容模块与要求"）、基础教育一线教师的建议以及使用中的学生反馈意见，从2015年起又开始了新一轮的修订，出版第三版。这次修订做了以下四方面的工作。

一、强调面向未来教师，将教材定名为"给未来教师的心理学"。这一总书名蕴含三层寓意：其一，本教材虽属心理学学科内容，但具有明确的教师教育导向，即它不过分强调心理学学科自身的学科体系，而以满足教师教书育人工作的需要为宗旨，融合心理学各有关分支学科的内容，形成以教师为使用对象，具有鲜明教师教育特色的心理学综合教材，而不是单一的"心理学"或"教育心理学"教材；其二，本教材使用者不局限于高等师范院校的师范生，而是适用于所有有志于走上教师岗位的大学生——未来教师，其中包括综合性大学的学生，以适应师资来源多元化的发展趋势；其三，本教材面向教师教育未来发展的需要，既具继承性又有发展性，体现与时俱进的精神，可服务于渴望专业成长、适应未来教育挑战的在职教师，作为他们职后培训或自学进修的教材或案头随时翻阅的教育指南。本教材中提到的"未来教师"，主要是指高等师范院校的师范生和就读于非师范类高等院校但有志于成为中学教师的大学生。

二、强调教材整体性，将教材整合为三册一体的框架体系。传统的高等师范院校心理学公共课程的教学内容较为单薄，不能满足教师教育发展的需要。为此，我们从心理学与教育、学习心理与教学、青少年心理与辅导等三方面扩充教材内容，形成三册教材。这次修订用"给未来教师的心理学"这一总书名统摄三册教材，形成三册一体的框架体系，以更好地体现本教材的整体性。也就是说，《给未来教师的心理学》由上、中、下三册组成：上册为《心理学与教育——理论和实践（第三版）》，主要由普通心理学内容组成，将人的心理活动的一般规律和心理学的基本理论应用于教书育人实践，以构筑未来教师从事教书育人工作重要的心理学基础；中册为《学习心理与教学——理论和实践（第三版）》，以学习心理学为基础，将教学心理学融入学习原理的教学应用之中，形成从学到教、学教结合的新颖内容，以提供给未来教师从事中学教学工作必需的学习与教学心理学知识；下册为《青少年心理与辅导——理论和实践（第三版）》，以青少年心理学为基础，融入心理辅导的内容，形成青少年心理学与心理辅导相结合的新颖内容，以拓展未来教师从事中学教育工作必需的青少年发展与健康心理学知识。这样，本教材实现了由隐性联系到显性合一的演进。

三、秉承修订宗旨和原则，扎实修订教材内容。这次修订的宗旨是与时俱进，进一步凸显心理学理论与教育实践的结合，充分发挥心理学教材对未来教师专业成长的积极作用,同时也更切合教育部提出的教师资格证考试的内容模块与要求。从这一修订宗旨出发,确立了执行性、实践性、前沿性和匡正性四条操作性原则,以规范这次修订工作,更好地对教材内容进行增补、更新、删除、完善和纠错。

执行性原则体现在,修订时根据教育部提出的教师资格证考试的内容模块与要求增补内容,使增补后的教材能够涵盖心理学考试模块涉及的内容。如,中册增加了第十三章"教师心理";下册在第六章"青少年心理辅导的基本方法"中的心理咨询的操作原则方面增加了价值中立原则,在第八章"青少年情感生活问题与辅导"中增加了"青少年情感生活问题现象的特点和现状"以及"嫉妒"和"强迫"两种情感问题及其辅导的内容,在第十一章"青少年行为适应不良问题与辅导"中增加了过激行为问题及其辅导等。

实践性原则体现在,修订时根据教育实践反馈的信息调整内容,使调整后的教材内容能更好地联系学校教育实践。如,在各册中大量增加"实践探索"专栏;更新章后的"问题探索"题目,使之更贴近中学教育实际,其中下册全部更新了各章后面的"问题探索"题目,更换了章前的案例引入和章后的案例分析;上册在第十章"性格与教育"中有关影响性格形成和发展的因素方面,修改了"学校教育环境因素"内容,更新了第六章"智力与教育"、第九章"气质与教育"等章中脱离教学实际的案例,另外在有关章节增补了课堂教学实例,如教学中教师的形象性比喻、课堂讨论的课题等;中册在第四章"认知策略的学习与教学"中完善了认知策略分类和时间管理策略等内容,在第六章"创造的学习与教学"中整合了与创造性人格相关的研究,并补充了家庭环境与创造性关系方面的内容;下册在第七章"青少年发育中的身心问题与辅导"中,针对青少年的性意识发展特点提出并界定了青春恋,还删除了与中学生尚有一定距离的"青少年职业选择与辅导"一章。

前沿性原则体现在,修订时根据心理学新近的研究成果更新内容,使更新后的内容尽可能反映最新的研究成果。如:各册大幅更新了"学术研究""热点聚焦""知识小窗"等专栏,达50多个。上册更新了第九章"气质与教育",增加了气质对认知的影响、气质对意志的影响、气质对心理健康的影响、气质与职业活动的关系等内容。中册增加了概念和规则习得的一些最新实证研究成果的引用,在学习理论新发展的内容中,用联结主义学习理论的介绍(2014)更新了冯忠良(1991)的学习理论介绍,用"慕课"这一新型课程形式内容(2014)更新了计算机辅助教学内容(1991)等。下册在第一章"导论"用李支勇(2013)有关青少年同伴交往的研究更新了关中文(1982)的研究;在第二章"青少年认知发展"有关内容中,用陈蔓莉(2015)的研究更新了沈德立和阴国恩(1990)的研究,用侯东风(2006)的研究更新了李红曾等人(1987)以及刘景全和姜涛(1993)的研究,用林崇德和李庆安(2005)的研究更新了吴凤岗(1984)的内容,用曹晓君和陈旭(2009)关于青少年元记忆分类及发展规律的研究更新了李景杰(1989)的研究;在第三章"青少年情感发展"有关内容中,用王细燕(2011)的研究更新了黄煜峰等人(1986)关于青少年儿童表情识别模式发展趋势的研究,用纪林芹和张文新(2015)有关青少年社会性情绪发展的研究更新了余强基等人(1985)的研究,用张文渊和卢家楣(2012)关于我国青少年理智情感发展特征的研究更新了郑和钧等人(1993)的研究,用王立花(2011)有关青少年亲密感发展趋势特征的研究更新了方晓义(1997)的研究;在第四章"青少年自我意识发展"有关内容中,用聂衍刚等人(2014)的研究更新了韩进之(1985,1987)的研究,用张建人和杨喜英(2010)关于青少年自我同一性的年龄发展特征研究更新了张春兴(1998)的研究,用张索玲(2009)以及邱秀娟(2012)关于中小学生自尊发展的年级差异研究更新了张文新(1997)的研究,用孟欢欢(2014)的研究更新了张文新(1998)的研究;在第七章青少年体型发育个体差异的内容中,用2000—2014年国民体质监测结果更新了1995—2000年的国民体质监测结果;在各章有关专栏部分,用徐辉(2015)关于心理健康内涵的定义更新了麦克宁的定义,用冯忠良和冯姬(2002)有关心理健康的定义以及心理健康标准确立的内容更新了严和骎(1987)的心理健康标准,用沈汪兵和刘昌等人(2015)关于两大思维分类在两性中的差异特征更新了郑日昌和肖蓓玲(1983)的研究,用竺培梁和卢家楣等人(2010)有关全国范围青少年情感能力的研究更新了舒特(1998)的研究等。三册合计更新和增加了近五年中的研究资料及相应参考文献300余条。

匡正性原则体现在,修订时针对原教材中发现的不足或错误,纠正和完善教材内容。在这次修订中,我们对插图、表格、语句、字词、标点等都进行了纠错和完善,以冀精益求精。

四、尝试创新教材编写模式,诚邀中学教师参与教材修订。这是本次教材修订的一项重要举措,也是打破长期以来高等师范院校封闭式教材编写模式的一个开拓性尝试。我们组织了一批既具有丰富教育经验(一般具有10年以上教龄),又拥有一定理论功底(具有教育硕士学位)的在中学一线年富力强的学科教师(本教材主要用于步入中学教育岗位的未来教师),直接参与本教材的修订工作,请他们以当年的未来教师、教育新手,现在的在职教师、教育能手这样的"过来人"身份,从自己的切身体会出发，针对中学教师教书育人工作的实践，对本教材的修订提出详尽的修改意见，并三次征集他们的建议。此举是高等师范院校心理学公共课程教材编写改革中的首创，为编写队伍引入了新鲜血液，使教材在切合未来教师现时的学习特点，满足今后工作需要方面，特别是提高教材在心理学理论联系教育教学实际方面的实效性上发挥了十分积极的作用。例如，他们发现有的内容不适合中学教育实际，有的内容不利于未来教师学习时的理解，有的例子缺乏时代感，有的专栏太学术化，有的句子有歧义，有的文字有错误，等等，并本着高度的社会责任性和教育使命感，一一提出修改意见和建议，甚至还无私地拿出自己教案中的内容和教学中的案例供我们参考。可以说，上述提到的对教材的大量修改，在很大程度上正是得益于这些中学一线教师的无私帮助，这使我们编写者在编写过程中深受启发，深得其益。

通过上述一系列修订，本教材经过多年积淀而形成的特点更加鲜明，具体体现在以下七个方面。

一、在目标导向上，本教材具有明确的目标定位，那就是为满足未来教师对青少年学生进行教书育人工作的需要提供心理学学科方面的知识支撑。这一强烈的目标意识明确体现在本教材的"给未来教师的心理学"这一总书名上，并贯穿三册教材，起着纲举目张的全局导向作用。

二、在整体布局上，本教材突破我国长期以来高等师范院校师范专业心理学公共课程单册教材内容薄弱的局面，形成三册一体的框架体系。也就是说，本教材整合了普通心理学、学习心理学、教学心理学、青少年发展心理学、健康心理学等五方面的分支学科内容，形成上、中、下三册一体的框架体系，为未来教师教育发展新时期所需的教师专业素养提供较全面充实的心理学知识体系，以发挥心理学在教师教育中重要而独特的作用。

三、在编写理念上，本教材在确定自己在教师教育中的角色地位时，不以心理学学科自身为中心，而是围绕未来教师教书育人工作的需要来组织各分支学科的内容。因此，三册教材的书名并不是单纯地用心理学学科名称，如"普通心理学""学习心理学""青少年心理学"，而是与学校教师岗位的工作相联系，分别冠名为"心理学与教育""学习心理与教学""青少年心理与辅导"，以进一步强化本教材在教师教育中的服务取向，并充分体现在每册教材中。

四、在内容框架上，呈现更科学合理的内在结构。本教材是未来教师从事教书育人工作所必需的最基本的心理学学科内容，内分两个层次：第一层次体现在上册中,涉及心理学的基础性内容,与学校总体教育相联系;第二层次体现在中册和下册中,两册分别涉及学习心理和教学心理内容、青少年心理和心理健康内容,又分别与学校教育两大方面——教学活动和辅导活动相联系。每册都由导论和上下两编组成。上册按认知因素和情感因素分两部分(传统上分心理过程和个性心理两部分,但联系教育实际不便。如,智力属个性心理,应与性格、气质相挨,但性格、气质多与德育相关,智力挨着反而不妥,而与感知觉、思维、记忆放一起,更易联系智育。又如,注意既不属心理过程也不属个性心理,若如传统那样放在心理过程欠合理,归到认知因素则更顺。再如,同属认知,感知觉和思维分别是对客观事物的直接和间接的反映,记忆是反映留下的痕迹,因此将记忆放在感知觉和思维之后更合理);上编包括注意与教育、感知觉与教育、思维与教育、记忆与教育、智力与教育等内容,更多地与学校智育活动相联系;下编包括情感与教育、意志与教育、气质与教育、性格与教育等内容,更多地与学校德育活动相联系。中册按学习过程和影响因素分两部分:上编从学习内容的学习过程来论述心理规律与教学应用,内含概念的学习与教学、规则的学习与教学、认知策略的学习与教学、元认知的学习与教学、创造的学习与教学、动作技能的学习与教学以及社会规范的学习与教学等内容;下编从影响学生学习的内外因素来论述心理规律与教学应用,内含学习的迁移与教学、学习的动机与教学、学习的个体差异与教学、学习的环境与教学以及教师心理等内容。下册按基础知识与具体实施分两部分:上编论述青少年心理发展最重要的三个方面(认知、情感和自我意识)和心理辅导最重要的四大理论(精神分析治疗理论、行为主义治疗理论、认知主义治疗理论和人本主义治疗理论)以及操作方式、原则、步骤和技术等基础知识,内含青少年认知发展、青少年情感发展、青少年自我意识发展以及青少年心理辅导的基本理论和青少年心理辅导的基本方法等内容;下编围绕青少年期个体易遇到的问题(包括发展性问题),结合上编的有关内容和青少年学校生活实际展开辅导,内含青少年发育中的身心问题与辅导、青少年情感生活问题与辅导、青少年学习心理问题与辅导、青少年社会交往与辅导、青少年行为适应不良问题与辅导等内容。

五、在内容组织上,摆脱传统心理学教材的窠臼,采用适应教师教育特点的"三段法"(现象—规律—应用)模式。也就是,每章内分三或四节,分述某"心理现象"(内涵、种类等)、"内在规律"(心理现象的特点、机制和影响因素等)和"实践应用"(联系教书育人实践,在上册中还联系自我教育实践,以提高学生自身素质)。教学实践表明,对于非心理学专业的学习者——未来教师来说,学习重点不是心理学研究,而是心理学应用,内含"是什么—为什么—如何用"三段认知逻辑的"三段法"模式,符合学习者的认知学习特点,更受欢迎。

六、在内容选取上,凸显丰富性、针对性和操作性。本教材从普通心理学、学习心理学、教学心理学、青少年发展心理学、健康心理学这五个心理学分支学科引入大量有关的内容和最新资料,截至这次修订,引用文献1 300多条,呈现出丰富的心理学内容。这些丰富的心理学内容,都是有针对性地通过收集、筛选和发掘获得的:一方面,在大量文献资料中收集有关内容的基础上,筛选出与教师教育相关的信息,即便是一般心理学书籍中经常会提到的内容,但若与教师教育相去甚远,也予以删除;另一方面,对以往心理学教材中论述较少,但又是教师教育所需要的心理学内容,予以发掘并积极引入,包括一些最新研究成果。例如,在教育实践中,情感因素的作用日益受到重视,但对教学中情感因素的研究相对匮乏,为此我们将自己在这方面发表于权威刊物的最新研究成果及时引入教材。本教材阐述心理学有关理论知识的同时,又十分重视实践应用,通过各种形式为未来教师实践应用提供切实可行的方法,并尽可能使有关学习内容具有操作性。例如,每章都设专节阐述有关心理学理论在教育实践中应用的内容,还设有一个或一个以上的"实践探索"专栏进一步作为个案加以介绍,每章还设置了鼓励学生到实践中操作的"问题探索"题,等等。正是鉴于这个特点,本教材的三册书名中都以"理论和实践"作为副书名,充分凸显本教材高度重视心理学理论及其实践应用的特点。

七、在内容呈现上,既形式多样,又规范统一,有助于引导读者阅读并激发阅读兴趣。本教材以十余种不同的形式来呈现内容,并以不同的功能来引导学生阅读,既有利于学生把握主次,理解导读,也有助于学生产生学习兴趣,维持阅读动机。除每册教材的目录之外,每章还有"本章细目",这有利于把握该章细目内容。除章内根据需要放置照片外,每章在开头都有一张切合章主题的照片,而且大多是到学校现场拍摄的,以增添学校教育的现实感,缩短心理学理论与教育现实的心理距离。"本章要点"归纳出每一章五个左右的知识要点,帮助学生分清主次,把握重点。"想试着回答一下吗……"针对每章的主题,写出一些在日常生活中与该主题有关的现象的趣味性问题,不求答案,目的是激发学生对该章内容的学习兴趣。每章都有图片和表格,以求图文并茂、展示要点、活跃版面的效果。对教材中的主要概念都给予字体加粗、定义表述,并附以外文术语,以引起学生重视,并方便学习。正文阐述教材的主要内容,涉及概念、种类、理论、实践等,是教材的主要部分。"学术研究"专栏丰富和延伸教材正文的有关理论内容,补充介绍新的研究成果等,以开阔学生的学术眼界。"实践探索"专栏将教材正文的有关理论内容在教育实践中加以拓展,为学生的实践应用提供借鉴。"热点聚焦"专栏反映与教材正文提到的理论和实践知识有关的,在教育界或心理学界引起关注的热点问题,以引发学生的思考或探讨。"知识小窗"专栏从知识性、背景性角度进一步介绍教材正文中提到的有关内容,丰富学生相关的认知结构。人物专栏非常简要地介绍教材正文中提到的一些著名学者,增进学生对有关学科领域的了解和亲和感。章前开始处针对每章主要内容设置导入性案例,由案例引发问题,创设问题情境,激发学生对该章内容的学习兴趣和动机。正文结束前的案例分析对该章开首引入的案例,结合该章的有关理论知识予以分析,使案例形成前后呼应的完整结构,使学生产生"原来是这样啊!"的感受,不仅有助于理解,而且有助于体验心理学在教育中的魅力。"本章小结"概要总结该章内容,以利于学生把握和记忆。"思考题"针对每章的内容,提出有关问题,这些问题的答案都在该章内容中,起到复习的作用。"问题探索"针对每章的内容,提出探究性、实践性的问题,鼓励学生运用该章内容在实践中进行探索。每册书末都有采用规范通用的文献标注方式收录的大量中外文参考文献,使文中引用皆可查阅,以便学生进一步学习参考,也有利于学生获得严谨治学的学术氛围的熏陶。上述各种形式在具体安排上做到规范统一、科学合理:每章开篇由章首照片、"本章细目""本章要点""想试着回答一下吗……"和导入性案例引发兴趣,导出正文;每章正文穿插"学术研究""实践探索""热点聚焦""知识小窗""人物介绍"等专栏(每章至少一个)以拓展内容,又有图表配合形式;每章结束由案例分析(运用该章理论解释该章开篇案例)、"本章小结""思考题""问题探索"等帮助学生理解该章内容、复习巩固和实践拓展。

  本教材由卢家楣主编,孙圣涛、刘伟和贺雯分别担任上册、中册和下册的副主编。上册各章的执笔人员是:第一章,卢家楣;第二章,贺雯;第三章,刘伟;第四章,卢家楣、张敏;第五章,卢家楣、陈宁;第六章,竺培梁;第七章,卢家楣、张萍;第八章,孙圣涛、常倩倩;第九章,孙圣涛;第十章,孙圣涛、常倩倩。中册各章的执笔人员是:第一章,卢家楣;第二章,贺雯、谭贤政;第三章,贺雯、张庆;第四章,卢家楣、张敏;第五章,卢家楣、张文海;第六章,卢家楣、张敏;第七章,刘伟;第八章,卢盛华、沈艳平;第九章,孙圣涛;第十章,卢家楣、张文海;第十一章,孙圣涛;第十二章,刘伟;第十三章,贺雯、刘伟、王怀勇。下册各章的执笔人员是:第一章,卢家楣;第二章,贺雯;第三章,卢家楣、陈宁;第四章,卢家楣、孙圣涛、胡霞;第五章,沈勇强;第六章,张志刚、卢家楣;第七章,卢家楣、贺雯;第八章,卢家楣、张敏;第九章,卢家楣、闫志英、张萍、张文海;第十章,卢盛华、刘伟;第十一章,沈勇强、苏生。蔡丹、罗俊龙和王怀勇三位副教授积极参加本次教材修订工作,发挥了很大作用。

  本次第三版教材的修订出版,首先要感谢来自中学教育第一线的学科教师的积极参与,他们既有丰富的教育教学实践经验,又具有较高教育理论水平,并接受了教育专业硕士学位教育,他们以主人翁的态度,结合自己的教育实践经验,提出了大量宝贵意见和建议。他们是:丁聪灵、包遵锋、周宇、程琦、杜彬彬、龙琼、蒋艺茜、李俊、李正毅、王娜、苏治芳、黄晔、龚嘉佳、秦晴、张根余、易君、殷小慧、余淼淼等。还要感谢徐璐璐、李冬梅、任智、邹夏、周璇、蔡海娟、周淑金、张娜、刘河舟、张雅、王愚、管凯、仰惠茹、朱美侠等研究生对稿件的修改和校阅。感谢上海高校高峰高原学科建设项目的支持、上海教育出版社袁彬副总编和心理学编辑室主任谢冬华的支持以及上海师范大学对教学创新团队的支持。本书还大量采用了国内外许多专家、同仁的研究成果和资料,在付梓之际,一并表示感谢。

  本次教材修订虽力求与时俱进、精益求精,但限于能力和水平,仍难免有不足乃至谬误之处,敬请同行专家、学者,特别是未来教师不吝赐教,我们将不断改进,不断探索,以求臻于至善。

卢家楣

2016 年 12 月于上海师范大学

目 录

第一章 导论 ... 1

本章要点 ... 2

第一节 学习与教学的概述 ... 3
　　一、学习的概述 ... 3
　　二、教学的概述 ... 12
　　三、学与教的基本关系 ... 16

第二节 学习心理的理论 ... 17
　　一、早期的学习心理思想 ... 18
　　二、行为主义学习理论 ... 19
　　三、认知主义学习理论 ... 24
　　四、折中主义学习理论 ... 28
　　五、建构主义学习理论 ... 32
　　六、人本主义学习理论 ... 35

第三节 学习心理与教学 ... 37
　　一、从学到教的发展趋势 ... 37
　　二、学习理论的教学延伸 ... 39
　　三、学习理论与教学实践的关系 ... 47

本章小结 ... 49
思考题 ... 50
问题探索 ... 50

上 编

第二章 概念的学习与教学 … 53
    本章要点 … 54
    第一节 概念的概述 … 55
        一、概念的实质 … 55
        二、概念的分类 … 56
        三、概念的范畴 … 57
    第二节 概念的学习 … 59
        一、概念学习的理论 … 60
        二、概念学习的过程 … 61
        三、概念的转变 … 66
    第三节 概念的有效教学 … 68
        一、促进概念学习的有效教学 … 68
        二、概念转变的促进 … 73
    本章小结 … 75
    思考题 … 75
    问题探索 … 76

第三章 规则的学习与教学 … 77
    本章要点 … 78
    第一节 规则的概述 … 79
        一、规则的概念 … 79
        二、规则的种类 … 80
        三、规则的范畴 … 81
        四、规则学习的含义与阶段 … 82
    第二节 规则的学习 … 84
        一、规则学习的条件 … 84
        二、规则学习的形式 … 86

三、高级规则的学习和应用 ·················· 88
　第三节　规则的有效教学 ························ 94
　　　一、规则学习的意义 ·························· 94
　　　二、规则学习的教学步骤 ···················· 95
　　　三、促进规则学习的教学 ···················· 95
　本章小结 ·· 99
　思考题 ·· 100
　问题探索 ·· 100

第四章　认知策略的学习与教学　101
　本章要点 ·· 102
　第一节　认知策略的概述 ························ 103
　　　一、认知策略的含义 ·························· 103
　　　二、认知策略的范畴和成分 ·················· 105
　第二节　认知策略的学习 ························ 110
　　　一、认知策略的发展 ·························· 110
　　　二、认知策略的学习条件 ···················· 112
　　　三、认知策略的学习过程 ···················· 114
　　　四、有效的认知策略学习 ···················· 116
　第三节　认知策略的有效教学 ···················· 124
　　　一、认知策略的教学探索 ···················· 124
　　　二、认知策略的教学策略 ···················· 125
　本章小结 ·· 130
　思考题 ·· 131
　问题探索 ·· 131

第五章　元认知的学习与教学　132
　本章要点 ·· 133
　第一节　元认知的概述 ·························· 134
　　　一、元认知的概念 ···························· 134
　　　二、元认知的结构 ···························· 136

　　　　三、元认知的评定方法 ………………………………………………… 139
　　　　四、元认知在学习中的作用 ……………………………………………… 143
　第二节　元认知的学习 …………………………………………………………… 146
　　　　一、阅读理解中的元认知 ………………………………………………… 147
　　　　二、问题解决中的元认知 ………………………………………………… 151
　　　　三、英语听力中的元认知 ………………………………………………… 156
　第三节　元认知的有效教学 ……………………………………………………… 158
　　　　一、元认知的教学途径 …………………………………………………… 158
　　　　二、阅读理解中的元认知教学 …………………………………………… 159
　　　　三、问题解决中的元认知教学 …………………………………………… 160
　　　　四、英语听力中的元认知教学 …………………………………………… 163
　本章小结 …………………………………………………………………………… 164
　思考题 ……………………………………………………………………………… 165
　问题探索 …………………………………………………………………………… 165

第六章　创造的学习与教学　166

　本章要点 …………………………………………………………………………… 167
　第一节　创造的概述 ……………………………………………………………… 168
　　　　一、创造的本质 …………………………………………………………… 168
　　　　二、创造的条件 …………………………………………………………… 172
　　　　三、创造的过程 …………………………………………………………… 176
　第二节　创造的学习 ……………………………………………………………… 178
　　　　一、学习与创造 …………………………………………………………… 178
　　　　二、创造学习的途径 ……………………………………………………… 179
　第三节　创造的有效教学 ………………………………………………………… 186
　　　　一、创造型教师 …………………………………………………………… 187
　　　　二、创造性教学 …………………………………………………………… 189
　　　　三、创造性教学的实践途径 ……………………………………………… 194
　本章小结 …………………………………………………………………………… 202
　思考题 ……………………………………………………………………………… 203
　问题探索 …………………………………………………………………………… 203

第七章　动作技能的学习与教学 …… 204
本章要点 …… 205
第一节　动作技能的概述 …… 205
一、动作技能的概念 …… 206
二、动作技能与能力、技巧的关系 …… 206
三、动作技能的种类 …… 208
第二节　动作技能的学习 …… 209
一、动作技能与练习 …… 209
二、动作技能形成的阶段 …… 212
三、动作技能的保持 …… 213
第三节　动作技能的有效教学 …… 213
一、注重形成动作表象与动作概念 …… 214
二、促进动作技能的正迁移 …… 217
三、正确运用反馈 …… 218
四、指导学生运用正确的练习策略 …… 220
本章小结 …… 221
思考题 …… 222
问题探索 …… 222

第八章　社会规范的学习与教学 …… 223
本章要点 …… 224
第一节　社会规范的概述 …… 225
一、态度的概述 …… 225
二、品德的概述 …… 230
三、态度与品德的关系 …… 232
第二节　社会规范的学习 …… 232
一、态度的形成与改变 …… 232
二、品德的形成与改变 …… 235
三、影响态度和品德形成与改变的条件和因素 …… 237
第三节　社会规范的有效教学 …… 243
一、利用条件反射原理 …… 243

二、提供榜样 …………………………………………………………… 244
　　三、进行说服 …………………………………………………………… 244
　　四、利用群体规范 ……………………………………………………… 247
　　五、通过角色扮演 ……………………………………………………… 248
　　六、进行价值辨析 ……………………………………………………… 248
　　七、小组道德讨论 ……………………………………………………… 249
本章小结 …………………………………………………………………… 251
思考题 ……………………………………………………………………… 252
问题探索 …………………………………………………………………… 252

下　编

第九章　学习的迁移与教学 …………………………………………… 255
本章要点 …………………………………………………………………… 256
第一节　迁移的概述 ……………………………………………………… 257
　　一、迁移的概念 ………………………………………………………… 257
　　二、迁移的种类 ………………………………………………………… 258
　　三、迁移的意义 ………………………………………………………… 260
第二节　学习中的迁移现象 ……………………………………………… 261
　　一、影响学习迁移的因素 ……………………………………………… 261
　　二、迁移的理论与研究发展 …………………………………………… 264
　　三、不同种类学习中的迁移 …………………………………………… 270
第三节　在教学中促进学习迁移 ………………………………………… 275
　　一、合理组织教学 ……………………………………………………… 275
　　二、提高概括能力 ……………………………………………………… 276
　　三、培养学生良好心理 ………………………………………………… 276
　　四、运用学习迁移的教学策略 ………………………………………… 277
本章小结 …………………………………………………………………… 280
思考题 ……………………………………………………………………… 280
问题探索 …………………………………………………………………… 281

第十章　学习的动机与教学 ………………………………………… 282
　　本章要点 ……………………………………………………………… 283
　　第一节　学习动机的概述 …………………………………………… 284
　　　　一、学习动机的内涵与功能 ……………………………………… 284
　　　　二、学习动机的种类 ……………………………………………… 287
　　第二节　学习中的动机系统 ………………………………………… 289
　　　　一、学习动机发生的心理机制 …………………………………… 289
　　　　二、影响学习动机的因素 ………………………………………… 294
　　　　三、学习的动机系统 ……………………………………………… 304
　　第三节　在教学中激发和培养学习动机 …………………………… 306
　　　　一、学习动机的课堂教学策略 …………………………………… 307
　　　　二、激发和培养学习动机的具体措施 …………………………… 312
　　本章小结 ……………………………………………………………… 319
　　思考题 ………………………………………………………………… 320
　　问题探索 ……………………………………………………………… 320

第十一章　学习的个体差异与教学 ……………………………………… 321
　　本章要点 ……………………………………………………………… 322
　　第一节　个体差异的概述 …………………………………………… 323
　　　　一、个体差异的概念 ……………………………………………… 323
　　　　二、个体差异的成因 ……………………………………………… 324
　　第二节　学习中的个体差异 ………………………………………… 325
　　　　一、能力的个体差异 ……………………………………………… 325
　　　　二、性格、气质的个体差异 ……………………………………… 327
　　　　三、认知风格的个体差异 ………………………………………… 328
　　　　四、性别的个体差异 ……………………………………………… 330
　　　　五、特殊学生的个体差异 ………………………………………… 332
　　第三节　在教学中注意个体差异 …………………………………… 337
　　　　一、了解学生的个体差异 ………………………………………… 337
　　　　二、针对一般差异的因材施教 …………………………………… 339
　　　　三、针对性别差异的因材施教 …………………………………… 341

　　　　四、针对特殊学生的因材施教 ……………………………………………… 342
　本章小结 …………………………………………………………………………… 344
　思考题 ……………………………………………………………………………… 344
　问题探索 …………………………………………………………………………… 345

第十二章　学习的环境与教学 …………………………………………………… 346
　本章要点 …………………………………………………………………………… 347
　第一节　学习环境的概述 ………………………………………………………… 348
　　　　一、学习环境的含义 …………………………………………………………… 348
　　　　二、学习环境的类别 …………………………………………………………… 349
　第二节　学习环境对学习的影响 ………………………………………………… 354
　　　　一、物理环境对学习的影响 …………………………………………………… 354
　　　　二、心理环境对学习的影响 …………………………………………………… 357
　第三节　在教学中创设良好的学习环境 ………………………………………… 360
　　　　一、创设良好的物理环境 ……………………………………………………… 360
　　　　二、创设良好的心理环境 ……………………………………………………… 364
　本章小结 …………………………………………………………………………… 366
　思考题 ……………………………………………………………………………… 367
　问题探索 …………………………………………………………………………… 367

第十三章　教师心理 ……………………………………………………………… 368
　本章要点 …………………………………………………………………………… 369
　第一节　教师心理的概述 ………………………………………………………… 370
　　　　一、教师角色心理 ……………………………………………………………… 370
　　　　二、教师的成长 ………………………………………………………………… 372
　　　　三、教师心理健康 ……………………………………………………………… 374
　第二节　教师心理的常见问题 …………………………………………………… 375
　　　　一、教师角色冲突 ……………………………………………………………… 375
　　　　二、教师成长过程中的问题 …………………………………………………… 379
　　　　三、教师职业心理健康问题 …………………………………………………… 381
　第三节　教师心理的发展 ………………………………………………………… 383

一、调适教师角色……………………………………………………… 383
　　二、促进教师专业成长………………………………………………… 384
　　三、增进教师的心理健康……………………………………………… 387
　本章小结……………………………………………………………………… 390
　思考题………………………………………………………………………… 391
　问题探索……………………………………………………………………… 392

参考文献……………………………………………………………………… 393

第一章 导 论

本章细目

本章要点

第一节 学习与教学的概述
一、学习的概述
1. 学习的含义
2. 学习的分类
二、教学的概述
1. 教学的含义
2. 教学的基本要素
3. 教学的基本矛盾
三、学与教的基本关系

第二节 学习心理的理论
一、早期的学习心理思想
二、行为主义学习理论
1. 基本观点
2. 桑代克学习理论
3. 巴甫洛夫学习理论
4. 斯金纳学习理论

5. 评价
三、认知主义学习理论
1. 基本观点
2. 格式塔学习理论
3. 布鲁纳学习理论
4. 奥苏贝尔学习理论
5. 信息加工学习理论
6. 评价
四、折中主义学习理论
1. 托尔曼学习理论
2. 加涅学习理论
3. 班杜拉社会学习理论
4. 评价
五、建构主义学习理论
1. 建构主义理论内核
2. 基本观点
3. 评价
六、人本主义学习理论

1. 人本主义心理学思想
2. 人本主义学习理论
3. 代表人物的学习理论
4. 评价

第三节 学习心理与教学
一、从学到教的发展趋势
二、学习理论的教学延伸
1. 行为主义学习理论的教学延伸
2. 认知主义学习理论的教学延伸
3. 折中主义学习理论的教学延伸
4. 建构主义学习理论的教学延伸
5. 人本主义学习理论的教学延伸
三、学习理论与教学实践的关系

本章小结
思考题
问题探索

本章要点

- 学习的概念与种类
- 教学的概念以及教学与学习之间的关系
- 行为主义学习理论、认知主义学习理论、折中主义学习理论、建构主义学习理论和人本主义学习理论的基本观点以及对这些理论观点的评价
- 学习理论的教学延伸
- 学习理论的教学实践应用

想试着回答一下吗……

- 在母鸡教小鸡觅食的现象中,有人说小鸡在学习,有人说那不是学习,你认为呢?
- 黑猩猩喜欢吃白蚁,但它们无法用手指把白蚁从洞穴里挖出来,于是,它们会找一些树枝伸到洞中掏白蚁。黑猩猩的这种行为能否反映它们有学习心理?
- 你认为儿时父母教你识字、数数等是教学吗?
- 有位擅长记忆长串数字的田径运动员说,他记数字时会赋予它们一定的意义,如1564723,可记成跑1 564米需要7′23″。他是用什么方法加强记忆的?
- 心情好与不好时,学习相同的材料,效果会完全不一样,你知道是怎么回事吗?
- 当阅读同样一篇文章后,为什么我们对内容的理解会有所不同呢?

杨老师是一位数学老师。最近他学会了一些新的教学技术,并尝试将其运用于教学实践中。在一次课上,他让一位学生给全班演示一下自己是如何解决问题的,但没有同学愿意演示,于是他找到平时表现活跃的张莉,结果她非常顺利地解答了一道很难的题,并且得到了老师和同学的好评。当他再次问有谁愿意上台演示时,很多同学都举手了。接下来,杨老师让不善言语的王胜同学上台演示解答另一道题,王胜最终解出了这道题,但由于紧张,他未能描述清楚他的解题步骤,此时,其他学生也变得不敢上台给大家演示了。之后,杨老师问了王胜一个非常简单的问题,王胜在座位上回答出来了,杨老师说:"非常好,王胜!能讲讲你为什么要这样做吗?"王胜受到鼓励,说出了自己的想法,杨老师进一步肯定他的想法,而且对王胜在以后的学习中取得好成

绩表示很有信心。王胜也渐渐对数学课产生兴趣,并经常与其他同学探讨数学问题。

在另一次课上,杨老师要讲授数列知识,他首先向学生呈现了一个教学情境:洋洋家准备贷款购房,想让大家为其设计一个最佳的购房方案。这个问题一经提出,很快引起学生兴趣,紧接着他又向学生介绍了贷款购房的相关知识,引导学生分析问题解决的核心所在,同时让学生分成几组,共同讨论,然后组织学生对不同组的方案进行比较,分析其利弊,选出最佳方案。整个过程中学生表现得非常积极,他们通过各种途径查找包括计算方法在内的各种资料,不断地尝试不同的问题解决途径,并将自己的设计结果用图表、幻灯片、网页等多种形式呈现出来。通过这次学习,学生们不仅为洋洋找到了一个最佳的购房方案,而且在解决日常问题的过程中学到了数列的相关知识,并且对所学知识印象深刻,收到了良好的教学效果。

你知道杨老师在自己的教学中应用了哪些教学方法和学习心理理论吗?

第一节 学习与教学的概述

学习活动是人们最常见的行为之一。如何对学习进行科学的定义,如何对学习活动进行分类,这对研究学习过程和教学策略具有重要的意义。本节将对以上问题予以回答。

一、学习的概述

1. 学习的含义

"学习"这一术语,似乎是人们都很熟悉且经常使用的,但在心理学中代表了一个很复杂的概念。它在不同层面上具有不同的内涵,人们对它的定义至今未达成共识(见学术研究1-1)。在此,我们从三个层面上来分别简述学习的基本概念。

(1) 广义的学习

广义的学习,既包括人类学习,也包括动物学习。学术研究1-1中有关学习的各种定义,也是在广义层面上论述的。

广义学习是指个体在活动中由经验引起的行为或心理的相对持久变化的过程。广义的学习包括几方面的含义:第一,学习必须使个体自身在行为或心理方面产生某种变化,而且是指引起这种变化的活动过程,而不是指变化获得的结果;第二,这种变化不是由发

图1-1 动物的学习

育成熟、本能表现、疲劳、药物等导致的,而是由经验引起的,这种经验就是人通过实践活动反映客观现实的过程,体现了个体与环境的交互作用;第三,这种变化不是暂时的,而是相对持久的;第四,这种变化可以是外显的,表现为行为上的变化,也可以是内隐的,表现为心理上的变化,即认知性(cognitive)变化和情感性(affective)变化,如认知结构上的变化、能力上的变化或好恶倾向上的变化等。

(2) 次广义的学习

广义学习中的个体包括人和动物。其实,动物学习无论多么高级和复杂,都与人类学习有着本质的区别。因此,次广义的学习仅指人类的学习,它具有这样一些基本特征:第一,从根本上说,人类的学习是一种自觉的、能动的过程,具有明显的意识性,不仅是为了人类能适应环境,而且为了人类能改造环境,而动物的学习是被动的,只是为适应环境而发生的;第二,人类学习除了通过直接经验的方式获得个体经验外,还可以在与他人交往过程中通过间接经验的方式获得个体经验,从而大大扩大了个体经验获得的范围,而动物的学习完全依赖于直接经验方式;第三,人类学习是以语言为中介进行的,这不仅扩大了个体掌握社会历史经验的可能性,而且为个体掌握概括、抽象的经验,由感性认识上升为理性认识创造了必要的条件,而动物往往没有语言,其学习自然不以语言为中介。即便是高级动物,如灵长类的猩猩,经过特殊人工驯养也只能习得一些零星的手势语言和词汇,但其语言运用的数量和水平根本无法与人类相比,更不用说低级动物在自然状态下的情境了。

(3) 狭义的学习

狭义的学习仅指学生的学习。学生的学习不同于一般的人类学习,它是在学校这样一个特定环境中的一种文化继承的行为,也是高度组织化的社会行为。它是人类学习的一种特殊形式,具有一系列的特点:首先,它是一种有目的、有计划、有组织的学习,一般是在教师的指导下,在规定的时间内、按规定的要求进行的,因而十分强调其过程的目的性、有效性和高效率;其次,从根本上说,它是以学生掌握间接经验为主要任务的,以便学生能在较短的时间内接受人类社会历史经验,虽然学校或教师也会组织学生参加一定的实践活动,以取得一定的直接经验,但这毕竟是辅助性的、验证性的抑或是练习性的;最后,在学生学习过程中发生的行为或心理上的变化,因不同时代、不同社会有不同内涵上的导向,虽都能归结为认知性的、情感性的和动作性的三个方面,但侧重有所不同,只是有一点是肯定的,那就是不仅仅是文化知识,还十分强调思想品德和行为习惯。本书研究的主要就是这种狭义的学习,其定义可以概括为:**学习**(learning)是指学生在学校教育活动中通过经验引起的、符合教育目标的行为或心理的相对持久的变化的过程。本书将要论述的就是关于这类学习的心理规律及其相应的教学措施。

学术研究 1-1　　有关广义学习定义的一些不同论述

金布尔(Kimble,1961):学习是由强化练习引起的有关行为潜能的持久性变化。

索普(Thorpe,1963):学习是通过由经验引起的个体行为的适应性变化而表现出来的过程。

加涅(Gagné,1977):学习是人的倾向或能力的变化,这种变化能够持续而不能单纯归因于生长过程。

威特罗克(Wittrock,1977):学习是在理解、态度、知识、信息、能力以及经验技能方面习得相对恒定变化的一种过程。

鲍尔和希尔加德(Bower & Hilgard,1981):学习是指一个主体在某种特定情境中的、由重复经验引起的、对那个情境的行为或行为潜能的变化。

潘菽(1980):学习是人及动物在生活过程中获得个体行为经验的过程。

皮连生(1997):学习是机体通过与其环境相互作用导致能力或倾向发生相对稳定变化的过程。

张春兴(1998):学习是因经验而获得知识或改变行为的历程。

张大钧(2004):学习是指人和动物在生活过程中通过实践或训练而获得,由经验而引起的比较持久的心理和行为变化的过程。

陈琦等人(2005):学习是由于练习或反复经验而引起心理和行为的变化。

2. 学习的分类

学习是一种十分复杂的现象,为了便于研究,也为了满足教学实践的需要,必须对学习进行分类。对学习进行分类的过程也是人们对学习现象的认识不断深化的过程。但由于学习现象本身的复杂性,从事学习分类研究的心理学家的观点和依据的理论不同,分类亦未取得统一的认识,这里仅简介几种影响较大的分类体系以及本书采用的分类。

(1) 基于教育目标的学习分类

美国教育心理学家布卢姆(Bloom,1956)用分类学理论分析课堂教学活动中学生的各种学习,从教育目标的角度分出三个领域的学习,即三种学习类型:认知领域(cognitive domain)学习、情感领域(affective domain)学习和技能领域(psychomotor domain)学习,并把每一类学习从低到高分成若干等级。

布卢姆(Benjamin Bloom,1913—1999)

美国教育心理学家,曾任芝加哥大学名誉教授。他提出了教育目标分类和掌握学习理论。主要著作有《教育目标分类学》《掌握学习》《人类特性与学校学习》《人类特性的稳定性与改变》等。

① 对学习的认知目标分析。认知领域的目标是指教学后学生在认知方面可能产生的改变,可分成由低到高依次排列的六个等级。

知识(knowledge),即学生凭借记忆能够记住的一些事实性知识。由具体到抽象可分三个层次:第一层次是有关特定事物的知识,如事实、术语等;第二层次是有关处理事物的方法、程序的知识,如将事物按标准分类、按程序操作的条例;第三层次是有关概念的抽象知识,如原理、规则、理论等。

领会(comprehension),即对交流内容的含义的认知。这里的交流内容可以用口头形式、书面形式或言语形式、符号形式和具体形式表示。领会也可按理解程度由浅到深分三个层次:第一层次是转化,即能对交流内容用不同说法表达同一意义;第二层次是解释,即能对交流内容予以说明或概述;第三层次是推断,即对交流内容中描述的趋势、倾向或条件作出估计或预测。

应用(application),即把习得的材料应用于新的具体情境。这包括将抽象概念、原则、程序、方法等用于其他情境中以解决问题。

分析(analysis),即将整体材料分解成它的组成成分,并理解其组成的结构。这里也可由易到难分三个层次:第一层次是对材料中所含要素的分析;第二层次是对各要素之间关系的分析;第三层次是对材料的组织原则和材料结构的分析。

综合(synthesis),即将各种要素和各组成部分联系起来形成一个新的、更清晰的整体。它也分三个层次:第一层次是用语言表达出自己的意见;第二层次是对某种事物的处理提出自己的计划;第三层次是凭抽象思维推演出事物间的关系。综合更强调的是独特性与首创性。

评价(evaluation),即为了某种目的对材料作出价值判断。这些材料可以是观念、作品、答案、方法和资料等,其评价包括评估这些对象的准确、有效、经济、满意等的程度。评价有两种依据：一是内在标准,如判断一致性、逻辑上的精确性以及有无内在错误等;二是外在标准,这是建立在达到特定目的的具体手段的有效性、经济性和实用性基础上的。评价不仅是认知领域的最高等级,也是联系情感领域的一个环节。

② 对学习的情感目标分析。情感领域的目标是指教学后学生在情感方面可能产生的改变。由克拉斯沃尔(Krathwohl,1964)具体负责制定的情感领域的目标分类,把情感领域的目标按内化程度分成由低到高依次排列的五个等级。

接受(receiving),即对参加的学习活动愿意接受并予以注意的心态。由低到高分三个层次：第一层次是觉知有关刺激的存在;第二层次是有主动接受的意愿;第三层次是有意地加以注意。

反应(responding),即主动参与学习活动,并从中获得满足。由低到高分三个层次：第一层次是默默听从;第二层次是自愿反应;第三层次是从反应中得到满足。

形成价值观念(valuing),即对其所学予以价值观念或态度上的肯定。由低到高可分为三个层次：第一层次是价值的接受,即对其所学表示认可;第二层次是价值的肯定,即对其所学表示喜爱与追求;第三层次是价值的内化,即对其所学形成稳定的喜爱态度与有信念的追求。

组织价值观念系统(organization),即将其所学的不同的价值标准组合起来,解决它们之间的冲突,建立内在一致的价值体系。它可由低到高分两个层次：第一层次是价值概念化,即将所学价值予以抽象化,不再视其为单独事件,而是形成对同类事件的一致看法;第二层次是组成价值系统,即将所学的同类价值观整合为统一的价值观系统。

价值体系性格化(characterization by a value),即形成长时期控制自己行为,并融入性格结构的价值体系。由低到高分两个层次：第一层次是概念化心向(conceptualization mental set),即对同类情境表现出一般性的心向,如喜欢某老师教的语文课,也喜欢一般的文学;第二层次是性格化(characterization),即出现较持久的价值观念,如对语文和文学的喜欢已经成为稳定的学科态度。

学术研究 1-2　　　　课堂教学的情感目标分类

卢家楣教授在研究布卢姆的教育领域的情感目标分类思想基础上,借鉴我国大量教学实践经验,从情感教学心理学理论和教学中学生情感发展实际两个方面进行探索,初步构建了较为符合我国教学实际情况的由乐情、冶情和融情三维度以及由逐级递进、逐步内化的四个层次组成的课堂教学情感目标分类框架。

乐情度——教学能促进学生对其喜欢的程度。如果教学不能使学生喜欢,那么其他一切的育情效果都将无从谈起。正如法国教育家卢梭所说:"教育的艺术是使学生喜欢你所教的东西。"根据教学使学生对其喜欢的程度,可在乐情度上划分出由低到高逐级递进、逐步内化的四个层次:接受、反应、兴趣和热爱。

```
        热爱(表现出欲积极追求所教内容的强烈情感)
      兴趣(对教学内容表现出明显的喜欢)
    反应(对教学内容表现出一定的主动参与态度)
  接受(对所教内容表现出愿意接纳的意向)
```

冶情度——教学能使学生获得积极的情感体验的程度。这主要是通过教学内容的传授引发学生有关的情感体验,达到陶冶学生情感的目标。根据教学对学生情感的陶冶程度,可在冶情度上划分出由浅入深逐级递进、逐步内化的四个层次:感受、感动、感悟和感化。

```
        感化(成为某种情感形成的一个生发点,给日后留下重要影响)
      感悟(引起内心深处的情感触动)
    感动(自己也产生相应的情感)
  感受(体会到教师在教学中表现出的、教材内容中蕴涵的情感)
```

融情度——教学能使学生与教师和周围学生情感融洽的程度。教师与学生之间的人际情感从表面上看是学习中的师生情感的融合问题,其实涉及的是学生对现实中各种高尚人际情感的形成过程。根据教学能使学生与教师和周围学生情感融洽的程度,可在融情度上划分出由疏到亲逐级递进、逐步内化的四个层次:互动、互悦、互纳和互爱。

```
        互爱(师生间的人际关系达到互敬互爱、亲密无间的程度)
      互纳(师生间的人际关系达到友好互助的程度)
    互悦(师生间的人际关系达到积极呼应的程度)
  互动(师生间发生了人际互动)
```

(卢家楣,2006)

③ 对学习的动作技能目标分析。对技能领域行为目标的分类有几种模式,这里叙述的是由辛普森(Simpson,1972)提出的七个等级的动作技能目标。

知觉(perception),即个体能通过感觉器官获得所需动作技能的线索。它由低到高分为三个层次:第一层次是刺激辨别;第二层次是线索选择;第三层次是动作转换。

心向(mental set),即个体在某种动作技能学习之前获得的心理上的准备。它由低到高分为三个层次:第一层次是心理倾向;第二层次是动作倾向;第三层次是情绪倾向。

引导反应(directed response),即个体在教师引导下跟着作出反应。它由低到高分为两个层次:第一层次是跟随模仿;第二层次是尝试错误。

机械反应(mechanic response),即个体技能学习达到相当程度,以致不需要特别注意也能自动反应。

复杂反应(complex reaction),即个体的包括多种不同反应的动作技能。它由低到高分为两个层次:第一层次是动作定位;第二层次是自动作业。

调适(accommodation),即个体技能学习臻于精练境地,能配合情境的需要,随时改变技能的组合去解决问题。

创作表现(creative/productive expression),即能从事超出个人经验的创新设计,这是技能教学目标的最高境界。

(2) 基于学习结果的学习分类

加涅(Robert Mills Gagné,1916—2002)

美国教育心理学家,曾当选为美国心理学会教育心理学分会主席,美国教育研究会主席。他的主要贡献是提出了学习结果分类、学习层次分类、学习模式、九段教学法等。主要著作有《学习的条件》《教学设计的原理》《教学的学习要素》等。

美国教育心理学家加涅(Gagné,1977)从学习结果的角度对学习进行分类。他认为:"学习分类的主要含义是对学到的东西的系统归类,即对作为各学习事件的结果而被个体获得的各种能力的归类。分类的派生含义是指学习事件本身——学习类型的归类。"为此,他分出五类学习。

① 智慧技能学习。

智慧技能学习(intellectual skill learning)是指学生习得"使利用符号成为可能的能力"。它包括由低到高的四个等级。

辨别学习(discrimination learning),即智慧技能学习的基础,是指学生学会对许多不同刺激作出不同识别的反应。如对物体形状、颜色、大小、轻重的识别,对文字或运算符号的识别等。

概念学习(concept learning),即学会对具有共同属性的事物的概括认识。概念学习又可分为具体概念(concrete concept)学习和定义概念(defined concept)学习。前者是指对具体事物的共同属性的概括认识;后者指对抽象事物的共同属性的认识。

规则学习(rule learning),即学会若干概念的联合,将若干概念联系在一起作为一个完整意义的认识。

问题解决(problem solving)学习,即运用学得的原则来解决问题。经过问题解决所学得的不再是单一原则的运用,而是多个原则的联合使用,从而形成了更复杂的规则。因此,这一等级学习的实质是,把规则组合成比较复杂的规则——高级规则,是学习者在解决问题的情境中产生的,并称其为问题解决——学会运用规则解决问题,即学生从很不相同的内容领域内拿出两个或多个规则组合在一起,以求形成一个高级规则来解决问题(Gagné,1977)。

② 言语信息学习。

言语信息(verbal information)学习是指学会用口语或语言文字来表达所学的知识。包括由低到高三个等级:字词知识的学习,即学习个别的字或由字组合成的词;简单的陈述性知识的学习,即学习简单的用以说明状态或规则的陈述性句子,如"地球绕太阳旋转";复杂的陈述性知识的学习,即学习用以说明较复杂的事件或原理的陈述性内容。

③ 认知策略学习。

认知策略(cognitive strategy)学习是指学会调节自己的认知活动以有效获得新知识的一切方法。它包括学习增进记忆的策略、组织知识的策略、认知自己认知过程的策略等。它不是着眼于某种特殊的外部内容,如文字或数字,它们在很大程度上并不依赖于内容并能一般地应用于一切种类……可以应用于任何科目的学习而不受其内容的限制(Gagné,1977)。

④ 动作技能学习。

动作技能(motor skill)学习是指学会为完成有目的的动作而协调自身骨骼和肌肉活动的能力。

⑤ 态度学习。

态度(attitude)学习是指通过学习形成某种相对稳定的态度。由于态度是影响个人行为选择的内在心理状态(Gagné,1985),不能直接观察,只能按个体表现于外的行动推知,这就为我们把态度描述为习得的性向提供了参考点。

(3) 基于学习内容和结果的学习分类

潘菽(1897—1988)

中国心理学家、教育家,中国现代心理学的奠基人之一。前期执教 30 年,培养了许多心理学人才,曾任中国心理学会理事长和中国科学院心理研究所所长。他终生致力于心理学基本理论问题的研究,提出了一系列深刻而独特的理论见解,对我国心理学的发展作出了重要贡献。主要著作有《心理学概论》《心理学简札》《论所谓身心问题》《略论心理学的科学体系》等。

我国心理学家潘菽在其主编的《教育心理学》(1980)一书中依据学生在校学习的内容和结果,把学习分为四类。

① 知识学习,包括学习知识时的感知和理解。

② 动作技能学习,包括运动的、动作的技能和技巧。

③ 智慧技能学习,包括心智的、以思维为主的能力。

④ 社会行为规范学习,包括道德品质和行为习惯。

本书也采用基于学习内容和结果的分类,但鉴于教育心理学发展带来的心理科学知识的不断增多,教学活动中学习内容的不断丰富,以及全球性的教学改革的不断深化的事实,对学习的分类也作了相应的调整。诚然,这种调整后的分类状况只是反映了现阶段我们的认识,相信它还会不断发展、完善,以便能更好地符合和指导实际的教学活动。

① **概念学习**。**概念**(concept)是人脑对客观事物本质特性的反映。它是人类思维的基本形式,同时也是构成人类知识的基本成分,是学科构建的基础。概念学习是指概念的习得和运用,它是学校教学中学生学习的最基本的一类。

② **规则学习**。**规则**(rule)是对概念之间关系的描述性反映。它是在概念基础上形成的,因此,规则学习是在概念学习基础上进一步发展出来的一类学习。规则学习是指一般规则和高级规则的习得和运用。其中,一般规则学习与学校教育中学科知识的核心部分(定理、定律、法则、公式、原理等)的学习相应,并与概念学习一起构成我们平时所说的基础知识学习;高级规则学习则与问题解决能力的发展相联系,是学校教学要着力加以培养的方面。

③ **认知策略学习**。**认知策略**(cognitive strategy)是优化信息加工效果、提高加工效率的认知技能。它包括一般认知策略,即各学科学习中都可适用的认知策略,如精加工策略、组织策略、思维策略等,也包括专门认知策略,即某一学科中使用的认知策略,如代数解题策略、几何解题策略、写作策略、语文阅读策略等。因此,认知策略学习就是获得优化信息加工效果、提高加工效率的认知技能的学习。随着认知研究的不断深入和方法学习在学校教育中的日益强调,认知策略学习被逐渐列入现代教育中学生学习的内容范畴,并成为教学生学会学习的一个标志性方面,也被加涅明确列为学习分类中的重要一类。

④ **元认知学习**。**元认知**(metacognition)是个体对自己认知过程的认知。它包括元认知知识、元认知体验和元认知监控。尤其是元认知知识和元认知监控,对个体的认知活动具有直接的认识和调节作用,因而日益受到人们的重视。随着当代认知心理学对元认知现象研究的不断深入,有关研究成果的不断积累,人们越来越认识到个体的元认知能力是

可以通过学习获得、通过教学促进的,因而旨在发展个体元认知能力的元认知学习也就可以而且应该成为新的学习观念下的又一类新的学习,并且可以预见它将逐渐成为学生学习的又一重要内容。元认知学习就是让学生学会对自己认知过程的认知方法。强调这方面的学习将是现代教育充分重视发挥学生在教学活动中的主体作用,深度发掘学生潜能的必然趋势,也是帮助学生学会学习的重要保证。可以说,元认知学习一旦与认知策略的学习结合,会使学生的自我学习能力有一个质的飞跃。

⑤ 创造学习。**创造**(creation)学习是指学生学会创造,即指学生在教育活动中形成创造品质、获得创造能力的学习。在现代教育中对学生创造品质和创造能力的培养已提到了前所未有的高度,这是因为当今世界已进入到高科技、高信息化、高度竞争的社会,没有开拓精神和创新能力是无法适应社会,更无法推动社会加快发展的。而这种精神和能力必须从小培养,让学生从小学会创造。当然这种创造在学生阶段主要体现为一种创新。我国当前提出的以培养学生创新精神和创新能力为核心的素质教育,正体现了这样一种教育导向。因此,把创造学习也作为学生学习的又一重要种类是社会发展的结果和需要。

⑥ 动作技能学习。**动作技能**(motor skill),又称操作技能(operant skill),是通过学习形成的、符合一定规则的操作活动方式。动作技能学习就是符合一定规则的操作活动方式的习得和运用。动作技能可以是运动性的,如广播体操、武术运动、游泳活动等,也可以是一般动作性的,如手工活动、英文打字、电脑键盘操作等,它与学校教育中强调的动手能力的培养相对应。动作技能有初级和高级之分。初级动作技能是指通过一定练习形成的、仍具有明显意识控制特点的技能;高级动作技能是指经过反复练习达到自动化程度的技能。

⑦ 社会规范学习。**社会规范**(social norm)是指在一定社会生产方式和生活方式的基础上,由一定社会组织根据自身需要提出并要求其成员共同遵守的社会行为标准、准则或规则。社会规范学习则是指学习者对社会规范的接受,即学习者将外在的社会行为要求转化为主体内在需要的过程,是个体社会化进程中必不可少的学习。这类学习在学校教学中就是旨在形成学生良好的态度和品德的学习,其实质是让学生学会做人。应该说,我们的学校教育不仅要使学生在认知性、动作性方面得到发展,更要使学生在情感性方面,即新课程改革提出的"情感态度价值观"方面,得到高度发展,这样才能促进学生全面、和谐地发展。

二、教学的概述

教学是学校教育的重要组成部分,是沟通学与教两个环节的关键。本节将阐述教学的含义、基本要素以及教学的基本矛盾。

1. 教学的含义

在教育发展史上,许多学者从不同角度揭示教学概念,但迄今尚无统一看法。有学者曾把目前对教学的不同理解归纳为五种类型:第一种最广义的理解,把教学等同于人的生活实践;第二种广义的理解,把教学等同于教育,认为教学是有计划、有目的的全面影响学生的活动;第三种狭义的理解,把教学视为教育的基本途径,主要是传授和学习知识技能,影响学生身心发展的教育活动;第四种更狭义的理解,把教学等同于技能训练;第五种具体的理解,是指现实发生的具体的教学,如学校里每天上课(王策三,1985)。可见,给教学下定义,的确不容易。

这里涉及的主要是上述的第三种理解:教学是教育的基本途径。因此,**教学**(teaching)是教师围绕教学目的、运用一定的教学方法向学生传授知识、技能和行为规范,促进学生智能、体能和思想品德等全面发展的过程。

学术研究 1-3　　　　有关教学本质的不同观点

教学本质就是究竟什么是教学的问题,只有在弄清这个问题的基础上研究有关教学的其他问题才是有意义的。关于教学本质的界说,归纳起来主要包括以下四类。

第一类:指导学习说。这一观点认为,教学总是涉及教和学两个方面:学是指学生通过学习能掌握一定的知识、技能和技巧,发展一定的认识能力;教是指学生的学习过程是在教师的指导下进行,需要教师教学生学习。

第二类:实践认识说。这一观点具体又分为三种。一是认为教学是一种认识活动,如特殊认识说、发展说、认识发展说、审美过程说、情知说等。二是认为教学是一种实践活动,是教师根据一定的需要,有目的地使用各种手段,使学生已有的学习方式变成教师认可的学习方式。三是认为教学既是一种认识活动,又是一种实践活动,即教学活动是学生在教师指导下,对人类已有知识经验的认识活动与改造主观世界、形成和谐发展的个性的实践活动的统一。

第三类:师生关系说,主要包括师生双边双重活动说和师生交往说。师生双边双重活动说认为,教学是在以教材为中介作用下,教师和学生共同完成预计教学任务的统一活动。师生交往说认为,教学是一种师生之间以对话、交流和合作为基础进行文化传承和创新的特殊交往活动。

第四类:教学生活说。这一观点认为,教学是人的存在形式和生活形式,侧重学生对教学过程的亲身体验,强调学生通过知识的获得,建构自己的意义世界,在获得知识经验的过程中进行体悟,以此培养学生完满的人格。

上述四类观点,都从各自不同的角度不同程度地揭示了教学的本质内涵。

(杜尚荣,郑慧颖,李森,2013)

2. 教学的基本要素

对教学基本要素的把握,有利于我们在教学实践中更加有效地组织教学活动。对于教学基本要素的争论一直存在,其中比较有代表性的有三要素说、四要素说和五要素说。三要素说认为,教学由教师、学生和教学内容三个基本要素构成;四要素说认为,教学由教师、学生、内容和方法四个基本要素构成;五要素说认为,教学由教师、学生、内容、方法和媒体五个基本要素构成。此外,也有六要素说、七要素说和三三构成说等。六要素说认为,教学有教师、学生、内容、方法、媒体与目标六种基本要素(黄甫全,王本陆,1998);七要素说认为,教学有教师、学生、目的、课程、方法、环境和反馈七种基本要素(李秉德,1991);三三构成说认为,教学由三个构成要素和三个影响要素整合而成,三个构成要素是学生、教师和内容,三个影响要素是目的、方法和环境(田慧生,李如密,1996)。

我们认为,在具体学校情境中的教学,最基本的要素有三个:教师、学生和教学内容。缺少其中任何一个就不成为教学,它们可以说是最具教学本质属性的要素。此外,教学方法和教学目标也是构成教学的重要因素。下面分别对这五个要素作一简单介绍。

(1) *教学内容*

教学内容(instructional content)是教师和学生开展教学活动的依据。教学内容包括那些对学生的成长来说必不可少的最基本的社会生活规范、科学知识和活动技能等。它会随着社会发展、科学进步和教育者认识深化而不断丰富、完善,从而表现出鲜明的与时俱进的特点。例如,以前不作为教学内容的学习方法,现也作为教学内容的组成部分融入教学之中。需要说明的是,教学内容不只体现在学生用的教材上,也包含在教材以外的各种教学载体中。

(2) *学生*

学生(student)是教学活动中的学习者,一般指各方面都处于发展阶段的儿童、青少年。当然,随着时代的不断发展,学生的外延也在不断扩大,我们在这里主要讨论的是儿童、青少年的学习。学生是教学活动中学的一方的主体,在教学活动中应该注意充分发挥学生的主观能动性。

(3) *教师*

教师(teacher)是教学活动中的教授者,由合格的专业人员担任。他们根据一定的教育教学规律和学生身心发展规律,有目的、有计划、有系统地向学生传授人类文明成果,促进学生德智体各方面素质的全面发展。教师是教学活动中教的一方的主体,对整个教学起着主导作用。有了教师的指导和参与,学生学的活动才能沿着正确的方向高速、有效地进行,才能取得预期的效果。

(4) 教学方法

教学方法(teaching method)是教师和学生为了实现共同的教学目标,完成共同的教学任务,在教学过程中运用的方式与手段的总称。教学方法包括教师教的方法和学生学的方法两大方面,是教法与学法的统一。如果说上述三个要素是教学活动得以开展的必备前提,那么,教学方法就是教学活动得以高效进行的保证。需要说明的是,在教法和学法中教法是处于主导地位的,教师要根据学生的学习确定自己的教法,还要对学生的学法作出指导,否则学习活动便会因缺乏针对性和可行性而不能达到预期的目的。

(5) 教学目标

教学目标(instructional objective)是预期学生通过教学活动获得的学习结果,具体说,也就是教师和学生通过共同的教学活动将预期实现的学生在认知、情感、行为和身体上发生的变化。由于教学目标是由教师制定的,也可以说"教学目标就是教师期望学生发生的变化"(Bloom,1987)。它既是教学活动的出发点,也是教学活动的归宿,是贯穿整个教学活动的基本方向。教学目标在教学过程中具有引导教师教授、指导学生学习、评价教学效果等一系列的具体功能。

教学的五个基本要素各司其职,形成一个相互联系的整体。教学是教师根据既定的教学目标,采取适当的教学方法,与学生围绕一定的教学内容共同展开的双向活动。其中,学生是这一活动中学的一方的主体,教学活动的效果最终是在学生身上得到体现的,而且是教学活动能否达到预期效果的内在关键因素;教师是这一活动中教的一方的主体,对整个教学活动起着主导作用,是教学活动能否达到预期效果的外在关键因素;教学内容是教学活动的依据,教学方法决定着教学活动的效果和效率,而教学目标是整个教学活动的灵魂和主心骨。

3. 教学的基本矛盾

传统教学理论对教学基本矛盾的揭示,仅凸显了矛盾的认知方面。现代教育科学研究表明,教学过程是师生双方在认知和情感两方面同时进行交互作用的过程。由此,我们对教学基本矛盾提出了情知统一的新论:教学活动中存在的教与学的基本矛盾,要体现在认知和情感两个方面,前者主要表现为教学要求与学生已有认知水平之间的差距,涉及的是学生能不能学、会不会学的问题,即可接受性问题,与学习的能力有关,属认知范畴;后者主要表现为教学要求与学生当时具体需要之间的差距,涉及的是学生要不要学、愿不愿学的问题,即乐接受性问题,与学习的动力有关,属情感范畴。奥苏贝尔的意义学习理论指出,实现意义学习的第一个内部条件是指学习者必须具有同化学习材料的适当的认知结构(所谓认知结构是指学生头脑中的知识结构);实现意义学习的第二个内部条件是指学习者必须具有掌握学习材料的心向(所谓心向是指学生学习有关教材内容的意愿)。这里的第一个条件正好与我们所说的教学基本矛盾中的认知方面相对应,而第二个条件正好与我们所说的教学基本矛盾中的情感方面相对应。这绝非巧合,恰恰反映了人们从不同角度对教学规律达成的共识。

我们还可这样来分析上述认知和情感两个方面的基本矛盾相互联系和相互作用的过程。教学要求与学生已有的认知发展水平之间的差距,为学生指明了在教师的指导下认知学习的努力方向,引导教学过程的进行,直至差距消失,一个阶段的教学过程便随之结束。随后又提出了新的教学要求,又重新拉开了与学生已有的认知发展水平之间的差距,为学生指明新一阶段在教师的指导下认知学习的努力方向,引导新一轮教学过程的进行。但这里还有一个动力问题没有解决,即学生为何会在教师的指导下进行认知学习,其动力的有无、强弱正是由另一个基本矛盾的解决状况来决定的。这就是教学要求与学生当时的具体需要之间的差距。如果教师能在教学中通过适当的教学处理使教学活动与学生的需要一致,那么教学活动本身也就可以成为满足学生需要的一个诱因(incentive)。当教学活动满足了学生的需要,便能作为一种诱因来激发学生学习的动力并推动学生沿着教师指导的认知学习的方向努力前进,直至差距消失。当又一个新的教学要求提出,又重新拉开与学生已有的认知发展水平之间的差距时,教学要求与学生当时的具体需要之间的不一致,又将通过教师的教学处理得到解决,又重新激发学生的学习动力(卢家楣,等,2004)。

三、学与教的基本关系

对有志于成为教师的大学生来说,我们要论述的学习现象不是广义的学习,而是狭义的学习,是学校教育背景下的学习。这种学也就不是一种孤立的学习活动,而是与教相联系的学习活动。

学和教,在我国古代没有严格的区分,教也就是学。学习的途径可以粗略地归纳为两条:一条谓之自学,另一条则是通过教人而学。教便是其中的第二条途径。在汉语中,有"敩"(xiào)这样的一个字,其意就是"教",但从字形上分析,又恰以"学"作为该字的组织成分,借以把"教"和"学"连成一体。《尚书·说命下》中就有"惟敩,学半"之说,孔安国对此传云:"敩,教也,教然后知所困,是学之半。"宋人蔡沈注"教学相长"时更清楚地反映了这两者合一的思想:"敩,教也。——始之自学,学也;终之,教人,亦学也。"但是现代学校教育理论中,学与教是既可明确区分又彼此紧密联系的两个概念。

首先,学和教可以明确区分为两种不同性质的活动。学是指学生的学习活动,其活动的主体是学生,活动的目的是促进自身各方面的发展,完成社会化任务,并以习得人类文化知识、社会行为规范为主要活动内容。教是指教师的教授活动,其活动的主体是教师,活动的目的是培养合格的社会成员,延续人类社会的发展,促进个体社会化进程,并以传授人类文化知识、社会行为规范为主要活动内容。

其次,学与教又是紧密联系,同处于一个教学活动之中的。这种紧密联系表现在两个方面。其一,它们是相辅相成缺一不可的。从学校教育本质上看,学生的学习活动是在教师的教授下进行的,完全离开了教师的教授,不能称其为学校教育范畴中学生的学习活动。而脱离了学生的学习,教师的教授也就失去了对象,失去了教授活动赖以存在的基础。因此,学校教育中,学是学生在教育活动中通过经验引起的、符合教育目标的行为或心理的相对持久变化的过程,而教是教师引起、维持、促进学生学习的过程,它们同处于教学活动之中,成为教学活动不可分割的两个方面。其二,学与教的这种紧密联系还表现在它们之间的相互影响、相互作用上。在教学活动中学生的学受教师教的影响和作用。就学而言,学生是学习的主体;而教师的教包括教师本身的人格特征及其采取的一切教授措施,这是学习的外因。这一外因深刻地影响着学习主体的学习积极性的发挥、学习过程的顺利与否和学习效果的优劣,决定教对学的促进程度。同时,在教学活动中教师的教又受学生学习规律的影响和制约。就教而言,教师是教授的主体,是教学活动的操控者。但若要充分发挥教师的教授作用、主导作用,教的活动必须遵循学生学的规律。只有了解学生是如何进行学习的,采取符合学生学习规律的教授方法,才能组织有针对性的教学,以充分发挥教对学的促进作用,取得积极的教授效果。因此,教与学是相辅相成的关系。教是学的促进因素,是为学服务的;学则是教的制约因素,是教的对象与依据。

第二节　学习心理的理论

既然教与学是相辅相成的,那么,要进行有效教学,就必须了解学生的学习活动。心理学中的学习理论就是关于学习的本质、学习的过程、学习的机制、学习的条件以及学习的影响因素等方面的学说。由于学习现象本身的复杂性,特别是学习活动中发生在学习者头脑里的变化过程并不能被直接观察到,于是人们便从各自的学派、观点、立场出发,阐述对上述学习诸方面问题的不同观点,形成了不同的学习理论。了解这些理论,有助于我们对学习现象的认识。

一、早期的学习心理思想

学习理论可谓是心理学中最古老、发展较充分的研究领域之一。早在科学心理学诞生之前,中国古代的学习思想就甚为丰富、系统。这些思想虽然与现在相隔久远,但至今仍给我们不少启迪。如关于学习的实质,我国古代学者认为,学习的过程既是一个积累的过程,也是一个贯通的过程,即积累与贯通相结合的过程。也就是说,学习是一点一滴积累知识、技能的过程,同时也是举一反三、触类旁通的过程。故而在朱熹的《朱子四书或问》卷二《大学或问》中就有所谓"积习既多""用力之久"又"脱然有语""豁然贯通"之说。关于学习的过程,我国古代学者认为,学习过程可以划分为立志、博学、审问、慎思、明辨、时习、笃行七个阶段。这里立志,是指树立学习志向,即形成学习动机。博学,是指多闻、多见,即广泛获取感性知识和书本知识。审问,是指探究学习中发现的问题,即强调在多闻、多见过程中善于多疑、多问。慎思,是指深入、严谨地进行思考,即对感性知识和书本知识进行理性层面上的深入加工。明辨,是指通过思维活动确切分清所学知识的真假、善恶、美丑、是非,即在学习活动中掌握确切的知识。时习,是指对所学知识的练习、复习和实习,即巩固所学的知识。笃行,是指将所学知识付诸实践,即应用所学知识于实际,落实于行动。可以说,这七个阶段较为全面、系统地概括了学习活动的完整过程。

同中国古代一样,西方心理学思想也是源远流长,其中学习联想说可以追溯到古希腊文明时期的柏拉图(Plato)和亚里士多德(Aristotle)。柏拉图和亚里士多德用联想来说明记忆或回忆的历程。亚里士多德在他的著作《论记忆》中这样写道:"在从事回忆的时候,我们力求引起我们某些以往的运动,直至获得我们所要寻求的那一运动或印象所惯于追随的那一运动为止。为此,我们就在思想内从一个呈现于我们的形象或其他某种不论是相似于、对比于还是接近于我们所寻求的那一对象的东西出发,力求获得这一领先的印象。"这就是我们常说的为后来联想主义心理学的发展奠定了思想基础的三大联想定律——**相似律**(law of similitude)、**对比律**(law of contrast)和**接近律**(law of proximity/approach)。此后,又有学习的心理训练说,它认为人体内蕴涵多种心理官能,如感知官能、记忆官能、意志官能和推理官能等。但这些心理官能在没有经过训练之前是潜伏在人体内的,只有通过训练得到加强以后才能显现出来,并在日常活动中自动地发挥作用。学习实际上就是心理官能的训练和加强。各种心理官能联合在一起,就可以产生人的理智行为。而赫尔巴特(Johann Friedrich Herbart,1776—1841)的统觉说认为,统觉过程是把分散的感觉刺激纳入意识,形成一个统一的整体——**统觉团**(apperceptive mass),学习(主要是观念性学习)的过程实际上是旧的意识观念(a)对新观念(a′)的同化,即统觉过程。统觉能否成功、困难与否在于 a 与 a′的调和性,如果 a′在大脑中找不到 a 的位置,则统觉困难,甚至难以成功。"教学的任务就是使目前的适当经验或某一观念与知识背景结合起来。教育和教学要选择正确的材料去形成学生们的知识背景或统觉团,教师的教学必须从学生已有的经验开始,然后扩大和丰富这些经验。"(格莱德勒,2007)

二、行为主义学习理论

在学习心理学领域长期存在着两大对立的理论,其中之一便是行为主义学习理论。

华生(John Broadus Watson,1878—1958)

美国心理学家,行为主义的创始人,以环境决定论著称。1913 年他在《心理学评论》杂志上发表了题为《行为主义者心目中的心理学》一文,正式宣告行为主义心理学的诞生。主要著作有《动物的教育》《行为:比较心理学导论》《行为主义心理学》《行为主义的方法》《行为主义的幼稚教育》等。

1. 基本观点

行为主义(behaviorism)是 20 世纪初由美国心理学家华生创立的一个西方心理学的主要理论学派。该学派强烈抵制对人的心理和意识的内省研究,主张用客观的、实证的方法来研究人的外显的行为。行为主义者认为,只有可以直接观察到的东西才能成为科学研究的对象,只有客观的实证的方法才是科学的方法,心理学只有从可观察到的、可测量的刺激和反应方面去研究,才能成为一门真正的科学。为此,他们致力于研究环境刺激与行为反应之间的规律性关系,认为个体所有行为的产生和改变都是**刺激**(stimulus)与**反应**(response)之间的联结。从这一最基本的行为主义观点出发,行为主义学习理论认为学习是由经验引起的行为的相对持久的变化,其实质就是刺激与反应之间的关系的联结,故该学派的学习理论也称**刺激-反应学习理论**(stimulus-response learning theory)。在行为主义学习理论学派里有不少代表人物,如桑代克、巴甫洛夫、格思里、斯金纳等。他们在持行为主义关于学习是刺激与反应的联结这一基本观点的同时,也有各自的一些见解。

2. 桑代克学习理论

桑代克(Edward Lee Thorndike,1874—1949)

美国心理学家,动物心理学的开创者,心理学联结主义的建立者和教育心理学体系的创始人,在美国被认为是教育心理学的奠基人。1912 年当选为美国心理学会主席,1917 年当选为国家科学院院士。主要著作有《教育心理学》《智力测验》《人类的学习》等。

桑代克是教育心理学的创始人。他是第一个通过动物实验系统研究学习问题的心理学家。其中最著名的实验就是饿猫打开迷笼的实验(见图 1-2):箱内放有某种开门的设施,如一圈金属绳、一个把柄或一个旋钮。猫碰巧抓到这种开门设施后,便得以逃出箱子并能吃到箱子边放着的鱼。通过一系列实验研究,桑代克认为,人和动物的学习在本质上都是形成刺激-反应联结,其学习过程都是先是错误反应多正确反应少,而后逐渐趋于正确反应多错误反应少,直到反应全部正确而无错误的尝试与错误的渐进过程,简称为**试误学习**(trial-and-error learning),而且都遵循三条重要的学习定律。

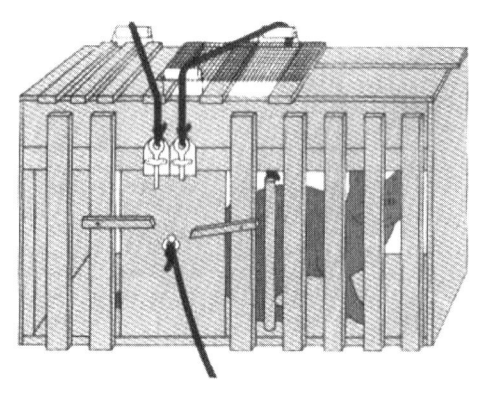

图 1-2 桑代克的迷笼

准备律(law of readiness)指学习者有准备时给予活动就感到满意,有准备而不活动,或无准备而强制活动则感到烦恼。

练习律(law of exercise)指学习者的某一刺激-反应联结形成后若得到练习和应用,这个联结就会得到增强,反之,则联结会减弱。

效果律(law of effect)指学习者的某一刺激-反应联结形成时,伴随满意的效果,该联结得到增强,反之,则受到削弱。

桑代克的学习理论也受到巴甫洛夫的影响,但他超越巴甫洛夫之处恰在于指出在某行为之后出现的刺激对未来行为的作用。也就是,他认为学习是通过行为受奖励而进行的,从而强调了强化在学习中的作用。

3. 巴甫洛夫学习理论

巴甫洛夫是获得诺贝尔奖的苏联生理学家。他是**经典性条件反射**(classical conditioned reflex)理论的首创者,其研究为行为主义学习理论提供了重要的理论依据。

巴甫洛夫(Ivan Petrovich Pavlov,1849—1936)

苏联生理学家、心理学家。巴甫洛夫的主要贡献在于提出了经典性条件反射理论和高级神经活动类型学说。主要著作有《心脏的传出神经》《主要消化腺机能讲义》《消化腺作用》《动物高级神经活动(行为)客观研究 20 年经验：条件反射》《大脑两半球机能讲义》等。

他最著名的实验是狗分泌唾液的实验(见图 1-3)：给狗显示食物的时候,伴以一个原本并不能引起唾液分泌的刺激,如铃声,由于多次反复,狗学会在只有铃声而没有食物的情况下也会分泌唾液的反应行为,即狗学会对中性刺激作出反应。通过实验研究,巴甫洛夫认为学习就是暂时神经联系的形成,并揭示了刺激与反应联系形成中的一系列规律。

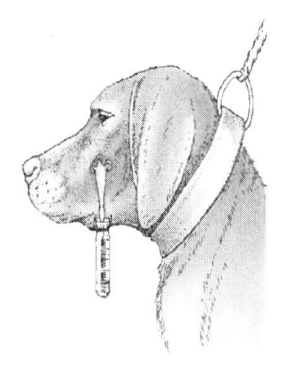 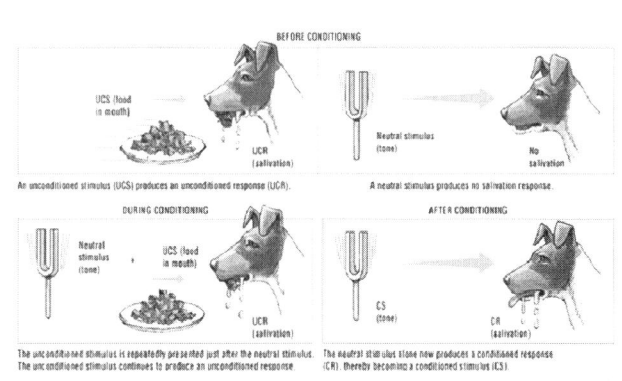

图 1-3 经典性条件反射实验

① 中性刺激(如铃声)与无条件刺激(如食物)在时间上的结合称为强化,强化的次数越多,条件反射(如听到铃声就分泌唾液)就越巩固,反之,不再强化,原形成的条件反射也会减弱,乃至消失。

② 一种条件反射巩固后,若再用另一新刺激与之相结合,还可以形成第二级、第三级条件反射,直到形成多级条件反射。

③ 条件反射形成后,若采用与条件刺激类似的其他刺激(如类似铃声的其他声音)也会引起相应的条件反应。这称为**刺激泛化**(stimulus generalization)。

④ 条件反射形成后,经训练,只对受到过强化的条件刺激作出反应(如某一种铃声),对其他类似而未受到过强化的刺激(如另一种铃声)不作出反应。这称为**刺激分化**(stimulus discrimination)。

以华生为代表的行为主义学派,正是以上述的经典性条件反射为基础,提出相应的学习理论,认为学习就是以一种刺激(如铃声)替代另一种刺激(如食物)建立条件反射的过程。

此外,巴甫洛夫还提出了人特有的第二信号系统,防止把人类学习等同于动物学习的生物化倾向。

4. 斯金纳学习理论

斯金纳(Burrhus Frederick Skinner,1904—1990)

美国心理学家,新行为主义心理学创始人之一,操作性条件反射理论奠基者。他设计和发明了程序教学和教学机器。主要著作有《有机体的行为》《科学和人类行为》《言语行为》《强化程序》《教学技术》《关于行为主义》等。

斯金纳是行为主义后期对学习心理学影响最大的心理学家,是**操作性条件反射**(operative conditioned reflex)理论的首创者。他既继承了华生所强调的行为主义心理学的传统,采取其根据动物实验以建立刺激-反应联结学习理论的研究取向,也借鉴了桑代克的试误学习理论及效果律法则,并最终形成他独特的操作性条件反射的学习理论体系。其最著名的实验就是白鼠压杆的实验:箱内放有活动压杆,白鼠因饥饿不安而活动,当偶尔出现压杆的反应时,箱内装置上滚落食物,供白鼠食用,该情况反复出现后,白鼠逐渐增多压杆取食的行为,直到最后形成压杆得食的反应-刺激联结(见图1-4)。通过实验研究,斯金纳建立了操作性条件反射的学习理论,其要点包括以下几点。

① 经由条件反射发生的学习可分为两类:一类是经由经典性条件反射发生的学习,其非条件反应(如分泌唾液)是由条件刺激(如铃声)引起的,反应是被动的;另一类是经由操作性条件反射发生的学习,个体在刺激情境中出现自发性的多个反应,只是由于实验者选择其中某一反应(如压杆)予以强化,才建立了特定的刺激-反应联结,此反应是主动的。

② 采用强化概念取代桑代克效果律中的奖赏概念,因为奖赏使个体感到满足是一种主观性的解释,不便测量,不如运用强化这一客观中性的概念。所谓**强化**(reinforcement),是使个体反应频率增加的一切处理。产生强化作用的刺激称为强化物。强化是构成学习的必要条件。

③ 分出两种强化:一是**正强化**(positive reinforcement),指由于某一刺激的出现而增

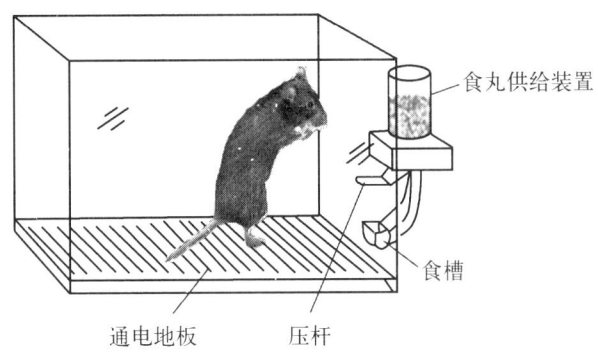

图 1-4 斯金纳箱

加个体反应频率的强化,如给予某种奖赏;二是**负强化**(negative reinforcement),指由于刺激的消除而增加个体反应频率的强化,如解除某种惩罚。

④ 由于正负强化均由个体的有效反应所致,因而可以确切地说,个体自己的行为后果,可以决定其以后的行为:因努力而成功,将会继续努力;因逃避而免于惩罚,将会继续逃避。因此,此类操作性条件反射中的强化,也叫**后效强化**(contingent reinforcement)。

⑤ 强化方式是多种多样的,主要可以分为两类:一类是根据个体操作性反应强化物是否立即呈现来划分,可分出**立即强化**(immediate reinforcement)和**延时强化**(delayed reinforcement)。研究表明,立即强化的效果优于延时强化。另一类是根据个体操作性反应后是否每次都呈现强化物来划分,可分出**连续强化**(continuous reinforcement)和**部分强化**(partial reinforcement)。研究表明,部分强化的效果优于连续强化。

⑥ 个体复杂行为的学习过程可以通过**连续渐进**(successive approximation)的方法塑造行为的原理来解释:首先确定目标行为,然后把目标行为分解为一系列连续的单一行为,接着运用后效强化的方式依次逐个建立刺激-反应联结,最后将一系列连续的单一行为反应连贯起来,便形成复杂行为。

此外,经典性条件反射学习中提到的泛化、分化、多级条件反射等原理,在操作性条件反射学习中也有运用。

5. 评价

继华生之后,许多行为主义者相继对行为主义学习理论的丰富和发展作出了重要贡献,使该学派理论在长达半个世纪的时间里一直占据着统治地位,直到认知心理学的兴起,才逐渐衰落。

首先,我们应该肯定行为主义学习理论的贡献,这主要体现在三点:① 第一次提出要用科学实证的方法研究学习行为;② 提出的"S-R"模式可以解释不少人类或动物的行为;③ 理论直观明了,而且具有直接的可操作性,教育工作者(包括儿童家长)可以根据它提供的具体的操作程序去塑造儿童良好的行为或矫正儿童的不良行为。因此,该理论对学习的研究方法和研究成果至今仍值得借鉴和应用。

由于行为主义者拒绝研究人类内部意识,从而为其学习理论带来了不可避免的局限性:① 只能关注学习行为的外部表现,而忽视个体学习的内部变化过程;② 只能解释简单的行为,不能解释较为复杂的行为,虽然有些不很复杂的学习行为可以用习惯来加以解释,但行为主义只能囿于学习行为中属于"行"部分的学习活动的解释,尚不能说明属于"知"部分的学习活动;③ 根据行为主义学习理论提出的程序教学理论(参见第三节)具有刻板性,缺乏灵活性,不利于学生提高独立思考和独立解决问题的能力。它的小步子原则不仅易使学生厌倦,而且易使学生的认知陷于细碎而缺乏对事物的整体认识。

三、认知主义学习理论

在学习心理学领域里,长期存在着的两大对立理论中的另一大理论,便是认知主义学习理论。

1. 基本观点

认知心理学(cognitive psychology)是西方心理学的一大流派,有广义和狭义之分。广义的认知心理学泛指心理学中侧重研究人的认识过程的学派,如早期的格式塔学派,以及随后的皮亚杰学派,都属于广义的认知心理学范畴。狭义的认知心理学则始于20世纪50年代中期。1967年美国心理学家奈瑟尔所著的《认知心理学》出版,这被认为是真正的认知心理学作为一个流派而立足于心理学界的一个重要标志。

认知心理学是对行为主义心理学放弃研究个体内部心理活动的观点和做法的不满和反抗的产物,而信息论、计算机科学的发展为认知心理学的出现创造了直接的外部条件。认知主义学习理论的基本观点是,心理学必须研究个体头脑内部进行着的心理活动,尤其是认知过程,并强调已有的知识和**认知结构**(cognitive structure)对个体行为和当前认知活动的决定作用。从这一最基本的认知主义观点出发,认知主义学习理论认为学习是由经验引起的认知结构的相对持久的变化。也就是说,学习的实质是学习者内部心理结构的形成和改组,而不是刺激-反应联结的建立或消退。从20世纪初到五六十年代,行为主义理论一直占据学习心理学的主导地位,自五六十年代后才逐渐为认知主义所取代。在认知主义学习理论里也有不少代表人物,他们在持认知心理学关于学习是认知结构变化这一基本观点的同时,也有各自的一些见解。随着现代认知心理学对学习研究的发展,我们对学习的心理机制有更深入的认识。

2. 格式塔学习理论

苛勒(Wolfgang Köhler,1887—1967)

德裔美籍心理学家、格式塔心理学创始人之一。主要研究动物心理,在类人猿知觉的研究和学习的实验研究中取得了卓越的成效,并提出了学习顿悟说,认为学习主要取决于对整个情境结构的突然知觉。主要著作有《人猿的智慧》《完形心理学》《价值在事实世界中的地位》《心理学的动力学》《图形后效》《完形心理学的任务》等。

格式塔(Gestalt)学习理论可谓是现代认知主义学习理论的先驱,于20世纪初由德国心理学家韦特海墨(Max Wertheimer,1880—1943)、苛勒和考夫卡(Kurt Koffka,1886—1941)在研究**似动现象**(apparent movement phenomenon)的基础上创立。

该学派反对把心理学还原为基本元素,把行为还原为刺激-反应联结。他们认为思维是整体的、有意义的知觉,而不是联结起来的表象的简单集合;主张学习在于过程的一种完形,是把一个完形改变为另一完形。所谓格式塔,是德语"Gestalt"的译音,意即"完形"。

他们认为学习的过程不是尝试错误的过程,而是**顿悟**(insight)的过程,即结合当前整个情境对问题的突然解决,其著名的实验便是苛勒做的黑猩猩摘香蕉的实验(见图1-5):把香蕉悬在黑猩猩取不到的木笼顶上,笼中黑猩猩在试图跳着攫取香蕉几次失败后,干脆不跳了,它若有所思地静待了一会儿,突然把事先放在木笼内的箱子拖到放香蕉的地方。当它发现踩在一个箱子上还是够不着后,就将两个箱子叠在一起,然后爬上箱子取下香蕉。格式塔学派重视知识组织和解决问题的过程以及创造性思维,这些都为现代认知心理学奠定了基础。

3. 布鲁纳学习理论

布鲁纳作为美国哈佛大学教授,曾主持该校的认知研究中心,专门研究认知学习。他认为不能以实验室内研究狗、猫、

图1-5 黑猩猩摘香蕉实验

布鲁纳(Jerome Seymour Bruner,1915—2016)

美国心理学家和教育家。他根据自己的研究结果提出的认知发现学习理论,是当代认知学习理论的主要流派之一。主要著作有《思维之研究》《教育过程》《论认识》《教学理论探讨》《认知生长之研究》《教育的适合性》《超越所给的信息》等。

鼠、黑猩猩等的学习现象来推论人类个体的学习过程,必须到人类学习的第一线进行研究。他强调学生的主动探索,从事物和现象的变化中去发现原理,这才是构成学习的主要条件。因而他的学习理论被称为**发现学习论**(discovery learning theory)。他认为人是通过认知表征的过程来获得知识实现学习的。所谓**表征**(representation),是指通过知觉而将外在事物转换为个体内在心理事实的过程,个体认知表征方式会随年龄而发展,表现为三个阶段:**动作表征**(enactive representation),儿童靠动作来认知世界、获得知识;**映象表征**(iconic representation),儿童用头脑中的表象去表现世界、获得知识;**符号表征**(symbolic representation),儿童运用符号、文字再现世界、获得知识。他还认为,发现学习具有一系列优点:提高智慧潜力;使外部奖赏向内部动机转移;学习用于发现的最优策略和方法;帮助信息的保持和检索。他十分强调学生学习是对学科知识结构的掌握。知识结构就是某一学科领域的基本观念体系,不仅包括一般原理,而且包括学习的态度和方法。他认为,学生掌握学科的知识结构有助于更容易地理解学科的基本原理,提高记忆效果,促进学习迁移,缩小高级知识和初级知识之间的差距。

4. 奥苏贝尔学习理论

奥苏贝尔是意义学习论的创始人。他认为,从接受式-发现式和意义性-机械性两个维度上划分,可以把学习分为四种,但在学校情境中,学生学习书本知识,绝大多数是有意义的**接受学习**(acceptive study)。他指出,有意义学习过程的实质,就是符号代表的新知识与学习者认知结构中已有的适当观念建立非人为的、实质性的联系。所谓非人为的联系,是指新知识与认知结构中的有关观念具有某种合理的或逻辑的联系。所谓实质性联系,是指新的**符号**(symbol)或符号代表的观念与学习者认知结构中已有的表象以及有意义的符号、概念或命题之间的联系。有意义学习的条件有内外两条,**外部条件**(outer/external condition)是指学习材料本身必须具有逻辑意义,即能与人类学习能力范围内的有关观念建立非人为的、实质性的联系;**内部条件**(inner condition)则包括两个方面:一是学习者必须具有意义学习的心向;二是学习者认知结构中必须具有适当的能与新知识进行联系的知识。

他强调影响学生学习的首要因素是已有的知识。他(Ausubel,1968)在《教育心理学：认知取向》一书的扉页上写了这样一句代表他核心思想的话："如果要我只用一句话说明教育心理学的要义,我认为影响学生学习的首要因素,是他的先备知识;研究并了解学生学习新知识之前具有的先备知识,进而配合设计教学,以产生有效的学习,就是教育心理学的任务。"

奥苏贝尔(David Paul Ausubel,1918—2008)

美国认知学派教育心理学家,主要关注学校学习理论的研究。他开创了学习论与教学论统一的先河,对现代教学理论与实践的发展作出了重要贡献,并提出了先行组织者策略。主要著作有《意义语言学习心理学》《教育心理学：认知观取向》《学校学习：教育心理学导论》等。

5. 信息加工学习理论

信息加工学习理论(information-processing theory of learning)与其他学习理论不同,它不是以某一位理论家的研究为其典型代表的。它是现代认知心理学采用信息加工的观点解释学习原理的一些理论。几乎所有的信息加工学习理论者都认为,学习实质上是由习得和使用信息构成的。他们把认知视为对信息的加工。正如现代认知心理学创始人奈瑟尔(Neisser,1967)所说：认知是指转换、简约、加工、储存、提取和使用感觉输入的所有信息的过程。所谓**学习加工观点**(the view of learning processing),就是将人脑与计算机进行类比,将人脑看作类似于计算机的信息加工系统。既然学习过程就是习得和使用信息的过程,那么关于信息加工的一般原理所提出的假说,也就成为对学习过程中心理机制的一种描述。图 1-6 列出的便是迄今为止较为完整的假说(Newell & Simon, 1972; Newell, 1981; Simon, 1981)。他们认为,包括人和计算机在内,信息加工系统都是由感受器、效应器、记忆和加工器组成的。信息加工学习理论着重研究个体在认知活动过程中是如何输入、编码、储存和提取信息的,主要涉及对注意、知觉、记忆、思维等认知过程的内部机制的探索,试图解释被行为主义者视为"暗箱"的内部认知活动。由于无法直接观察"暗箱"内部的认知状态,因此,一般多用通过间接手段检验各种模式的办法来进行研究。

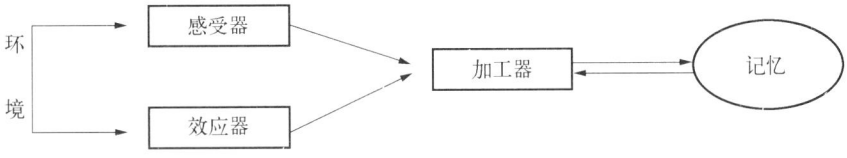

图 1-6 信息加工模式图

6. 评价

认知主义学习理论克服了行为主义学习理论只注重外在行为研究,而忽视个体内部心理作用的弊端,注重研究学习过程中人的内部心理变化过程,可以说是对行为主义学习理论的一大发展。但是,没有一个理论是十全十美的,认知主义学习理论既有突出贡献,也有不足之处。

认知主义学习理论的主要贡献体现在两点:① 认为学习是个体与环境相互作用的结果,重视人在学习活动中的主体性,强调认知、意义理解、独立思考等个体意识活动在学习活动中的重要作用,充分肯定了学习者的主观能动作用,这有利于调动学生学习的积极性,充分发挥学习者潜能;② 认知主义学习理论注重研究刺激与反应之间的内部心理过程,强调学习者内部的认知结构的**自我建构**(self-construct),这实际上是重视学习者学习能力的培养和创造性的发展。

认知主义学习理论的不足之处在于:① 认知主义学习理论中不同观点之间本身就有很大的分歧,他们各自的观点都存在着这样那样的缺陷,如布鲁纳强调认知结构在学习中的作用而忽视知识学习的倾向,奥苏贝尔偏重知识的掌握而忽视学生创造能力的培养等;② 智力因素和非智力因素是学习活动中不可或缺的两大因素,认知主义学习理论过分强调智力因素的作用,以致忽视了对非智力因素的研究。

四、折中主义学习理论

事实上,还有不少心理学家的学习理论是处于行为主义学习理论和认知主义学习理论之间的,称为折中主义学习理论,或称为行为-认知学习理论,其代表人物往往是从行为主义走向认知主义的。在他们的理论中既有大量的认知主义学派的观念,同时也保留了某些行为主义学派的观点。

托尔曼(Edward Chace Tolman,1886—1959)

美国心理学家,新行为主义代表人物之一,目的行为主义的创始人。他的认知学习理论促进了认知心理学及信息加工理论的产生和发展,被认为是认知心理学的起源之一。他提出整体行为模式和中介变量的概念,弥补了华生古典行为主义的缺陷。主要著作有《动物与人的目的性行为》《战争的内驱力》《托尔曼自传》《小白鼠和人类的认知地图》等。

1. 托尔曼学习理论

托尔曼是寻求认知过程与行为过程相统一的第一人。他受行为主义和格式塔理论的双重影响,提出符号-完形学习理论,属认知行为主义理论。其最著名的是白鼠走迷宫的实验：迷宫内有三条长度不等的通道连接出发点和食物箱，将白鼠置于出发点，然后让它自由地在迷宫内探索。结果是，若三条通道畅通，白鼠选择第一条途径到达食物箱；若 A 处堵塞选择第二条途径；若 B 处堵塞则选择第三条途径（见图 1-7）。

通过一系列实验，托尔曼认为，应强调行为的整体性，注重**行动**（act）而不是纯行为主义关注的**动作**（movement）。个体的学习行为是有目的的，不是单纯地对刺激作出的反应。学习是对符号-完形的认知，形成目标-对象-手段三者联系在一起的**认知地图**（cognitive map），并不是学习一连串的刺激与反应。因此，他将行为主

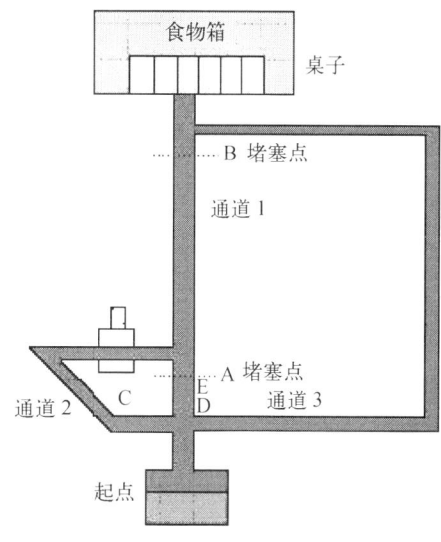

图 1-7　白鼠走迷宫实验装置的平面图

义 S-R 公式改为 S-O-R，其中 O 代表**有机体**（organism）的内部变化，即**中介变量**（medi-variable）。它虽不是引起行为的基本原因，却是引起一定反应的关键，称为行为决定因素，包括目的和认知的因素、能力因素和行为顺应因素（Tolman，1932）。此外，他还认为，外在强化并不是学习产生的必要因素，白鼠在走迷宫时根据对情境的感知，在头脑里有一种预期指导其行动，预期的证实就是一种**内在强化**（intrinsic reinforcement）。可以说，托尔曼用动物实验方式探讨了认知学习问题，被许多人称为认知心理学的鼻祖。

2. 加涅学习理论

加涅被公认为是行为主义学派与认知心理学派的折中主义者。他一方面承认行为的基本单位是刺激与反应的联结，另一方面又注重探讨刺激与反应之间的中介因素——心智活动。

他（Gagné，1977）给学习下的定义是被人们引用最多的："学习是指人的心理倾向和能力的变化，这种变化要持续一段时间，而且不能把这种变化简单地归结为生长过程。"他提出五类学习结果（如前所述），分出八个学习层次，并按由简到繁顺序排列：**信号学习**（signal learning），通过经典性条件反射学到的一些条件反应；**刺激-反应联结学习**（stimulus response bond learning），通过操作性条件反射学到的一些条件反应；**连锁化**（chaining），将多个刺激-反应联结连成复杂行为；**字语联结**（word connection/bond），将多个单字联结形成整个意义；**多重辨别**（multiple discrimination），能辨别多个大同小异的刺激，并作出相应的不同反应；**概念学习**（concept learning），能概括出一类事物的共同特征；

规则学习(rule learning),能理解由若干概念构成的规则;**问题解决**(problem solving),能通过思维将学到的概念和规则灵活地加以应用以解决问题。他运用信息加工观点分析学习的过程(见图1-8),认为学习是学习者通过自己对来自环境刺激的信息进行内在认知加工而获得认知发展的过程,由加工系统、执行控制系统和期望(动力系统)三个系统组成。

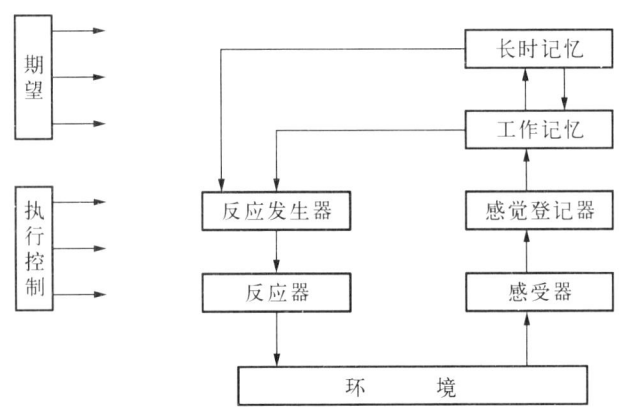

图1-8 学习与记忆的信息加工模式(Gagné,1974)

加工系统(processing system),它由感受器、感觉登记器、工作记忆、长时记忆、反应发生器和反应器(相当于效应器)构成。感受器接受来自环境的刺激信息并将其传递到感觉登记器,信息在那里只保存几分之一秒到几秒。绝大多数信息不被注意,只有一小部分被注意选择而进入工作记忆。那里的信息储存一般只有30秒左右,且容量只有 7 ± 2 个信息单位。如果复述,信息就可能进入长时记忆,否则就会被遗忘。同时长时记忆中的有关信息也能被提取到工作记忆中,然后进入反应发生器,而已成为自动化反应的信息则从长时记忆直接进入反应发生器,即效应器,如书写中的手臂和发音器官。

执行控制系统(performing control system),执行控制是一种控制信息加工过程的系统,它不与任何一个操作加工成分直接相连,这意味着它对整个加工系统进行调节和控制。这对应于加涅学习结果分类中的认知策略的运用。

期望(expectation),是信息加工过程的动力系统。新信息输入之前人们会根据目标产生某种期望,这种期望会调节人们去注意有关信息,影响学习者学习的努力程度。

加涅还有一个比较有特色的理论,即关于**学习条件**(condition of learning)的学说。加涅认为,不同类别的学习,学习的不同阶段都有其相应的条件。总的来说,他把学习的条件分为两大类:一类是外部条件,是指学生学习的环境,这是独立于学生本体因素之外的,它主要包括教师如何组织教学内容(即对教材的处理),采用什么样的教学方式、方法和手段把知识传授给学生,教师是否以及如何给予学生反馈;另一类是内部条件,是指学生原有的知识、能力及其认知结构,这些条件中包括对目前学习有利和不利的因素。

3. 班杜拉社会学习理论

美国心理学家班杜拉于 20 世纪 60 年代创立的**社会学习理论**(social learning theory),在取向上也被视为行为主义的,而事实上已蕴涵大量的认知心理学观,也可列为折中主义学习理论范畴。该理论区分了人类学习的两种基本过程——直接经验学习和间接经验学习,这里的间接经验学习是指学习者通过观察示范者的示范或教师、家长的口头传授而间接获得他人已有知识经验的过程。他强调**观察学习**(observational learning)是间接经验学习的重要形式,普遍存在于不同年龄、不同文化背景的学习者中。他发展了只注意外部强化作用的传统强化理论,强调替代性强化和自我强化。**替代性强化**(vicarious reinforcement),是指个体通过观察榜样的行为所受到的强化从而增加自己此种行为的现象。**自我强化**(self-reinforcement),是指个体在达到预定目标后予以自我奖赏,表现为自豪感或满足感,而未达目标予以自我惩罚,表现为羞愧、内疚或情绪低落的现象。他认为,人类可以通过观察他人的行为结果和根据自己对行为的评估来调整自己的行为。由于观察是人类个体社会生活中习得社会规范、生活习惯、态度作风、交往经验、审美情趣、文体活动的主要学习方式,因此,他的这一理论有力地解释了学生的社会规范、行为模式的学习,为研究学校中学生社会学习提供了一个很有价值的视角。

班杜拉(Albert Bandura,1925—   )

美国心理学家,社会学习理论的创始人。他认为来源于直接经验的一切学习现象实际上都可以依赖观察学习而发生,其中替代性强化是影响学习的一个重要因素。主要著作有《青少年的攻击》《社会学习与人格发展》《行为矫正原理》《攻击:社会学习的分析》《社会学习理论》《思想和行动的社会基础——社会认知论》《自我效能——控制的实施》等。

4. 评价

折中主义学习理论企图缓和认知主义学习理论与行为主义学习理论之间的分歧,对两者的观点进行了折中处理。这一方面确实能在一定程度上促使行为主义学习理论与认知主义学习理论的融合,为学习理论的发展起到了一定的推动作用,另一方面,折中主义仅仅满足于对行为主义和认知主义的机械综合,并没有形成自己独特的理论体系。

在一些具体问题的看法上,折中主义者确实也提出了一些有见地的观点。例如:托尔曼的符号学习理论把认知主义的观点引入行为主义的学习联结理论,改变了学习联结理论把学生看成是盲目的、机械的错误观点;加涅第一个提出了关于学习条件的学说,对学习的内外条件进行了详细的说明,这实际上为教师的教学设计提供了理论依据,其"为学习而教学"的教学设计观享誉世界。

五、建构主义学习理论

建构主义(constructivism)是学习理论从行为主义发展到认知主义以后的又一新的发展。这一发展似乎是又一次带有革命性意义的转折。正如有人所说,在教育心理学中正发生着一场革命,人们对它的叫法不一,但更多地把它称为建构主义学习理论(Slavin,1994)。从大的框架体系上看,我们仍可把建构主义划归为认知主义的一边,这里为突出它不同于以往一般意义上的认知主义,特另设标题予以专门论述。

建构主义学习理论的思想在皮亚杰和布鲁纳的理论中已有蕴涵,布鲁纳在谈到发现学习的作用时,甚至明确指出,强调学习中的发现确实影响着学生,使之成为一个建构主义者(constructionist)。

1. 建构主义理论内核

皮亚杰(Jean Piaget,1896—1980)

瑞士儿童心理学家,发生认识论的创始人,因研究儿童智力和认知发展而闻名。皮亚杰根据儿童对规则的理解和使用,提出儿童道德发展阶段论。主要著作有《心理学与认识的批判》《儿童智慧的起源》《儿童对现实的构造》《儿童符号的形成》《发生认识论原理》《结构主义》《生物学与知识》《哲学的洞察与错觉》等。

如果把建构主义和行为主义、认知主义作比较,我们会清楚地看到,这三种理论正从客观主义的一端逐步向着另一端发展。行为主义的基本主张是客观主义的,认为环境决定人的行为,分析人的行为的关键是对外部事件的考察,有何客观刺激就能引发何种个体反应,但无视个体在刺激与反应过程中的心理活动。认知主义的基本主张还是采取客观主义的传统,但与行为主义不同,它强调个体与客观世界相互作用过程中个体内部的认知过程,关注外部客观事物如何内化为个体内部的认知结构的过程。建构主义的基本主张则摆脱了客观主义,认为世界虽是客观存在的,但每个人对世界的理解是各不相同的,人们是以自己的经验来解释现实,建构现实的。这一基本主张的理论内核可归纳为三点:① 认识并不是主体对客观现实的简单、被动的反映,而是一个主动建构的过程;② 在建构的过程中,主体已有的认知结构发挥了特别重要的作用;③ 个体的认知结构也在建构过程中不断发展。

在建构主义的理论框架内,又有个人建构主义和社会建构主义的不同派别之分。**个人建构主义**(personal constructivism)在持建构主义基本主张的理论内核基础上,强调个人由于有不同的经验和知识背景,对同一对象的认识也不可能完全不同,必然具有个体的特殊性,也就是"一百个人就有一百个主体,并会有一百个不同的建构"。**社会建构主义**(social constructivism)在持建构主义基本主张的理论内核基础上,强调社会共同体对个人认知活动的重要影响,即经由个体建构活动产生的**个体意义**(personal sense)中也包含相应的**社会(文化)意义**(cultural meaning)的理解和继承,指出认识不仅是个体与外部世界相互作用的产物,更是个体、群体和外部世界三要素共同作用的产物。

2. 基本观点

建构主义认为:"学习是建构内在的心理表征的过程,学习者并不是把知识从外界搬到记忆中,而是以已有的经验为基础,通过与外界的相互作用来建构新的理解。"(Cunningham, 1991)这里强调的是,学习不是被动、客观地接受外部知识的过程,而是主动地以已有经验为基础建构内部认知结构的过程。建构主义还认为,学习过程同时包含两个方面的建构:对新信息的理解是通过运用已有经验,超越所提供的信息而建构起来的(beyond information given);从记忆系统中提取的信息本身,也要按具体情况进行具体建构,而不是单纯提取(Spiro et al., 1991)。简言之,学习既是对新信息的意义的建构,也是对原有知识经验的改造和重组。建构主义还强调指出,客观事物的意义并不完全独立于我们而存在,而是源于我们的建构(Brown, Collins, & Duguid, 1989)。因此,当学习者以自己的方式和经验建构对事物的理解时,他们看到的事物的意义是不同的,其理解也就不存在唯一的标准。

加利福尼亚大学的维特罗克(Wittrock, 1983)还提出学生学习的**生成过程**(generative process)模式,以便较好地说明这种建构过程(见图1-9),该模式虽是假说性的,但经大量研究证明具有一般规律性:① **长时记忆**(long term memory)中存在的影响个体知觉、注意和以特殊方式加工信息的倾向等方面的内容进入**短时记忆**(short term memory);② 这些内容构成学习者的学习动机,使之能主动地进行**选择性注意**(selective attention)和知觉;③ 经过选择性注意、知觉获得的信息进入短时记忆;④ 进入短时记忆的新信息与长时记忆中存在的有关信息建立某种联系,以便能主动地理解新信息的意义;⑤ 新的意义的主动建构,即对来自内部的经验和外部信息进行检验,如果通过检验,发现建构不成功,应回到最初,检查经选择性注意、知觉获得的信息与长时记忆中存在的有关信息的联系,如新信息基础是否可靠,长时记忆中提取的信息是否适宜;⑥ 如果建构意义成功,则会导致意义理解;⑦ 新的信息达到意义理解后,可以从短时记忆中归属到长时记忆中,同化到原有的认知结构中,或导致长时记忆中原有认知结构的重组。

3. 评价

从行为主义到认知主义再到建构主义的发展,不仅是认识论上的飞跃、学习心理学的进步,也是对传统教育的一场革命,其进步性主要体现在三点:① 对认识个体的主体性给予了前所未有的关注,为科学地处理教学过程中的师生关系,充分发挥学生的主观能动性提供了认识论方面的理论依据;② 强调学习过程中学生主动地建构知识,尊重学生的个体差异,本质上是要充分发挥学生的主体创造性,所以建构主义的教学观更加注重培养学生分析和解决问题的能力以及他们的创造精神,这正是当今世界教育发展的大势所趋;③ 提出了**自上而下教学**(top-down instruction)、**随机通达教学**(random access instruction)、**抛锚式教学**(anchored instruction)和**支架式教学**(scaffolding instruction)等富有创见的教学设计模式,这对于深化教学改革有着深远的意义。

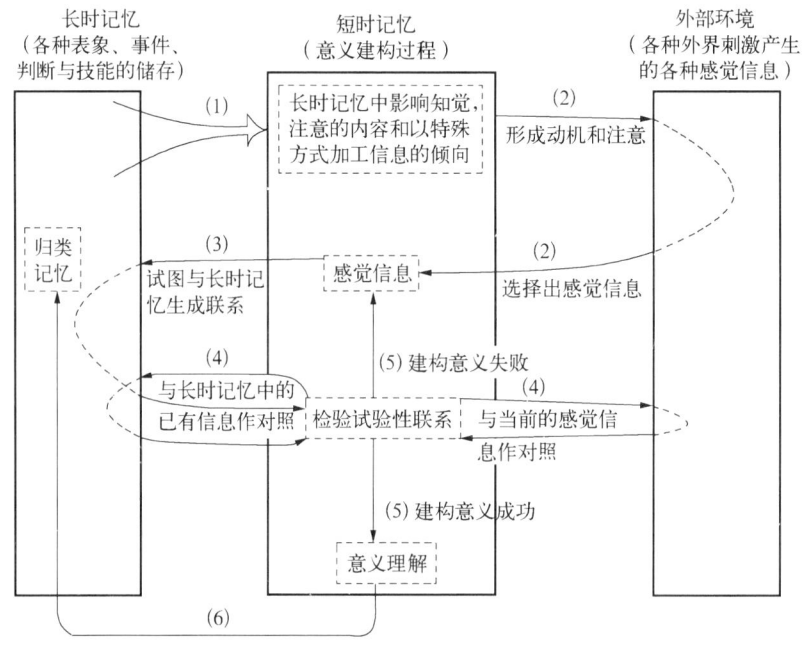

图 1-9 生成学习模式(Wittrock, 1983)

但我们必须清醒地认识到,建构主义理论不是也不可能是解决教育问题的万能良药,也有其自身的局限性。这主要表现在部分建构主义者的观点过于激进,从一个极端走向了另一个极端:① 建构主义重视认识中的主观能动性,强调真理的相对性,这相对于客观主义而言是一种进步,但过于强调相对性却容易导致认识上的相对主义,这是我们应该避免的;② 建构主义学习理论过于强调知识学习的情境性,而忽视了知识的逻辑性与系统性,显然有失偏颇;③ 过于强调知识的个体性,而忽视不同知识在本质上的共同性。

学术研究 1-4 学习理论的新发展：联通主义学习理论

西蒙斯(George Siemens)于 2005 年提出了联通主义学习理论,因契合当前的时代特征和知识特性而受到国际社会的普遍关注。这一理论最基本的观点是学习的八条原则。

1. 学习和知识存在于多样性的观点中。这些多样性观点不仅来源于课程创建者所创建和组合的学习对象,而且存在于学习者与内容互动时留下的批注、评论等内容中。

2. 学习是与特定节点和信息资源建立连接的过程。随着教师和学习者将新的资源、个人见解与他们创造和发现的内容连接到学习对象中,学习对象不断生长。

3. 学习也可能存在于物化的应用中。学习者不仅通过创建新资源建立连接,还通过其个人资料、评论以及邀请其他学习者参与等建立连接。

4. 学习能力比掌握知识更重要。人永远也无法掌握所有的知识,但是最重要的能力是持续学习以及在相关情境中应用所学知识的能力。

5. 为了促进持续学习,需要培养和维护连接。在联通主义学习过程中建立的关系没有必要在课程结束时终止。联通主义学习在开放的机构(包括学校)中发生得最好,这些机构不会因为学习者毕业了,就将他们从网络中剔除。

6. 发现领域、观点与概念之间关系的能力是最核心的能力。联通主义工具,例如概念图、数据挖掘、协作创建和批注工具,能帮助学习者建立内在与外在观点、情境与人之间的连接。

7. 流通(准确、最新的知识)是所有联通主义学习的目的。联通主义学习的内容从来不是静止的,而是保持没有完成的状态。内容通过学习者与教师以及其他学习内容之间的交互而不断编辑、增长而进化。

8. 决策本身是学习的过程。由于信息决策环境在改变,可能当时正确的信息到了第二天就错了。学习者根据正在变化的信息选择学习内容并判断所获信息的意义。

(王志军,陈丽,2014)

六、人本主义学习理论

根源于欧洲的人文主义并受存在主义心理学和现象心理学影响,被称为心理学"第三种力量"的人本主义心理学,兴起于 20 世纪 60 年代,盛行于 70 年代,并在强烈反对行为主义与精神分析理论过程中形成相应的学习理论。

1. 人本主义心理学思想

人本主义心理学(humanistic psychology)主张人是不可分割的整体,要了解人、研究人,必须从整个人着眼;每个人都有自己的需要和意愿,要了解人、研究人,只能从他对自己和周围世界的看法着手。为此,该理论认为,对人性的研究不能靠对动物实验研究的结果来推论;不能为了方法或数据采集的方便而盲目采用实验室研究法;单凭外显行为的观察是不够的,必须了解其内在的心理,注意其主观的经验;不能只注重消极解决人类问题,而应更积极地谋求人类的福祉(Bugental,1967)。总之,人本主义心理学是从作为一个整体而不是肢解各个部分来研究人的本性的,强调人的价值,尊重人的需要,发展人的潜能。

2. 人本主义学习理论

人本主义学习理论从人本主义心理学这一最基本的思想出发,形成对学习本质的基本观点,不像行为主义或认知心理学那样局限于具体行为或心理的解释,而是扩大范围对学习者整个人成长历程的解释:学习是情意基础上的人格的成长。因此,该学习理论主要不是基于实证研究的结果,而是根据经验提出的观点和建议。马斯洛(Maslow)、罗杰斯和康布斯(Combs)是该流派的代表人物。

3. 代表人物的学习理论

马斯洛是人本主义心理学的主要创始人。他(Maslow,1968)认为人类存在两股潜在的力量:一股是防卫的力量,使人有退缩倾向,不敢接受挑战;另一股是进取的力量,促使人面对现实充满信心,趋于积极成长。教育的目标就是促进后一股潜在力量的发展。他进而认为,学习不能外铄,只能内发。学生的学习不能由教师强制而为,而应由学生自己选择决定;教师只是辅导,使学生本身就有的学习潜能得以发挥。

罗杰斯(Carl Ransom Rogers,1902—1987)

美国心理学家,人本主义心理学的主要代表人物之一,从事心理咨询和治疗的实践与研究,并因来访者中心心理治疗方法而驰名。他曾当选为美国心理学会主席,获美国心理学会颁发的杰出科学贡献奖。主要著作有《咨询和心理治疗:新近的概念和实践》《来访者中心治疗:实践运用和理论》《自由学习》等。

罗杰斯是在教育方面产生最大影响的人本主义创始人。他(Rogers,1969)将自己提出的来访者中心治疗方法的核心理念——真诚一致(congruence)、无条件积极关注(unconditional positive regard)和同理心(empathy)运用于教育,提出了"以学生为中心"的学习理论。他认为对学生而言,学习可分为意义学习和无意义学习。无意义学习是指只涉及学生心智,不涉及其感情或个人意义的学习;**意义学习**(significant learning)是指能够引起学生行为、态度及个性变化的学习。学校教育应该倡导的是意义学习,不只是增长知识,更有助于学生完整人格的发展。为此,他主张让学生自由学习(freedom to learning),要相信学生有自己学习的潜能。教师的任务是为学生提供各种学习资源以及促进学习的气氛,使学生知道怎么学。他进而提出自由学习的若干原则和促进自由学习的一些方法。

4. 评价

持人本主义学习理论观的心理学家认为,行为主义将人类学习混同于一般动物学习的做法,不能体现人类本身的特性,而认知心理学虽重视人类认知结构,却忽视了人类情感、价值观、态度等最能体现人类特性的因素。为此,他们特别关注学习者的个人知觉、情感、信念和意图,认为它们是导致人与人差异的"内部行为",因此他们强调要以学生为中心来构建学习情境,促进学生整体发展。这一基本思想无疑是积极的、进步的,与现代全人教育思想一致,与我国当前推进的以学生为本的素质教育基本精神也有一定的共同性。这也是为何这一理论是目前教育界比较认同的教育理论之一的缘由。但这一理论也存在一些不足之处,诸如理论观点缺乏客观、科学验证,自由学习的度难以把握,易使学生陷入无所适从的困境等。

第三节　学习心理与教学

论述学习心理,不仅仅出于单纯对学习现象的了解,而且希望通过对学习现象的认识最终达到以教促学的目的。这就需要简要地阐明学习心理与教学的基本关系,教学心理学及其基本理论以及如何从学到教的发展趋势。

一、从学到教的发展趋势

由上述可知,掌握学生的学习规律是实施教学的重要前提。而在学生的学习规律中,学习的心理规律是一个重要的方面,它涉及学生学习不同教学内容过程中的心理机制,以及影响学生学习的各种内外因素,这恰是学习心理学要研究的基本问题。

学习心理学(learning psychology)是教育心理学(educational psychology)的一个主流性分支学科。可以说,教育心理学形成之初正是以学习心理学为其最核心的研究领域。随着学科的发展,教育心理学才不断拓宽研究领域,迄今已成为拥有十分庞大的分支体系的学科。它包括学习心理学(learning psychology)、教学心理学(psychology of instruction)、品德心理学(moral psychology)、个体差异心理学(individual differential psychology)、教师心理学(teacher psychology)、课堂教育社会心理学(classroom educational social psychology)、课堂教学管理心理学(psychology of classroom instruction management),以及各学科教育心理学——语文教育心理学、数学教育心理学、英语教育心理学等,其中不少分支又有进一步的分化,如语文教育心理学又分化出阅读教育心理学(reading educational psychology)和写作教育心理学(composing/writing educational psychology)等。但不管发展如何,学习心理学始终是现代教育心理学分支体系中最主要的分支学科之一。

教育心理学的思想源远流长,但正式作为一门学科的名称则始于一百多年前霍布金斯(Hopkins,1886)《教育心理学》一书的出版。此后,桑代克(Thomdike)于1903年出版了《教育心理学》,并于1913—1914年扩充为三卷本的《教育心理学大纲》,成为科学教育心理学诞生的标志性论著。该三卷本的首卷是《人类的本性》,第二卷是《学习心理学》,第三卷是《个体差异及其原因》,由此形成最初的教育心理学的学科体系。教育心理学自诞生以来大致经历了三个发展阶段。

第一阶段从19世纪末到20世纪20年代以前,处于初创时期。人们虽然认为运用心理学原理来解决教育问题是应有的科学取向,但对教育心理学应该研究哪些内容尚无一致的看法。理论与研究的积累亦少,尤其是对于学习心理的研究,尽管处于教育心理学的中心地位,但主要是在动物研究基础上进行的推演。桑代克在这方面的初创性努力,可以说是这一阶段的代表。

第二阶段从20世纪20年代到50年代,是教育心理学的发展时期。在这一时期,教育心理学广泛吸取心理学各分支学科中与教育有关的内容,拓宽了研究范围,从学习心理学(learning psychology)、儿童心理学(child psychology)到人格心理学(psychology of personality)、心理测量学(psychometrics)、学科心理学(subject psychology/psychology of school subjects)、心理卫生学(mental hygiene/psychohygiene)等,形成了一个庞大的体系,但内容相对分散,未确立公认的真正具有本学科特色的研究范围。研究的理论观点以行为主义占主导地位,研究的对象则以动物的学习为重点,并取得了一系列重要的成果。只是研究大多数脱离实际教育情境,其成果也就难以适应教育实践,解决教育的实际问题。

第三阶段从20世纪60年代到现在,是教育心理学的成熟时期,这一时期教育心理学发展的一个最显著特点,就是突出了学与教的联系,并越来越强调学习心理学的研究在教学实际中的应用。这具体表现在三个方面。

其一,基本摒弃了由对动物学习现象的研究推演至人类学习现象的解释这样一条研究路线,而是径直以教育情境中的学生学习为主要研究对象,使教育心理学研究更多地与教育现实相联系,以利于研究成果更好地应用于教育实践。

其二,努力深入学习活动中发生在学生头脑内部的认知过程,力求切实探明学生学习的内部心理机制,了解学生究竟是如何接受、储存、提取和应用各种信息的,从而为实施外部教育提供更为科学的依据。这一时期认知心理学的兴起和发展,为这方面的努力创造了极为有利的条件,因而认知主义逐渐占据了教育心理学研究的主导地位。

其三,不满足于对学生学习规律的揭示,不断增强以教促学的指导意识,在构建学习理论的基础上积极提出各种教学建议,进而试图建立从学到教的理论体系。于 20 世纪 60 年代末 70 年代初诞生的教学心理学,作为教育心理学又一新生的分支学科,正是在这种发展趋势下应运而生的,它为教育心理学研究范围的逐渐明晰起了很好的促进作用。

总之,从动物学习的研究发展到对教育情境中学生学习的研究,进而建立学与教的密切联系,是教育心理学发展的一条主线,也是教育心理学成熟的真正标志。

二、学习理论的教学延伸

学习理论是描述性的,用以解释现象,而其教学应用则是处方性的,用以解决问题。从学到教这一教育心理学的发展趋势的实质,也正是教育心理学理论由描述性向处方性的延伸。第二节曾论述了一些主要的学习理论,这里则略述这些理论在教学延伸方面的努力,以帮助我们更好地认识现代教育心理学中学与教之间的关系。

1. 行为主义学习理论的教学延伸

行为主义学习理论的鼎盛时期处于教育心理学的第二阶段,其研究大多数以动物学习为对象,脱离实际教育情境,目的在于探讨学习的本质,较少考虑教学应用。到了教育心理学的第三阶段,行为主义学习理论也逐渐注重教学中的应用,一个比较有影响的应用,就是斯金纳从操作性条件反射理论出发,于 1954 年提出**程序教学**(programmed instruction),即将课本式的教材,按一定的顺序改编为程序教材,然后实施教学(如图 1-10 所示)。

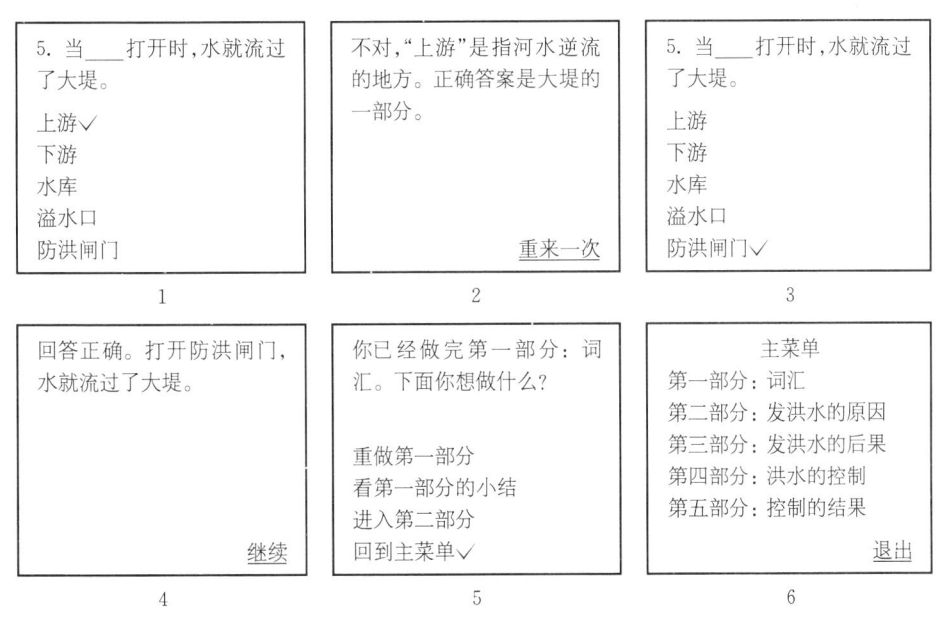

图 1-10 程序教学的示意图

程序教学的要点是：① 确定学生的起点行为和终点行为；② 将教材细分为很多小单元，并按逻辑顺序由易到难编排；③ 以提问方式引导学生，前面问题的答案是学习后面问题的基础，遵循连续渐进原理；④ 回答之后立即出现正确答案，实施后效强化(contingency reinforcement)；⑤ 每个学生可按自己的进度学习，体现个别化教学。

随着计算机的发展，这种程序教学又演变为**电脑辅助教学**(computer-assisted instruction，简称 **CAI**)。一台电脑可装多部终端机，使许多学生同时学习，每人只需要按键操作即可，十分便利，其原理与程序教学一样。

2. 认知主义学习理论的教学延伸

认知主义学习理论的兴起恰是教育心理学发展的第三阶段，其特点本身就是强调有关学习理论的研究与教学实际的联系，所以认知主义学习理论的提出者，也大多提出教学应用方面的建议和构想。在这方面，布鲁纳和奥苏贝尔做得更为突出。

知识小窗 1-1　　　　　"慕课"是什么？

慕课，是"大规模开放在线课程"(Massive Open Online Course，简称 MOOC)的简称，是为了增强知识传播而由具有分享和协作精神的个人或组织发布的、散布于互联网上的开放课程。慕课的内涵可以从课程形态、教育模式和知识创新三个维度来诠释。

从课程形态的角度，慕课是一种将分布于全球各地的教学者和成千上万的学习者通过教与学联系起来的大规模线上虚拟开放课程。它既提供视频、教材、习题集等传统课程材料，又通过交互性论坛创建学习社区，将数以万计的学习者在共同的学习兴趣和学习目标的驱动下组织起来开展课程学习。

从教育模式的角度，慕课是一种通过开放教育资源与学习服务而形成的新型教育模式，它通过网络实施教学全过程，允许全世界有学习需求的人通过互联网来学习。慕课不单是教育技术的革新，更是一种全新的教育模式和学习方式，带来教育观念、教育体制、教学方式和人才培养过程等方面的深刻变化，将驱动高等教育变革与创新。

从知识创新的角度，慕课是一种新型的知识创新平台，它引导学习者创造性地重组信息资源和自主探究知识，支持学习者在问题场域中通过协商对话激发灵感和生成新知识。

(王永固，张庆，2014)

布鲁纳从发现学习理论出发，提出**发现教学**(discovery instruction)。他强调教师不是将现成的结论性知识讲授给学生，而是由学生自主地探究事物现象以获得知识；注重学习过程而不是学习结果，让学生亲身体验科学发现所经历的过程，学会发现的方法。为此，他在《教学理论之构建》一书中向教师提出进行教学设计时的四项原则性建议：① 教师要将学习情境及教材性质解说清楚，以便学生能通过主动发现而获得知识；

② 教师要根据学生的知识经验,组织教学内容,以便每个学生都能从中学到知识;③ 教师要针对学生心智发展层次及认知表征方式,从难度上和逻辑上安排教材的先后顺序,以利于学生产生正向学习迁移,并在课程内容上随年级上升而多次循环,形成螺旋课程(spiral curriculum);④ 适当安排教材的难易,以利于维持学生的内在动力。其主要教学思想包括四个方面:① 强调基本的知识结构,并以适合学生掌握的方式来组织和表征知识;② 强调知识呈现的顺序,以促进学生的掌握;③ 强调强化作用,主张从外部强化转向内部强化;④ 强调激发学生学习的好奇心,使学生认识到教师所教的内容是学生能够理解和掌握的。

奥苏贝尔从意义学习理论出发,提出讲解式教学(expositive teaching)。他认为意义学习(meaningful learning)不一定都是发现学习(discovery learning),发现学习也不一定是意义学习。他强调由教师详细分析教材,使之成为有系统有组织的知识,然后对学生进行条理分明的讲解。为进行旨在促进学生意义学习的讲解式教学,他提出了两种教学方式:① **渐进分化**(progresstive differentiation)的教学方式,即从一般概念的讲解,逐渐进入具体概念的讲解;② **整合贯通**(integrative reconciliation)的教学方式,即将分化后的概念相互联系起来,形成有组织的概念系统。同时,他又提出了旨在促进学生意义学习的讲解式教学的策略——**先行组织者**(preorganizer),即在教新的学习材料之前,先给学生一种引导性教材,以建立新知识与学生头脑中已有知识之间的联系,帮助学生将新的知识纳入已有的认知结构中去。他还指出,先行组织者可以分为两类:一类是**陈述性组织者**(expository organizer),它是一种高于新知识的概念程度的概念,为新材料的学习提供适当的类属者;另一类是**比较性组织者**(comparative organizer),它对新旧概念的异同点进行比较。有一系列的研究表明,使用先行组织者的教学能使学生的平均成绩提高30%(Barns, 1972)。还有研究表明,在教学中先提供先行组织者和教学后使用先行组织者的效果迥然不同,只有前者才具有有效促进教学的作用(Mayer, 1980)。为此,奥苏贝尔还归纳总结出讲解式教学的一般过程:先提供先行组织者,然后采用逐步分化的教学方式,把范围较广的概念分化成范围较狭的概念,与此同时,采用整合贯通的教学方式,将知识组合成一个有机联系的整体。

3. 折中主义学习理论的教学延伸

在这方面,加涅的学习理论是联系教学的典型。可以说,加涅的理论是教育心理学史上的一个转折,改变了过去只注重学习研究的狭隘性,开始关注教学的问题。

加涅的学习理论对学习结果进行了分类,并对不同的学习类型指出不同的学习条件。加涅依据学习结果的学习分类被认为是具有处方性的,这是因为它的教学目标分类不只是条目的说明,还进一步告诉教师怎样设置情境(学习的外在条件),去达成预定的教学目标。加涅还特别强调了与学生的学习结果密切相关的学习的内在条件。他认为以学习条件进行教学设计,可使教学更为有效。为此,他提出教学设计的思想。他强调教学设计应以如下几项为出发点:① 为促进学生学习,教学应事先设计好,并考虑到学习是在个体身上发生的,计划顺序上学习者的需要应置于团体的前面;② 教学设计既要计划每天的教学,也要计划较大单元的乃至整个课程的教学;③ 教学的行动方案应能引导个体的发展;④ 教学应有系统化的设计,先是分析学习者的需要,然后陈述目标,展开教学程序,最后获取有关教学效果的信息加以验证,修订教学计划,直到达到预定的教学标准为止。教学设计的两个最主要的内容是设计操作目标和选择相应的教学事件。**设计操作目标**(design performance goal)就是根据不同类型的学习,采用能明确表达学习结果的操作性动词来陈述教学目标,使之既符合教学要求,又便于教学评价,如智慧技能方面的操作目标,多采用"选出、确认、证明、产生"之类的操作性动词,言语信息方面的操作目标,多采用"叙述、界定、阐释"之类的操作性动词,动作技能方面的操作目标,多采用"执行、操作、演出、发出……音"之类的操作性动词,等等。**选择教学事件**(choose instructional event)旨在刺激、激活和支持学习者的内在加工过程,因此,对于不同的学习过程,应配以不同的教学事件。第二节在论述加涅的学习理论时,曾提到加涅所阐述的学习过程的八个阶段。在进行学习设计时,加涅则提出了相应于这些学习阶段的典型教学事件(见图1-11)。

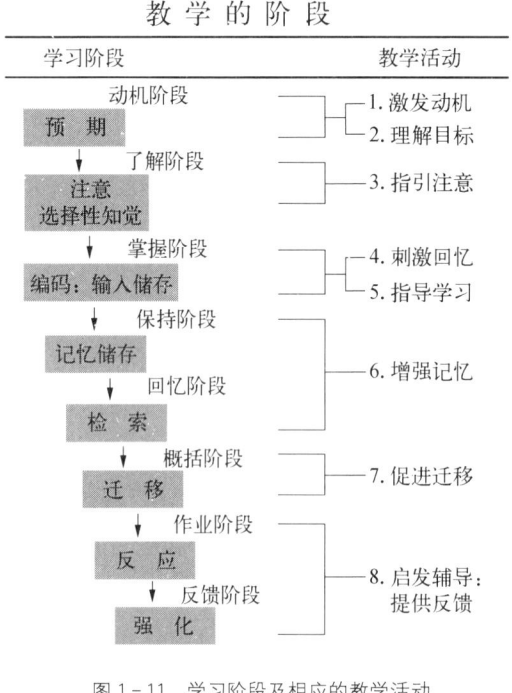

图1-11 学习阶段及相应的教学活动

4. 建构主义学习理论的教学延伸

建构主义学习理论导致教学上的诸多建树,归纳起来主要表现在以下五个方面。

(1) 主张随机通达教学

从建构主义学习理论出发,斯皮罗等人(Spiro et al., 1991)提出**随机通达教学**(random access instruction)。在学习过程中对信息意义的建构可以从不同的角度入手,获得不同方面的理解。因此,对同一内容的学习要在不同时间多次进行,每次情境都经过改组,目的不同,分别着眼于问题的不同侧面。这种反复是在各不重合的学习情境中发生的,不是为巩固知识技能而作的简单反复,因此会使学习者对概念获得新的理解。在进行这种教学时,每个概念都要涵盖充分的实例——**变式**(version),分别用以说明该概念在不同方面的含义,从而形成对概念的多角度理解。

(2) 打破自下而上的单一教学模式

传统教学采取的都是由易到难、由下而上的教学进程。加涅的学习层级说正反映了这种教学的基本理念。但从建构主义学习理论出发,斯莱文等人(Slavin et al.,1994)提出相反的进程。一种可称为**自上而下**(top-down)的教学进程。在教学中教师先呈现整体性的任务,让学生尝试解决,在解决过程中,学生需要首先完成子任务及其所需的知识技能。这样的教学就不是从脱离情境的、过于简单化的低层次开始的,而是从联系实际的、具有整体性的高层次开始的。另一种可称为从网络入手的教学过程。由于知识是由围绕着关键概念的网络结构组成的,它包括事实、概念、过程知识、条件知识等,可以让学生从网络的任何部分进入教学,如可以从要求学生解决一个实际问题开始教学,也可以从某一规则开始教学,而不必拘泥于由直线型层级构成的教学进程,这将使教学更为灵活、多样。

热点聚焦 1-1　　　　　　学习的建构主义和教学

建构主义强调课程的融合性,并注重教师使用那些让学习者以主动参与的方式进行学习的教学材料。凯茜·斯通在她的三年级班里运用了综合学习单元,其中贯彻了多种建构主义的观念。在秋季,她安排了一个关于南瓜的单元。在社会学习的内容方面,儿童学习南瓜出产于美国的哪些地区,并了解南瓜的制品。他们也研究历史上人们对南瓜的利用,以及南瓜对美国早期移民的益处。

斯通老师将她班里的学生带到一个南瓜农场里见习,在那儿他们了解了南瓜是怎样生长的。每一个学生挑选了一个南瓜将它带回班里。带回的南瓜成了宝贵的学习工具。在数学课上,学生们估计南瓜的尺寸和重量,然后进行实际的测量和称重。他们绘制了图表,比较全班所有人的南瓜的尺寸、重量、形状和颜色。他们还估计了斯通老师的南瓜种子数,然后斯通老师切开南瓜,学生们数出这个南瓜实际上有多少粒种子。作为另一次班级活动,学生们用斯通老师的南瓜来制作南瓜面包。在美术课上,他们每人为自己设计一个南瓜雕刻的图案,然后在斯通老师的帮助下进行南瓜雕刻。在语言艺术课上,学生写一个关于南瓜的故事,他们还给农场写了一封感谢信。针对拼写练习,斯通老师让学生拼写在南瓜学习中使用到的生词。这样,斯通老师将南瓜学习的内容融合到多种学科课程中,在各领域让学生主动参与到学习之中。

(申克,2003)

(3) 提倡情境性教学

从建构主义学习理论出发,坎宁安等人(Cunningham et al.,1991)提出**情境性教学**(situated instruction),他们主张弱化学科界限,强调学科交叉,让学生在与现实情境相类似的情境中进行学习。教师并不搬用事先准备好的内容,而是展示与现实中专家解决问题相类似的探索过程,提供解题的原型,指导学生探索。最后,不实施独立于这种教学过程的测验,学生解决具体问题的过程本身就反映了学习的效果,并把这称为**融合式测验**(integrated test)。

(4) 促进合作学习的教学

建构主义学习理论强调,每个人都以自己的经验和知识背景来理解事物,并且只能理解事物的某些方面,不存在唯一正确的理解。因此,在教学中提倡**合作学习**(cooperative learning),让学生增进相互讨论、切磋、交流的机会,有助于了解彼此的见解,丰富对事物的理解,减少片面性、局限性,促进学生建构能力的发展。

(5) 采用支架式教学

实践探索 1-1　　教学支架的类型与实例

教学支架类型	实 例
1. 示范	美术课教师在让学生自己尝试一种新画法之前,先给学生做了演示性绘画。
2. 大声思维	物理课老师在黑板上解决力学问题时,边示范边将她的解题思路大声地说出来。
3. 提问	在给学生做示范和大声思维后,物理老师向学生提出几个关键性问题。
4. 调整教学材料	一名小学体育教师在教学生投篮技术时先降低了篮球筐的高度,当学生熟练后,再将球筐高度升起。
5. 言语指点	当幼儿园的孩子学习穿鞋带时,老师跟他们说:"鞋带像个兔宝宝,现在兔宝宝来到洞口并跳了进去。"
6. 提供线索	学生初学写作时,语文老师给学生提供若干写作的线索,如"写谁""为什么写""写什么""怎样写",等等,以帮助学生组织写作思路。

(Eggen et al.,2001)

建构主义学习理论推崇**支架式教学**(scaffolding instruction):教师在教学中的指导、帮助作用随着学生学习的进展而渐弱,直至最后由学生自己独立进行,以充分发挥学生自我管理学习的能力。这里的支架,原指建筑施工中用的脚手架,在开始施工时,用来支撑、稳定建筑物,一旦建成,便将其撤去。以此命名教学模式,旨在形象地说明,教师通过支架——教师的指导、帮助,逐渐把管理学习的任务由教师转移到学生,最后撤去支架。这与以往的**发现式教学**(discovery instruction)、**指导式教学**(direction instruction)和**接受式教学**(reception instruction)都不一样,在支架式教学过程中师生的作用重心随着教学过程发生了朝向学生方面的移动,这更有助于发挥学生的自主精神。有研究者(Brown, 1984; Glaserfeld, 1991)把支架式教学分解为三个环节:**预热**(preheat)——将学生引入问题情境,并提供可能获得的工具;**探索**(explore)——先由教师确定开放性目标,启发学生探索,为学生探索提供演示或问题解决的原型,然后逐渐让位于学生探索;**独立探索**(independent exploration)——放手让学生自己决定探索的方向、问题和方法,独立进行探索。

实践探索 1-2　　　　建构主义在课堂中的应用实例

1. 提供具体经验以使学生建构起他们自己对概念意义的理解

△ 艺术课教师在透视画法课上,让学生观看各种滑道、滑坡,并展示其他学生及教师自己的作品。当学生交上自己的画后,教师将每幅画呈现在全体学生面前,并让学生讨论透视画法在每幅画中有怎样的贡献。

△ 为了帮助学生理解历史的"过程",历史课教师让学生们写下一段发生在当地的事件或现象的"历史"。他要求学生寻找各种基本的资源,与他人面谈,并把有关的结果写进作品中。

2. 在真实的学习任务中理解重要的概念

△ 二年级教师在教学生如何绘制图表时让学生绘出每天出勤率的图表。男生和女生的出勤情况分别记录,在图表被保留的几周里,让学生对绘制的模式进行讨论。

△ 学生们在上中学生物课时,将当地的一条河流作为样本,进行一项生态学的研究。他们研究了河流的各种条件和有关的污染物质,并写信给当地的报纸和有关管理部门以传达这些信息。

3. 设计课堂任务以鼓励学生相互作用

△ 当学生完成一个实验后,教师让他们口头描述他们的观察和结论。当学生出现不同意见时,教师鼓励学生对差异进行详细讨论,并指导他们作出有效的解释。

△ 英语课教师让学生通过合作学习小组讨论课堂上正在学习的文学作品。教师要求每个小组对事先准备好的问题作出回答并与全班同学分享他们的结论。

(Eggen et al., 2001)

---

5. 人本主义学习理论的教学延伸

人本主义学习理论认为,学习就是学习者获得知识、技能和发展智力,探究自己的情感,学会与教师及班集体成员的交往,阐明自己的价值观和态度,实现自己的潜能,达到最佳境界的过程。在学习过程中,教师还必须让学生觉得他是一个真诚的、可信赖的、有感情的指导者。将人本主义学习理论运用于教学中,主要有以下三个方面。

(1) 创设开放学校和开放课堂

人本主义学习理论提倡学生中心,反对教师中心,主张打破学校常规,强调情感作用和人的状态。在开放学校和开放课堂里,允许学生自己选择学习内容和方式。这种方式在幼儿园和低年级很流行。在这种教学环境中,教师主要不是作为知识的传播者,而是作为学生个人潜能的促进者而出现的。教师的作用是帮助学生选择,帮助学生提高能力,帮助准备材料。

(2) 人本主义的教学原则

第一,教学更注重情感发展而不是知识获得。强调学生的自由创造性,维护学生的自尊心,建立良好的师生和同学关系。第二,强调发展自我观念。即反对奖惩、强化等观念,强调发展自我观念。应通过教学使学生正确认识自己,发展自己的潜能。强调"人决定社会,而不是社会决定人"。第三,强调交往。罗杰斯认为交往是"消除隔阂,促进理解的唯一的解毒剂"。他曾说,总统可以在电视上流泪,教师为何要一本正经呢?只有利用各种形式的交往,才能消除师生误解。这一主张受到很多教师的欢迎。美国密歇根大学教育心理学系有多达30周的课程用于训练与学生交往的能力。人本主义心理学家认为,对于学校中属于学生的问题,教师要学会倾听,听后表示关心和谅解;对于教师因自己思想方面的问题而产生困惑或发脾气,也应坦率真诚地向学生讲明自己的情况,以求得学生的谅解,通过坦率交谈来解决问题;对于师生共有的问题,如学生自暴自弃而给教师难堪,解决办法还是积极地倾听对方心声,这叫"无损失"(no lose)原则。显然,这种强调师生交往沟通的主张与传统的教师观(教师有超越学生的权力)是相反的。人本主义心理学家认为,教师利用权力是可以的,但会丧失今后建立真诚有效的师生关系的机会。第四,强调发展价值观。这与传统的主张相似。人本主义心理学强调不同年龄的学生有不同的特点,主张根据不同年级学生的特点进行价值观方面的教育。

(3) 人本主义的教学模式

① 以题目为中心的课堂讨论模式。这是由精神分析学家、群体心理治疗专家科恩(Cohn)于1969年创建的。她将人本主义提出的心理治疗方法应用于学校教育,从而形成了一种人本主义心理学的教育模式。这种模式是指教师为课堂阅读与时间利用设计的一种技术。它要求教师提出有利于促进课堂讨论的课题,找到讨论的课题与群体中正在发生的问题的接触点,教师要善于运用各种方式,以促进课堂的讨论,而且在教学中教师要体现一种真正的人本主义的能力。而且,这一模式允许学生在任何时候进行讨论,允许

学生讨论时离题。运用这一教学模式要注意以下几个方面：强调学生全身心投入课堂的群体讨论中；强调学生在课堂讨论中的个体性和独特性；不长时间集中于某一讨论题目；教师还必须让学生觉得他是一个真诚的、可信赖的、有感情的指导者。

②自由学习的教学模式。主要包括五个方面：学生参与决定学习的内容与授课方式；学生选择信息源；师生共同制定契约；课堂结构安排的变通性；由学生进行学习的评定。这一教学模式要求教师真正把学生当作学习的主人，不仅要让学生获得知识，更要让学生知道如何去获取知识；要引导学生主动参与学习的全过程，充分调动学生内在的主动性和积极性，激发学生的求知欲、责任感，增强他们的自信心，使他们在参与探求知识、获得知识的同时，最大限度地发挥他们的聪明才智，提高素质，在课堂中自主学习，自由飞翔。为此，教师应善设悬念，给学生充足的探索空间，让他们主动参与到知识形成的过程中去自主地学习。

三、学习理论与教学实践的关系

通过上述内容的学习，我们可以隐约发现学习理论与教学实践之间有着千丝万缕的联系。下面我们就试图对这些联系作一系统探索。这种联系大体来说体现在两个方面：一是学习理论对教学实践有着巨大的指导意义；二是教学实践不仅能检验学习理论的正确性，还能在实践中不断丰富和发展学习理论。具体来说，体现在以下四点。

其一，教学实践是检验学习理论正确性的一个行之有效的途径，并在这一过程中不断丰富和发展学习理论。实践是检验真理的唯一标准，凡是在人类实践中能得到验证的理论都是正确可靠的，凡是不能很好地解释人类实践活动的理论都是不完善的，是有待商榷的。学习理论正确与否，其中一个很重要的检验途径就是教学实践。学习理论从行为主义向认知主义的转变，就能很好地说明这一点。正是因为行为主义只能用来解释一些简单的外显行为的习得，而不能很好地解释人类内部复杂的动机行为，因而在指导教学实践的过程中受到局限，这就迫使人们把视线转向重视人的内部认知结构的认知主义，从而促进了学习理论的丰富和发展。

其二，学习理论可以为教学设计提供理论指导。如斯金纳的操作性条件反射理论提示我们在教学设计中应该注意"刺激控制的转移""强化的时机""避免惩罚"等。加涅的学习条件理论提醒我们在教学设计中"确定要习得的能力"、要"选择适宜的教学事件"、要进行"累积学习的任务分析"。信息加工理论强调在教学设计中要"将新学习的知识与图式相联结"、要"提供理解中的加工援助"、要"发展元认知技能和问题解决能力"等。建构主义者则主张在教学设计中要确定有助于学习者探索问题和提高思维能力的教学方法与策略,应该鼓励学习者形成自己对知识的理解。这些观点无疑在一定程度上为优化我们的教学提供了理论支持。

实践探索 1-3　　　　　新课程理念下的学习方式

为适应新世纪社会和教育发展需要,全面提高学生素质,教育部 1999 年启动了第八次基础教育课程改革。此次新课程改革突出强调了"以创新精神和实践能力的培养为重点建立新的教学方式,促进学习方式的变革",倡导学生自主学习、合作学习、探究学习等现代学习方式。

1. 自主学习(autonomic learning)

自主学习理论假设学生能够通过选择和利用元认知和动机策略来提高自己的学习能力,能够主动选择建构甚至创造优越的学习环境,能够在选择自己所需的教学的形式和数量方面扮演重要角色。该理论强调"自我导向、自我激励、自我监控"的学习。要求学习者参与确定对自己有价值的学习目标,并参与设计评价指标,自主制定学习进度和方法,积极发展和运用各种思考策略与学习策略,在解决问题中学习,在问题的解决中成长。

2. 合作学习(cooperative learning)

合作学习于 20 世纪 70 年代初兴起于美国,在 70 年代中期至 80 年代中期取得实质性进展,它是指学生在小组或团队中为了完成共同的任务进行的有明确的责任分工的互助性学习。这种学习方式既有利于培养学生的合作精神、团队意识和集体观念,又有助于培养学生的竞争意识与竞争能力,还有助于因材施教,弥补教师难以面向有差异的众多学生教学的不足。此外,合作学习可以培养学生的领导意识、社会技能和民主价值观,在改善课堂气氛、大面积提高学生学业成绩、促进学生良好非智力品质的发展等方面实效显著。

3. 探究学习(exploratory learning)

即从学科领域或现实社会生活中选择和确定研究主题,在教学中创设一种研究的情境,通过学生自主独立地发现问题、实验、操作、调查、信息搜集与处理、表达与交流等探索活动,获得知识、技能,发展情感与意志,培养探索精神和创新能力的学习方式和学习过程。

其三,不少学习理论还提出许多相应的教学模式、方法和策略,对教学实践有着直接的应用价值。这些教学模式、方法和策略包括斯金纳的程序教学(programmed instruction),凯勒的个人化系统教学法(personalized system of instruction,简称 PSI),布鲁纳的发现学习法(discovery method of learning),奥苏贝尔的先行组织者策略,建构主义学习理论提出的支架式教学、随机通达教学、自上而下的教学和情境性教学,罗杰斯提出的体现人本主义学习论的非指导教学模式等。这为教师的教学改革提供了很好的借鉴。

其四,需要说明的是,由于各个学习理论都有着各自的局限性,每一个学习理论在教学中都有其适用的范围。如行为主义学习理论强调以强化建立刺激与反应之间的联结,适合用来指导事实材料、识字等相对简单的教学活动,而认知主义学习理论着重研究认知结构的形成、信息加工及信念等,适合用来指导写作、问题解决等涉及人的内部心理过程的教学活动。正如戴尔(Dell, 2003)所说:"为了有效教学,我们需要为正在进行的学习确定一种最适宜的理论,以便从这些理论中汲取有用的东西,提出教学建议。"

在本章开头的案例中,杨老师首先通过张莉的完美示范给其他同学树立一个榜样,使其他学生产生了展示自己特长的欲望,这是一个社会学习的例子;王胜的焦虑是经典性条件作用的结果,即在特定情境下伴随发生某种情绪,但杨老师不断鼓励王胜谈谈自己的想法,并通过正强化——当应该得到奖励时,就奖励他,一点点地帮他建立自信,最终王胜成功了;杨老师将数列与日常生活中的购房问题联系在一起,首先使学生形成了强烈的认知期待和学习心向;而且在这一开放性情境中,学生要考虑各种可能的因素,按照自己的思路形成不同的问题解决方案,这既体现了布鲁纳的发现学习理论,也有利于学生在问题解决过程中进行知识的意义建构;向学生呈现贷款买房的相关知识,既向学生提供了一个解决问题的脚手架,同时也运用了先行组织者策略,激活了学生认知结构中与该情境相关的知识,从而促成了学生的意义学习;在随后的教学中,教师逐渐让学生自己探索,实际是在慢慢减少对学生的指导,使学生能够更自主地学习,更好地体现了支架式教学的理念;让学生分组讨论,则很好地体现了合作学习的精神;从设计购房方案这一具有更高层次的问题出发,让学生在解决问题的过程中去掌握数列知识,采用自上而下的教学,则打破了传统的自下而上的教学模式。

本章小结

- 学习概念有广义、次广义和狭义之分。本书研究的学习是指狭义的学习,即学生在教育活动中通过经验引起的、符合教育目标的行为或心理的相对持久的变化的过程。
- 本书对学习的分类也作了相应的调整,主要包括七个方面:概念学习、规则学习、认知策略学习、元认知学习、创造学习、动作技能学习和社会规范学习。
- 教学是教师围绕教学目的,运用一定的教学方法,向学生传授知识、技能和行为规范,促进学生智能、体能和思想品德等全面发展的过程。
- 教学的基本要素主要包括教师、学生、教学内容、教学方法和教学目标。
- 教学活动中存在的教与学的基本矛盾,体现在认知和情感两个方面,前者主要表现为教学要求与学生已有认知水平之间的差距,属认知范畴;后者主要表现为教学要求与学生当时具体需要之间的差距,属情感范畴。
- 心理学中的学习理论就是关于学习的本质、学习的过程、学习的机制、学习的条件以及学习的影响因素等方面的学说。主要包括行为主义学习理论、认知主义学习理论、折中主义学习理论、建构主义学习理论和人本主义学习理论。
- 学习理论的教学延伸主要包括行为主义学习理论的教学延伸、认知主义学习理论的教学延伸、折中主义学习理论的教学延伸、建构主义学习理论的教学延伸和人本主义学习理论的教学延伸五方面。
- 学习理论与教学实践的关系,大体来说体现在两个方面:一是学习理论对教学实践有着巨大的指导意义;二是教学实践不仅能检验学习理论的正确性,还能在实践中不断丰富和发展学习理论。

思考题

- 学习的概念是什么? 有哪些种类?
- 教学的概念是什么? 它与学习之间的关系是什么?
- 行为主义学习理论、认知主义学习理论、折中主义学习理论、建构主义学习理论的基本观点是什么?
- 举例说明学习心理学对教学实践的作用。

问题探索

- 根据你对建构主义学习理论的理解,谈谈教师在教学中应该充当一个什么样的角色?
- 结合自己的学习经历,谈谈几种主要的学习理论对改进自身学习的启示。
- 回忆某教师的教学细节,并运用相关学习与教学理论进行分析,指出其成功或不足之处。
- 在实际教学中应该怎样利用有关的学习理论知识?

上 编

概念的学习与教学
规则的学习与教学
认知策略的学习与教学
元认知的学习与教学
创造的学习与教学
动作技能的学习与教学
社会规范的学习与教学

第二章 概念的学习与教学

本章细目

本章要点

第一节 概念的概述

一、概念的实质

二、概念的分类

1. 具体概念和抽象概念
2. 日常概念和科学概念
3. 难定义概念和易定义概念
4. 自然概念和人工概念

三、概念的范畴

1. 概念名称
2. 概念例证与概念属性
3. 概念定义
4. 概念的层次

第二节 概念的学习

一、概念学习的理论

1. 行为主义的联结理论
2. 认知主义的学习理论
3. 新近的概念学习理论

二、概念学习的过程

1. 概念同化
2. 概念形成

三、概念的转变

1. 错误概念
2. 概念转变的过程及条件

第三节 概念的有效教学

一、促进概念学习的有效教学

1. 提供必要的感性材料
2. 利用原型和变式,突出本质特征
3. 下定义
4. 建立概念体系,构建概念图
5. 让学生运用概念

二、概念转变的促进

1. 洞察学生原有观念
2. 引发认知冲突
3. 鼓励学生交流讨论
4. 提供直观活动,促进概念重建

本章小结

思考题

问题探索

本章要点

- 概念的含义与分类
- 概念的范畴
- 不同学派的概念学习理论
- 概念形成和概念转变的过程
- 概念教学的有效方法

想试着回答一下吗……

- "随意"这个词我们一般人会认为是自由、随便一些,而心理学者会解释为需要控制,为什么不同的人对同一个词的理解会相去甚远呢?
- 假如一个天生的盲人突然能够看见东西,在不触摸物体时,他能区分猫和狗吗?
- 如果让一个小孩去拿一个苹果,他会很快完成任务,但是你让他去拿一个水果,他可能就不知道怎么做了。而我们怎样才能把水果的概念教给他呢?
- 麻雀是鸟吗?我们会很快回答说"是",那么企鹅呢?鸵鸟呢?蝙蝠呢?我们可能需要更长的时间去判断,那我们到底是怎样界定"鸟"的概念的呢?
- 古人公孙龙因为一句话而非常出名,他说"白马非马",我们都知道这是错误的,但是如何用心理学的知识来反驳这句话呢?
- 如果有件东西找不到了,我们可能会把家里所有的地方翻个遍,也有可能会重点找几个抽屉或房间,这两种方法蕴含的是什么道理呢?
- 学生在接受学校教育之前头脑中已存有不少概念,有些概念是错误的,如"太阳从东边升起来,从西边落下去""重物比轻物落地快",怎样才能改变他们的错误认识呢?

张老师在讲了几何中"垂线"的概念后,发现学生在课堂练习和作业中总会犯这样的错误:当相交的垂线有一条与水平线平行时,学生很容易判断是不是垂线,并且能正确无误地作垂线,而当一条线不与水平线平行而是呈其他角度时,学生就会判断错误且不知道如何作垂线。同样,在学习直角三角形时也会出现类似的问题:当直角三角形有一条直角边是水平的,即直角在三角形的底部时,学生都能正确判断,但当两个锐角在底部,直角在顶部时,很多学生就会出现错误。对于这一现象,张老师总结为

这些学生不能"举一反三",才导致这种错误。

实际上,张老师对学生这类错误的分析并不正确,并没有抓住学生发生这类错误问题的根本"要害",这将影响学生对重要的数学概念的有效掌握。那么问题究竟出在哪里?怎样教学才能让学生避免这类常见的错误呢?我们将在本章的学习中找到问题的答案。

第一节 概念的概述

概念是学生在学校教学中学习的最基本的内容,是掌握学科知识的基础,也是个体进行大量抽象思维活动最基本的依赖物,因此认识概念对我们来说是十分重要的。

一、概念的实质

概念(concept)是人脑对客观事物本质特性的反映,是人类思维的基本形式,同时也是构成人类知识的基本成分。从新的知识观来看,概念具有静态和动态两个层面的含义。在静态的层面,它是一种言语信息,是知识结构中的一种陈述性知识或语义知识,可以把它理解为对一种事实意义的描述。作为动态层面的概念,则是一种程序性知识或智慧技能,是人类思维的一种基本形式,通过分析、综合、比较、抽象、概括而形成对客观事物本质属性的反映,并能对这类事物的任何事例作出反应。随着客观事物的发展变化和人类对客观事物认识的提高,概念也随之发展变化,我们称之为概念发展。作为人类知识系统的重要组成部分,每一概念都有其自己的概念结构、概念系统,都存在对概念的识别问题。

概念结构(concept structure)又称为"概念的内部组织",即概念构成的因素以及这些因素之间的关系。目前关于概念结构最有影响力的理论有特征说和原型说。**特征说**(feature list theory)以美国心理学家伯恩(Bern)为代表,认为概念是由事物的定义特征和联合这些特征的规则两方面因素组成的。概念规则有肯定、否定、合取、析取、关系等。比如,"正义战争"就是由肯定规则连接两个定义特征形成的概念;而"非正义战争"是由否定规则连接两个定义特征形成的概念;"手帕"是由合取规则连接两个定义特征形成的概念。近些年,特征说受到了挑战,人们认为有些概念有明确的定义特征,而很多概念则很难定义。**原型说**(prototype theory)的提出者及主要代表人物是罗施(Eleanor Rosch),原型说认为概念是由原型和类别成员代表性的程度两个因素构成的。原型是某一类别的最佳实例,如"麻雀"是鸟的原型,而另一些鸟,如"企鹅"对于鸟的代表性程度则较差。

概念系统(system of concept)是指根据概念的不同抽象程度和概念之间的关系排列而成的系统。由垂直维度排列的因对事物的抽象程度不同而形成的不同层次的概念,分别称为总括层次、基本层次、类属层次等。心理学研究表明,概念系统具有以下特点:一是处在基本层次上的概念具有某种优势,即具有更多的共同属性,其概念结点更容易被激活;二是当基本层次上的某一概念结点被激活以后,首先会在水平方向上进行扩散,然后才向上属和下属概念的结点扩散;三是与基本层次上某一概念结点直接相联系的下属概念的相似性最大。

概念识别(concept identification)是指根据事物的特性确定它是否属于某个概念的过程。概念识别的观点因概念结构理论的不同而有所差异。根据特征说,概念是指由一定规则联结起来的事物的有关特征或属性,因此一个概念的所有实例都是这个概念的良好实例;并且不同概念之间的区别是界线分明和合乎逻辑的。实验室里利用人工概念进行的研究都采用这一观点。根据原型说,自然概念可以由原型加一些变换规则来描述,不是所有概念实例都能很好地表征这个概念,人们主要从概念的原型来理解这个概念。

概念发展(concept development)是个体认知发展的重要方面,即随着个体所处社会的进步和人们知识水平的提高,概念的内涵和外延都会有所改变的特性。概念发展可以有四种不同的表现形式:一是对新接触事物的接纳。如交通工具的概念,可以因个体的经验不同而有不同的理解,也会随着社会的发展而发展,如把宇宙飞船纳入交通工具的范畴。二是对概念有关原理理解的深化。如随着个体知识的发展,数的概念理解,就从自然数向各种运算的原理深化。三是对概念内在结构关系的理解。随着对概念各种原理的理解的深化,概念理解逐步进入科学研究的阶段,此时必须注意概念内在的结构关系。如关于情感的概念,心理学研究者就必须知道一系列的情感概念系统,并研究清楚其内在关系,不能只知道"人非草木,孰能无情?"。四是在概念理解的基础上解决问题。这是概念发展的最高层次,就是能把概念运用于现实生活,并能解决实际问题。

二、概念的分类

概念的实质涉及的是概念的本质属性,即概念的内涵;概念的外延则涉及它的种类。我们可以从不同的角度对概念进行分类,以便能更全面、更系统地认识概念。

1. 具体概念和抽象概念

根据概念的抽象水平进行分类,这种分类是由加涅提出的。**具体概念**(concrete concept)是指可以通过观察一类事物的特征直接获得的概念。许多日常生活概念都属于此类概念,如前、后、左、右。**抽象概念**(abstract concept)是不能通过观察直接获得,而必须通过下定义方式获得的概念。学科教学中的许多概念就属于此类概念。如对于法律学中的"法"的概念,我们可以通过下定义的方式界定它为"由国家制定或认可并由国家强制力保证实施的行为规范体系"。

2. 日常概念和科学概念

根据概念掌握的途径进行分类,这种分类是由维果茨基(Vygotsky)提出的。**日常概念**(common concept)是在日常生活中通过个体经验的积累而获得的概念。这类概念因受到个体狭隘的知识范围限制,因此难免会有片面性甚至有时歪曲了事实。这类概念的内涵常常只反映了事物的非本质属性或部分本质属性,如有的人认为所有动物的血都是红的,因此就有血红的概念,而忽视了血液的流体特征。**科学概念**(scientific concept)是在获取有关概念内涵的条件下掌握的概念,是人类思维活动和长期实践的结果,因此基本能够反映事物的本质属性。

3. 难定义概念和易定义概念

根据概念下定义的难易程度进行分类,这种分类是由赫尔斯(Hulse)提出的。**易定义概念**(easy-defined concept)是指事物的关键特征明显,容易揭示出所定义事物的共同属性的概念,如三角形、矩形等。**难定义概念**(hard-defined concept)是指事物的关键特征不明显,不容易揭示出所定义事物的共同属性的概念,如美、智力、情感等。

4. 自然概念和人工概念

根据概念形成的特性进行分类。**自然概念**(natural concept)是指在人类发展过程中自然形成的概念,其内涵和外延都是由事物本身的特征决定的。如声音、光线、分子、原子、质子、国家、民族等概念都属于自然概念。**人工概念**(artificial concept)是指在实验室条件下,为模拟自然概念的形成过程而人为制造出的概念,它起源于赫尔的研究(Hull, 1920)。

三、概念的范畴

为了确切地把握概念,我们要对概念进行全面分析。一般来说,一个概念可以从以下四个方面进行分析。

1. 概念名称

如果一个词汇代表的是同类的事或物,那它就是这类事或物的概念名称。如电脑、汽车、房子,等等。虽然概念名称是用词来表达的,但词与概念不是一一对应的关系。一方面概念是用词来表达、巩固和记载的,概念使词具有意义,成为有意义的符号;另一方面概念又不等于词,同一概念可用不同的词来表达;同一词在不同的场合下也能表达不同的概念。也就是说,一个词可以作为不同概念的概念名称,如"杜鹃"既可以作为一种植物的名称,也可以作为一种动物的名称。而同一概念也可以用不同的词来表示,如"嘴""口"这两个词表示的就是同一个概念。

2. 概念例证与概念属性

概念例证(instances of concept)是指来自同一类别的具体事物,是概念的非本质属性的具体体现。概念的例证包括概念的**正例**(positive instances)和概念的**反例**(negative instances)。前者又译为"概念的肯定例证",指一切包含概念的共同关键特征的事物,传递着有利于概括概念的关键信息。后者又译为"概念的否定例证",指一切不包含概念的共同关键特征的事物,与"概念的正例"相对,传递着有利于辨别概念的信息。如苹果、香蕉、西瓜、橘子、桃子等都属于水果类别。虽然它们的形态结构不同,但都具有共同的属性,它们对于"水果"这个概念都是正例,也是我们通常所说的概念外延。而对于交通工具、蔬菜、动物等概念它们变成了反例。虽然同一概念的正例之间存在着不同程度的相似性,但它们对于概念的表现程度是有区别的。例如,"麻雀"和"鸡"都是"鸟"这个概念的正例,但人们更倾向于将"麻雀"作为"鸟"的正例,因为麻雀具有的特点对"鸟"这个概念具有更高的表现程度。

概念属性(nature of concept)指概念包含的一切正例的共同特征,即我们通常所指的概念内涵,亦称"概念的关键特征""标准属性"。例如,一切鸟类都具有卵生和长羽毛这两个属性,因此卵生和长羽毛就是"鸟"这一概念的共同属性,即本质属性。当人们遇到一个新事物,往往要观察这个事物具有的各种属性,通过与概念属性的分析、比较来决定这个事物属于哪个概念类别。

概念例证和概念属性都是概念必不可少的两个组成部分,两者是相互依存、有机统一的整体。一般来说,概念的内涵越大,它的外延就越小;概念的内涵越小,它的外延就越大。

知识小窗 2-1　　　　偷换概念:白马非马

战国时,有一天平原君的食客公孙龙带着一匹白马出城。守门的士兵拦住他说:"马匹一概不得出城。"公孙龙说:"白马并不是马。因为白马有两个特征,一是白色的,二是具有马的外形,但马只有一个特征,就是具有马的外形。具有两个特征的白马怎会是只具有一个特征的马呢? 所以白马根本就不是马。"士兵无法应对,唯有放行。这就是著名的"白马非马"的故事。

> 在这里,公孙龙的论证如下:
> 白马有两个特征:一、有马的特征;二、白色的。而马只有一个特征:有马的特征。
> 所以,白马不是马。
> 实际上,我们很容易看出,白马本来是马的下位概念,属于马的一种。而公孙龙将白马和马的上下位概念模糊了,把两者放在同样的位置进行比较,同时又将白——这个马的非本质特征上升为白马的本质特征,所以马和白马就成为两个平行而不等同的概念了。

3. 概念定义

概念定义(definition of concept)是指对同类事物共同本质属性进行概括的语言表达形式。这种形式要求简洁、明了地表达该类事物的共同本质属性,既能为传统文化所认同,也能与时俱进,具有时代特征。如教师定义,在我国古代为"师者,传道授业解惑也",而现在则是"国家批准和认可的专门从事教学工作的人"。当然,也有些概念很难定义,它们只是一个相对而言的关系表述,必须借助一定情境才能明确。如甜蜜的爱情、美丽的景色等具有感情色彩的概念就很难进行抽象定义,只能借助特定的环境进行意会而不能言传。

4. 概念的层次

个体掌握的各种概念之间具有系统的联系,而系统联系的方式是按等级进行的。最典型的概念系统联系方式具有三个等级的层次:处于第一个层次(总括层次)上的概念最具概括性,被称为上级类概念;处于第二个层次(基本层次)上的概念具有中等程度的概括性,被称为基本类概念;处于第三个层次(类属层次)上的概念则具有最具体的特点,被称为下级类概念。例如,家具(上级类概念)——桌子(基本类概念)——课桌(下级类概念),就是一个典型的三级层次的概念系统。当然,有些概念还可以继续分层,从而形成多层次的复杂的概念系统,如动物中的虎是脊索动物门、哺乳纲、食肉目、猫科、豹属中的一种,与狮、豹等同属,在虎中还有美洲虎、非洲虎、西伯利亚虎、中国的东北虎、华南虎之分。

第二节 概念的学习

概念学习(concept learning)亦称"概念获得""概念掌握""概念习得",是有机体掌握同类事物共同本质属性的过程。人类对一个概念的学习过程往往由四个自低向高逐级发展的阶段组成,即概念的具体化、概念的掌握、概念的实际运用和概念的分类。

一、概念学习的理论

关于概念学习的规律,心理学家提出了不同的理论解释,形成不同的概念学习理论,了解这些理论将有助于我们更好认识概念学习现象,把握概念学习规律。

1. 行为主义的联结理论

联结理论(association theory)代表人物赫尔(Hull,1920)认为,学习概念就是"从某一类刺激中抽象出一般的因素,并对该因素发生共同的反应",对一个人而言,一种新的刺激尽管具有以往从未见过的特征,但如果这种刺激具有与某个已知概念共同的要素,就会唤起概念反应。比如,初步掌握了"狗"这个概念的儿童,尽管只是接触过白毛和黄毛的狗,但看到一只黑毛狗,儿童也马上能够说出那是"狗"。概念是经过刺激(S)与反应(R)的联结式学习历程获得的。在联结式学习中,个体对刺激的正确反应得到酬赏,产生后效强化作用,以后再经过抽象化、类化和辨别的历程,就逐渐形成了概念。在学习活动中,如果学生能够正确地识别出某一概念的一个例子,就给予强化,告诉他是对的;如果学生对刺激识别错了,则告诉他是错误的,这样学生就不会形成错误的联结。通过一系列的尝试,正确的反应与适当的刺激就联结起来了,学生的头脑中就形成了概念。

联结理论可以成功地解释儿童的日常概念的形成。然而这种理论难以解释抽象概念、科学概念的学习。此外,这种理论对概念形成过程的分析带有被动色彩,没有充分考虑人的主动性,不重视人的内部活动过程。

2. 认知主义的学习理论

20世纪50年代以来,认知心理学家布鲁纳、奥苏贝尔、加涅等人对概念学习过程的开创性研究使人们对概念学习的认识跨入了一个新的时代。经典认知学派的概念学习理论有以下两种。

(1) 假设检验理论

20世纪50年代,布鲁纳(Bruner)等人提出了**假设检验理论**(hypothesis testing theory),其基本观点是,在概念形成过程中,学生并不是被动地、消极地等待各种刺激的出现以形成联想,而是积极地、主动地去探究这一概念,通过一系列的假设检验来发现这一概念。学生在形成概念的过程中,还会采取各种策略,以求加快发现这一概念的过程。在实验中,被试使用最多的是整体策略,即被试的第一个假设包括了第一个刺激所涵盖的各种可能属性,然后随后来的刺激逐步修正,若接收到的肯定刺激符合原先的假设就不予更正,否则就根据原假设与新刺激之间的共同点来修正假设。

(2) 典型例证理论

心理学家罗施(Rosch,1977)从**典型例证理论**(exemplar theory)出发,认为自然概念的学习通常采用典型例证学习的方法。罗施认为,记忆中的概念是以这些概念的具体例证来表示的。对于任何一个概念来说,都有一些比较典型的例证和一些不太典型的例证,而最具代表性的例证就是其原型。比如,麻雀比企鹅更能代表鸟类,苹果比番茄更能代表水果等。罗施的实验研究发现,人们对典型例证的反应比对非典型例证的反应快。比如,人们回答"企鹅是鸟吗?"比回答"鸽子是鸟吗?"所用的时间更长。而且,当人们听到一个范畴名称时,脑海里出现的是该概念的原型,而不是该概念所有例证都具有的特征表。因此,人们对自然概念的学习,开始可能只包括对原型或典型例证的认知,然后以其特征为基础,逐步认知较不典型的例证。尽管自然概念的学习很多时候采用典型例证学习,但也有研究发现,被试有时也采用假设检验进行学习。

3. 新近的概念学习理论

新近的概念学习理论突破了认知心理学将学习仅视为一种理性的认知加工过程的观点,开始关注概念学习过程中非理性的成分和特点。下面介绍两个典型的代表。

(1) 内隐学习说

内隐学习说(implicit learning theory)认为,概念学习并不总是一个有意识的理性学习过程,一些结构复杂的抽象概念是通过无意识的内隐学习获得的。在概念的形成中,学习者依赖于一些属性在无意识积累中的频次来区分概念中的相关属性和无关属性。雷伯等人(Reber, & Allen, 1978)用实验证实了这一观点,他们认为,当刺激结构高度复杂时,采用比较被动的、无意识的学习方式可能更有效。例如,儿童对母语的语法相关概念的学习就是如此。

(2) 学习的认知系统模型

学习的认知系统模型(cognitive system model of learning)认为,概念学习有两个基本来源,即外部来源和内部来源。外源性概念是通过感官进入认知系统的概念,而内源性概念则是通过各系统成分之间的交换来建构的。认知系统模型有五个基本的构成成分:感觉接收器、执行控制、情感因素、工作记忆和长时记忆。它是一个高度动态化的、能够持续整合各个构成成分的互动系统。概念学习就是学习者利用已有的知识和认知结构,积极主动地感知、整合、加工和记忆外部信息的过程。该模型强调认知策略在概念学习中的整合作用,而且重视情感因素对概念学习的作用。

二、概念学习的过程

人们对一类事物的共同本质属性的掌握并不是与生俱来的,而是在后天的社会实践中,经过对事物的不断分析和综合进行积累的过程。概念习得有概念同化和概念形成两种形式。

1. 概念同化

同化(assimilation)是认知心理学家皮亚杰(Piaget)首先在其图式理论中提出的概念,它是指在认识过程中将新知识加以变换,纳入原有图式(认知结构),使原有图式不断扩大。而美国心理学家奥苏贝尔(Ausubel)将这一概念用于概念学习,提出了概念同化的精辟见解。所谓**概念同化**(concept assimilation)就是把遇到的新概念同自己已有的认知结构发生联系,使其纳入原有概念结构中,同原有的有关概念融会贯通。概念同化多发生于课堂教学中,属于接受学习的范畴,是学生获得概念的典型方式。概念同化的过程不仅扩大和深化了原有的认知结构,而且使新概念获得了意义。奥苏贝尔认为概念同化有以下三种基本形式。

(1) 类属学习

类属学习(subordinate learning)又称为"下位学习",就是新学习的概念是原有概念的下一级概念,新旧概念是一种类属关系。这种概念学习可以导致概念的不断分化与精确。其效率主要依赖于原有概念的巩固程度和获得方式。如果原有概念与新学习概念特别吻合、稳定、有共同结点和有直接关系,概念学习效率就高。类属学习可以分为两种情况,即派生类属学习和相关类属学习。

派生类属学习的一般模式如图2-1所示。图中实线部分表示原有知识,a_4 表示要学习的新知识。新知识只是作为具体例证被纳入原有的认知结构。通过这种派生类属学习,原有的认知结构得到了证实和说明,但本质属性不变。比如,学生已经学过了半岛这一地理概念,再学到亚平宁半岛、伊比利亚半岛等知识时,就能很快把它们纳入半岛这一原有认知结构中。

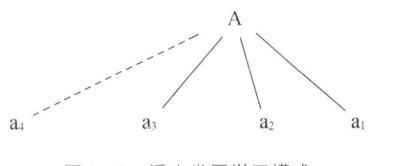

图 2-1 派生类属学习模式

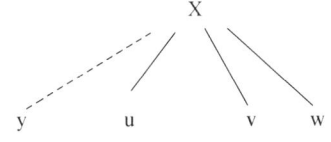

图 2-2 相关类属学习模式

相关类属学习的一般模式如图2-2所示,图中 X 以及和实线相连的 u、v、w 代表原有知识,与虚线相连的 y 代表要学习的新知识。相关类属学习指新知识 y 被纳入高一层次的概念 X 后,X 得到了扩展、深化或修正,同时 y 本身也获得了新的意义。比如,学生的原有认知结构中已经知道矿产、森林、土地是国家资源,现在把信息也作为国家资源,那么资源这一概念的内涵得到了扩展和深化,同时信息这个概念也获得了新的意义。

(2) 总括学习

总括学习(super-ordinate learning)又称为"上位学习",是指对认知结构中已获得的若干概念进行抽象概括,从而得到一个高层次的概念或命题的过程。总括学习的一般模式如图 2-3 所示,a_1、a_2、a_3 分别表示原有的概念,虚线上方的 A 表示高层次的新概念。新学习概念比原有概念的包容性更高,如"水果"就是对香蕉、苹果、梨、荔枝、菠萝等概念的总括,同时也获得了意义。一旦掌握了水果概念,再学习提子、槟榔等概念时又转化为下位学习。

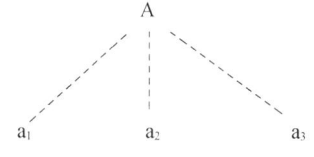

图 2-3 总括学习模式

（3）并列结合学习

并列结合学习（combinational learning）是指新学习概念与原有概念不存在类属和总括关系,而只具有一般并列关系时,人们可以通过这种并列关系将概念同化到原有的认知结构中。并列结合学习的一般模式如图 2-4 所示,B、C、D 分别表示原有的概念,A 表示新概念。比如,学生要学习的新概念是生物学中的"变异",老师便可根据概念之间的并列关系,将"遗传"与其进行类比,以帮助学生对知识的理解。在并列结合学习中由于新旧知识的联系不是实质性的,因此这种学习相对比较困难。

图 2-4 并列结合学习模式

A —— B --- C --- D

概念同化的关键条件是新学习的概念必须具有逻辑意义,同时学习者的认知结构中必须具备同化新概念的原有观念。原有概念越清晰越巩固,同化新概念越容易。

学术研究 2-1　　　小学儿童对"仁慈"概念理解的发展

仁慈是主动为他人提供帮助并且不期待外在报酬的行为,儿童仁慈的发展有助于促进儿童在社会交往中的谦让、帮助、合作和分享等亲社会行为以及其他社会技巧与能力的发展。但仁慈这一概念具有一定的概括性、抽象性。有学者使用访谈法,对小学儿童"仁慈"概念和行为的理解进行了研究。

研究选取两所学校二、四、六年级的 60 名小学生为研究对象,进行结构化访谈,并结合对图片情境故事的理解,确定小学儿童对仁慈概念的掌握水平。结果表明:大部分小学儿童习得"仁慈"概念的时间是在二、三年级。小学儿童对"仁慈"概念的掌握表现出了阶段特征,随年级升高,他们对"仁慈"概念的理解逐步深刻化,但其思维活动仍局限于具体的事物及日常经验,缺乏抽象性。从性别看,小学儿童对"仁慈"概念理解不存在明显的性别差异,但女生的表达优于男生。从理解角度看,低年级小学儿童在理解仁慈行为时主要依赖情境故事,自我中心严重,中、高年级小学儿童逐渐摆脱自我中心。从理解深度看,部分高年级小学儿童能理解仁慈行为的发生不受义务驱动,而低、中年级小学儿童则较难判断。对仁慈行为的判断则不存在明显的性别和年级差异。

(叶露,丁芳,2014)

2. 概念形成

概念形成(concept formation)是概念学习的另一种方式,它是个体以直接经验为基础,从大量的同类事物的不同例证中经过分析、比较、抽象和概括独立发现和掌握事物的共同关键特征的过程。它属于发现学习。

(1) 概念形成的实验

概念形成的过程可以用人工概念的形成实验来演示。例如,图2-5有18张卡片,每张卡片有三个维度的属性:① 图形,如方形、圆形、三角形;② 大小,如大的、小的;③ 位置,如左边、中间、右边。在实验时先将18张卡片放在被试面前,说明卡片都有哪些属性和怎样将这些属性结合成概念,然后向被试呈现1张卡片(如第5张卡片),说:"在我心中有一个概念,概念的属性可以从这张卡片上看到,请你按照自己的想法,每次指出1张卡片给我看,我会告诉你对与错,然后继续下去,看看是否能发现我所想的概念。"被试这时的任务就是从概念的正例(大的、左边的、三角形)中发现本质的属性并排除无关的属性。例如,某一被试的实验进程如下:

  被试的选择   主试的判定
  ① 第6张卡片   错
  ② 第3张卡片   对
  ③ 第11张卡片   对

如果这时被试说出"你心中想的概念是'大的'",那么概念就算形成了。

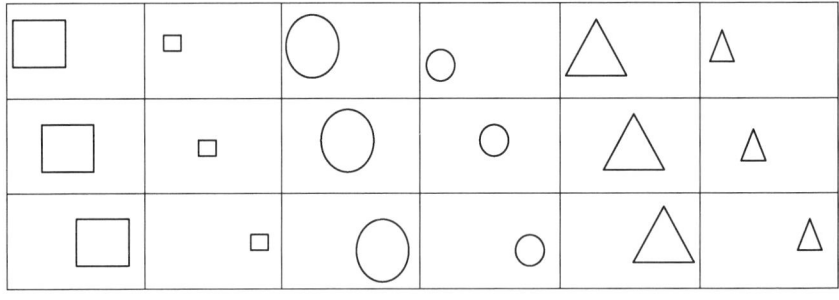

图2-5 概念形成实验卡片

布鲁纳等人(Bruner et al.,1956)通过人工概念的研究发现,在概念形成过程中,被试是一个积极的决策者。其过程是,被试通过对所给刺激材料的分析和综合,并根据自己的已有知识经验,先提出一个与目标相一致的假设,然后根据主试的反馈和对新材料的分析,检验和修正提出的假设;经过多次反复,形成概念。概念形成涉及抽象、概括和辨别几种思维活动。

学术研究 2-2　　生物学概念形成与教学效果的实验研究

　　课堂教学是科学概念形成的最主要途径。有研究者通过实验,比较了教学方法(探究法与讲授法)和概念特点(难度大小)对科学概念形成的影响。

　　实验抽取两所中学的 180 名高一学生,随机分为接受探究法教学组和接受讲授法教学组,两组学生均接受生物学中的概念"渗透作用"(难度较大)和"有丝分裂"(难度较小)的教学。教学结束后对两组学生进行笔试和口述概念的测试。结果表明,探究与讲授两种教法的教学效果因学生水平及概念难度不同而存在差异:对于低难度概念,两种教法教学效果区别不甚明显,而对于高难度概念,讲授法更适合低水平学生的学习,探究法则更有利于高水平学生的学习。可见,概念教学的有效方法的选取,应充分考虑学生水平和概念难度等因素。

(姚宝骏,2014)

　　有学者认为,儿童的概念形成是一个从概念的外部、具体、非本质的特征到内部、抽象、本质的特征的不断深化的过程。儿童刚接触某个概念时并不能理解其共同本质属性,而只是把它当作一个例子来看待。例如"球"这个概念,一开始儿童可能只是把自己玩的小皮球看作球,而并不认为其他的球也是球。但当父母告诉他足球、排球、篮球都是球时,他逐渐形成了自己的假设"圆的东西是球"。这时他可能把西瓜、月亮等圆的东西都看作为球,以后经过成人的否定反馈,儿童逐渐从反例中区分出什么是球,得到球是一种圆的,用于运动或游戏的用品的概念。

　　虽然概念形成主要在日常生活中进行,但在课堂教学中适当运用概念形成的规律,也有助于学生掌握较复杂的概念(郭立军,刘凤伟,2016)。

　　(2) 概念形成的策略

　　在概念形成的假设检验过程中,被试会采用种种方法,这些方法被称为**概念形成的策略**(strategy of concept formation)。策略的好坏会直接影响概念形成的成败和速度。这里介绍两种最常用的策略——聚焦策略和扫描策略。

　　① 聚焦策略,也称整体性策略。这种策略将首次获得的肯定例证中的全部属性作为初始假设,然后经过验证剔除无关的属性,逐步聚焦到关键属性。**聚焦策略**(focusing strategy)又可以分为保守聚焦策略和冒险聚焦策略。

　　保守聚焦策略(conservative focusing strategy)是指被试选择一个正例作为焦点建立假设,每次仅选一种属性进行验证,通过"步步深入"排除无关属性,最后形成概念。前面举例的人工概念形成实验采用的就是保守聚焦策略。

　　冒险聚焦策略(adventurous focusing strategy)是指被试每次同时对两个或两个以上

的属性进行检验,试图以较少的步骤达到目标。这种策略带有冒险性,可能在较少的步骤内形成概念,但也可能因为选取样例时的"失误"而增加检验的步骤。同样用前面的人工概念例子,主试呈现第5张卡片(大的、左边的三角形),如果被试一开始选择的是第9张卡片(主试判断"对"),他等于节省了一步,只要再选一张卡片,如第6张卡片(主试判断"错"),就能形成"大的"这一概念。而如果被试一开始选择的是第12张卡片(主试判断"错"),他就等于浪费了一步,因为他无法确定"错"是由位置的变化引起的还是大小的变化引起的。

② 扫描策略,也称部分性策略。这种策略将首次获得的肯定例证中的部分属性作为初始假设,然后进行检验的策略。**扫描策略**(scanning strategy)可分为同时性扫描策略和继时性扫描策略。

同时性扫描策略(simultaneous scanning strategy)是指被试根据第一个正例的部分维度形成了多个部分假设,他把这些可能的假设都保持在记忆中,在选取一个实例后,根据主试的反馈,对多个部分假设进行检验。

继时性扫描策略(successive scanning strategy)与同时性扫描策略的区别在于一次只检验一个假设,如果被试运用的假设被证实是正确的,就可以继续使用,否则就采取另一个假设再对其进行检验,直到找到一个与所有实例都不矛盾的假设。

与聚焦策略相比,扫描策略要求有更高的记忆力和推理能力,否则使用时较易产生错误。一般来说,人们在进行假设检验时倾向于采用简易、有效的聚焦策略。

三、概念的转变

维果茨基(Vygotsky)的概念分类理论,为概念教学的研究提供了重要的思路。它使人们认识到,概念学习不只是概念获得,也包含着概念转变。因此,我们在教授科学概念时不能将学生视为"白纸一张",应当考虑到学生接受教育前已有的经验。

1. 错误概念

学生在接受正规的科学教育之前形成的概念称为**前科学概念**(pre-science conception),简称**前概念**(preconception)。其中有些前科学概念是与科学的理解基本一致的(即朴素观念),可以作为学生学习科学概念的积极"生长点",但有些概念是与当前科学理论对事物的理解相违背的,这就是**错误概念**(misconception)。错误概念具有广泛性、隐蔽性、顽固性等特点。错误概念通常来自对现象的感觉体验、日常语言、大众传媒或以前的课程,尤其是基于感觉体验的概念,通常是根深蒂固的,因为这些概念通常能"解释"一些表面现象,符合直观观察,所以在人们的头脑里是"合理的",如"太阳升起来,落下去","重的物体会更快地落地"等。有研究者(牟毅,朱莉琪,2006)将常见的力学错误概念与牛顿三大定律相对照,总结得出人们常有的错误概念:① 惯性也是一种力,它使物体保持运动轨迹不变,比如做圆周运动的物体,撤销外力后依然做圆周运动;② 力是产生和维持物体运动的原因,比如认为物体静止时就不受力;力的方向决定物体运动方向,力与速度成正比;③ 作用力存在于主动施力者,比如只有人和动物才有力;作用力和反作用力存在于同一物体上。这些错误概念深受"力产生运动"这一直观观察影响,生活中无处不在的此类现象让人们形成这一朴素概念,使得从亚里士多德到中世纪的冲量理论,都具有本质上相同的错误。

研究发现,错误概念不仅在儿童中出现,甚至在大学生身上也会出现,它们出现的频率在各年龄阶段变化不大。在教学中,学生认知结构中的错误概念不但会妨碍新知识的理解,而且可能导致学生产生新的错误概念,从而阻碍他们对科学概念的学习,因而对错误概念的转变也是极为重要的教学内容。

2. 概念转变的过程及条件

在学校教育中要改变学生头脑中的错误概念,仅仅靠学习新概念是不够的,只有通过概念转变才能加以实现,因而概念转变也是知识学习的重要方面。**概念转变**(conception change)指个体原有的概念由于受到与其不一致的新经验的影响而发生的重大改变。泰森等人(Tyson et al.,1997)在考察前人研究成果的基础上,提出了概念转变的两种方式:充实和重建。所谓**充实**(enrichment)是指在现存的概念结构中概念的增加或删除,人们在生活中获得的大量知识可以充实他们原有的知识。充实的另一种形式包括对现存概念结构的区分、合并以及增加层级组织,通过积累的方式使这些知识发生变化。总之,这一方式涉及原有概念结构的量的**扩展**(enlargement)。另一种方式是重建,所谓**重建**(restructuring)是指新获得的信息与现有的信念、假定或有关理解之间存在着冲突,需要创造新结构,这种新结构的建构或者为了解释旧的信息,或者为了说明新信息。概念转变的充实方式是容易实现的,而重建方式则会遇到较大的阻力,因为个体在面临与原有经验不一致的情境时,需要对原来的理解和解释作出根本性调整和重组,而不是新信息的点滴积累和某些细枝末节的变化。

波斯纳等人(Posner et al.,1982)提出了著名的**概念转变模型**(conceptual change model,简称CCM),对概念转变的条件以及个体的知识经验背景对概念转变的影响提出了自己的解释。他们认为,一个人原来的概念要发生顺应(转变)需要满足四个条件:① 对现有概念的不满。只有感到自己的某个概念失去了作用,他才可能改变原概念,哪怕他只是看到了原来的概念的不足,也会尽力作小的调整。个体面对原来的概念所无法解释的事实(反例),会产生认知冲突,这可以有效地导致对原有概念的不满。② 新概念的**可理解性**(intelligibility)。学习者需懂得新概念的真正含义,而不仅仅是字面的理解,他需要把各片段联系起来,建立整体一致的表征。③ 新概念的**合理性**(plausibility)。个体需要看到新概念是合理的,而这需要新概念与个体接受的其他概念、信念相互一致,而不是相互冲突,它们可以一起被重新整合。这种一致包括:与自己的认识论信念的一致;与自己其他理论知识或知识的一致;与自己的经验一致;与自己的直觉一致等。个体看到了新概念的合理性,意味着他相信新概念是真实的。④ 新概念的**有效性**(fruitfulness)。个体应看到新概念对自己的价值,它能解决其他途径难以解决的问题,而且能向个体展示出新的可能和方向,具有启发意义。有效性意味着个体把它看作是解释某问题的更好途径。概念的可理解性、合理性、有效性之间密切相关,其严格程度逐级上升,人对概念有一定的理解是看到概念的合理性的前提,而看到概念的合理性又是意识到其有效性的前提(张建伟,1998)。

第三节　概念的有效教学

概念是学生学习的最基本的内容,也是个体进行大量抽象思维活动最基本的依赖物。课堂上进行有效的概念教学,有利于学生掌握扎实的基础知识,形成"触类旁通""举一反三"的学习能力。

一、促进概念学习的有效教学

在教学过程中,为了促进学生对概念的掌握,应注意以下五点。

1. 提供必要的感性材料

向学生提供丰富的、合理的、多样化的感性材料对于学生掌握概念至关重要。感性材料是学生理解事物本质属性的基础,如果教师不向学生提供感性材料,就急于讲解概念,那么学生头脑中靠灌输得来的"概念"就将是无源之水、无本之木。

首先,给学生提供的感性材料的内容要恰当,材料要与概念有必然的联系;其次,提供的感性材料的数量要恰当,不能太多也不能太少。感性材料数量过少,会造成学生对概念的感知不充分,掌握概念所需要的经验建立不起来;数量过多,又会引起学生的认知负担。再次,在呈现感性材料时应注意同时运用正例和反例。正例传递的信息有利于学生概括出概念的共同特征,反例的适当运用,则有助于学生排除概念学习中无关特征的干扰。最后,材料的选择必须符合学生身心发展的特点,并结合教师自身的情况,不能一概而论。例如,有教师在讲述初中物理中"串联和并联电路"概念时,采用让三位学生以不同方式手拉手的形式进行演示,使学生获得了感性认识。坦尼森(Tennyson,1980)研究指出,在运用例子说明概念时,可以采取以下三条原则:① 按由易到难的顺序呈现例子;② 选择彼此各不相同的例子;③ 比较正例和反例。例如,教"液体"这一概念,可以由易到难举出正例,先举水、果汁等熟悉的例子,然后举炼乳、香波等较生疏的例子。这些例子在非本质特征上各不相同:有的能吃,有的不能吃;有的透明,有的不透明;有的稀薄,有的黏稠。这样举例可以防止外延的缩小。然后还应举出几个反例,如沙子、石子等,虽然它们也能倾泻,但不是液体,这样以防外延扩大。还有研究表明,用样例促进概念的掌握时,可使用样例的两种呈现方式:一是概念属性分步呈现,即一个样例中只包含概念的一个属性;二是概念属性综合呈现,指一个样例中包含概念的全部属性。初一学生分式概念学习中,概念属性分步呈现条件的学习效果比综合呈现条件的要好(甘卫群,刘万伦,2015)。

热点聚焦 2-1　　　　　让概念走进生活

概念引入是否得当直接关系到学生对概念的理解与形成。例如小学生,抽象思维差,生活经验少,如果教师在教学中突兀、生硬地引入概念,学生大多会感到困惑、迷茫,难以接受,进而丧失学习的兴趣。因此,教师要充分利用学生好奇、好动、直观形象思维强的特点,投其所好,通过创设情境来引入概念,让学生在故事、游戏、悬念等情境中慢慢进入思维轨道,激发其进一步学习的兴趣和欲望。例如,在教授"百分数的认识"时,课前就安排学生收集生活中的百分数。在实际教学中,学生们收集到的百分数非常多:有的从食物的包装上收集到各种材料的百分数,有的从服装上收集到各种成分的含量,还有的是从电视新闻中听到的一些百分数,更有一位同学将收集的服装的吊牌都带到课堂上来了。教师根据学生们收集的材料提出一系列问题:百分数的意义是什么?有什么作用?怎样读,怎样写……有了这样的开始,再来学习"百分数"的概念就显得轻松而自然了。

(杨丹,2009)

2. 利用原型和变式,突出本质特征

原型是概念标准的、典型的正例,变式是指改变非本质属性保持本质属性的概念正例的变化。在概念学习中,原型与变式不可以分离。用原型可以揭示概念的本质属性,用变式可对概念本质属性加深认识,分辨清晰。教学概念时,先以原型给学生建立概念的标准与典型的表象,再辅以变式从各个侧面充分认识这个原型的本质特征,最终让学生在大脑中保持着概念的本质属性的原型作为表象。同时,通过各种变式的干扰,学生对所建立的概念表象有了清晰的认识。

原型和变式对概念学习的影响都是有利有弊的。就原型而言,一方面,原型有利于概念本质属性的确立。在学习之初,通过原型的标准性与典型性,可以充分揭示概念的本质特征,而且能恰当地建立概念的正确的典型的"表象",这时原型具有直观性、示范性;另一方面,原型也阻碍学生概念的学习,容易形成定势和僵化的认识,容易把最为"丰富"的原型的所有特征都当作本质特征,容易造成标准的、完美的、完整的形象,而忽视概念的本质属性。变式对于概念学习的影响作用也表现为两个方面。其一是变式可以改变学生的原型思维模式,帮助学生抓住概念的本质属性,使学生对概念的理解更加透彻。其二是变式对概念学习也有限制作用。变式中的无关特征增多,特殊化成分增多,本质特征就比较隐蔽,不如原型那样明显、典型、标准。同时,变式中出现的位置变动、形式的变化、形式的残缺、背景的复杂化等情形,会使概念的实例变得纷繁复杂,使得学生对概念的本质属性认识模糊,甚至把变式中的无关特征当作本质特征,导致对概念的错误认识。同样,变式的复杂残缺、变化性也会使本该清晰的概念本质属性变得模糊、质异。学生失去了概念典型的"中心"原型,在表征、判断和运用时会需要更多时间。

恰当利用原型和变式的目的是使事物的本质属性全面地显露出来。前面所举的"液体"的各种例子,便是恰当的运用。再譬如,教师在讲"直角三角形"的概念时要列举各种变式"△ △ ▽"等,即为了突出其本质属性——一个内角为90°。在列举变式时,应注意做到同时展示,这样容易相互比较,以揭示出哪些是本质属性,哪些是非本质属性。

在学生初步掌握概念之后,还应该经常变换概念的叙述方法,让学生从各个侧面来理解概念。如果学生对各种不同的叙述都能理解,就说明他们对概念的理解是透彻的、灵活的,不是死记硬背的。

实践探索 2-1　　　　　　布鲁纳:概念获得模式

概念获得模式是美国教育家布鲁纳(Bruner)设计的一种课堂上帮助学生学习和掌握概念的教学策略。其过程是通过引导学生对实例进行观察和比较,对概念进行假设和验证从而掌握概念。

这种教学策略的目的是,一方面帮助学生在课堂上有意义地学习概念,另一方面通过对概念的学习,培养学生归纳推理的思维能力。

概念获得模式有以下三个教学阶段。

1. 呈现资料,假设概念

教师首先向学生呈现事先准备好的范例。范例的呈现有三种形式:

(1) 教师给出一组范例,并将其中的肯定范例和否定范例用符号标明。

(2) 教师给出一组范例,但仅对其中的一个肯定范例和一个否定范例以符号标明。

(3) 教师给出一个肯定范例和一个否定范例,然后让学生根据这两个范例的特征自行列举出其他范例。

范例呈现给学生以后,教师要引导学生对范例进行观察,根据肯定范例的特征对概念进行假设,然后对概念作出尝试性的定义。

2. 验证假设

在学生对概念进行假设并作出尝试性定义之后,教师要引导学生对概念进行验证。其方法是,教师再向学生提供一组范例,由学生判断出肯定和否定范例,如果判断与前面的假设一致,那么所获得的概念将是准确的。如果判断与前面的假设发生矛盾,则要排除不正确的假设,重新确立假设,然后再进行验证,直到得出正确的假设。

3. 总结思维策略

在获得了正确概念以后,教师引导学生对概念获得的过程进行总结,总结他们是如何发现概念的特征的,如何对概念进行假设的,又是如何证实假设的,然后得出获得概念的有效思维策略。

(胡秀威,1999)

3. 下定义

下定义是指对概念的内涵和外延作出确切的说明和解释。给概念下定义,可以使学生对概念的认识从原来的感性水平上升为理性水平,明确地区分出概念的本质属性和非本质属性。在教学过程中,教师除了自己给概念下定义,还应引导学生在对感性材料进行分析综合、比较、抽象、概括的基础上给概念下定义,这样不仅有助于学生正确而牢固地掌握概念,而且有助于思维能力的提高。

4. 建立概念体系,构建概念图

一个概念与其他概念之间既有区别又有联系的相互关系构成了概念体系。概念体系大致可以分为相邻概念、相反概念、并列概念、从属概念四种。概念体系反映了概念之间的逻辑关系,学生一旦形成了概念体系,不仅有利于概念的储存和提取,而且有利于理解和吸收新的概念。

概念体系可以使用概念图来反映。概念图是诺瓦克(Novak, 1978)根据奥苏贝尔的有意义学习理论提出的一种教学技术。概念、命题、交叉连接和层级结构是概念图的四个特征。概念是感知到的事物的规则属性,通常用专有名词或符号进行标记;命题是对事物现象、结构和规则的陈述,在概念图中,命题是两个概念之间通过某个连接词形成的意义关系;交叉连接表示不同知识领域概念之间的相互关系;层级结构是概念的展现方式,一般情况下,一般的、最概括的概念置于概念图的最上层,从属的概念安排在下面。某一领域的知识还可以考虑通过超级链接提供相关的文献资料和背景知识。因此,概念图是表示概念与概念之间相互关系的空间网络结构图。

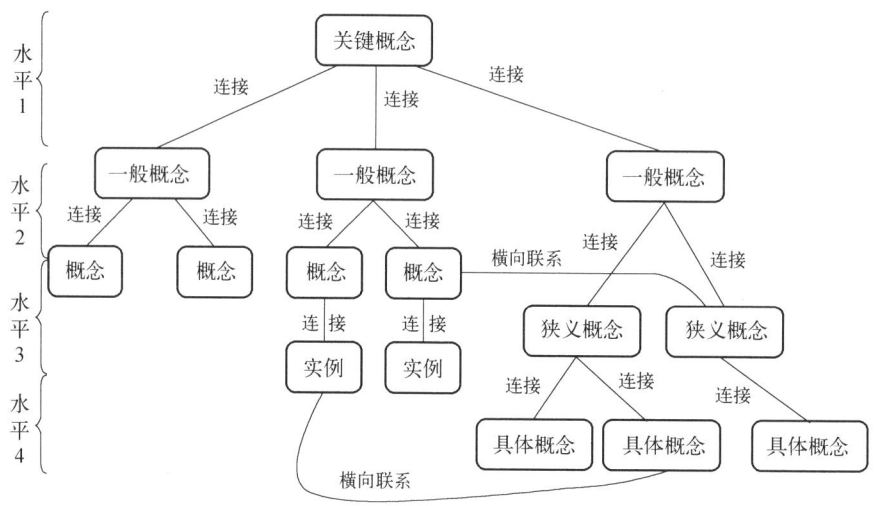

图 2-6　概念图的例子(裴新宁,2001)

概念图能够促进概念之间的联系和知识的迁移,借助可视化手段促进知识的建构和发散思维的形成。在尚未平、赵国庆做的关于概念图和思维导图的调查研究中,79.3%的学生表示在以后的学习中会继续使用概念图。概念图适用范围广泛,易于掌握,更容易激发学生的学习兴趣,培养学生的思维能力。

5. 让学生运用概念

邵瑞珍等人对奥苏贝尔的概念运用理论作了总结,认为概念运用主要包括在知觉水平上和思维水平上的运用。在知觉水平上的运用包括:① 辨认特例,指认知结构中获得同类事物的概念以后,当他遇到这类事物的特例时就能立即把它看作这类事物中的具体例子,把它归入一定的知觉类型;② 直接觉察意义,指已经有意义学过的概念,以后在新的环境中出现,学生不必经过一系列的认知过程,就可以直接从知觉上觉察它们的意义。思维水平上的运用包括接受学习中的运用和发现学习中的运用。接受学习中的运用:① 把一个已知的一般类别的不太明显的例子鉴别出来,从而被看作这个类别的成员;② 用包容范围更广的概念或命题来同化有关的新概念、下位概念或命题,从而获得这种新的概念或命题。发现学习中的运用：① 在比较简单的问题解决活动中,问题的解决只是要求学习者能把新问题作为一个已经有意义的更一般的概念或命题的特殊实例加以说明；② 在比较复杂的问题解决活动中,对于现有的概念和命题必须予以扩充、加工、限定或改组,以便满足学习者去发现手段和目的之间关系的特殊需要。

心理学家认为,运用概念的能力是掌握概念的标志。让学生在实践中运用概念的过程,有助于学生全面深刻理解地概念,可以使学生更牢固地掌握概念。心理学家斯涅普坎(1987)在《数学教学心理学》一书中写道:"如果学生真正掌握了概念,他们就能运用它并能将它推导出来……掌握概念,这不仅意味着懂得概念所包含的事物和现象的种种特征,而且意味着能够实际应用它,用它进行演算。"

二、概念转变的促进

要实现概念转变,必须使学生在一个具有挑战性的情境中去解决他们已有的前科学概念与科学概念之间的矛盾冲突,通过新旧经验的相互作用,积极主动地建构新概念的意义。心理学家将概念转变的教学过程设想为一个动态的、循环的过程。这一过程由四个主要部分组成:① 学生描述他们的理解和认识;② 重新建构理解和认识;③ 应用新的理解和认识;④ 将新的理解和认识与以前的理解作比较。在此基础上,德赖弗和斯坎伦(Driver & Scanlon, 1989)提出了概念转变学习的建构主义教学模式。这一模式的一般程序包括:① 定向,教师创设特定的探究性问题情境,为学生的自主探究学习定向;② 概念引出,引导学生用自己的不充分的想法或错误概念尝试解释问题;③ 概念重建,这一环节可以通过实验、讨论、澄清和交换概念,来揭示和解决冲突情境,建构新概念,并作出恰当评价;④ 概念应用,学生应用新概念解决新情境问题;⑤ 反思概念变化,通过将新概念与自己先前已有概念进行比较,反思概念转变学习的过程。

在教学中促进错误概念转变可以采用以下四种方法。

1. 洞察学生原有观念

教师只有充分了解学生原有的知识经验背景,才能选择适当的方法,帮助学生转变错误概念。如果教师忽视学生已有观念对学习的影响,在课堂上只是一味地把科学概念灌输给学生,最终的结果往往是学生对科学概念的不理解甚至排斥,至多在课堂中机械地记住了科学概念,而在平时仍然会沿用自己的原有观念。德国物理学教授纳赫蒂加尔(Nachtigall)曾经用一则生动的比喻来描述这种忽视学生原有概念的教学活动:① 一只几乎盛满水的杯子(杯子代表未学过物理的脑袋,水则表示那些前科学概念);② 尝一口,是水的味道;③ 现在尽量把可乐倒进杯里(好比拼命给学生灌输那些正确的物理知识),

大部分可乐都溢出了杯子,只有很少的灌了进去,杯里的水现在呈浅棕色;④ 再尝一口,味道还和原来差不多嘛(前科学概念),然而可乐的颜色(还记得几个专业术语)给水添加上了一种颜色(好像已经理解了物理),因此看上去好像已变成了可乐(物理知识),而实际上并非如此。由此可见,教师应该重视学生的原有观念。在教学中,教师可以有意识地引导学生去谈论自己的思想,教师不仅可以借此了解学生的已有观念,而且外部的表达也会增强学生的自我意识,促使学生进行自我反省,而这也是概念转变学习的一个必要条件。

2. 引发认知冲突

认知冲突主要有三种:首先,认知冲突产生于学生的预测与其经验结果相反时;其次,认知冲突产生于学生的观点与教师不一致时;再次,认知冲突产生于学生之间的不同观念的碰撞中。认知冲突策略来自皮亚杰的思想,即认知冲突引起认知的不平衡,后者决定了同化与顺应之间的相互作用,直至新的平衡的恢复。总之,认知冲突就是在学生的认知心理上造成的差异与不平衡。一旦引发这种认知冲突,就会引起学生认知结构上的不平衡,就能激起学生的求知欲和探索心向,促使学生进行认知结构的同化与顺应。因此,引发认知冲突是激励学生概念转变学习的契机与条件。

3. 鼓励学生交流讨论

学生之间的相互交流对于概念转变具有积极的促进作用。在小组讨论中,每位同学都在建构自己对某一知识的理解,都是积极的参与者。群体平等、合作的气氛适合思考各种可能错误的观念。同时由于每个学生对概念的认识都有所不同,有的较全面,有的较片面,有的较深刻,有的较肤浅,在交流讨论中,学生会因为观点的不同而产生认知上的冲突,经过进一步的深入讨论,学生可以看到自己观点的不足,搞清错误的来源,自己主动调整认识,重建科学的概念。比如,在讲到"溶液"概念时,组织学生讨论"为什么纯净水不是溶液,而矿泉水是溶液",能使学生清楚了解水为溶剂,矿物质为溶质构成溶液的事实,更深刻理解了溶液概念。

4. 提供直观活动,促进概念重建

要转变学生的错误概念,仅仅告诉学生"正确"的概念是不够的。在教学活动中,教师可以用演示、实验等方式向学生呈现新信息(科学概念),鼓励学生通过观察、反思促进概念的重建。比如,学生头脑中存在"重物比轻物下落得快"的错误概念,即使教师告知了正确的概念"重物和轻物的下落速度一样",学生的疑惑仍然难以消除,因为生活中确实看到铁块比羽毛下落得更快,如果教师此时用牛顿管做一个实验,当内管的空气被抽出后,两者同时下落,这样学生就确信无疑了。

在本章开头的案例中,部分学生出现错误的原因不是不会"举一反三",而是"举一反三"是建立在学生对知识的正确理解和把握的基础之上的,他们的根本问题恰恰在于对"垂线"和"直角三角形"的基本概念把握不准。因此,为解决学生对垂直线和直角三角形概念的掌握问题,张老师可以运用本章提到的促进概念掌握的教学方法,使学生形成正确概念,如多提供感性材料——在讲述的举例中展示不同角度的垂直线和直角三角形,让学生观察;引导学生分析原型(水平的垂直线与直角三角形)与变式(不同于原型的各种角度的垂直线与直角三角形)的区别,从而总结出概念的本质特征(垂直与直角),去除非本质特征(角度);对有关概念进行练习、引发课堂讨论等。

本章小结

- 概念是人脑对客观事物本质特性的反映,是人类思维的基本形式。
- 概念的范畴包括概念名称、概念例证与概念属性、概念定义、概念的层次几个方面。
- 概念学习的理论有:行为主义的联结理论和经典认知学派的两种概念学习理论。经典认知学派的两种概念学习理论包括假设检验理论、典型例证理论。新近发展的概念学习理论有内隐学习说和学习的认知系统模型。
- 概念习得有概念同化和概念形成两种形成。概念同化有类属学习、总括学习、并列结合学习三种基本形式;概念形成过程中需要使用聚焦策略和扫描策略。
- 概念转变指个体原有的概念由于受到与其不一致的新经验的影响而发生的重大改变。概念转变有充实和重建两种方式。
- 在教学过程中,为了促进学生对概念的掌握,应做到:提供必要的感性材料;利用原型和变式,突出本质特征;下定义;建立概念体系,构建概念图;让学生运用概念。
- 在教学中促进错误概念转变可以采用以下方法:洞察学生原有观念;引发认知冲突;鼓励学生交流讨论;提供直观活动,促进概念重建。

思考题

- 什么是概念?概念的分类主要有哪些?
- 概念习得有哪些形式?
- 概念转变的过程和条件有哪些?
- 为促进学生对学习概念的掌握,教学过程中应该注意什么?
- 促进概念转变的方法有哪些?

问题探索

- 结合本章的概念学习理论,请同学们讨论一下在课堂中如何有效地进行概念学习。
- 假如你是一名中学教师,在你讲解某个概念之前,已经知道在学生的头脑中对这个概念有些错误的理解,请运用所学的概念转变的教学原理,设计一个教学方案,来有效地转变学生原有的错误观念。

第三章　规则的学习与教学

---本章细目---

本章要点

第一节　规则的概述

一、规则的概念

二、规则的种类

三、规则的范畴

1. 规则的表达

2. 规则的例证

3. 规则的属性

4. 规则的层次

四、规则学习的含义与阶段

1. 掌握规则的言语信息阶段

2. 规则证明阶段

3. 规则应用阶段

第二节　规则的学习

一、规则学习的条件

1. 规则学习的内部条件

2. 规则学习的外部条件

二、规则学习的形式

1. 从例子到规则的学习

2. 从规则到例子的学习

三、高级规则的学习和应用

1. 高级规则的接受学习

2. 高级规则的发现学习

第三节　规则的有效教学

一、规则学习的意义

1. 促进认知策略的形成

2. 调节合理行为

二、规则学习的教学步骤

三、促进规则学习的教学

1. 创设问题情境

2. 联系已学过的知识

3. 提供样例

4. 展示正反例证

5. 让学生运用规则

本章小结

思考题

问题探索

本章要点

- 规则的含义
- 规则的范畴与种类
- 规则学习的条件与形式
- 规则学习的教学步骤
- 规则教学的有效方法

> **想试着回答一下吗……**
>
> - 每一项体育比赛都有一定的规则,若没有这些规则比赛还能进行吗?
> - "滚动的圆的东西"和"圆的东西能滚动"这两个描述,哪一个是在阐述规则?
> - 俗话说"不以规矩,不成方圆",你赞成这一观点吗?
> - 若让一名有经验的教师分别向学生讲解长方形和正方形的面积,他们一般会先讲长方形后讲正方形,为什么呢?
> - 刚刚学过一个新的数学知识后,许多学生都会参考例题来答题,然而有的同学能灵活地利用例题的思路解答新题目,而有的同学则只是生硬地把例题的解题过程套用在新问题中,不懂得变通,导致问题解决失败,你知道其中的原因吗?
> - 为什么教师在讲述复杂的概念或原理时会借助例子来辅助教学?
> - 在引入新的公式、原理或定理时,许多老师总是鼓励学生自己归纳总结而不是直接告诉学生结论,你能猜出老师的用意吗?
> - 以下是用火柴梗组成的两个图形,每根火柴梗是可以移动的,请按要求答题:(1)怎样移动3根火柴梗将图 A 变成 5 个正方形? 你能在多长时间内完成这一任务? 你能发现其中的规则吗? 若发现了规则,请根据自己的发现做第二道题目。(2)怎样移动 3 根火柴梗将图 B 变成 4 个正方形? 当根据规则答题时,你所用的时间是不是有所减少呢?(答案参考见本章附录)
>
>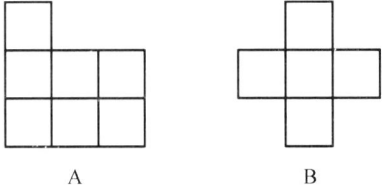

刘老师是一名英语老师,她常常有这样的苦恼:自己把语法规则讲解了多遍,学生在上课时似乎也明白了,记住了,但一到考试就往往搞错,将一般现在时、过去时、现在进行时、将来时等时态混为一谈,她很困惑,是自己教学方法有问题还是学生学习语法规则时不够用心?

刘老师为什么会有这样的困惑?问题的关键在什么地方?怎样才能帮她解除困惑呢?通过本章的学习,相信大家能从中获得启发,进而帮助刘老师找到解决问题的方法。

第一节 规则的概述

规则是人类思维的基本形式,也是构成人类知识的基本成分,尤其是加涅把问题解决也作为一种规则(高级规则)之后,规则的学习构成了学生学习的重要内容,成为意义学习中最重要的组成部分。因此,规则的学习在教育中具有重大的意义。接下来,我们将对规则的概念、种类、范畴等基本知识作详细阐述。

一、规则的概念

关于**规则**(rule),加涅(Gagné,1985)有着详尽的阐述。他认为:"规则是支配人的行为并使人能够证明某种关系的内在状态,规则远非只局限于一种言语陈述……规则是使人能够对一类刺激情境作出与一类操作相适应的举动而推论出来的能力。"显然,加涅强调规则作为一种推论出来的能力与规则本身表现为一种言语陈述或命题存在根本区别。

基于这种理解,我们可以把规则的含义分为静态和动态两个层面。在静态层面上,规则是对概念之间关系的描述性反映。例如,牛顿第三运动定律为当两物体相互作用时,彼此以力作用于对方,两者大小相等,方向相反,但作用在不同的物体上,这一定律又称为作用与反作用定律。这条规则是用语词来叙述的,但不是任何的叙述都是规则。例如,学生的课业繁重,这个叙述没有表示出几个概念之间的某种关系,就不是规则。在动态的层面上,规则是根据原理、定律、公式等对整类的刺激作出反应。

规则的类型是多种多样的。比如:在自然科学中,有物理规则、数学规则等;在语言领域,也有发音、拼写、标点、造句等规则;在日常生活领域中,有交通规则、卫生规则、游戏规则等。规则最简单的结构是由两个概念组成的,如"圆的东西会滚动"。常见的比较典型的规则由三个概念组成,例如,"一夸脱(英美制的容量单位)是一品脱的两倍",这个言语陈述说了三个概念：品脱、夸脱、两倍。其中两个是事物概念(夸脱和品脱)，一个是关系概念(两倍)。除此之外，规则还可以相当长，可以包括四个或四个以上概念，如"鸟在冬天飞向南方"。

二、规则的种类

加涅在其所著的《学习的条件》一书中，将教学可能产生的结果(学生的学习结果或教学目标)分为五类：言语信息、智力技能、认知策略、动作技能和态度。其中，**智力技能**(intellectual skill)指学生掌握概念、规则并将其运用于新情境中的能力。加涅认为，学生智力技能的学习包括辨别、概念、规则和问题解决(高级规则)四个层次。

我们根据规则水平的不同将规则分为简单规则和高级规则。**简单规则**(simple rule)是指在概念基础上形成的，以命题形式表达的几个概念之间的关系，包括公式、定理、法则、原理等。比如语法规则"形容词能受否定副词'不'和程度副词'很'的修饰"便是一个简单规则。**高级规则**(advanced rule)又称为问题解决，是学习者在解决问题过程中生成的思维产物，它是由一些简单规则组成的复杂规则，适合不同内容的问题或更复杂的问题。比如，对于解决天平问题可以有以下三个规则：① 如果天平两侧的重物的质量及重物距支点的距离相等，天平将处于平衡状态；② 如果两侧重物距支点的距离相等，而重物的质量不等，则较重的一侧将向下倾斜；③ 如果两侧重物的质量相等，当重物距支点的距离不等时，距离较长的那一侧将向下倾斜。这三个规则都是简单规则，都只能解决部分问题，如果能综合运用这三个规则创造出第四个规则，则能解决所有的天平问题，即：④ 如果两侧的重物的质量及重物到支点的距离不等时，需要计算力矩，力矩＝重物的质量×重物到支点的距离，力矩较大的一侧将向下倾斜。可以看出，高级规则并不是几个简单规则的累加，而是对简单规则进行重组、整合并创造出的一个新的、复杂规则。

热点聚焦 3-1　　　　规则学习与教学的途径和方法

学校中，规则学习与教学的一般途径和方法包括以下四种。

1. 实验和实验演示教学下的规则发现学习

当教师向学生传授物理学的定律、化学的反应方程式等反映自然规律的科学规则时，为了帮助学生发现规律和概括规则，多采用实验演示和直观模拟等手段，让学生注意观察物体或物质在一定外部条件下发生变化的过程，发现并领悟其中的规律，概括并提出相应的规则。

2. 数理逻辑推理下的规则推理学习

当学生掌握了一些有关的数理规则后，教师可以利用学生已经掌握了的数理规则，根据规则与规则之间的内在逻辑关系,作出符合逻辑的公式推导、关系替代或关系变换,从而推导出新的规则,如数学和物理公式的推导、几何定理的证明等。

3. 示范教学下的规则观察学习

当需要学生掌握一定的行为方式、认知和操作技能时,教师必须亲自作出行为示范,通过言传身教的方法将认知和行为的操作规则传授给学生。这种教学在体育、音乐、美术、实验操作、表演和策略学习等课堂教学中屡见不鲜。

4. 例题和范例下的样例学习

人们运用已知的规则解决了问题,并留下了解决问题的过程(步骤)和结果的文字记录、操作程序和动作痕迹等,这些文字记录、操作程序和动作痕迹蕴含着规则的运用,成为后人学习和运用规则的样例或范本,学生学习这些范本和样例并领悟其中蕴含的规则及其应用的过程就是规则的样例学习过程。

当然,不论哪一种规则的学习和教学都不是仅仅单一地运用上述某一种教学和学习形式,而往往是多种途径和方法的综合运用。

(张奇,蔡晨,2015)

三、规则的范畴

为了更清晰地了解规则,我们有必要对规则的范畴进行详细阐述,主要体现在以下四个方面。

1. 规则的表达

规则一般用言语命题(或句子、公式)来表达。比如:"饭前便后要洗手"表达了一个卫生规则;"平行四边形的面积等于底乘以高"表达了一个几何规则等。各个领域都有许多规则,有时人们虽然无法清晰表达,但可能在不知不觉中使用它们,如不少儿童在解决天平问题时往往会运用某个规则,但限于语言表达等方面的能力而不能准确表达。

2. 规则的例证

规则的例证是反映几个概念之间关系的例证。如"写文章时要主题鲜明"这个规则的具体事例很多,不论是写什么文体(记叙文、议论文或说明文)的文章,基本要求几乎总是集中在主题鲜明、深刻这两方面。所谓掌握规则,不是看他能否说出某些规则,而是要看他能否用大量的例证来说明规则反映的关系,即是否会将规则运用于各种不同的适用情境中。

3. 规则的属性

规则的属性是指几个概念之间存在的关系。对于一个规则来说,这种关系是持久不变的,这种关系使人能以一类作业(操作行为)对一类刺激情境作出反应,如"空气流动形成风"说明空气、流动和风等概念之间的关系。

4. 规则的层次

规则是按一定的方式组织起来的,具有不同的层次。如:① 一般四边形面积计算公式为 S=a×h;② 长方形的面积计算公式为 S=a×b;③ 正方形的面积计算公式为 S=a^2。在这三个规则中,①相对于②、③是上位规则,②、③是下位规则;而②相对于③则是上位规则,③仍是下位规则。

四、规则学习的含义与阶段

关于规则学习,加涅认为,当学生能够阐述代表规则的命题时,人们通常不会认为这一规则实际上已经获得,要确认是获得规则还是仅获得了规则的言语表述,人们必须了解:① 学生是否能鉴别其中包含的各个概念;② 学生是否能揭示构成这一规则的各个概念之间的关系。作出这种了解的方法有许多,但归根到底是看学生是否有证明这种关系的举动。加涅的这一观点,充分表达了他认为智慧技能与言语信息这两类能力存在根本区别的观点,掌握了规则的言语表述不能作为掌握规则的客观标准,客观标准应是学生具备证明这种关系的举动(倪绍军,2004)。

由此看来,规则学习的过程应包含三个阶段。

1. 掌握规则的言语信息阶段

规则同概括性命题一样,都是几个概念之间关系的陈述。这些陈述对有经验的人(如教师或科学家)来说是有意义的,但对初学者很可能是无意义或只是部分有意义的,学习的过程也是习得语言陈述的命题意义的过程,所以规则的学习,要求学生不仅能记住教科书上的符号和词句,而且能理解这些符号和词句代表的实质性内容及关系。如"三角形三内角之和是一百八十度",学生可以对它作出言语陈述,但如果对组成这个规则的各个概念未能识别,以及对各个概念之间的某种关系未能理解,那么就很难说他懂得了这个规则。因此,掌握了言语陈述的规则描述,并不能表明已经理解了这个规则,只有理解组成规则的各个概念以及它们之间的相互关系,才算真正掌握了这个规则。

2. 规则证明阶段

这一阶段的关键是学习者要理解规则,接受规则,正确辨别规则,同时理解或发现规则的推导与总结过程,不仅懂得规则是怎样规定的,而且懂得为什么要这样规定,以此明确规则规定的合理性和必要性。

3. 规则应用阶段

规则作为一种智慧技能,其学习的实质是学生能在体现规则变化的情境中适当地应用规则。应用规则的过程又可以进一步加深学生对规则潜在意义的理解,使得头脑中的规则更加稳定和清晰,对规则的掌握也更加牢固。如加法交换律是 $a+b=b+a$,可以应用于整数、小数和分数加法中,比如 $5+8=8+5$(整数),$0.25+0.13=0.13+0.25$(小数),$1/2+1/3=1/3+1/2$(分数),等等。

规则的学习是一个渐进的过程。研究发现,学生学习新的规则比执行熟悉的规则需要花费更多的时间。鲍威尔等人(Bovair et al.,1990)训练被试先后掌握一系列不同的计算机编辑文章的命令(如按复制、删除、移动等功能键,选中文字,按回车键等),在先后两次训练中部分命令的规则是相同的。结果发现,第二次训练的时间是新规则数目和总规则的线性函数。除了完成每一个动作所必需的基础时间外,每多一个新规则便多花一些时间,由此可见,学生学习新的知识或规则要比执行熟悉的规则或知识所花的时间多。

学术研究 3-1　　　　　　　　规则学习的特征

斯坎杜拉(Scandura,1969)在加涅的基础上对规则学习的定位提出了新的见解,他认为按照科学中的节俭原则,规则是行为单位的基础。他提出,行为最终都要通过规则来表示。在实验的基础上,他提出规则学习中的两个特征,即反应一致性(response consistency)和规则一般性(rule generality)。

斯坎杜拉采用了图形预测实验,在实验中,他给被试呈现成对的图形,要求他们在随后的系列测试中根据一定的规则说出图形变化的维度,结果发现被试在第一个测验中发现的维度变化规则同样会运用在第二个测试中。在动词概念学习实验中,同样发现在词语概念学习中形成的正确反应和迁移项目中能够作出的正确反应具有相同比率。斯坎杜拉认为,在规则学习中最初形成的迁移刺激可以预测被试在第二个迁移刺激中的反应,甚至可能决定整个学习过程的反应,这体现了反应的一致性。

斯坎杜拉运用数字游戏对规则的不同范围进行实验。在实验中,主试用三种方式向被试说明可以保证游戏者赢得游戏的规则,结果发现在各范围内的成绩水平呈现一致性,被试一旦获得某个规则,就尽可能地将它运用于所有的解题中,直到不能解决问题,才试着采用新的规则。斯坎杜拉认为,根据规则学习中的反应一致性,想要提高解决问题的能力,需要获得更具一般性的规则,这体现了规则学习的另一个特征,即规则的一般性。

莫雷和陈战胜(2003)研究归类过程中的规则策略和样例策略时发现,人们在归类过程中首先选的是规则策略,只有当潜在的规则难以掌握的时候,才转而采用样例策略,当有多种规则可以选择的时候,则倾向于选择更概括、更具有普遍意义的规则,被试在运用规则之时,总是希望能够解决所有的问题,并倾向于寻找更具普遍性的规则,这验证了规则学习的另一个基本特征,即规则的一般性。库珀和斯威尔(Cooper & Sweller,1987)通过研究代数题中的问题解决认为,在问题解决中,图式的获得将应用于整个问题解决当中,这种规则使用的普遍性,有助于规则的自动化。

(郭菲菲,2006)

第二节 规则的学习

规则习得意味着学生不仅能用言语叙述概念之间的关系,而且能根据规则对一类刺激作出相应反应,即能在体现规则变化的情境中适当应用规则。

一、规则学习的条件

规则的学习并非一蹴而就,要想有效地了解、掌握并运用规则,我们有必要引入规则学习的条件。

1. 规则学习的内部条件

(1) 对概念的学习和理解

要学习规则,学习者首先要能够清楚、准确地理解规则中包含的若干概念。如果学习者对于作为前提条件的概念理解不清,肯定无法正确理解规则。比如,学习"圆的东西会滚动",儿童必须懂得"圆的东西"和"滚动"两个概念。如果没有真正懂得"圆"这一概念,这个儿童只能学到"球会滚动"这个比较有限的规则,如果学生只认为球是圆的东西,而不认为圆盘、铅笔、粉笔等也是圆的东西,就不能懂得像球那样的一切圆体,如碟子、圆筒、车轮等也会滚动。因此,要获得这个规则的完整意义,儿童就必须懂得"圆的"这个概念的意义,它适用于多种多样的圆体。同样,儿童也应该掌握"滚动"这个概念。学习"滚动"比学习"圆的"要困难得多,它还必须与"滑动""翻动"等概念相区别。如果分不清滚动、滑动、翻动等概念,只举出个别圆的东西滚动的例子,那么儿童没有真正掌握规则,只有理解"滚动"这个概念,才能完成这一规则的学习任务,学到一个完整的规则。

(2) 学习者的认知发展水平

学习者的年龄越小,能掌握的概念越简单,因此能掌握的规则也就相应比较简单。而高级规则(又称为问题解决)是学习者在解决问题过程中生成的思维产物,因此越是高级的规则,越是要求学习者掌握抽象的概念,并具有抽象思维的能力。正如皮亚杰所认为的,到了11~15岁,学生的思维进入形式运算阶段,即可以在头脑中把形式和内容分开,脱离具体事物进行逻辑推演,这时候他们解决问题的能力大大增强,有利于更好地学习规则。西格勒等人(Siegler et al. ,1998)曾检验 4 岁和 5 岁儿童学习天平使用规则的情况,主试按照距离和质量两个维度以及它们之间的关系提出六种类型的问题,并把规则学习分成四部分:① 注意潜在的变量;② 形成更高级的规则;③ 将规则类化到相同情境的新问题中;④ 在不同的情境下,坚持这个规则。

(3) 学习者的语言能力

学习者的语言能力也是学习规则的重要内部条件,因为语言是一种抽象的符号,它能表达事物之间内在本质的联系。如果学生不懂得如何表达,就会影响到对规则的正确理解。

(4) 学习者的自我监控能力

学习者的自我监控能力会影响规则学习的效果。研究发现,好的学习者和差的学习者在学习规则时会采用不同的监控策略。虽然他们在学习过程中都倾向于自言自语的自我评估,但较差的学习者往往倾向于积极的自我评估(如,对的,那很有道理),但他们后来的成绩显示他们并没有理解这些材料,而好的学习者倾向于更多、更准确地监控那些他们没有理解的地方(如,我还不明白这一点是怎么得到的)。在解决问题的过程中学生会经常回头去看例题,在这个过程中也可以发现学习与策略之间的联系。好的学习者和差的学习者在解决问题的过程中都会回头去参考例题,关键是参考例题的方式不同。有研究者通过对原始记录的分析发现,差的学习者往往在解决问题中扩大类比的应用。他们只要一看到问题中有与例子相似的地方就参考例题,并尽可能地将例题的解答照搬过去;而好的学习者往往会尽力缩小类比的运用,他们只有在解题过程中遇到困惑并需要帮助时才会去参考例题。换句话说,好的学习者倾向于自己解决问题,而差的学习者更多地靠改编例题的解答来解决问题(Chi et al.,1989;Chi & Vanlehn,1991)。

另外,学生在完成问题解决之后,常常会去反思他们的解答过程。研究发现,好的学习者和差的学习者都会去反思他们解答过的问题,但他们反思的内容和重点是不同的。差的学习者仅仅是从意思上解释其解答过程,而好的学习者会将当前问题的解答与早期问题的解答进行比较以进一步抽象出普遍的解答方法(Pirolli & Recker,1994)。

2. 规则学习的外部条件

规则学习的外部条件主要体现在教师的言语指导上。教师的言语指导向学生提供了思考的起点和思考的方向,同时还可以唤起学生对相关概念的回忆,为规则的回忆提供言语线索。

① 在学习结束时对所期望的动作的一般性陈述。如以"圆的东西会滚动"的规则学习为例,教师提问:"哪些种类的东西会滚动?"这是学习者回答的问题,也是学习结束时期望达到的目标。

② 引起学习者对组成规则的那些概念的回忆,如教师说:"要记住,'滚动'是什么意思。"

③ 给整体的规则提供一些言语的提示。一项著名的"X 射线问题"的研究有力地证明了这一点。研究者在被试解决这一问题之前呈现了一个"将军的故事",当被试被告知将军的故事在解答"X 射线问题"中是有用的时,75%的被试能解决该问题;如果被试没有得到这一暗示,则只有 30%的被试能自发地注意到两个问题的相似性而解答该问题(Mary & Keith, 1980,1983)。

④ 向学习者提出用以说明这个规则的言语问题,要求学习者用正确的词语回答。

⑤ 当规则得到完全的说明时,就要提供强化。

言语教学有助于唤起人们对相关规则的回忆,但过多的指导也会限制学习者考虑接受假设的范围。使用言语教学的性质和数量常常取决于人们所学规则的复杂程度。

二、规则学习的形式

规则学习的最基本的形式主要有两种:从例子到规则的学习和从规则到例子的学习。

1. 从例子到规则的学习

从例子到规则的学习也称发现学习,这种学习可能是学生独立进行的。但在课堂学习的情境中,从严格意义上说,它一般是指教师指导下的发现学习,是学生通过从规则的若干例证中概括出一般结论进而获得规则意义的学习,即从例子到规则的学习,简称例-规法。它是指在教学的情境中,教师先呈现规则的若干例证,让学生在例证中概括出一般规则的学习方式。学生实际的发现学习过程,需要经过辨别、提出假设、检验假设并进行概括等几个步骤。规则的发现学习比概念的发现学习的要求要高,因为规则的认知对象是概念与概念之间的关系。规则的发现学习的内部条件是在学生的认知结构中必须具备有关概念的意义,即在学生已经掌握有关概念的前提下才能进行。规则的发现学习的外部条件是教师呈现若干体现规则的特例。教师必须用便于学生发现规则的方式,呈现出若干体现规则的例证,如呈现模型、图表、实物投影、电子计算机模拟等有助于学生发现规则的直观教具,教师提示越多,发现的难度越小。在实际教学中,教师究竟提示到什么程度,依学习内容和学生的实际情况确定。例如,教师采用例-规法教授数学运算规则"几个连续奇数之和等于奇数个数 n 的平方"。其教学步骤可如下:

① 让学生计算:$1=?$
$1+3=?$
$1+3+5=?$
$1+3+5+7=?$

② 提问学生计算的答案(1、4、9、16)有何特点？引导学生用平方的形式表示出来。

③ 让学生比较等式两边的结构,引导学生提出假设:连续奇数之和等于奇数个数 n 的平方。

④ 让学生检验假设:1+3+5+7+9＝?

⑤ 假设得到验证,运算规则为"连续奇数之和等于奇数个数 n 的平方"。

这是一节采用例-规法讲授规则的比较典型的课。从心理学的观点看,这节课的优点有三:第一,预先明确概念。教规则之前,学生对规则的原有概念(奇数、和、平方)已掌握。第二,采用指导发现法。教师在关键的地方提供指导,如引导学生思考:将计算答案用平方的形式表示会如何?第三,验证假设。将得到的规则应用于实例,使规则得到进一步理解和巩固。学习内容主要由学生通过对例证的辨别概括出来,师生之间、学生之间都有信息反馈。

2. 从规则到例子的学习

从规则到例子的学习又称接受学习。其教学方法简称规-例法。随着学生年龄增长和年级升高,规-例法教学应用的范围越来越广。例如学习弦切角定理时,当学生掌握圆周角概念、圆周角定理和弦切角概念以后,在复习原有知识的基础上提出新学习的定理"弦切角等于它所夹的弧所对的圆周角"。弦切角定理是直接告诉学生后,再分三种情况讨论证明。然后,教师又呈现例题讲解证明,每一例题中都包含弦切角定理的运用,而且例题的难度由浅入深,从不需要作辅助线到需要作辅助线等。学生在老师的指导下将学过的定理应用于各种变化的情况,从而达到对知识的转化,进而对该定理的运用达到相当熟练的程度,体现了从规则到例子的学习过程。

一般认为,当学生认知结构中已具备上位规则后,学习与之相关的下位规则时,采用接受学习,效果比较好。如在学习圆柱体的体积计算公式 $V=sh$ 之后,接着学习圆锥体的体积计算公式 $V=1/3sh$,这一公式中有 V(圆锥体的体积)、s(圆锥体的底面积)、h(圆锥的高)三个新概念和"＝""1/3""×"三个早已掌握的概念,教师在教新的规则时,先列举各种圆锥体,让学生获得与圆锥体有关的三个新概念。这样保证了学生学习的内部条件已经满足,然后呈现 $V=1/3sh$ 这一公式,并且用一个空心的锥体装满水,将水倒入与这个锥体等底、等高的空圆柱体中,水刚好装满圆柱体的1/3。根据同化论,学生认知结构中已经具有上位规则 $V=sh$,新规则 $V=1/3sh$ 被纳入原有的认知结构,导致原有结构进一步深化,同时新的规则因与旧知识关联而获得了意义。教学中应尽量使新知识与旧知识相联系,发现相同点与不同点,从而促使学生形成清晰和分化的认知结构,这是促进知识迁移的有效方法。罗森塔尔(Rosenthal)等人研究了儿童简单匹配规则的习得和迁移,表明榜样示范可提高他们适宜的反应行为,这一结果说明示范性讲解对儿童学习是有效的。

三、高级规则的学习和应用

高级规则可以通过发现学习习得,也可以通过接受学习习得。高级规则的发现学习就是问题解决。与其相对应的教学方法亦是例-规法和规-例法。

1. 高级规则的接受学习

学生对高级规则进行接受学习的前提条件是学生已经掌握了构成高级规则的简单规则。与简单规则的教学方法类似,当教师用规-例法讲授高级规则时,也是先呈现要学习的规则,然后运用实例加以说明。

例如,老师阐述主动句转换为被动句的规则:把宾语(名$_2$)移到句首,在主语(名$_1$)前加"被"(或让、叫、给),成为介词结构,放在动词前面。用公式表示如下:

主动句:解放军打败了敌人。　　句型:名$_1$+动+名$_2$

被动句:敌人被解放军打败了。　　句型:名$_2$+被+名$_1$+动

掌握这种高级规则(复杂的句型转换规则)的前提是学生已经完全掌握了简单规则(主动句型规则)。

2. 高级规则的发现学习

高级规则的发现学习就是加涅所称的问题解决,高级规则就是问题解决的结果。问题解决不同于一般的知识应用,只有产生新的思维产品,即新的规则的过程,才能称得上问题解决。这里所指的问题解决具有三个特点:① 解决的问题是初次遇到的,即新问题的解决。它是第一次遇到的、不能直接用已知经验来处理的情境。问题解决与练习不同,如果问题是第二次或多次解决过的,那只能说是一种练习。② 解决问题,要把已掌握的规则,重新加以组合,找出适合当前问题情境的东西。原先学习的简单规则,是解决问题中的思维素材,而新的高级规则是若干规则的组合,是比较复杂的规则,是学生通过独立思考自己发现的。③ 问题一旦解决,所习得的高级规则是能够迁移的。在解决问题中产生的高级规则及相应的认知策略,不仅构成学生的"知识宝库"和智慧技能,而且在以后遇到类似情境时,就可借助回忆而直接解答了。因此,它是高级学习。(韩进之,2003)

(1) 关于问题和问题解决的观点

以下是一些心理学流派和心理学家关于学习中问题和问题解决的看法。

行为主义　问题:新的刺激情境

　　　　　　问题解决:对新的刺激情境作出适当反应的过程(试误)

格式塔　问题：情境中各因素之间关系的未明或模糊状态

　　　　　问题解决：发现情境中因素之间关系的过程（顿悟）

奥苏贝尔　问题：个体面对的相对复杂的情境

　　　　　问题解决：最高层次的有意义学习，是概念和命题在复杂情境中的运用。创造性解决问题又是其最高形式

加涅　　　问题：人首次遇到且没有现成的可回忆的经验来解决的一种情境

　　　　　问题解决：高级规则的学习

信息加工　问题：给定信息与目标之间有某些障碍需要克服的刺激情境

　　　　　问题解决：从起始状态克服障碍达到目标的过程，有三种状态，即起始状态、中间状态和目标状态

综上所述，可以认为，问题解决是学习者将原有的概念和规则加以综合，在新情境中应用并得到新的认知成果的过程。在这里，新的认知成果是指获得高级规则、认知策略或认知产品等，而问题解决能力是一种内部的智慧技能。比如，儿童学会用绳子打结不属于解决问题，其理由是，① 它要求的心理活动太简单；② 它不必克服认知障碍；③ 它不是在人的头脑内完成的；④ 它不需要复杂的认知活动。因此，问题解决的能力是指在不知道相关解决方法的情况下，处理新的不熟悉的任务的能力。

知识小窗 3-1　　　　　　问题解决学习研究的历史

心理学家对问题解决的学习方式的研究至今已有 100 多年的历史了，问题解决学习的最早研究可以追溯到美国心理学家桑代克（Thorndike），他在 1898 年进行了著名的"饿猫逃出迷笼实验"，并认为问题解决学习的过程是一种盲目的、渐进的尝试错误的过程，问题解决的实质是对新的刺激情境作出适当反应。

德国心理学家苛勒（Kohler）在 1925 年通过非常著名的黑猩猩实验，考察了动物利用中介物体迂回地解决问题的能力，提出了顿悟说。这一观点认为，问题解决是发现情境中因素之间关系的过程。

以人为对象的分析性研究是从问题解决过程的阶段性开始的。1910 年，杜威（Dewey）提出典型的问题解决学习包括失调、诊断、假设、推断、验证五个阶段。这一理论突出了人的问题解决过程的心理特点，因而产生了较广泛的影响，不足之处是忽视了可能出现变动的情况。1931 年，罗斯曼（Rossman）提出，问题解决要经过遭遇困难、找出问题关键、搜集资料、提出假设、验证假设、形成新观念和验证新观念几个阶段。

在认知心理学方面，奥苏贝尔（Ausubel，1978）认为，问题解决是最高层次的有意义学习，是概念和命题在复杂情境中的运用，而创造性解决问题又是其最高形式。加涅（Gagné，1977）认为，问题是人首次遇到且没有现成的可回忆的经验来解决的一种情境，问题解决是高级规则的学习，它包括提出问题、明确问题、形成假设、验证假设四个阶段。此外，还有人指出问题解决的学习具有准备、生成和判断三个阶段，并认为

对一些较为复杂的问题,则会出现三个阶段多次循环的现象。

20世纪60年代,认知心理学家以信息加工理论为基础,设计了人类问题解决的计算机模型,认为问题解决分成三种状态,即起始状态(认知问题所处的情境)、中间状态(转变过程中操作引起的状态)、目标状态(达到的效果),问题解决的任务就是找到从起始状态克服障碍达到目标状态的操作序列,并提出了一系列问题解决策略,即随机式搜索、算法式搜索和启发式搜索。20世纪90年代以来,人们对问题解决的定义以及问题解决在学校课程中的作用进行了不同的解释,引起了人们对问题解决的重新思考。在这一阶段,研究者们将问题解决研究的重点放在学习者对知识的解释、建构以及如何将其运用于新情境上,问题解决的主要论题是问题的类型、问题解决的主要内部过程以及专家与新手的差异等。

(2) 问题的分类

① 结构良好问题和结构不良问题。根据问题结构和答案的明确与否,可以将问题分为结构良好问题和结构不良问题。**结构良好问题**(well-structured problem)是结构明确、答案唯一的问题,如"加拿大的首都是哪个城市"。结构良好问题的解决步骤为:一是建立问题的表征。也就是理解问题的意思,澄清问题到底是什么。二是搜寻方法。基于所建立的问题表征,学习者要通过一定的方法分析初始条件与目标之间的关系,从而找到达到目标、解决问题的方法、路线。三是执行解法与评价。找到解法后,看是否能解决问题,最后评价自己得到的结果,找出错误并进行修正和调整。

结构不良问题(ill-structured problem)是结构不明确、解题规则和答案具有模糊性和开放性的问题,如"怎样写好说明文"。结构不良问题的解决过程为:理清问题及情境限制;澄清和明确各种可能的角度、立场和利害关系;提出可能的解决方法;评价各种方法的有效性;对问题表征和解法的反思监控;实施、监控解决方案;调整解决方案。

② 定义良好的问题和定义不良的问题。根据给定状态和目标状态的界定情况,可将问题分为定义良好的问题和定义不良的问题。**定义良好的问题**(well-defined problem)是初始情境(也叫已知条件)、目标情境(想要得到的结果和答案)、可能的操作和运算(算子)都很清楚的问题,如计算问题 $8 \times 71 = ?$。桑代克在将联结主义的学习原理应用于学校学习的研究中所谈到的问题也是定义良好的问题。

定义不良的问题(ill-defined problem)是缺乏清晰的初始情境、目标情境、可能的操作和运算的问题。如编写一个可以作为教师记分册的电脑程序,就是定义不良的问题。格式塔研究的问题就属于定义不良的问题。教学中我们的教材多数都是定义良好的问题,但现实世界中的许多问题都是定义不良的问题。

(3) 问题解决(发现高级规则)的心理过程

认知心理学研究表明,问题解决中的心理活动可分成表征问题、设计方案、执行方案和评价结果四个阶段。

① 表征问题。从认知心理学观点看,一个问题可分为**任务领域**(task domain)和**问题空间**(problem space)两个方面。前者反映问题的客观存在,后者则是对问题的主观理解。问题空间是问题解决的一个基本范畴,是个体对一个问题所达到的全部认知状态。它包括三个方面:一是任务的起始状态,即问题所给定的条件;二是任务的目标状态,即问题最终要达到的目标;三是完成任务的**算子**(operator),即从起始状态向目标状态转化的操作。

所谓表征问题,就是问题解决者将问题的任务领域转化为问题空间,即明确问题的给定条件、目标和允许的操作。简单地说,表征问题就是审题,了解题意的过程。表征问题的质量受问题表述特征、问题解决者的能力等因素的影响(和美君,等,2012)。

② 设计方案。设计方案是制定解题的步骤,如重新描述问题,使之转化为更加熟悉的问题,建立问题的子目标的梯级关系等。设计方案的关键是探索解决问题所需要的具体操作。问题解决需应用一系列操作,究竟选择哪些操作,将它们组成什么样的序列,都依赖于人采取哪种问题解决的方案。而方案的设计是与一个人解决问题的策略思想相联系的,问题解决最终都是在一定策略引导下进行操作搜索的结果。因此,设计方案与确定策略是密不可分的。这一阶段也可同时看作是确定问题解决策略的阶段。

有效的问题解决者把策略和方法看得非常重要,因为它能帮助问题解决者预期特定方法的结果,并能帮助他们避免产生严重的错误。

在设计方案过程中还可能产生一系列的思维障碍:一个主要障碍是定势状态,包括格式塔学者所说的问题定势和功能固着;另一个主要障碍是产生不了任何计划,主要发生在顿悟中。克服这些障碍有两种策略:一是从长时记忆中搜索模型、类比物和比喻,也许会提供一种新的问题观点;二是把问题放在一边,让思想进入潜伏期。

③ 执行方案。一旦确定了方案,便进入执行方案的阶段。在这一阶段中,实际上就是运用在一定解题策略引导下的具体操作来改变问题的起始状态,使之逐步接近并达到目标状态,所以这一阶段也就是执行策略阶段。

在执行策略过程中要同时进行监控,监控不仅能防止对策略中常规步骤的错误运用,而且对跟踪采取的解题步骤具有重要意义。

④ 评价结果。执行方案的操作结束,就需要对结果进行评价,看起始状态是否达到

了目标状态,所运用的策略和操作是否适宜。学生在解题时往往会忽略这个阶段,一旦求得答案,就接着做下一个题目,殊不知对解题结果进行评价,尤其是对所运用策略和操作的适宜性进行评价亦是非常重要的。有时虽也能解决问题,但可能还有更好的策略和操作的运用。在一些情况下,经过评价,可以调整策略和改变操作,有时甚至需要对问题空间重新进行认知和表征。

在问题解决的过程中,问题解决者要调用自己已有的知识经验,包括已掌握的简单规则,然后加以重新组合与创新,从中发现新的规则,即高级规则。例如,假定学生已掌握三角形与矩形面积计算公式,现在要学习梯形的面积计算公式。将三角形和矩形面积计算公式综合而形成的梯形面积计算公式就是高级规则。其学习条件是学生已掌握矩形和三角形概念、面积计算公式(简单规则)以及将新学习的梯形转化为已知的矩形和三角形的推理策略。

下面我们以上海市青浦区数学教学实验小组"勾股定理"的教学为例,说明问题解决过程,即高级规则的发现学习。

首先,教师提问"直角三角形三边有什么大小关系",使学生的注意力集中于三边关系: $a,b<c<a+b$。教师进而提问"对上面的式子进行平方会怎么样",得出 a^2、$b^2<c^2<a^2+2ab+b^2$,并指出 a^2、b^2、c^2 的几何意义。然后,教师做了铺垫:在方格纸内斜放一个正方形 ABCD(见图 3-1),每个小方格的边长为单位 1,怎样计算正方形 ABCD 的面积?借助横平竖直的方格背景,学生发现可以用割补法求得斜放正方形的面积。接着,教师呈现工作单上的小方格背景上的图形,要求学生通过计算、填数表等小组活动来研究直角三角形三边的数量关系。

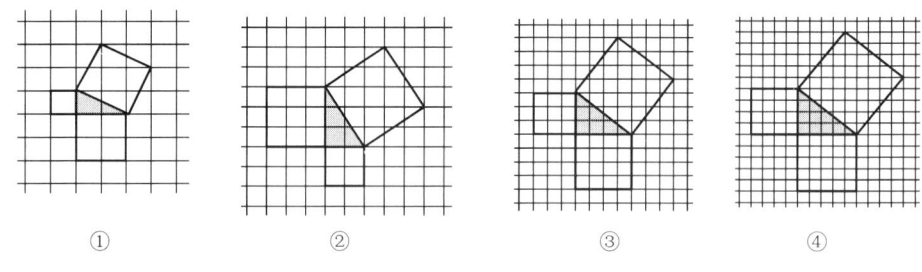

图 3-1

在计算过程中,学生通过数单位小方格的办法,可以顺利计算出 a^2、$2ab$、b^2,对于 c^2 则无法求出;教师鼓励学生小组内部讨论 c^2 的计算办法,即可以借助前面计算斜放正方形面积的方法求出。

表 3-1

	①	②	③	④	…
a^2	1	4	9	16	
b^2	4	9	16	25	
2ab	4	12	24	40	
c^2	5	13	25	41	

学生根据数据表(见表 3-1)提出了很多猜想(见图 3-2),尤其是 $2ab+1=c^2$,这是数学专业出身的教师从来没有学过的"定理"。它是错误的吗? 可是,对数据表中的每组数据进行验证都表明它是正确的。那么,难道学生真的发现了一个"定理"? 这是发生在教师与学生之间的一段"反驳与证明"的对话:

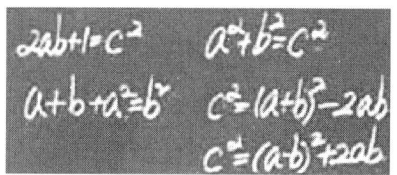

图 3-2

教师:王同学,你来说说看。

学生1:老师,我做过 a=2,b=4 的例子,这时 2ab=16,而 $c^2=20$,所以 $c^2≠2ab+1$。

教师:他用具体的举例来"反驳",很有说服力,看来 $c^2=2ab+1$ 这一结论不成立。

学生2:老师,我刚才通过例子得出,当 a 与 b 的差是 1 的时候,$2ab+1=c^2$ 这个结论还是成立的。

教师:这个想法还是有道理的,看来 $c^2=2ab+1$ 是一个有条件的结论。好,下面我们再来看一下 $c^2=a^2+b^2$。

学生3:这个结论是对的,对于前面已举过的图例来说都是成立的。但是我想,对于这个公式,即使 100 个例子都成立,但若到了 101 个例子,它不成立的呢? 如果它是一个定理,那么它对所有的例子都得成立,只要有 1 个不成立,它就是个有条件的结论。

教师:看来 $a^2+b^2=c^2$ 是不是个定理,光靠几个例子说明是不够的,那么我们应该怎么办呢?

学生(齐答):证——明——

(《中国教育报》2007 年 8 月 31 日第 5 版,课例由顾泠沅提供)

最终学生在解决"直角三角形三边有什么大小关系"的问题时,发现了在直角三角形中,斜边的平方等于两直角边平方之和。在这样的问题解决活动中,学生发现了"勾股定理"。这种发现学习方法不仅有助于发挥学生的学习潜力、培养思维能力,而且习得的规则也更加牢固,应用起来也更加灵活,但这种学习方式一般花费时间较多。

第三节 规则的有效教学

规则学习的条件、形式等对促进规则的有效学习固然重要,然而有效的教学方法在规则学习中的作用同样不可忽视。

一、规则学习的意义

规则是由概念组成的,它反映了概念之间的关系。规则常与原理、规律相联系,组成了学生学习的大部分内容。正如加涅所说,规则是办事的法则或原则,在教学活动中,规则学习的意义主要体现在两个方面(韩进之,2003)。

1. 促进认知策略的形成

认知策略是个体认识事物、解决问题时采取的方法技能。方法和技巧的掌握离不开知识技能的掌握,知识技能是由多等级多层次的规则系统组成的。要学习复杂的高层次的规则,必须先学习一些简单的低层次的规则。随着规则学习的积累,规则的综合的可利用性就越强,也就越能参与复杂的认知活动。一个定义概念就是一个把对象和事件加以分类的规则。学会定义概念就是学会一个分类的原则,我们可以用它来识别这个类别的任何事物,识别体现一种关系的某些东西。学校里的许多学习都是学习规则,可以把学习一门课程的所有规则看作是一个等级系列,其中学习最复杂的规则必先要求学会一些较简单的规则,学习较简单的规则又要求先学会一些定义概念,定义概念又要以学会一些具体概念为基础。一个简单的特定规则的获得,有可能迁移到复杂的较高级的规则学习中去,所以每学会一个新的规则,就增加了个人的智力技能或智慧力量,这些学会的规则也就越来越具有综合的可用性。因此,人类智力的发展、认知策略的形成,是在学习了许多特定的规则后形成的,而它们又将参与到更复杂和更为综合的智力技能学习中去。

2. 调节合理行为

学会一个规则,也就是学会按照规则内容作出合理行为的过程。例如,定义的规则使定义概念合理地进行;除法规则能使运算合理地进行。受规则控制的行为与一般较简单的动作的区别,还表现为学习者能用一类动作(如加法)对一类刺激物的任何情境(如个位、十位和百位的加法)作出反应。也就是说,规则能使个人具有用一类动作对一类刺激情境作出反应的推断能力,规则的掌握不仅意味着能对规则作出言语陈述,而且要能合理调节行为,形成一种按规则行事的能力。

二、规则学习的教学步骤

加涅根据规则学习的条件,提出了规则学习的六个教学步骤。

① 将人们期望学习者在学习结束时获得的动作的形式告诉他,如"能正确进行四则运算"。

② 用提问的方式,要求学习者重新陈述或回忆已经学会的组成该规则的那些概念。如四则运算规则中会包含加减乘除、混合运算等概念。

③ 用言语提示的方式,引导学习者将组成规则的那些概念,以适当的次序组合在一起,以形成一个新的规则。

④ 提出一个问题,要求学习者说明这个规则的一个或几个具体实例,并在他每次作出正确回答时提供反馈。

⑤ 通过一个合适的问题,要求学习者对这个规则作一个言语的陈述。

⑥ 在学习规则一天或几天后,提供一个间隔复习的机会,呈现一些新的实例,要求学习者回忆并说明这个规则,使刚学的规则得以保持。

三、促进规则学习的教学

对于我们来说,仅仅了解规则的意义和教学步骤是不够的,怎样将这些书面知识运用到实际的教学过程中,以达到对规则的有效教学才是问题的关键所在。

1. 创设问题情境

在规则教学中,问题解决是发现高级规则的过程。通过引入适当的问题,可以引发学生内部的认知冲突,激发学生的探究欲望和学习规则的积极性,同时也可以在发现规则的过程中理解规则、掌握规则。应该注意的是,设置的问题应符合教学内容的需要,具有针对性、目的性;问题的难度要考虑学生的认知发展水平,处于学生的最近发展区内;此外,问题应具有一定的新颖性、趣味性,能够激发学生的独立见解、判断力和创造性。例如,在"等比数列的求和公式"一节的教学中,可创设如下的问题情境引入等比数列的概念:兔子追赶前方 1 公里处的乌龟,兔子的速度是乌龟的 10 倍,当它追到 1 公里处时,乌龟前进了 1/10 公里,当兔子再追 1/10 公里,乌龟又前进了 1/100 公里,当兔子再追 1/100 公里,乌龟又前进了 1/1 000 公里……(1) 分别写出相同的各段时间里兔子和乌龟各自所行的路程;(2) 兔子能否追上乌龟?让学生观察这两个数列的特点,发现了两个等比数列,进一步发现这一问题在数学上是求等比数列的前项和的问题,这种新颖、有趣的问题能够激发学生的学习兴趣,使学生进入主动学习的状态。

2. 联系已学过的知识

在向学生讲授新规则时,应让学生回忆与新课有关的原有知识。这样不仅有利于学生理解新规则,而且易于使所学知识系统化。为了检验学生学习的准备性,一般可采取提问方式,让学生回答新规则与那些已学的概念和规则之间存在的联系。

3. 提供样例

不论是例-规法教学还是规-例法教学,提供**样例**(worked example)对于规则教学来说都是很有效的方法。样例(张奇,林洪新,2005)是一种教学工具,学生之所以可以通过样例进行自主而有效的学习,主要是因为样例中蕴涵着某种规则知识和规则的具体运用程序,学生可以通过对样例的解题步骤和规则具体运用程序的观察和思考,整合出蕴涵在其中的规则,并学会规则的具体运用。课堂教学中,科学而合理地设计和安排样例是促进学生自主学习、提高学习效果的重要措施。样例学习是学习者通过对样例的自主观察和思考获得知识的过程。20世纪80年代之后,研究者更加关注样例学习在问题解决过程中的作用。通过学习解决问题的样例,学生可以从中发现规则并学会使用规则,这是规则学习的主要途径之一。

在实际运用中,用以帮助学生掌握规则的样例有着多种呈现方式。例如,有研究者(杜雪娇,张奇,2016)发现,在样例中用已知规则解释新规则的解释法能更好地促进学生掌握代数运算的规则。

在课堂教学过程中,当学生学习复杂的规则或解决复杂的问题时,由于存在学习能力上的个体差异,一两个例题(即样例)往往不能使所有的学生都掌握规则或解决问题的方法,这样我们就需要采用更多的样例。规则学习的难度不同,所需要的样例数量就不同。一般来说,难度较小的运算规则的学习需要较少的样例,而难度较大的运算规则的学习需要较多的样例。这可能是因为,在简单的规则学习中,由于规则简单明了,学习者用较少的样例就能够发现和学会使用规则。而在较难的规则学习中,规则比较复杂,学习者需要经过对多个样例进行比较,才能正确地总结和概括出可运用的规则。研究表明,学习者通过学习这些样例发现或学会使用其中的规则去解决类似的问题,学生可以经由样例学习学会问题解决,并在问题解决的样例学习过程中掌握解决问题的规则。

学术研究 3-2　　　　　怎样学习例题才有效

在分析例题在学生学习规则中的作用时,池等人(Chi et al., 1989)发现,那些在学习例子的过程中把例子解释得很透彻的学生比那些仅仅通读例题的学生要学得更多。他们让9位大学生先学习了从一本大学物理书上摘录的导论性章节,直到每位学生都能通过每章的测试,以保证他们都具有理解目标章节所需要的基础知识。其目标章节是教学生关于力和牛顿定律的知识。学生阅读了该目标章节,学习了三个例子,解决了19个问题。研究者在学生学习例子和解决问题的过程中对学生进行了调查。以所有学生问题解决分数的中数为界,将学生分为好的学习者和差的学习者。研究者对调查的内容进行了进一步的分析,发现相对差的学习者而言,好的学习者更多地对例题作出超越例子本身所呈现信息的推断。

池和范莱恩(Chi & Vanlehn, 1991)对学生所作的推论进行了进一步的分析,发现这些推论可以分为两种:一种是在读例子的时候从早期已有的知识进行推论,将原有的普遍的规则应用于当前例题的信息中;另一种是对例子陈述的内容进行归纳和拓展。这两种形式的推论都有助于填补学生原有知识和现有知识之间的空缺,使学生将当前知识与早期获得的知识有机地统一起来。

4. 展示正反例证

在展示例证时,不能仅仅展示与规则相一致的例证,还应该展示与规则相反的例证,尤其是那些容易弄错或搞混的反例,以使规则明确、清晰。例如,汉语"的、地、得"三个结构助词的词法规则:① 名词和代词前的修饰词带"的";② 动词和形容词前的修饰词带"地";③ 动词和形容词之后的修饰词前用"得",例如"英勇的解放军狠狠地打击了敌人,使得他们溃不成军"。但由于汉语词汇的词性在句子中灵活多变,因此即使了解了规则,学生也还是会常常误用,反例如"打败了得敌人落荒而逃"。这里的"得"应为"的",因为"打败"在这里作形容词用。类似的反例要多举一些,直到学生能举一反三,灵活掌握规则。

实践探索 3-1　　　　数学规则的记忆和迁移

掌握数学规则意味着对数学规则的牢固记忆,以及能够应用所学的规则。没有对数学规则的记忆就无法学习新规则,只有记住了应有的规则,才能深入学习和应用新规则。学习的目的就是将学到的规则应用到新的规则的学习中去,应用到实践中去,以解决实际问题,这种应用就是迁移。数学规则的记忆和迁移在数学规则学习中均起着重要作用。

第一,数学规则的记忆在数学规则学习中起着重要作用。在数学规则学习中,学习的最终目的是使个体形成规则网络。记忆是积累规则的前提,也是学习活动的基础,如果一个学生边学边忘,那么什么也学不会。只有准确地记住数学规则的条件和结论,才能在各种学习情境中有效地进行提取。而且,对数学规则的牢固记忆,能让学生在数学活动中针对当前的具体情况作出迅速的判断,迅速地选择和提取有关知识,迅速地记忆和提取,从而提高数学技能水平。数学活动中动作迅速是数学技能水平高的重要标志。

第二,数学规则的迁移在数学规则学习中也有着重要作用。首先,在解决数学问题的过程中应用数学规则可以获得新知识,同时也对数学规则有更深刻的理解;其次,使习得的各种数学规则之间建立起更加广泛而牢固的联系,使之概括化、系统化,形成具有稳定性、清晰性和可用性的数学知识结构,能够有效地吸收数学新知识,进而能够自我生成新的数学认知结构。数学规则是从具体事物中抽象概括出来的,而应用数学规则又是将抽象知识具体化,即把从一类事物中抽象概括出来的知识,推广到同类具体事物中去,使抽象知识同具体事物建立起广泛的联系。可见,从认识活动的进程来看,数学规则的应用正好与数学规则的领会具有相反的顺序。领会是由个别到一般、具体到抽象、感性到理性的过程;应用则是从一般到个别、抽象到具体、理性到感性的过程。这样,在数学规则不断应用的过程中,在迁移的作用下使已有数学知识结构得到组织和再组织,提高其抽象概括程度,使其更加完善和充实,形成一种稳定的调节机制,在今后的数学活动中发挥更好的作用。

总之,记忆和迁移在数学规则学习中具有重要的意义。记忆能力和迁移水平直接影响到数学规则的应用,在形成数学规则网络的过程中起到关键的作用。而且记忆能力和迁移水平又可以直接检验数学规则学习的效果。因此,重视数学规则的记忆和迁移是完善学生认知结构的关键环节,而完善的认知结构又是每一个学生得以完成数学规则学习的重要条件。

(倪绍军,2004)

5. 让学生运用规则

让学生自己运用规则是规则具体化的过程,而这种过程对于全面、深刻地理解规则是极为有益的。有经验的老师在讲授完规则后常让学生做练习题,做练习题就是让学生亲身体会和运用规则的过程,此举有助于学生灵活牢固地掌握规则。比如在学习"热空气上升、冷空气下降"的规则后,试着让学生说出雨的成因,电冰箱的结构原理等。

实践探索 3-2　　"完全平方公式"的讲授——规则教学例析

这里以中学数学中"完全平方公式"的讲授来说明规则教学的一般过程,它主要分为五个环节。

1. 计算导入,求得公式

教师引导学生对以前学过的平方差公式进行复习,让学生回忆平方差公式的推导过程,然后带领学生进行完全平方公式的推导,即$(a+b)^2=a^2+2ab+b^2$;$(a-b)^2=a^2-2ab+b^2$,最后用文字对公式进行概括:两数和(或差)的平方,等于它们的平方和,加(或减)它们积的2倍。

2. 结合图形,理解公式

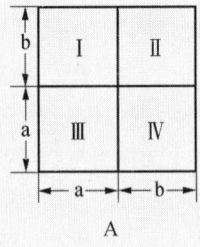

A

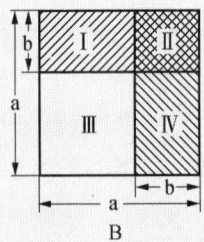

B

再根据图形面积的计算来推导出完全平方公式。具体来说,借助图A中Ⅰ、Ⅱ、Ⅲ和Ⅳ的面积来表示图A的面积,即$(a+b)^2=a^2+2ab+b^2$;借助图B中Ⅰ、Ⅱ和Ⅳ的面积来表示Ⅲ的面积,即$(a-b)^2=a^2-2ab+b^2$。通过图形的几何意义来增强学生对公式的直观理解。

3. 引入实例,加深理解

通过一些实例,赋予 a 和 b 具体的含义,让学生学会运用完全平方公式来解决具体问题,以加深学生对公式的理解。例如:$(x+2y)^2$;$(x-2y)^2$;$(4x-y)^2$;$(-2x-1)^2$ 等。然后针对学生解题中出现的问题对公式的具体应用进行重点讲解。最后让学生对这个规则进行言语的陈述。

4. 反复练习,巩固知识

在完全理解公式的基础上,给学生一些新的实例进行练习,以巩固这个规则。

5. 变式训练,培养能力

进一步给学生提供尝试运用完全平方公式的变式进行解题的实例,让学生多角度地理解公式的实际运用。例如:$(x+y+z)(x-y-z)$;$(x+y+1)(1-x-y)$;$(2x+y+1)(2x+y-1)$;$(x-2y+3z)(x+2y-3z)$ 等。最后教师进行总结,说明公式的结构特征以及解题中应该注意的问题。

让我们回到本章开头提到的问题。刘老师教授英语语法规则时之所以缺乏有效性,是因为在教学中只注重讲授规则,而没有提供足够的样例帮助学生充分地理解规则,加之课后没有提供足够的时间让学生练习,因此在上课时学生表面上记住了规则,但由于缺乏理解,很容易忘记。

要解决这一问题,可结合本章有关规则学习和教学的规律,促进学生高效率地掌握语法规则。例如,首先可采用接受学习与发现学习相结合的方法——根据规则的难易程度和学生已有知识,可以先让教师讲述,再进行举例并练习;也可以通过句子操练,引导学生总结和发现其中的语法规则。不管采用哪一种教学方法,都要注意多举例,多练习,多运用,这样学生才能有效地掌握所学的规则。

本章小结

- 在静态层面上,规则是对概念之间关系的描述性反映。在动态的层面上,规则是根据原理、定律、公式等对整类的刺激作出反应。根据规则水平的不同,我们可将规则分为简单规则和高级规则。
- 规则学习的过程包含三个阶段:掌握规则的言语信息阶段,规则证明阶段,规则应用阶段。规则学习最基本的形式主要有两种:从例子到规则的学习和从规则到例子的学习。
- 发现高级规则(即问题解决)中的心理活动可分成表征问题、设计方案、执行方案和评价结果四个阶段。在问题解决的过程中,问题解决者首先要调用自己已有的知识经验,包括已掌握的简单规则,然后加以重新组合和创新,从中发现新的规则。
- 规则学习的教学分为六个步骤:(1)告诉学习者人们期望他在学习结束时获得的动作

的形式;(2) 要求学习者重新回忆已经学会的组成该规则的概念;(3) 引导学习者将概念以适当的次序组合在一起形成新规则;(4) 要求学习者说明规则的具体实例,并提供反馈;(5) 要求学习者对规则作言语的陈述;(6) 复习已经学习过的规则,运用新的实例,巩固和保持刚刚学习过的新规则。

思考题

- 影响学生学习规则的因素有哪些?如何利用这些因素改善对规则的教学?
- 什么是问题解决?它有哪些阶段?影响因素有哪些?
- 规则的接受学习和发现学习有何区别?
- 如何考查学生是否掌握了教师教的规则?

问题探索

- 小宝宝在学会正式的语言交流之前,会用一些简明的词或者"自造词"表达自己的意愿,如他们看到汽车会叫"嘀嘀",想睡觉时会说"觉觉",想让妈妈抱时只说"妈妈抱"三个字,想吃苹果时会说成"苹果吃"。从严格意义上来说,这些表达并不符合我们的语言习惯或语法规则,但我们通常能明白他们的意思,这是否说明规则可有可无呢,请你对此发表一下自己的看法。
- 假设你是一名教师,请根据你所教学科,选择某一个规则,运用所学规则的教学原理,设计一个教学方案。

附录:趣味题答案参考

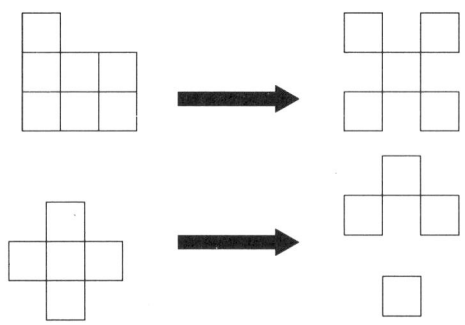

第四章　认知策略的学习与教学

本章细目

本章要点

第一节　认知策略的概述

一、认知策略的含义

1. 认知策略的概念

2. 认知策略与学习策略

二、认知策略的范畴和成分

1. 认知策略的范畴

2. 认知策略的成分

第二节　认知策略的学习

一、认知策略的发展

1. 认知策略发展的阶段

2. 认知策略发展的年龄特征

二、认知策略的学习条件

1. 具有相应的知识背景

2. 具有较高的元认知水平

3. 具有较高的学习动机水平

三、认知策略的学习过程

1. 掌握认知策略知识阶段

2. 实际运用认知策略阶段

3. 促进认知策略迁移阶段

四、有效的认知策略学习

1. 复述策略的学习

2. 精加工策略的学习

3. 组织策略的学习

第三节　认知策略的有效教学

一、认知策略的教学探索

1. 对比探索

2. 经验探索

3. 分解探索

二、认知策略的教学策略

1. 认知策略教学与学科教学相结合

2. 认知策略教学与认知动机培养和激发相结合

3. 认知策略的教学与元认知教学相结合

4. 认知策略的教学与合作学习相结合

本章小结

思考题

问题探索

本章要点

- 认知策略的含义、范畴与成分
- 认知策略发展的阶段与年龄特征
- 认知策略的学习条件和学习过程
- 有效的认知策略学习
- 认知策略的教学探索和教学策略

想试着回答一下吗……

- 你知道美国的五大湖吗？它们分别是休伦湖（Lake Huron）、安大略湖（Lake Ontario）、密歇根湖（Lake Michigan）、伊利湖（Lake Erie）和苏必利尔湖（Lake Superior）。有一个记忆的诀窍：将每个湖的英文首字母提取出来，可组成一个单词 HOMES，这样有助于信息的迅速提取。你知道这运用的是什么策略吗？
- 老师在使妮妮明白了多种解题方法后，发现她总是选择最基本的方法，而不运用更快捷的方法。老师该如何促使妮妮运用方便快捷的方法呢？
- 小学生彤彤的学习存在许多问题。抄写一个汉字要看三四遍，且下次出现同样的字还是不会写；默写英语单词时经常把字母顺序颠倒，如把"like"写成"lkei"。你能用心理学知识解决她的问题吗？
- 有一句话是"在读书时，要做到口到、眼到、心到"。这具有什么心理学的意义？
- 三四岁的小孩会按形状进行分类，而小学生则会按种类如"蔬菜""水果"等归类。为什么会出现这样的差别呢？
- 新来的地理老师小李教的学生成绩不好，且学生对所学内容总是梳理不清。于是，小李便去请教老教师，老教师告诉他如何为学生建构知识的体系，你知道如何建构吗？

王老师是有着20多年教龄的历史教师，对教学有非常丰富的经验，但他在教学中遇到的最大困难是当他要求学生熟记历史事件、时间、地点和人物时，无论怎样要求，很多学生还是无法准确地记住，总是把历史事件和相应的年代混淆，把历史人物张冠李戴。王老师自己也感觉到，记忆这些琐碎的事件、年代、地名、人名等对学生来说确实有很大困难，但按照教学大纲，这些要求必须达到。这件事常让王老师感到困惑和力不从心。作为一名负责任的教师，王老师开始反思自己的教学方法中存在的问题。

王老师面临的问题也是很多老师想要解决的问题。当代教学理论和实践都强调，教师的教学不仅仅是传授基础知识，学生的学习也不是消极被动地接受知识。教师的任务一方面是传授知识，更重要的一方面是教学生学会学习。学会学习的问题主要涉及认知策略的学习和教学问题，那么如何学习认知策略并进行有效的教学呢？这将在本章的学习中找到问题的答案。

第一节 认知策略的概述

认知策略是特殊的程序性知识，即策略性知识。它不仅能提高学生的学习效率，还能促进学生对知识的掌握，优化学生的学习效果。因此，在学习认知策略时，先学习其基本概念是非常必要的。

一、认知策略的含义

认知策略是一个复杂的概念。长期以来，许多教育家和心理学家对认知策略这一术语从不同的角度进行了阐述，并经常同学习策略、智慧技能、认知监控等概念相互包含、重叠。因此，对认知策略进行比较全面的描述是相对困难的，因为目前还没有一个关于认知策略的比较确切的定义。

1. 认知策略的概念

"认知策略"这个术语最初由布鲁纳(Bruner)于1956年在研究人工概念形成时提出。直到20世纪70年代，加涅(Gagné)才在其学习分类中单列一类。但关于认知策略的定义，至今尚无统一的说法。有的人把认知策略视为用以支配自己心智过程的内部组织起来的技能(Gagné,1977)，意在突出个体对自己内部的认知活动的调控。有的把认知策略视为"加工信息的一些方法和技术"(陈琦,2001)，旨在强调其本质属性仍为方法范畴。还有的把认知策略视为个人自主控制其内在心理活动历程从而获得新知识的一切方法(张春兴,1998)，同时兼具上述两种观点的要义。

综合上述观点，可以认为，**认知策略**(cognitive strategy)是优化信息加工效果、提高信息加工效率的一种认知技能。这一概念包括两层内涵：一是认知策略在功能方面的本质属性是优化信息加工效果、提高加工效率，其作用的对象仍是个体外部的认知信息材料，而不是个体内部的认知加工过程，从而与元认知及其策略相区别，后者才是对个体内部的认知加工过程实施监控、调节的心理机制。例如，个体在记忆材料时，不使用精加工策略，而用机械记忆的方式来死记硬背,也许同样能完成记忆任务,只是记忆的效果不很理想,尤其是记忆效率很低,若采用精加工策略则能大大优化记忆效果,提高记忆效率。而精加工策略的实质是个体在记忆材料时尽可能建立该材料与个体头脑中已有知识之间的联系,并不涉及对记忆过程的监控、调节问题。二是认知策略从心理层面上看是一种认知技能,属程序性知识,列为加涅划分的五大类学习结果之一,同时也可视为方法范畴,只是它更具有统摄性、概括性,与具体的认知方法相区别。仍以精加工策略为例,其策略的要义在于设法建立新旧知识的联系,至于如何操作则可具体化为诸如形象联想法、谐音联想法、歌谣口诀法等。而形象联想法、谐音联想法、歌谣口诀法等既可视为精加工策略,又可视为具体的记忆方法。正是在这样的具体化层面上,认知策略才与认知方法取得了统一。

2. 认知策略与学习策略

随着认知学习理论的发展,人们也越来越重视学习的效果和效率问题,学习策略这一概念及其相应的研究也就日益引起人们的兴趣。有关学习策略的界定与认知策略一样,也是众说纷纭,尚无定论,其中梅耶(Mayer)把学习策略视为"在学习过程中用以提高学习效率的任何活动"的观点有一定的代表性。我们则认为,**学习策略**(learning strategy)是学生优化学习活动效果、提高活动效率的一种技能。由于学习概念的外延大于认知,学生的学习除认知领域之外,还有情感领域和动作技能领域,所以学习策略涉及的范围要大于认知策略的范围。迈克尔(McKeachie,1990)对学习策略的成分进行分析,指出它包括认知策略、元认知策略和资源管理策略三部分。可见,认知策略只是学习策略的一个组成部分,当然,它是认知领域中学习策略的最主要的成分。

知识小窗 4-1　　　　学习策略的分类

根据学习策略涵盖的成分,迈克尔(McKeachie)将学习策略概括为认知策略、元认知策略和资源管理策略,具体如下。

学习策略
- 认知策略
  - 复述策略,如重复、抄写、作记录、画线等
  - 精细加工策略,如想象、口述、总结、做笔记、类比、答疑等
  - 组织策略,如组块、选择要点、列提纲、画结构图等
- 元认知策略
  - 监控策略,如自我检查、集中注意、监控领会等
  - 计划策略,如设置目标、浏览、设疑等
  - 调节策略,如调节阅读速度、重新阅读、复查、使用应试策略等
- 资源管理策略
  - 时间管理策略,如建立时间表、设置目标等
  - 学习环境管理策略,如寻找固定地方、安静地方、有组织的地方
  - 努力管理策略,如归因与努力、调整心境、自我谈话、坚持不懈、自我强化等
  - 寻求其他人支持,如寻求帮助、伙伴帮助、小伙伴/小组学习、获得个别指导等

(转引自陈琦,刘儒德,2007)

二、认知策略的范畴和成分

认知策略这一概念本身也是随着认知心理学的发展而逐渐被提出和使用的,其范畴亦尚未明确界定,它应当包含哪些成分也是观点各异。

1. 认知策略的范畴

顾名思义,认知策略理应涉及个体认知活动各个方面,但一般更多论及的是记忆方面的认知信息加工策略,以致易被人误认为认知策略就是指记忆方面的信息加工策略。其实不然,布鲁纳当初最早提出认知策略术语时,就是指思维活动中的信息加工策略。事实上,在个体信息加工的各个方面,都存在着优化效果、提高效率的问题,因而也都存在着相应的认知策略的研究与运用问题,只是目前已有的研究尚主要集中于某些方面而已。

从总体上看,认知策略包括各种种类,形成了认知策略的体系结构,我们可以从各个不同的维度来加以划分。

从认知信息加工的专门化程度上划分,我们可以把认知策略分为一般策略和具体策略。一般策略是人们在各种认知信息活动中通用的、不受学科限制的一类认知策略,运用面广,但缺乏针对性,对于某一具体的认知信息加工活动缺少特效。它是认知心理学家热衷研究的一类策略。上面提到的记忆策略就是典型的一般认知策略。具体认知策略又称特殊认知策略,它是适用于某一具体认知信息加工活动的、明显受学科限制的一类认知策略,虽适用面狭窄,但针对性强,对于促进某个具体的认知信息加工活动有特效。如外语语法学习的策略。对这类策略的研究非认知心理学家单独可为,应由认知心理学家与专业人员合作进行。但实际上,专业人员,如学科教师则往往在自己的教学实践中摸索出一些行之有效的认知策略,为认知策略教学创造有利条件。

从认知信息加工的心理成分上划分,我们可以把认知策略分为注意策略、观察策略、记忆策略、思维策略等。其中,记忆策略和思维策略是最重要的两个方面,尤其是记忆策略是被研究最多的一类认知策略。这一维度上划分的策略也往往是一般认知策略,因此这一划分也可视为一般认知策略的进一步细分。

从认知信息加工的学科领域上划分,我们可以把认知策略分为语文中的阅读策略、写作策略,数学中的代数解题策略、几何解题策略,物理解题策略,化学解题策略,第二语言习得策略,等等。其中,阅读策略和问题解决策略又是教育心理学中研究的热门课题。这一维度的划分也可视为具体认知策略的进一步细分。

2. 认知策略的成分

在个体认知信息加工活动的各个方面,都能发展出一些相应的认知策略。因此,认知策略是多种多样的,这里仅简述一部分常用的涉及记忆方面的一般认知策略,供教学时参考使用。

(1) 复述策略

复述策略(rehearsal strategy)是指对目标不断进行重复,以便能准确、牢固地记住这些信息。例如,按一定顺序重复项目的名称,或重复出某部分重点内容加强信息加工。复述是维持注意、保持信息的主要途径之一,主要包括以下八种。

① 及时复述。从开始复述的时间上安排,对识记了的信息要及时进行复述,效果更好。这是因为人们的遗忘从识记一结束就开始了,并且遗忘的速度呈先快后慢的趋势。这对意义性不强的学习材料,效果尤为明显。

② 限时复述。从结束复述的时间上安排,限定复述任务完成的时间,使个体产生一定的紧迫感,以利于大脑机能的充分调动,增强复述的效果。

③ 试图回忆式复述。从尝试背诵的时间上安排,不是等复述到纯熟时才开始背诵,而是稍加复述便尝试背诵,背不出再复述,复述了再尝试背诵,如此交替,直到成诵。此举能提高注意的集中程度,使之有效地指向自己未掌握的部分,并有助于更好地发挥复述过程中的自我监控作用,大大优化效果。

④ 分散复述。从复述时间的集中度上安排,对要复述的信息应注意分散复述。分散复述是相对集中复述而言的。集中复述就是集中一段时间一下子复述许多次。分散复述就是将集中的一段时间分散开来,分为若干小段时间,每隔一段时间复述几次,其效果比集中复述更好。

⑤ 整体与部分相结合的复述。从复述对象的整体性上安排,应注意整体复述与部分复述相结合,即将复述的内容先分成几部分,分别复述,然后再联系起来,整体复述。当复述材料比较长时,此举效果尤佳。

⑥ 过度复述。从复述的程度上安排,复述的次数达到刚能背诵所需要的复述量的150%左右最为适宜。也就是说,如果一篇材料需复述10遍刚能背出,那么最好再复述5遍左右为宜。复述少了不易巩固,复述多了则消耗精力,于效果无多大增益,反而降低了效率。

⑦ 多种形式复述。从复述的形式上安排,要避免单一形式导致的单调、厌烦感,宜采取多种多样的形式相结合的复述,以利于调动个体复述的积极性,也利于多角度理解复述内容。

⑧ 多种感官协同复述。从复述的感官通道上安排,要尽可能采用多种感官通道同时启用的方式复述,这有助于提高复述效果。一般说,视听结合的复述效果优于仅运用视觉通道或听觉通道的复述效果。

(2) 精加工策略

精加工策略(elaborative strategy)是指将所学的新信息与头脑中已有知识联系起来,

以增进记忆效果。精加工是高效率地获得陈述性知识的基本条件之一,它不仅能促使新旧知识的联系,增进对新知识的理解,而且促使精加工后的新命题进入到命题网络,在以后需要唤起的时候容易检索,即使直接检索它出现困难,也能通过命题网络间接地把它推导出来。例如,在记忆术中运用联想、谐音等方法来记忆历史事件、外文单词等无意义材料时,人为地赋予意义就是精加工的运用。事实上,精加工是对所学信息附加内容的过程,它可以是逻辑上的推理,也可以是对信息的扩展与延伸,增加已知的例证,补充某些细节,进行某种类推或人为地增加意义。一般来说,对于意义性强与不强两类学习材料,精加工有两类不同的操作:对于意义性不强的、难以归类的材料,力求从中创造出某种联系以赋予它们一定的意义(以下1~4项);对于意义性强的材料,力求抓住字面意义背后的深层意义,进行深水平加工(以下5~7项)。

① 形象联想。通过人为的联想使所学的新信息与头脑中鲜明生动、印象深刻的形象结合起来,以提高记忆效果。研究发现,头脑中联想出来的形象越鲜明、具体、奇特,加强记忆的效果就越好。比如,有教师为了让学生记住"血液由静脉流回心房,从心房流入心室,再由心室搏出"的流动方向,通过"先进房间,再下到地下室"的形象顺序让学生达到准确记忆。

② 谐音联想。借助谐音赋予无意义的材料以一定的意义,由此使之与头脑中的事物联系起来,以增强记忆。这里谐音联想只是起了检索的作用,本身不能替代记忆对象,对此要有清醒的认识,以免产生负效应,这在外语单词学习中尤要慎用。

③ 歌谣口诀。将所学的新信息融入韵律化的文字材料中,编成歌谣口诀,与头脑中已有的诗歌、乐曲的格调相联系,易于背诵、回忆。比如,"中国古代朝代歌""元素周期表口诀"等就属此类。

④ 首字联词。将所学的每个词的第一个字或字母联系在一起,形成一个缩写,既与原先材料取得某种意义上的联系,又以"压缩"了的记忆材料,发挥检索作用,从多方面优化记忆效果。

⑤ 勾划圈点。对于本身意义性强的书面化的信息材料,通过勾划圈点其中的重要部分有助于促进对信息的加工,提高记忆效果。

⑥ 摘录提要。对于本身意义性强的材料,通过摘录要点、归纳(以材料中的原句摘抄为主、辅以必要的连接、概括),有助于更好地促进对信息的加工,提高记忆效果。

⑦ 笔记概述。对于本身意义性强的信息材料,通过笔记形式,区别主次,由博返约,概括整理(以自己的话概括材料的主要内容),有助于更深层次的信息加工,提高记忆效果。

(3) 组织策略

组织策略(organizing strategy)是指梳理所学的新信息,建构其内在的联系,以增强记忆效果。组织策略是将信息由繁到简、由无序至有序处理、加工的一个重要手段。组织策略是对信息深加工的一种重要形式,它能有效地加强与提高对材料的理解、记忆与表述。

① 归类整理。归类整理策略是组织策略的一种常用形式,指的是将所学的新信息进行归类整理,形成内在的结构组织,以便于记忆。该策略最早由鲍斯菲尔德(Bousfield,1953)提出,指在自由回忆中按特征或归属把要记忆的项目组织起来的策略。如对含有不同类型且随意排列的词组,学生先"归类"并按类别来回忆,这样可以提高回忆效果。如在回忆中一想到文具这类词,就会想到钢笔、文具盒、削笔刀等一系列词。归类整理策略使学习者将新学习的个别知识相互联系,构成一个整体,形成一种结构,因此是一种有效的认知策略。由于归类有多种不同的维度,其方式方法的运用也就各式各样了,我国研究者总结出了六种组织材料的方式(见表4-1)。这六种方式可供不同学科教师借鉴,并应根据学生思维能力的发展水平,授以不同组织方式。

表 4-1 组织材料的六种方式

名 称	图 式	适 用 条 件
线性式	○→○→○→○→○	线索单一的材料
坐标式	(二维表 A/B/C × 1/2/3)	两条线索齐头并进的材料
网状式	(树状层级图)	呈上下位关系的材料
线中有网式	(线性后接树状图)	先为单线索后呈上下位关系的材料
网中有线式	(树状图后接线性)	先呈上下位关系后呈顺序式的材料
线中有线式	(主线中含副线)	有主、副线的材料

知识小窗 4-2　　　　　　　资源管理策略

资源管理策略是培养学生对可用的环境和资源进行管理的策略,包括学习时间管理策略、努力状况管理策略、学习环境管理策略和寻求他人支持策略。

学习时间管理策略

有效地安排时间可以促进学习,提高学习效率。每个人都应根据自己的学习目标,对时间作出总体安排,并通过阶段性的时间表来落实。时间管理策略是通过一定的方法合理安排时间,有效利用学习资源。

努力状况管理策略

努力状况管理策略是指采用恰当的方法排除外界的干扰,使自己的精力有效地集中在学习任务上。一个人的精力是有限的,不可能一直保持旺盛的精力,过分使用会出现疲劳而使学习效率低下。对努力状况的管理如同对时间管理一样,分清事情的轻重缓急,要把有限的旺盛精力优先运用到重要的事情上。

学习环境管理策略

学习环境管理策略是指善于选择或管理自己周围的学习环境,以利于自己集中精力进行学习,取得好的学习效果。光亮的、安静的、没有分心因素的学习环境,有利于学习者集中精力利用自己有限的学习时间和努力有效地完成学习任务。

寻求他人支持策略

学习不是一个人的事情,必须与他人进行有效合作。寻求他人支持策略是指当学习遇到困难时,要抛开顾虑,向身边的老师、同学求助的行为。学业求助不是自身能力缺乏的标志,而是获取知识、增长能力的一种途径,是一种重要的学习策略。

② 提纲挈领。这一策略是指运用简要的语词把握新信息的内在层次结构,并常辅以数码标记,以显现内隐的结构组织,促进理解和记忆。对于量大而复杂的信息材料,此举更具优越性,给人以"纲举目张"之感。这种提纲挈领的组织策略实际上就是在一组信息中以上位概念代替下位概念或抽出要义把材料组织起来,即我们常说的概括。这一策略从易到难可分为五种基本方式:略去枝节、删掉多余、代以上位、择取要义、自述要义(Brown, Day, & Jones, 1983)。略去枝节是概括时舍去不重要的材料;删除多余是去掉冗余信息;代以上位的情况有两种,一是以一个类的标记去总括属概念,如以船代替"木船""战舰""潜水艇",二是用一个更一般的行动去总括具体行动,如以"小红迅速起床"代替"小红止住闹钟声,手脚一蹬,便一骨碌下了床";择取要义指找出一个主题句;自述要义指对无现成主题句的段落,在阅读之后构思出一个命题或中心思想。择取要义和自述要义是更高级的概括,涉及对句子进行有序加工,比前述三条规则更困难。

③ 作图示意。这一策略运用图解方式来说明新信息的内在联系,并多辅以连线或箭头标记,以形象显现内隐的结构组织,促进整体把握和记忆。作图示意策略可细分为两

种:一种是关系图示——用图解方式来说明各信息之间的相互关系,如有关认知心理学知识的关系。作关系图时,应先识别学习内容的主要观点,然后识别次要观点或支持主要观点的部分,接着是标出联系部分,最后将次要观点与主要观点联系起来,形成一个完整的关系图。图中的正中是主要观点,支持性观点在其周围。二是流程图示——用图解方式来说明某过程之间的要素的相互联系(见图4-1)。

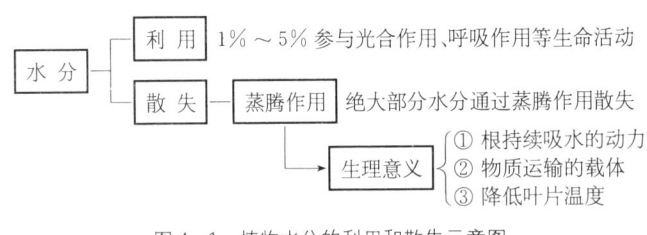

图4-1 植物水分的利用和散失示意图

第二节 认知策略的学习

人们对认知策略的习得是一个不断发展的过程。对认知策略的习得必须具备三个条件:知识背景、元认知知识和学习动机。了解认知策略的发展及习得条件具有重要的意义。

一、认知策略的发展

认知策略在个体发展中不仅具有阶段性,而且具有不同的年龄特征。了解认知策略的发展阶段和年龄特征有利于因材施教,进行有效的教学。

1. 认知策略发展的阶段

要知道认知策略的学习,有必要先了解在自然状态下认知策略在个体身上的发展。心理学研究发现,儿童认知策略的发展要经过四个阶段。

第一阶段:儿童不能自发地产生认知策略,并且,即使有人教他们某种认知策略,他们也不能有效地加以运用。在儿童的技能中,基本上找不到构成复述行为的技能成分和技能整合。这种情况被称为调解的缺失,是因为个体早期缺少产生策略及其有效运用策略的心理机制,不能对认知活动进行合理的调节。

第二阶段:儿童已经具备策略,但他们不能自发产生策略。其原因可能有:① 儿童对任务情境的计划性和目标定向等理解不充分,他们不能像成人一样意识到"我该对这些记忆材料做些什么特殊事情,将来我才能记住它";② 儿童可能没有认识到在这一特定任务情境中该使用某一特定的策略;③ 儿童还不能有效地熟练地使用某种策略,因为这对儿童来说可能要付出巨大的努力;④ 儿童可能并不认为复述策略可促进回忆。在这个阶段,儿童虽然不能自发地产生某种认知策略,但可以在他人的帮助下,学会某种认知策略,提高认知活动的操作水平。弗拉维尔(Flavell,1970)称这种情况为产生的缺失。这是因为个体已具有使用某种认知策略的能力,但需要外部的帮助。

第三阶段：儿童可以自发使用策略,但是这些策略对儿童的帮助很小,可能的原因是这种策略的执行占用了儿童太多操作空间,而用于记忆本身的空间反而变得很小。这一阶段被称为利用的缺失。

第四阶段：儿童不但可以自发地产生认知策略,而且能有效地加以运用。在这一阶段,策略的使用对儿童来说比较容易和流畅,儿童能主动地在各种不同情境中使用策略,包括那些非支持性的情境,即任务情境看上去没有明显使人感觉到需要使用某种策略。如布鲁纳在进行人工概念形成的实验研究时就发现,个体自发运用整体策略或部分策略来解决面临的思维问题。

2. 认知策略发展的年龄特征

（1）复述策略的发展

弗拉维尔等人(Flavell et al., 1966)对5~10岁儿童的复述策略发展进行了一个经典研究：给5、7、10岁儿童看一组图片,在儿童回忆这些图片时给他们戴上一个头盔,这个头盔遮住了他们的眼睛但露出了嘴巴,以使实验者确定儿童是否用言语对材料进行了复述。根据实验得出的结果,弗拉维尔等人认为复述策略的使用随着年龄而增长,而且表现水平与策略使用呈正相关,尤其复述频次决定记忆绩效。

但弗拉维尔的研究结果受到了奥恩斯坦和瑙什(Ornstein & Naus,1975)的质疑。奥恩斯坦和瑙什对小学三年级、六年级和初中二年级的学生进行了一项有关记忆的复述策略研究。他们给被试呈现一组词,要求被试过一会儿回忆,并明确指示被试在每次呈现完一个词之后至少对这个新近呈现的词复述一遍;但若被试愿意,也可对其他词进行复述。这一要求便使复述成为每一被试都必须做的一件事情,以便研究人员进一步观察复述情况。结果发现,三个年龄组的被试在复述的量上不存在显著差异,而在质上(或形式上)存在明显差异。低年级被试在复述时只提及所呈现的词列中最后的词(如呈现的词列是"桌子、草地、天空、裙子、猫",小学三年级仅复述"猫、猫、猫"),其运用的是被动复述策略,而高年级被试每次复述时将已呈现的词列一一提到(如初二年级的学生会一一复述上述词列"桌子、草地、天空、裙子、猫"),其运用的是主动复述策略或积累型复述策略。由此可见,随年龄增长,个体运用认知策略的质量在不断提高。一般而言,5岁以下的儿童缺乏足够的、合适的复述策略;6~10岁的儿童在一定的指导下可以使用复述策略,但不能自发地产生有效的复述策略;11岁以上的儿童可以自发使用复述策略,并不断纠正自己的复述行为。还有研究表明,中小学生的复述策略使用呈现随年级下降的趋势(马郑豫,张家军,2015)。

(2) 精加工策略的发展

精加工策略涉及在一对项目间产生联系,并尽可能促进**配对联想学习**(paired-associate learning),在非配对学习中,产生一个能对每一对中的项目起参考作用的事件的过程。大多数考察图像或言语精加工策略的研究都使用了配对联想方式的变式。研究者在实验中给儿童呈现一对无联系的名词(如"猫-苹果"),然后在测试时只给被试呈现一个刺激项目要求被试回忆另一个项目。在猫与苹果间的言语精加工策略可以是产生一个与这两者有联系的句子如"猫滚动着苹果四处转",同时也可产生一个视觉的精加工策略。与复述和组织策略不同的是,精加工策略在青少年期之前很少能观察到。但幼儿能通过训练使用精加工策略,提高幼儿相应的记忆表现。幼儿使用精加工策略如年长儿童一样,存在"利用的缺失"。研究发现,高中阶段,女生的精加工策略水平高于男生(赵超,等,2012)。

(3) 组织策略的发展

一般来说,儿童能自发地使用组织策略一般要到10岁或11岁。关于这方面的研究通常设计为根据语义对图片或单词进行归类。实验者随机地给予儿童一些图片或单词,如动物、家具等,然后告知儿童他们的任务是稍后回忆这些内容,并且他们可以对图片进行自由处理以便于记忆。学习一段时间后,儿童被要求尽可能地回忆更多的刺激项目。弗拉维尔等人对组织策略的发展报道与复述策略情况相一致。在大多数情况下,学前儿童以及低年级儿童显示出一种"产生的缺失",也就是说给予"中性"指示时他们不能使用组织策略。大一点的儿童能在词义的基础上对项目进行归类,将同类项目放在一起学习,应用较高水平的归类和集串并产生较高水平的回忆绩效。在实验者指示进行意义上的归类时,即使是年龄较小的儿童也能使用组织策略并能提高记忆绩效(Schneider,1986)。另外,刺激呈现程序上的小改变明显影响学前儿童的归类行为,这些结果说明这个年龄组儿童记忆策略的不牢固。高水平的组织并非意味着高水平的记忆效果。运用组织策略只是第一步,在学习后,儿童还要一段时间才能有效地使用策略,小学低年级儿童通常不能自发地运用组织策略,从四年级开始,大多数儿童能自发地在较广的范围内使用组织策略,而且归类、集串和回忆间有重大的内在联系。

二、认知策略的学习条件

要使学生学会认知策略,还应注意认知策略学习的条件,只有当学生具备了相应的学习条件,才能学会这一特殊的程序性知识。这里主要涉及学生学习认知策略的内部条件。

1. 具有相应的知识背景

这里的知识背景是指个体具有的与应用策略加工信息有关的知识。个体一旦缺乏这方面的基础知识,即使习得认知策略,也无法使用。例如,教学生学习精加工策略——口诀记忆法,但学生不懂得诗歌是怎样写的,那么该口诀也就无法运用。又如,教学生学习组织策略——主题纲要法,但学生对课文本身的阅读都存在困难,不能清晰把握课文的结构、要点或缺乏概括、提炼的能力,那么这一策略也无法运用。

2. 具有较高的元认知水平

元认知(metacognition)是对认知过程的认知,即个体在认知过程中能对自己正在发生的认知活动本身进行认知和监控。如前所述,元认知与认知策略不同,但它对认知策略的习得与运用却有很大的影响。弗拉维尔(Flavell, 1970, 1979)提出两种不同的认知缺陷:一是**具备性缺陷**(availability deficiency),即个体根本不具备认知策略;二是**应用性缺陷**(production deficiency),即个体虽已知道认知策略,但在应该使用时不知道使用认知策略。例如,学生根本不知道主题纲要法这一认知信息的组织策略,属第一种缺陷;学生已知道主题纲要法这一认知信息的组织策略,也知道如何运用主题纲要法,但在具体的阅读活动中又没有想到去运用它,这属第二种缺陷。第一种缺陷涉及的是认知策略本身的学习问题,而第二种缺陷涉及的是运用认知策略过程中的元认知问题。当个体元认知水平较低,缺乏对自己认知过程进行自觉有效监控、调节时,也就无法真正学会认知策略。只有当个体的元认知水平提升到一定的高度后,才能真正掌握和运用认知策略。

3. 具有较高的学习动机水平

认知策略的学习,可以说是认知学习中的高层次学习,它对学生的学习要求也相应较高。它不仅要求学生掌握运用认知策略的技巧,而且要求学生具有运用认知策略的意愿,后者便涉及认知策略学习的动机问题。现代认知心理学研究发现,"认知和元认知策略的知识往往不足以提高学生的学业成绩,他们还必须具有在使用这些策略的同时调节他们认知与努力的动机"(Pintrich & de Groot, 1990)。因此,在认知策略的习得与运用中,动机具有特殊的重要性。只有对认知活动具有高动机的人,才会表现出对知识、真理的热忱、执着的追求。他们不仅仅满足于问题解决,而且力求发现最有效、最合理解决问题的方式,即认知策略。比格斯(Biggs, 1958)的研究则进一步表明,学生的学习动机决定他们选择什么样的认知策略,并决定他们使用这些策略的效果。苏联教育科学院通讯院士休金娜自20世纪50年代起就一直关注认知兴趣的研究,在深入研究中也发现了这样一个事实:认知兴趣作为学习活动中的一个重要动力因素,不仅能提高学生的认知活动的一般积极性,优化认知活动的过程,而且能从深层上促进认知活动,即在认知兴趣的激励下,学生不仅考虑如何解决问题,而且力求发现最有效、最合理解决问题的方式。一般说来,学习动机强的学生倾向于经常使用他们已习得的认知策略,而学习动机弱的学生则对已习得的认知策略的使用不敏感;具有外在学习动机的学生倾向于选择和使用机械学习的认知策略,具有内在学习动机的学生倾向于选择和使用有意义的和起组织作用的认知策略。

> **学术研究 4-1　　　　策略型学习者**
>
> 　　策略型学习者指的是能够为自己的学习活动设置明确目标,自觉地运用多种类型的知识和方法,运用执行性控制过程创建学习计划,并有效对学习进程进行监控和调节,高效完成活动任务的学习者。简单地说,策略型学习者是能够高效运用学习策略且自觉地将学习策略内化为主体需要的学习者。策略型学习者具有以下三个特征。
>
> 　　**(1) 拥有各种有效的知识结构类型。**策略型学习者拥有各种各样有效的知识类型,它除了包括陈述性知识、程序性知识和策略性知识三类知识外,还包括相关的情境知识和研究性学习知识等。它是区别于一般学习者拥有的陈述性知识、程序性知识等相关知识类型的重要特征。
>
> 　　**(2) 较强的自我监控与调节学习能力。**策略型学习者具有较强的自我监控和调节学习能力,他们是能够参与并控制学习过程的自我调节的主体。策略型学习者善于运用各种策略去协调和管理自己的学习与研究。
>
> 　　**(3) 智能与人格的协同发展。**策略型学习者在整个学习过程中的心理活动是一个完整的系统,一是智力因素的执行操作系统,在学习过程中担负着对所学内容的感知、理解、巩固、应用等一系列的加工处理工作;二是非智力因素的调节系统,这个系统虽不直接参与具体的学习活动,但是它对学习者的认识活动起着发动、定向、维持、协调等作用。
>
> (桑青松,潘有文,2006)

三、认知策略的学习过程

个体到一定的发展阶段才能有效地运用认知策略,这为认知策略的教学提供了可行性基础。同时,虽然个体到一定的发展阶段也能自发地产生认知策略,但毕竟不是有目标、有计划、有系统地发展,而是处于自生自灭的状态,这又为认知策略的教学提供了必要性前提。要进行认知策略的教学,就有必要了解认知策略的学习过程。

认知策略就其知识的属性而言,它是特殊的程序性知识,即策略性知识。因此,认知策略的学习过程与其他程序性知识学习过程一样,可归纳为三个阶段。

1. 掌握认知策略知识阶段

在这一阶段,学生获得有关认知策略的陈述性知识,即理解和知道该如何去操作。例如,学生学习谐音联想法这一精加工策略,在第一阶段是知道其认知操作过程的表述:确定识记对象——寻找发音特点——尝试各种富有意义的谐音——选择谐音最贴近、意义最贴切的一种——记住谐音及其与识记对象之间的联系。回忆时首先再现谐音,然后通过谐音线索引出当初识记的对象。

2. 实际运用认知策略阶段

在这个阶段,学生在实例中运用认知策略进行练习,在练习中体验策略的有效性。这时有关该认知策略的陈述性知识向程序性知识转化。仍以上例为例,学生学习谐音联想法这一精加工策略,在第二阶段是实际进行认知操作过程的练习:确定识记对象是英语单词"cab(出租车)"→找出发音特点[kæb]→尝试各种富有意义的谐音"揩吧""开拔""开吧"……→选择谐音最贴近、意义最贴切的一个"开吧!"(人们乘上出租车时经常说的一句话)→记住"cab"以及"开吧!"与"cab"之间的联系。

3. 促进认知策略迁移阶段

在这个阶段,学生在大量变式练习的基础上体会策略应用的适当或不适当的条件,实现在新情境中的迁移。这时学生获得了有关认知策略的条件性知识,并最终实现由陈述性知识转化为程序性知识。再以上例说明,学生学习谐音联想法这一精加工策略,在第三阶段是把握运用条件在各种新情境中实现迁移性的认知操作:要记上海强生出租汽车公司的电话号码 62580000,若对每一个数字找出谐音有一定的困难,不妨采用灵活的办法,只对前 4 位数字找出谐音,又因为这是上海地区的出租汽车公司,可用上海话谐音:"就让我拨 4 个零"向上海强生出租汽车公司预定出租车。把握谐音联想法的适用条件有:记忆材料的长度不宜过长;加工后的识记内容必须具有双重意义。① 材料的本意,如"开吧"的本意就是 cab 的发音[kæb];② 谐音的意义,如"开吧"的谐音意义就是乘客乘上出租汽车后对司机的常用吩咐语,后者主要起检索作用。

学术研究 4-2　　普雷斯利的认知策略运行机制理论模型

普雷斯利(Pressley)等人认为,认知策略的学习过程就是有效的策略性思维过程,它涉及学习过程中方方面面的领域和环节。依据对认知策略运行机制及策略性思维能力的认识,普雷斯利提出了良好策略使用者的认知策略运行的理论模型。该模型具有如下主要观点。

1. 思维者拥有相关的知识基础。良好思维的因素包括完成任务的一系列技术、策略，有关这些技术何时及如何应用的元认知知识，以及连同策略性过程与元认知过程一起使用的广泛的非策略性知识基础。

2. 策略性加工自动化。策略性加工是一种目标定向的过程，随着练习有可能自动化。

3. 思维者拥有各种不同类型的策略。任务限定性策略在特定领域中适用于非常具体的目标，旨在促进特定任务的完成。这些任务限定性策略是更为一般性策略的具体例子。目标限定策略用以实现不同内容领域如记忆、理解、问题解决中的特定目标。一般策略则调节任务限定策略和目标限定策略，包括监控操作、当前策略失利时转换加工方式、指向任务的注意分配、通过策略调整来搜寻当前任务和先前已完成任务间的关系。

4. 良好策略使用者拥有各种具体策略的元认知知识。这些知识对于自动化的策略运用和策略向新情境中迁移是至关重要的。

5. 知识基础的作用。一定事实的知识可能会使策略加工变得不必要，如已记住 5+4=9 的学生不必要应用一种策略来解答问题 5+X=9；另一方面，没有相关非策略性知识，某些策略不可能运用。

6. 动机信念和认知风格的作用。对自己特定领域具体任务的才能的信念或对一般能力的信念会影响学习者策略性执行或获得新程序的动机，那些认为自己有能力控制其认知的学习者更有可能分配注意或努力于策略性加工。这种动机信念与学习者的认知风格也是相联系的。

总之，良好策略使用者需要策略、元认知、风格、动机信念、知识基础的协调。有能力的思维者分析任务情境、决定合适的策略，然后形成执行这些策略的一个计划，并监控策略执行进展情况。面对困难时，无效策略被放弃，采用合适的策略。以上过程是在合适的动机信念和策略性思维的一般性倾向的支持下进行的。

(杨向东，1999)

四、有效的认知策略学习

认知策略主要有复述策略、精加工策略和组织策略，各种策略起着不同的作用，它们都有多种变通的方法，学习这些方法能帮助我们更好地掌握认知策略，从而提高我们的学习效率。

1. 复述策略的学习

如前所述，复述的策略有很多，这里主要谈如何运用重复策略来加强记忆，避免遗忘。我们知道，复述策略主要用于保持短时记忆中的信息。其实，长时记忆中的信息也会出现遗忘。艾宾浩斯(Ebbinghaus，1885)通过研究发现了遗忘速度"先快后慢"的规律，即遗忘规律。因此，根据遗忘规律，我们应采取适当重复的策略来克服遗忘。关于重复在学习中的重要作用，德国哲学家狄慈根(Joseph Dietzgen)曾经说过："重复是学习之母。"我国北宋著名诗人苏轼也说："旧书不厌百回读，熟读深思子自知。"正如我国科学家茅以升在回答为什么他在 83 岁时仍能背诵圆周率小数点后一百位时所说的:"说起来也很简单,就是重复!重复!再重复!"但即使是重复,也是有一定策略的。复述策略中,常用的有以下四种重复策略。

(1) 试图回忆策略(读背结合策略)

在复习需要记忆的材料时,一遍又一遍地读,并不是有效的学习方法。有效的学习方法是把读和背结合起来。读一读,背一背,然后再读一遍,再看背得对不对……如此反复进行。这种重复策略就叫"试图回忆策略"。

盖茨(Gates,1917)曾做过这样一个实验:让 9~14 岁儿童阅读一篇传记文学,结果发现,如果用 60%的时间来回忆课文的话,结果能回忆的信息比用 100%的时间阅读的测验成绩平均高出 30%。9 岁组提高最多(平均 36%),14 岁组最低(平均 18%),说明年龄越小的儿童越不能自发地使用试图回忆的复习方法。那么,回忆的时间占多大比例为好呢?一般来说,对于年龄稍大的学生来说,60%~80%的时间用来回忆,效果较好;对于年龄偏小的儿童,回忆时间如果超过了 60%,就会影响其学习和记忆的效果。

试图回忆策略之所以能提高记忆效果,其原因在于:一是有助于注意力的集中,防止开小差。因为所读的不一定就是所想的,读有时是在"认字",而不是在复习,所以使用此策略的效果比较好。二是试图回忆能使我们把注意力集中指向自己未掌握的部分,能更有效地利用有限的时间。背不出来的地方就是需要特别留神和多花时间的地方。而反复阅读则是平均用力,无的放矢,所以效果不好。三是能帮助我们提高自我诊断和自我约束的能力。反复阅读时,多读几遍,就自认为"复习得差不多了",容易导致松懈和半途而废。而读背结合,能使我们及时诊断自己掌握知识的状况,加强自我约束,不达目的不罢休。

试图回忆的方法有很多,除了读背结合,还可以使用遮挡法和自问自答的方法,前者是用手或纸片遮挡住学习材料中的关键部分,力图回忆被遮挡部分的内容,然后除去遮挡,检查自己回忆得对不对。这种方法特别适用于以填空方式考察的内容。后者是针对自己要记忆的学习材料,自己向自己提出问题,然后用自己的语言作出回答,再对照学习材料检查自己回答的正误,同时还可以采用与同学互问互答的方式进行。这种方法特别适用于以问答的方式来考察的内容。

(2) 整记与分记相结合策略

以记英文 26 个字母为例,如果把 26 个字母作为整体来记,一遍又一遍地反复记,其效果不大理想。如果把 26 个字母分成五组,每组 4~6 个字母,记的速度就很快。因此,在记比较长的学习材料时,"分记"比"整记"更优。记忆语文课文和外语课文,都可以采取分段背诵的办法。当然,分记也有缺点,把一个整体分成几段来记,结果几段都记熟之后,却容易对段与段之间的先后顺序产生混淆,不能从整体上记住要记的材料。因此,要把分记和整记结合起来进行。一般来说,在记忆比较短的学习材料时,或对记忆有自信心时,以整记为主;反之,在记忆比较长的学习材料时,或对记忆信心不足时,最好以分记为主。

(3) 运用多种感官协同记忆策略

运用多种感官进行学习有助于提高记忆效果。一个实验证明了这一点。在实验中要求三组学生记住 10 张画的内容。第一组只是听别人说画上的内容,第二组只是看那 10 张画的内容,第三组则是边听边看。结果是第一组记住的最少,只有 60%;第二组记住 70%;第三组记住最多,达 89%。运用多种感官进行复习,可以加深大脑的印象,更多地在大脑中留下回忆线索,从而提高回忆的百分比。

根据运用多种感官进行学习的原理,同学们在学习时就可以利用录音机录下自己朗读的内容,然后边听边看,从而提高记忆效果。自己录音时还可以采取以下办法:先读一遍问题,然后默读一遍(这样在磁带上就空出一段时间,相当于回答问题所需的时间),最后再朗读一遍。复习时先听问题,再自己回答,最后再听一遍正确答案。这种方法也可以用于复习英语单词,效果很好。磁带中还可以适当地录入两三分钟自己喜欢的音乐,以调节身心,防止疲劳。

根据多种感官学习的原理,复习时朗读比默读的记忆效果好,尤其是在头脑不清醒的时候。宋代学者朱熹提倡眼到、口到、心到,就是指朗读,他要求学生读书时要"字字响亮"。革命老人谢觉哉在讲读书方法时也强调要反复地读,抑扬顿挫地读。朗读时不仅运用了视觉,而且包含动觉(唇舌动作)和听觉(听自己的发音)。动觉能提高大脑的兴奋性,抑扬顿挫的声音不仅能引发复习的兴趣和审美感受,而且能提供语音编码的回忆线索。因此,朗读比默读记忆效果好,而且大声朗读和富有表情的朗读更好。朗读法最适合学习语言(包括汉语和外语)。

(4) 多种形式复习策略

要使知识达到熟练的程度,唯一的方法就是反复练习。如果只用一种方式反复练习,则显得单调,会使人感到厌烦。因此,最好采用多种不同的形式去练习相同的内容。这样做不仅使人感到新鲜,复习时更持久专心,而且有利于从多个角度全面理解知识内容。

以复习英语生词为例,可采用多种方式进行复习:朗读法,抄写法,默写法,看中文词回忆英文词,看英文词回忆中文词,结合句子记单词,运用单词自己造一个句子,同学互考互问,等等。对所有学科知识的复习,都应采用多种复习方式,才能获得良好的复习效果。在各种复习形式中,采用小组集体学习的方式效果更好。英国哲学家培根(Bacon)说过,

"谈话使人敏捷",通过小组讨论交谈,互问互答,交流学习方法和思考方法,每个人都会受益。

以上介绍的重复策略作为几种常见的复述策略,其作用仅仅在于"维持"大脑中输入的信息,并未涉及对信息的"理解",即将新信息与头脑中已有的知识相联系。因此,这种复述策略还必须与更高级的策略相结合,才会进一步提高学习和记忆的效果。

2. 精加工策略的学习

精加工策略就是对新知识进行一番"咀嚼"而使其更利于我们大脑"消化"和"吸收"的策略。换句话说,它是一种对所学内容进行深度加工的策略,需要我们寻求字面意义背后的深层含义,将新学习的材料与头脑中已有的知识联系起来,通过某种方式对所学材料加以理解和记忆。经过精加工的信息会进入我们大脑已有的知识网络中,以后需要的时候,我们会很容易地把所需的信息检索出来,即使不能在大脑的知识网络中直接找出来,也能通过某种方式间接地把它推导出来。精加工策略在学习过程中发挥着重要的作用。它能否被灵活恰当地运用到学习中,就程度而言,决定着一个学生能否高效地掌握学习中所需要的大量知识。下面重点说明两种精加工策略的学习。

(1) 人为联想策略

人为联想策略也就是我们常说的记忆术,它是一种把本来无意义的学习材料人为地赋予意义,然后与头脑中已有的知识经验取得联系,从而加以记忆和回忆的策略。在学习中,我们常接触到一些材料,本身意义不大,但还必须记住它,如英语单词、历史年代、人名地名等。如果我问你,为什么 l-e-a-r-n-i-n-g 拼起来就是英语"学习"(learning)的意思呢?为什么"钾钠银锂氢"是＋1 价的化学元素呢? 为什么"齐楚燕韩赵魏秦"就是战国七雄呢? 在学习中,这些问题我们往往是无从回答的,但是我们因学习的需要又必须把它们记住。面对这些单调、枯燥而又需要记住的内容,很多学生感到苦恼。如果很好地利用人为联想策略,不仅可以记住这些枯燥的学习材料,而且可以使记忆过程变得生动有趣,同时也能发展学习者的创造性联想能力。

例如,在英语学习中,元音字母组合 oo 读长音〔uː〕的部分单词是 cool(凉爽的)、fool(傻子)、pool(水池)、school(学校)、tool(工具)、room(房间)、root(树根)、moon(月亮)、noon(正午)、soon(不久)、boot(靴子)、shoot(射击)、food(食物)、roof(屋顶)、tooth(牙齿)、loose(松动的)、goose(鹅)。分别记忆这些单词 oo 的发音是困难的,如果你利用人为联想策略,记住下面一段话,那么问题就迎刃而解了——"一个傻瓜(fool)站在学校(school)屋顶(roof)上刷着松动的(loose)牙齿(tooth)。正午(noon),他脱下靴子(boot)和小鹅(goose)一起在凉快的(cool)水池(pool)里游泳,不久(soon),回到房间(room)里吃食物

(food)。晚上,拿树根(root)当工具(tool)射(shoot)月亮(moon)。"这是通过把所学习的材料与头脑中生动、奇特的形象结合起来,从而提高学习效果的方法。它是一种形象联想法。谐音联想法也是一种有效地促进学习的人为联想策略。例如,有人通过这种方法,把三角函数三倍角公式 $\sin 3\alpha = 4\sin^2\alpha - 3\sin\alpha, \cos 3\alpha = 3\cos\alpha - 4\cos\alpha^2$ 谐音为"司令无山"(4立负3)和"山无司令"(3负4立)。有人把金属元素活动顺序——钾、钙、钠、镁、铝、锌、铁、锡、铅、铜、汞、银、铂、金,谐音联想为"加个那美丽新的锡铅,统共一百斤",等等。除此之外,歌谣法、数字标定法等也是很好的人为联想策略。

(2) 内在联系策略

学习中,对于一些意义性不强的学习材料,我们可用联想方式人为地赋予意义后加以记忆。但是,人们学习中遇到的新知识大部分是属于意义性较强的。比如课文,这又如何进行精加工呢? 内在联系策略正是一种对有意义的材料进行精加工的策略,它要求我们抓住所学材料字面意义背后的深层意义,进行深水平的加工。通俗地讲,就是要求我们通过一系列适当措施,在真正理解所学习材料的意义后达到记忆和回忆的目的。许多心理实验表明,内在联系策略的运用对有意义材料的学习有重要作用。有人曾做过这样的实验,让两组学生学习关于太阳系、植物、动物及血液循环系统的知识,对一组仅要求仔细阅读,并告诉他们以后要考试;对另一组则要求边读材料边向自己提问"为什么这个句子所说的事实是正确的?"并鼓励学生尽最大努力回答自己提出的问题,如果回答不出来,就采取猜测的办法学习,之后进行即时测验和间隔7天、180天的延迟测验,结果表明采取质疑法进行精加工的学生的成绩明显高于另一组学生。内在联系策略的其他精加工方法也能促进我们对所学知识的理解和记忆。例如,对"分子在气体中比在液体中相隔更远,所以体积相同的气体与液体相比,气体更轻"这句话,我们可以用比较法进行精加工,即这样想:这好比同样体积的毛织衣物,织得宽松的要比织得紧密的轻。

此外,图示法、符号转换法等也是对有意义学习材料进行精加工的好办法。不论是人为联想策略还是内在联系策略,精加工的实质就是编制一个合适的提取线索,其目的在于有效地储存和提取信息。在学习中,若想通过精加工策略编制一个合适的提取线索,就必须注意以下三点:第一,精加工应当促进学习者的信息加工过程,使学习者尽量对接收的信息进行深度的加工。像猪八戒吞人参果那样对所学知识不加理解地死记硬背,往往难以消化和吸收。第二,精加工应与学习者现有的知识水平相一致,这样才能运用精加工,把新旧知识串联起来,形成新的知识网络。否则,新旧知识间毫无联系,就像未串绳的珠子,难以聚拢到一起。第三,对学习无效者来说,由指导者提供的精加工比其自己产生的精加工更为有效。有的人由于知识水平及能力的不足自己难以进行有效的精加工,如果这时指导者给他们提供有效的精加工,就会很好地促进他们对知识的学习。

实践探索 4-1　一种英语单词记忆的精加工策略：关键字母法

关键字母法是由我国学者在国外研究者提出的关键词法的基础上发展而来的。它由三个步骤组成：(1) 将英文生词的若干字母选择为关键字母；(2) 通过拉丁字母意义加工系统或者一个已知的英文单词,对关键字母进行意义加工；(3) 在关键字母的意义与英文生词的汉语释义之间展开表象联想,或造一个包括关键字母的意义与生词的汉语释义的句子。例如,为记住"mushroom"(蘑菇)这个单词,学习者可以在这个单词中选取"room"(房间)为关键字母,然后在"room"的含义与"mushroom"的含义之间展开联想,"我很爱吃蘑菇,所以想有满满一房间的蘑菇",从而达到对这个单词的准确记忆。

可见,关键字母法是一种建立在形象联想基础上的精加工策略。国内外研究者对关键字母法在外语单词掌握中的应用进行了实证研究,结果表明,无论是即时测验还是延迟测验,使用关键字母法的被试的成绩都高于控制组。但另有研究表明,这种方法的效果受到关键字母的选取和联想等环节质量的影响。

3. 组织策略的学习

前面所说的精加工策略的主要作用是使新知识与已有知识取得联系,从而加深对新知识的理解。但精加工策略不能解决所学新知识之间的内在联系,不能使新学的知识相互联系,结合成一个整体,形成新的认知结构。组织策略的目的正在于建构新知识点之间的内在联系,是对所学知识进行深加工的一种重要形式,它既能有效地促进学习者对知识的识记和提取,又能有效地加深对知识的理解。中学有些学科的知识面广,涉及的内容多,许多学生感到知识零散繁杂、难记。究其原因,他们在学习某一学科知识时往往没有理清线索,未能掌握知识间的内在联系,只是将知识杂乱无章地堆放在他们的头脑中。因此,为了使所学的知识能够层次化、有序化,能够将知识组织成一个有层次、有条理的整体,运用组织策略进行学习就显得尤为必要。如前所述,组织策略主要包括归类整理、提纲挈领和作图示意三种,下面的一些例子就是这些策略在化学学习中的具体运用(肖谷清,等,2005)。

(1) 归类整理策略

例如,在化学推断题中,经常可以看到"A 溶液→逐渐加入 B→沉淀→再加入 B 沉淀溶解",再和一些其他化学信息连在一起,要求判断 A、B 是什么物质等题目。对于这一类题,很多学生往往无从下手。这时,教师可引导学生一起归类出 A、B 物质的可能情况(见表 4-2),这样既可前后联系、强化记忆,又能获得解决某一类具体问题的思维方向,提高学生解决问题的能力。

表 4-2 相关阴阳离子归类图

A	Al^{3+}	AlO_2^-	Ag^+	$Ca(OH)_2$	$Ba(OH)_2$	$Fe(OH)_3$ 胶体
B	OH^-	H^+	$NH_3·H_2O$	CO_2 或 SO_2	CO_2 或 SO_2	H^+

(2) 提纲挈领策略

例如,在中学化学学习中对于晶体熔沸点高低比较这一问题,则对其比较的依据进行归纳组块,把握前后知识的内在联系和层次结构,把它们转化为学生头脑中的认知结构(如图 4-2)。

依据 { 异类晶体:原子晶体＞离子晶体＞分子晶体
同类晶体 {
1. 原子晶体 —比较→ 共价键键能→键长→原子半径:原子半径越小,熔沸点越高
2. 离子晶体 —比较→ 离子键强弱→离子半径、离子电荷:离子半径越小、电荷越大,熔沸点越高
3. 分子晶体 —比较→ 分子间力 —组成结构相似的分子→ 相对分子质量:相对分子质量越大,熔沸点越高
}

图 4-2 晶体熔沸点高低比较依据图

(3) 作图示意策略

在化学学习中,可借助图表纲要法形象、直观的特点,对一些基本概念、基本理论、元素化合物知识、有机化合物知识等知识间的内在联系进行归纳组块,使化学知识结构之间的复杂关系或内在联系一目了然,从而便于学生把握知识之间的内在联系,建构知识的整体结构(如图 4-3)。

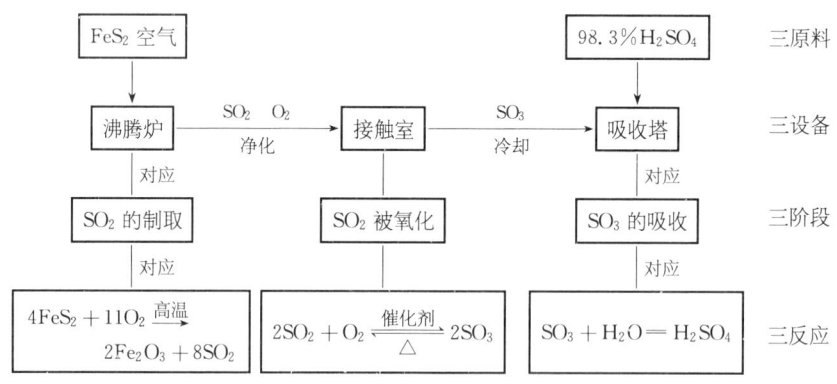

图 4-3 硫酸制作的流程图

再如,在编制有机物相互转化关系的网络结构时,可先以烷烃、烯烃、卤代烃、醇等各类有机物作为结点,再考虑各类有机物之间相互转化的化学反应,并在连线上标明这种反应的名称,从而强化前后知识的内在联系,使化学知识之间的联系一目了然,同时也能为学生解决某一类化学问题(如有机物相互转化关系问题)提供认知框架(如图 4-4)。

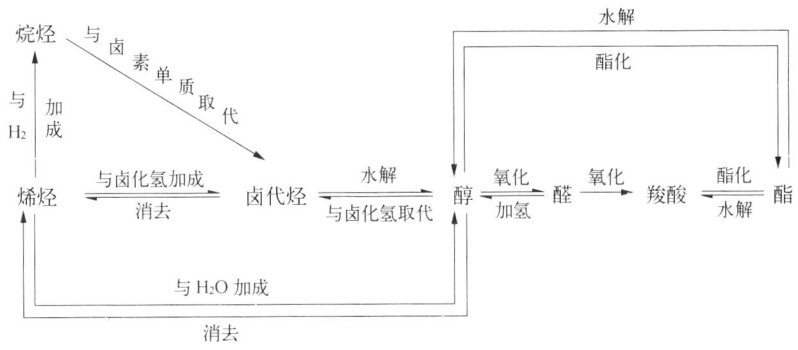

图 4-4 有机物相互转化关系的网络图

当然,为了更好地教会学生运用组织策略,教师在教学中应注意四个方面:第一,在化学教学中,教师应从繁杂的知识堆中运用组织策略摒弃枝节,提取纲目要点,把握知识之间的内在联系,帮助学生理清知识脉络,从而使学生把握化学学科的知识结构。第二,教师在教学中千万不要以为运用组织策略把知识整理归纳了、纲目要点拟订出来了,教学目的就达到了。由于遗忘规律的作用,纲目要点本身也会被遗忘,所以要引导学生及时复习纲要,并尝试回忆纲要,以强化理解和记忆纲目要点以及它们之间的内在联系,从而把纲目要点变成学生的认知结构。第三,运用组织策略归纳化学知识的纲目要点,其最终目的并不是记住这些纲目要点,教师还要组织学生充分运用纲目要点的统率作用来强化旧知识、同化新知识,运用纲目要点来解决化学问题,促进学生能力的发展。第四,在化学教学中,教师应逐步培养学生区分重要信息的能力,传授拟订纲目要点的方法,并充分利用纲目要点的拟订过程来促进学生对组织策略的掌握。

热点聚焦 4-1　　　　　　　自我体验与自主学习

自我体验与自主学习在个体的学习中相互影响、彼此促进、协调发展。首先,与自主学习和元认知相比,自我体验是较低层次的概念,它的丰富和发展不仅能直接提高学习者的自主学习能力,还能通过促进元认知水平的提高而间接提高学生自主学习的效率。其次,自主学习突出了动机的重要地位,强调学生学习的主动性。不论是自我体验还是元认知能力的发挥都是一个积极主动的过程,它们都离不开自主学习的激励作用。值得指出的是,元认知作为学习的监控系统,无论是在自主体验过程还是在自主学习的培养过程中都起着至关重要的作用,其发展直接促进或抑制自我体验的运用水平和自主学习的能力。可见,自我体验与自主学习在学习过程中密切相关,它们相互促进、相互影响,共同提高学生的学习兴趣和学习能力。

(杨俊华,2009)

第三节 认知策略的有效教学

认知策略比较抽象,进行认知策略的教学有一定的难度,需要经过探索,并结合影响认知策略的条件和因素才能得以顺利展开。

一、认知策略的教学探索

认知策略的教学与概念、规则的教学有一个很重要的区别:概念、规则的教学有现成的教学内容,有相对稳定的教学材料,教师的任务是如何以最佳的方式来传授这些知识;认知策略的教学由于尚处于发展之中,没有现成的教学内容和相对稳定的教学材料,教师的任务不仅仅在于传授,还需要开拓这方面的知识。正如把认知策略作为学习分类中的一大类的首创者加涅(Gagné,1977)所说:"在什么是认知策略和如何学会认知策略方面,我们知道得很少,而且对于已知的那些也没有多大把握。"因而,在认知策略的教学上存在着更多的探索问题。有关认知策略的教学策略,我们将在后面论述,这里先谈一下教师如何去探索认知策略以组成教学内容。诚然,一般的认知策略的探索,自布鲁纳提出认知策略概念以来,认知心理学家已付出不少努力,取得了相当多的成果,为今天的教学应用创造了有利条件,而与学科教学相联系的认知策略的探索则可能更需要学科教师以及学科教师与心理学工作者的共同努力。

1. 对比探索

现代认知心理学主要采用专家与新手对比的办法来研究认知策略。这里所谓的专家,不一定是指真正意义上的专家,而是泛指在某个学科领域中学习能力或解决问题能力相对强的人,如有经验的教师、优秀生等;这里所谓的新手,则是指该学科领域中学习能力或解决问题能力相对差的人,如缺乏经验的新教师、差生等。这类研究一般采取个别测试的方式,让专家和新手当着研究人员的面学习材料或解答问题,并要求他们一边思考,一边自言自语地说出思考的内容,以便研究人员详细记录他们的出声思维,加以分析、比较,从中发现专家不同于新手的思考方式,进而归纳、提炼出成功的认知策略。现代认知心理学家正是运用这种方法研究出不少认知策略,此法对从事学科教学的教师也是适用的。

2. 经验探索

对学科教师来说,也可在自己的教学实践中,通过经验总结,提炼出一些与学科教学密切联系的认知策略。事实上,不少优秀的、资深的教师,在长期教学实践中,自觉或不自觉地在不断总结教学经验,也探索出不少行之有效的解题技巧、方法,将这些技巧、方法加以一定的理论上的系统整理,也就成为很好的认知策略。这类策略的特点,往往是适用于某一学科的,具有突出的专门性、实效性。

3. 分解探索

如果说,从认知策略的探索途径上看,可以采用对比探索或经验探索的方法,那么从认知策略的探索方式上看,则主要采取分解探索的方法。所谓分解探索,就是把要完成的一个认知任务的整体的认知过程分解成若干个方面或环节,然后从每一方面或环节上探索相应的认知策略。由于每一方面或环节在完成总体认知任务的背景下,又有相对独立的局部认知任务,与之相应的也有相对不同的认知活动参与。因此,运用分解探索的方法,从某一认知活动的各方面或各环节上分别探索认知策略,更能深入到特定的认知活动中,针对更具体的认知任务进行探索,从而使这种探索更富有针对性,由此产生的认知策略也会更具有实效性。例如,在学习新材料的活动中,为了提高记忆的效果,可以把认知活动分成两个重要的方面:一是建立新学习材料与头脑中已有知识的联系;二是建立新学习材料之间的内在联系,由此分别从两个方面探索认知策略,形成精加工策略和组织策略。又如,为研究数学中解应用题的认知策略,可把解题过程分成理解题意、分析问题、解答问题、总结思路四个环节,然后从这四个环节上分别探索高效的解题策略;为研究语文中的提高写作水平的认知策略,可把写作过程分成审题、构思、行文、修改四个环节,然后从这四个环节上分别探索高效的写作策略。

二、认知策略的教学策略

向学生教授认知策略,也就是教授学生学习的方法,这对于提高学生的学习效率,促进智力的发展都有十分重要的意义。但认知策略的教学不同于概念、规则的教学,为使这类教学获得有效性,还必须把握认知策略的教学策略。

1. 认知策略教学与学科教学相结合

脱离学科教学来向学生传授认知策略,即相对独立地、单纯地教授认知策略,以提高学生学习各学科知识的学习效率,这种做法有点类似于形式训练。历史上就有过脱离具体学科学习而强调对记忆、思维等进行训练来促进个体发展的形式训练说,但终因得不到科学的证实而被否定。认知策略的教学似乎也有同样的情况。正如有人对脱离学科进行一般的思维策略训练的三种著名思维训练教程进行评价时所说的那样:一般思维技能的教学能够迁移到一个很广泛的范围的想法,类似于形式训练的教学思想。至今我们只能说还没有足够的证据证明这三种思维教程能够提高那些与已经练习过的任务不相似的任务的操作成绩(Littlefield, Delclos, & Bransford,1985)。我国心理学工作者也通过实验证明,脱离学科教学仅仅运用日常生活中的实例进行认知策略的教学,虽能提高智力测验或创造力测验的分数,但对学科学习没有直接的促进作用(蔡晓辉,戴忠恒,1993)。因此,认知策略的教学必须与学科教学相结合,才能取得较显著的成效。如前所述,从认知策略本身与学科的联系程度上看,它可以划分为两个层次:一是一般的认知策略,与学科没有必然联系,仅用于对一般的认知活动的操作,如精加工策略、组织策略、一般思维策略等;二是专门的认知策略,与学科相联系,适用于学科领域的认知活动的操作,如阅读策略、几何解题策略、物理解题策略、外语学习策略等。第二层次的策略本身与学科有着必然的联系,因此易于结合学科教学进行。第一层次的策略本身与学科没有必然联系,容易忽视结合学科教学进行,而这一层次的策略因其普遍性强、统摄性好,对于学生的整体认知水平的提高帮助较大,应在学科教学的同时予以必要的重视。故而这一层次的认知策略教学的难点是与学科教学相结合,其结合可以从两个方面进行:一是尽量以学科教学中的实例来讲解认知策略,并组织学生结合学科进行相应的训练;二是以这类策略为基础,注意讲解一些向各学科渗透的具体变式。例如,有人(张庆林,等,1995)根据问题解决的思维过程的表征问题、解答问题和思路总结三个阶段,提出了七条一般的思维策略,并在教学过程中,既结合数学教学中的应用题解答方面的内容,通过实例加以说明,同时又渗入各学科作相应变化,即如何将这七条一般思维策略运用于文科问题解决之中,例如,如何解决"作文"这个问题,以便取得好的效果。

2. 认知策略教学与认知动机培养和激发相结合

美国教育心理学家奥苏贝尔(Ausubel,1978)针对学校认知教学的主要手段——讲授教学进行深入研究,提出意义学习理论(theory of meaningful learning),他强调了意义学习的两个先决条件:一是学习者具有同化学习材料的适当的认知结构;二是学习者必须具有意义学习的心向。如果说第一个先决条件涉及的是认知教学中的认知因素,那么第二个先决条件涉及的是认知教学的动机因素。一般的认知教学都把动机因素放到与认知因素同样重要的地位,更何况认知策略的教学。如前所述,认知策略的学习是认知学习中的高层次学习,它不仅需要有一般的动机来推动其一般的认知学习,更需要对认知学习有浓郁的兴趣和精益求精的欲望,这是激起学习者运用策略、改进方法,提高学习效率的强大动力,因而动机在认知策略的学习中具有特殊的重要性,被列为认知学习的又一重要的内在条件。因此,教师在教授认知策略运用技巧的同时,必须有意地培养和激发学生运用认知策略的动机,否则,即使学生知道认知策略,但缺乏在学习活动中运用认知策略所应有的热情,导致学而不用,达不到应有的学习效果。

学术研究 4-3　　　　　　　我国中小学生学习策略现状

在中小学生的学习策略(认知策略)水平随年级升高而变化的问题上,不同研究的结论不同甚至相反。对我国中小学生学习动力与学习策略现状的调查研究表明,学习策略各维度得分高低依次为:合作求助策略、资源管理策略、反思策略、批判性思维策略和认知策略。在认知策略方面,组织策略水平较高,精加工水平略低,复述策略最差。从年级差异上看,在学习策略总体水平上,小学五年级最高,初二次之,而高二最低。表明随着年级升高,学生学习策略水平呈明显下降态势。而学习策略各维度也呈现小学五年级最高,高二最低的趋势,其中认知策略和资源管理策略的差异最为显著。学习策略水平之所以随年级升高而下降,可能的原因有:知识结构缺陷导致策略运用倒退、考试压力制约了策略使用、学习动力的下降导致了策略使用减少等。

另外,学习策略水平由高到低依次为西部学生、中部学生和东部学生;城市学生的学习策略好于农村学生;父母受教育程度越高,学生学习策略水平越高。

(孙智昌,等,2016)

3. 认知策略的教学与元认知教学相结合

在认知策略的教学中,教师不仅要使学生知道认知策略是什么,还要知道如何去操作,运用的条件又是什么,怎样加以监控、调整等。后面这一系列的问题,涉及的便是元认知。故而,如前所述,学生具有较高的元认知水平也是其认知策略学习的一个重要条件。鉴于此,教师在教授认知策略时,也要有意识地引导学生进行元认知操作,以此不断提高学生的元认知水平。例如,在教授精加工策略时,让学生懂得精加工过程中要有意识地处处动用元认知来监控自己的认知活动,以保证精制质量。图4-5是运用精加工策略进行精制的过程流程图,其中方框表示认知策略的运用过程,椭圆形框表示元认知参与。当学生要精制某一学习材料时,第一个椭圆形框表示的元认知活动就是对记忆材料的具体确认,而不是拿起材料就开始精制,以避免从一开始就搞错对象浪费精力。当确认记忆材料后,第二个椭圆形框表示的元认知活动就是审核自己对记忆材料的理解情况,以确保精制是在理解材料的基础上进行的(因为精制的核心就是取得要记忆的材料与自己头脑中已有材料之间的内在联系,若不理解记忆材料,只能取得表面联系,而非实质性联系,会影响精制质量)。当确认理解记忆材料后,才开始精制。第三个椭圆形框表示的元认知活动就是对精制结果的反省,其中包括精制对象选定是否合适,精制方法选用是否得当,精制后材料与学习材料内容联系是否紧密、合理等。

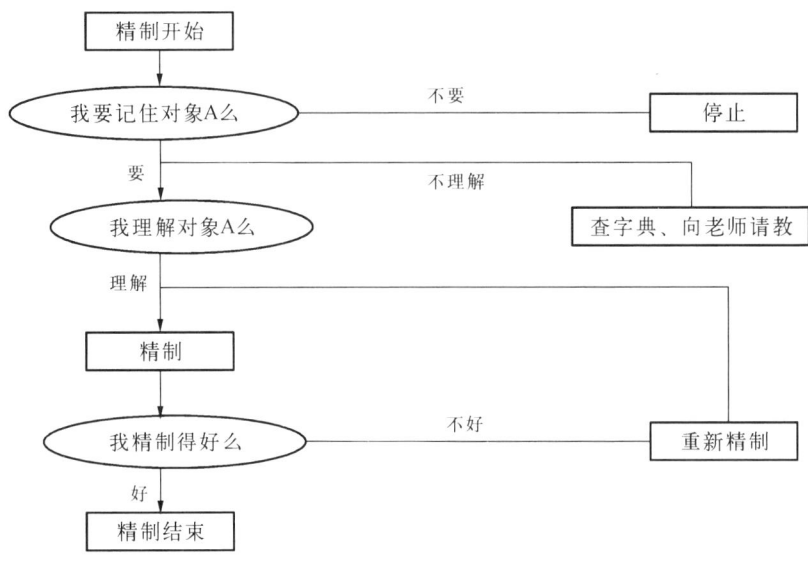

图 4-5 有元认知参与的精加工过程流程图

4. 认知策略的教学与合作学习相结合

这里所说的合作学习,是指教学活动中学生相互讨论、相互提问、相互帮助、共同学习的学习形式,它被现代认知心理学家视为策略教学中的一种重要的教学组织形式。有人进行了有关合作学习对提高学生认知策略学习的教学效果的实验研究(Stevens,1991)。把学生随机分成三个组:第一组在教授识别文章段落主要思想的认知策略时引导学生进行合作学习;第二组仅仅教授这一认知策略,没有鼓励学生进行合作学习;第三组按正常教学进行教授。研究表明,第一组的学习成绩最好,策略教学的效果明显优于第二组。合作学习为何在认知策略教学中有如此的地位呢?这与合作学习具有如下三方面促进认知策略学习的作用分不开。

① 有助于相互观察、模仿。学生在合作学习中,可以更贴近地观察他人完成认知学习任务时采取的认知加工方法,便于模仿学习。事实上,由于学生都站在学的角度进行思考,又有大致相近的学习基础,更具有可比性,模仿学习也就更富有成效。可以说,其他学生巧妙使用的认知策略对自己来说,恰处于维果茨基提出的最近发展区,通过"跳一跳",学生完全可以使自己跃上新的台阶,掌握新的策略。

② 有助于相互促进,加深理解。学生间相互讨论、切磋、互谈学习体会,更易于加深理解认知策略运用过程中的种种细微情况。学生在探讨时,用自己的语言解释自己运用的策略,回答同学的问题,论证自己的观点,评价他人运用策略的优劣等,也促使他们在掌

握认知策略过程中深化认识,而且这种深化正符合学生学的角度上的认识发展轨迹。

③ 有助于相互激励、鞭策。在合作学习中,学生之间进行更密切的接触、交流,这能使学生更清楚地看到自己与其他同学在掌握认知策略上的差距,同时看到克服这一差距的某些行之有效的可资借鉴的途径,从而更易产生"他行,我也行"的意念,对自己学习认知策略起到激励和鞭策作用。这恰为认知策略学习提供了必要的动力。

认知策略的教学只有贯彻了上述四点要求,才能达到预期的教学目标。除此之外,教师在教授一般性的认知策略的过程中还需要根据不同认知策略各自的特点,采取有效的方式以促进学生认知策略的掌握。

对于复述策略的教学,教师可通过以下措施来发展学生的复述能力:第一,经常要求学生复述,培养复述习惯。第二,通过多种方式发展学生的复述能力。例如,根据提示复述内容,直接依据理解复述内容,按照具体要求复述内容。第三,对学生的复述要给予引导,不能把复述变成简单的死记硬背,而应通过复述更好地了解材料之间的意义、连接、关系或使之变得明显,易于从记忆中提取。第四,对复述的要求应逐步提高,不能只停留在原内容的重复水平上,应逐步过渡到有选择性的重点复述。

对于精加工策略的教学,教师可以采用以下方式来促进学生精加工的发展:第一,课堂教学速度要适当。人的工作记忆容量有限,如果课堂教学速度过快,学生还来不及精加工又进入到新的内容,那么结果是可想而知的。因此,课堂教学速度要适当,不能像放连珠炮似的对学生进行连续轰炸,要给学生留有思考的余地和时间。第二,课堂教学中随时注意新旧知识的联系。最常用的方式是教授新课前,复习与新知识紧密联系的旧知识,使学生能顺利地将新旧知识联系在一起,将新知识纳入已有知识网络中。这里需特别指出的是,为新课作准备的旧知识复习,不是笼统的复习,而是有针对性的复习。一般可采用的复习方法是:从旧知识中选择恰当的新知识的自然生长点;采用类比教学方式,用学生熟悉的事例,深入浅出的打比方,把新知识与旧知识巧妙地联系起来;设计"先行组织者",引导学生把新知识与旧知识联系起来。第三,在知识的教学中贯穿方法的教学。如结合教学内容,不断地向学生介绍一些精加工的实例,让学生掌握精加工的方法,通过模仿逐步学会精加工,从被动地接受知识转变为主动地加工新知识。

而对于组织策略的教学,教师则可以从四方面着手提高学生的组织水平。第一,教给学生组织材料的步骤。组织材料的步骤通常分为三步:提取材料中的要目;对提取的要目进行分类;按类与类及所属项目间的关系进行重新梳理、构建,得出一个简明有序的结构。第二,培养学生的概括能力是提高组织水平的关键。组织材料最重要的步骤是提取要目,而提取要目的实质就是概括。学生概括能力的培养不是一蹴而就的,往往要经历一个循序渐进的过程。布朗提出的概括的五条原则,正好为概括能力的培养提供了从易至难的五个教学层次与步骤。不同的学生可从不同的步骤开始,至于从哪一步骤开始,取决于学生能够达到的概括层次。第三,结合教学内容,把材料顺序化、条理化、系统化的组织方法与途径一起教给学生。尤其是要教会学生善于根据材料的特点,选择适宜的组织方法与途径,这才是最有效的组织。第四,教师应尽量减少包办代替,多给学生提供练习组织的机会。凡是对材料的归纳、小结、系统化都应让学生自己动手、动脑组织。正如只有亲自下河才能学会游泳,不摔跟头难以学会骑车一样。开始可在教师的指导、帮助下进行,然后逐步让学生独立操作。以上四点若能长期坚持,不仅学生的组织水平会大幅度提高,其概括、抽象能力也会随之得到增强。

此外,在认知策略教学过程中还应注意一些具体的教学方式。在教学模式选用的问题上,一般认为采用有指导的发现法更为有效:先是提供某认知策略应用的实例,通过师生共同分析,尤其是将自己的解题过程与专家的解题过程进行比较,归纳出有关策略,然后在教师指导下进行该策略的应用练习。在教学活动安排的问题上,十分强调让学生多进行具体的操练。认知策略的学习与程序性知识学习一样,有一个从陈述性形式向程序性形式的转化过程,而实现这一转化的一个重要的教学条件就是练习,并且只有通过一系列相似情境和不同情境的练习,即通过变式练习,才易发生迁移,学会灵活运用。

在本章开头有关王老师的例子中,可以看出,王老师实际上要解决一个教会学生认知策略的问题。通过本章的学习,我们知道,准确地记忆历史事件的年代、人物等内容,首先必须使用正确的复述策略,如及时复述、试图回忆复述等。其次,应根据学习内容的特点,适当运用精加工策略帮助记忆,例如,编歌谣口诀"夏商与西周,东周分两段,春秋与战国,一统秦两汉"来记忆朝代变更;也可以运用年代数字的谐音记忆时间等。最后,可以教会学生运用组织策略理解和掌握所学知识,如对学习内容归类整理、编写提纲,等等。通过这些手段,学生能较有效地解决历史学习中的准确记忆问题。

本章小结

- 一般把认知策略看作是优化信息加工效果、提高信息加工效率的一种认知技能。认知策略不同于学习策略,前者是后者的一个组成部分。
- 可以从认知信息加工的专门化程度、心理成分以及学科领域等角度考察认知策略的范畴。认知策略包括复述策略、精加工策略和组织策略。

- 儿童认知策略的发展经历四个阶段。构成认知策略的复述策略、精加工策略和组织策略的发展具有年龄特征。
- 进行认知策略的学习需要相应的知识背景、元认知以及较强的动机水平。
- 认知策略的学习一般要经过掌握认知策略知识、实际运用认知策略以及促进认知策略迁移三个阶段。
- 对认知策略的教学探索主要通过三种方式,即对比探索、经验探索和分解探索。
- 有效的认知策略教学需要把认知策略教学与学科教学相结合、与认知动机的培养和激发相结合、与元认知教学相结合以及与合作学习相结合。

思考题

- 什么是认知策略?它有哪些成分?
- 谈谈认知策略与学习策略的区别与联系。
- 什么是精加工策略?它有哪些具体的方法?
- 如何有效地学习认知策略?

问题探索

- 深入到你的学生中间,考察他们在平时的学习中是否能有效地运用认知策略。
- 如果让你以平面几何中的某一例题作为教学材料进行认知策略的教学,你会如何实施呢?
- 请将设想的要点写下,形成一个简要的教学方案。

第五章　元认知的学习与教学

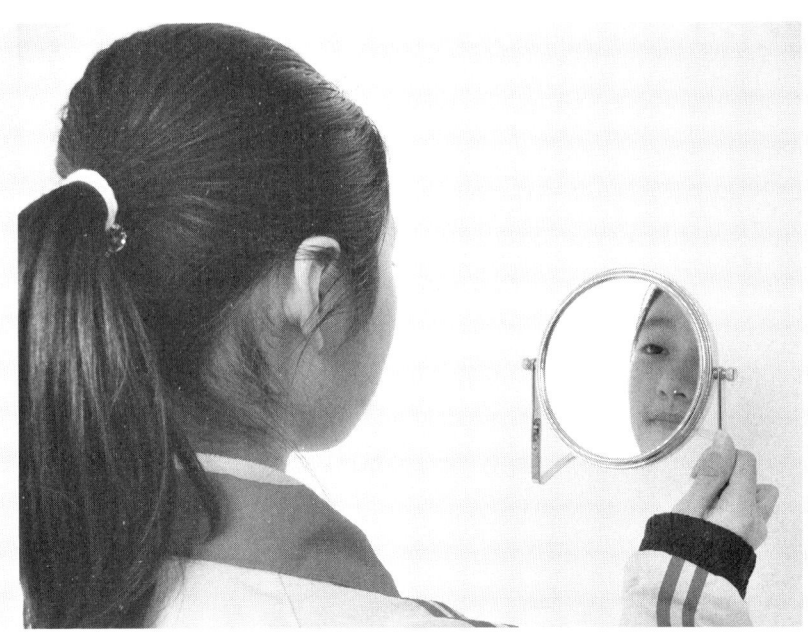

本章细目

本章要点

第一节　元认知的概述

一、元认知的概念

二、元认知的结构

1. 元认知知识
2. 元认知体验
3. 元认知监控

三、元认知的评定方法

1. 口语报告法
2. 出声思维法
3. 问卷法
4. 认知活动操作法
5. 假想情景法
6. 评定法

四、元认知在学习中的作用

1. 提高学生认知活动的效率和效果

2. 促进学生智力的发展
3. 有助于学生主体性的发展

第二节　元认知的学习

一、阅读理解中的元认知

1. 阅读理解中的元认知知识
2. 阅读理解中的元认知监控

二、问题解决中的元认知

1. 问题解决中的元认知知识
2. 问题解决中的元认知监控

三、英语听力中的元认知

1. 英语听力中的元认知知识
2. 英语听力中的元认知监控

第三节　元认知的有效教学

一、元认知的教学途径

二、阅读理解中的元认知教学

1. 直接指导
2. 阅读示范
3. 自我提问
4. 阅读的规程化训练

三、问题解决中的元认知教学

1. 直接指导
2. 出声思维
3. 编流程图

四、英语听力中的元认知教学

1. 理解听力环节
2. 制订听力计划
3. 监控听力过程
4. 评估听力效果

本章小结

思考题

问题探索

本章要点

- 元认知的含义
- 元认知的结构与评定方法
- 元认知在学习中的作用
- 元认知策略的习得
- 元认知策略的有效教学方法

想试着回答一下吗……

- 王明与李涛是好朋友,他们学习成绩都非常好,经常相互竞争,然而有一件事总让王明感到费解,那就是李涛每次都背得比他快,且记得牢固准确。你知道李涛运用了什么策略吗?
- 心理学中"元认知""元记忆"中的"元"如何理解?
- 当你读一本书,遇到一段不太懂的内容,你也许会慢慢再读一遍,或许会寻找其他线索,或许还会看其他章节的内容,你是如何获得这些策略的呢?怎样才能更好地运用这些策略呢?
- 俗话说,"不经一事,不长一智",这里"经一事""长一智"到底指的是什么呢?
- 元认知与认知是一回事吗?你认为两者有什么关系?
- 我们在学习过程中,对有些章节会认真思考,反复阅读,而有些章节则随便看看,对这样的一个学习调整我们有清楚的认识,这具有什么样的心理学意义?
- 在传统方式的教学活动中,教师并没有有意识地教给学生元认知的方法,但为什么学生具有一定的元认知能力?这种能力从何而来?

小王是高一女生,在数学方面,遇到需综合运用已学知识才能解答的较复杂问题时,便束手无策。虽然她上课时能专心听讲,有良好的学习愿望,但效果并不好,常常顾此失彼。教师发现,小王对数学概念、原理的理解往往只停留在表面上,概括水平低,单纯凭"经验"来解题,运算推理能力差。尤其是立体几何成绩非常差,几乎连最简单的题目都做不出,但在教师的帮助下能够理解课本上的例题和解题步骤。

作为教师该如何教小王学会学习,帮助她改变原有的学习策略,克服不良的学习体验,提高她的学习成绩呢?这将在本章的学习中找到问题的答案。

第一节 元认知的概述

在强调学生掌握学习方法,学会主动学习的现代教学中,元认知学习日益引起人们的重视,并逐渐成为面向21世纪教育的一个带有前瞻性的教学内容。它直接关系到学生个体的内在潜能是否能够充分地被发掘,因此,它是一个极富挑战性和吸引力的教学课题,并有待于我们在教学和研究实践中不断地加以开拓和发展。

一、元认知的概念

"元认知"一词是由美国斯坦福大学心理学家弗拉维尔(Flavell,1976)在《认知发展》一书中首先提出的。我们平时所说的认知,其活动对象是客观世界,而元认知的活动对象则是对客观世界进行认知的过程本身。简言之,**元认知**(metacognition)就是对认知的认知(cognition about cognition)。正如弗拉维尔所说:"元认知通常被广泛地定义为任何以认知过程与结果为对象的知识,或是任何调节认知过程的认知活动,它之所以被称为元认知,是因为其核心意义是对认知的认知。"其实,元认知是人类意识的最高形式——自我意识的一部分。自我意识是对自我以及自我与周围关系的意识,而元认知则是自我意识中涉及对自己认知过程的意识,因此,也有人把元认知视为"个人对自己的认知加工过程的自我察觉、自我评价、自我调节"(张庆林,1995)。

弗拉维尔(John Hurley Flavell,1928—)

美国发展心理学家,以首创元认知理论而闻名。曾任美国心理学会发展心理学分会主席,美国儿童发育研究协会(SRCD)主席,《认知心理学》杂志主编。他首先提出元认知概念,研究了儿童自发利用认知策略以及关于认知发展的阶段与顺序的性质,首创了角色替代能力测验等。主要著作有《认知发展》《儿童执行任务及交往技能的发展》《皮亚杰的发展心理学》等。

作为新的学术概念,"元认知"的出现虽然只有几十年的历史,但关于元认知的思想,历史上早已有之。我国古代思想家荀子曾说过:"心者,形之君也,而神明之主也;出令而无所受令。自禁也,自使也,自夺也,自取也,自行也,自止也。"(荀子·解蔽)

杜威(John Dewey, 1859—1952)

美国哲学家、心理学家、教育家,实用主义哲学的创始人之一,机能心理学的先驱,美国进步主义教育运动的代表,编写了美国第一本心理学教科书。1899年当选为美国心理学会主席,1910年当选为国家科学院院士。主要著作有《心理学中的反射弧概念》《我的教育信条》《学校和社会》《儿童与课程》《民主主义与教育》《明日之学校》《经验与教育》《人的问题》等。

所谓自禁、自使、自夺、自取、自行和自止能力也就是元认知能力。在我国古代最早的教育专著《学记》中就有"学然后知不足,教然后知困。知不足然后能自反也;知困然后能自强也"之说,这里的"自反""自强"涉及的也是元认知。朱熹在谈到熟读精思中的"精思"时提出了两种方法:一是"自诘难";二是"以众说互相诘难"。其中"自诘难"即检查一下自己的怀疑是否有根据,这就涉及元认知的问题。

美国教育家杜威在《我们如何思维》一书中也提出培养监控能力、批判性评价能力的重要性,这里的监控和批判性评价能力,涉及的也是元认知。皮亚杰在其提出的发生认识论中也指出:"形式运算是在具体运算上加以反省或再加工运算所形成的,结果就产生第二级的运算群集。"这里所谓的"第一级运算"是具体运算,处理现实客观事件,而"第二级运算"就是形式运算,处理由"第一级运算"的具体运算形成的命题和陈述,进行反身抽象,这也就涉及元认知。正如弗拉维尔(Flavell,1979)所说:"皮亚杰的形式运算思维显然具有元认知的特点。因为它包括对命题、假象和想象的可能性——所有认知客体的思维。"而苏联心理学家和我国心理学家则都在研究和论述自我意识的框架下,涉及元认知问题,如维果茨基在《思维与语言》一书中指出意识的意识问题,朱智贤在《儿童心理学》一书中对儿童自我评价的发生、发展及其作用作了深刻的分析。但应该指出,弗拉维尔在对儿童记忆的研究过程中首次明确提出元认知这一术语及其相应的内涵,这无疑使元认知现象凸显在人们的视野中,引起了人们对元认知现象的兴趣和重视,导致随后的大量研究,使元认知成为当代认知心理学研究的一个热门课题。

知识小窗 5-1　　"元"概念产生的哲学根源

"元"概念产生于对内省法的自我证明悖论的哲学思索。孔德(Comte)认为,内省法存在"自我证明悖论":同一器官如何能够同时既是观察者又是被观察者?

> 1956年,哲学家塔斯基(Tarski)为解决这一悖论引进了"meta"即"元"的概念。他认为,元××即关于××的××("metawhatever" refers to "whatever about whatever")。他针对客体水平提出了元水平的概念——客体水平是关于客体本身的表述,而元水平则是关于客体水平表述的表述。存在于客体水平和元水平之间的这种区别,使得我们可以将一个过程作为两个或两个以上同时进行的过程来分析。其中,任何一个较低层次的过程都可成为一个较高层次过程的对象。因此,内省可看作是认知主体对客体水平进行的意识作出元水平的言语表述,这样一来,关于内省法的自我证明悖论就得到了解决。

元认知概念虽产生于弗拉维尔对儿童记忆的研究,并最初落实于元记忆的探索上。但元认知包括的内容远不止于此,从理论上说,它可存在于人类认知过程的各个方面——人有什么样的认知过程,就可能伴随着相应的元认知。任何认知领域都存在着元认知问题,元认知对一般认知、社会认知和数学、阅读等各具体学科的学习都具有影响作用(陈英和,韩瑽瑽,2012)。但从国内外研究材料上看,现提到的主要有元记忆、元注意、元交流、元语言、元理解、元思维等(Adelson,1980),只是在迄今为止的研究领域中,人们更多涉及的是元记忆、元理解以及问题解决过程中的元认知。

二、元认知的结构

元认知结构包括元认知知识、元认知体验和元认知监控三个方面(如图5-1)。

1. 元认知知识

元认知知识(metacognitive knowledge)就是有关认知主体自己的认知活动的知识。它主要涉及三个方面。

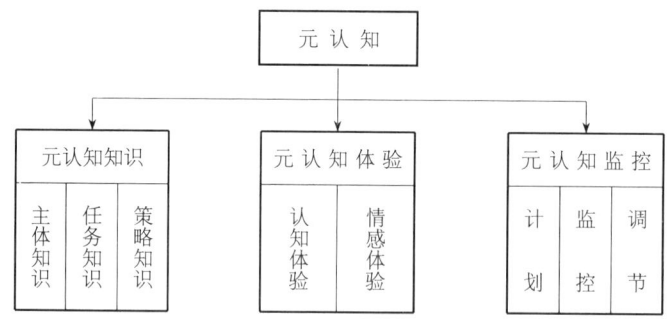

图5-1 元认知结构图

(1) 关于认知主体自身因素方面的元认知知识

这类元认知知识又可细分为三类:① 关于个体内差异的认识,如认识自己的认知水平、认知风格、认知倾向(兴趣、爱好等),其中包括这些方面的特点、特长,也包括这些方面的不足、缺陷;② 关于个体间差异的认识,包括自己与他人、他人与他人之间的认知差异,如认识到自己在理解方面比别人强,而观察方面比别人弱;③ 关于人类认知方面的一般认识,如认识的记忆规律、注意在认识活动中的重要性、人的认知能力的可塑性等。

(2) 关于认知任务因素方面的元认知知识

这类元认知知识又可细分为两类:① 关于认知任务目标的认识,不同认知目标导致的认知加工可能不同,如回忆一篇文章的大意要比回忆该文章的准确词序的任务容易得多;② 关于认知任务涉及的认知材料的认识,如对认知材料的性质(如图形材料、数字材料或文字材料)、认知材料的长度(如一句话、一段短文或一篇长文)、认知材料的熟悉程度(如不熟悉的材料、有点熟悉的材料或很熟悉的材料)、认知材料的结构特点(如说明文、记叙文或议论文)、认知材料的呈现方式(如录音呈现、银幕呈现或书面呈现)、认知材料的逻辑性(如完全无组织的材料、有一定组织的材料或组织很严密的材料)等的认识。

(3) 关于认知策略因素方面的元认知知识

这类元认知知识又可细分为三类:① 关于认知策略的备用情况的知识,即知道进行某认知活动有哪些认知策略可以使用;② 关于认知策略的优缺点情况的知识,即了解各种认知策略在解决认知任务时的优势与不足;③ 关于认知策略的使用条件的知识,即懂得在什么条件下可运用何种认知策略。例如,在记忆材料时可使用谐音法、口诀法、形象法、提要法、联想法、概括法等各种精加工策略,每一种具体运用都有其各自的特点和运用条件,只有知道了这些,才能更有效地发挥认知策略的作用。

但这里要提出的是,这些知识也可作为一般认知结果,只有当它们在个体认知过程中被激活并作为元认知的有机组成部分对当前的认知过程发生影响时,才被认为是元认知知识。

学术研究 5-1 元认知与认知有何区别?

关于元认知与认知的区别,斯莱福和斯旺森(Slife & Swanson)等人通过实验研究作了明确说明。

斯莱福等人(Slife et al.,1985)研究了认知水平相当的被试在元认知能力上是否存在差异。被试有两组:学习困难儿童和正常儿童。两组儿童的 IQ 分数无显著差异,且在 10 道数学题及数学成就测验的得分上是匹配的。研究结果表明,在进行问题解决时,两组被试在两项元认知指标上存在显著差异:① 学习困难儿童关于自己的解题技能的知识较不准确;② 学习困难儿童在监测自己的解题成绩时较不准确,倾向于高估。认知水平相当的被试在元认知方面却有不同的表现,可见,元认知与认知是可以分离的两个概念。

斯旺森(Swanson,1990)的实验也证明了元认知与一般能力倾向的独立性。斯旺森依据元认知能力的高低和一般能力倾向的高低,将被试分为四组:高元认知-高能力倾向组、高元认知-低能力倾向组、低元认知-高能力倾向组、低元认知-低能力倾向组。他对四组被试解决问题的成绩进行比较,发现:① 无论一般能力倾向是高还是低,高元认知组的解题成绩都优于低元认知组;② 高元认知-低能力倾向组的成绩优于低元认知-高能力倾向组。也就是说,元认知可以弥补一般能力倾向的不足,它是作为与一般能力倾向相独立的一种因素起作用的。

以上两个实验均证明元认知是不同于一般认知的一种独立的结构,同时也说明学生成绩差异主要源于元认知能力的不同,可以通过提高学生的元认知能力来提高学生的学习成绩。

2. 元认知体验

元认知体验(metacognitive experience)就是主体对自己认知活动的体验的认知,也就是个体对自己的认知的心得或教训的认知(黄希庭,1991)。常言说"不经一事,不长一智",这里"经一事"是认知体验,而"长一智"是元认知体验(张春兴,1992)。可见,认知体验是个体认知活动中对客体加工的具体体验,而元认知体验则是个体对此认知经验进行反省而获得的更具概括性的体验。

3. 元认知监控

元认知监控(metacognitive regulation)即认知上的自我监控,就是认知主体在进行认知活动的过程中,将自己正在进行的认知活动作为意识对象,不断地、积极而自觉地对其进行监视、控制和调节的过程。由于元认知的实质就是人对认知活动的认识、控制和调节,因此,元认知监控是元认知中最重要的成分,它集中反映了人在认识自己的认知活动中的主观能动性。元认知监控包括四个方面。

第一,制订计划。根据认知活动的特定目标,在进行一项认知活动之前计划各种活动,预计结果,选择策略,构思各种解决认知问题的可能方法,并预计其有效性。

第二,控制过程。在认知活动进行的过程中,随时监视、及时评价、积极反馈认知活动进行的各种情况,发现认知活动中存在的不足,并作出相应的修正,调整认知策略。

第三,检查结果。根据预估的有效性标准评价各种认知活动及其认知策略的效果。根据认知目标评价认知活动的结果,正确估计自己达到认知目标的程度和水平。

第四,进行补救。根据对认知活动结果的检查,一旦发现问题,及时采取必要的补救措施,以弥补认知活动中出现的各种失误,保证认知活动达到既定的目标。

在认知活动中,元认知上述三方面的成分并不是彼此孤立的,而是相互联系、相互影响的,共同发挥元认知的作用。首先,元认知知识、元认知体验与元认知监控是密切相关的。个体拥有的元认知知识和元认知体验,有助于个体在实际的认知活动中对认知过程进行有效的监控。一个具有良好的关于阅读理解的元认知知识的学生,在面临一项具体的阅读任务时,就能根据自己已有的元认知知识和元认知体验,制订计划,选择和执行最有效的策略,以圆满地完成任务。如果学生缺乏相应的元认知知识和元认知体验,就会直接影响其在阅读中的元认知监控的质量。另外,个体又可通过元认知监控这个实践性环节,来不断地检验、修正和发展有关的元认知知识和元认知体验,使之更加丰富和完善。董奇(1989)曾研究我国 10~17 岁个体元认知发展的情况,发现小学四年级、六年级、初中二年级和高中一年级的被试在阅读的元认知知识和元认知监控以及实际的阅读能力的发展方面存在着显著的正相关(见表 5-1)。

表 5-1 各年龄组个体元认知知识与监控能力发展的相关

	小学四年级	小学六年级	初中二年级	高中一年级
相关系数	0.670	0.579	0.473	0.509
显著值	$P<0.01$	$P<0.01$	$P<0.01$	$P<0.01$

其次,元认知知识和元认知体验也是密切相关的。一方面,持续而稳定的元认知经验可以变成元认知知识而进入主体的长时记忆中,成为其元认知知识结构中的一部分,丰富个体的元认知知识。另一方面,已有的元认知知识又为产生新的元认知体验创造条件,同时又在一定程度上成为元认知体验的内容。例如,个体对已有认知策略的认知是个体元认知知识结构的一部分,个体在认知活动中对运用认知策略所产生的认知活动的心得体会,属个体元认知体验的一部分,这种体验的不断积累,可以帮助个体改进认知策略,从而又丰富了个体对认知策略的认知。

三、元认知的评定方法

在教学中如何评估学生的元认知水平直接关系到如何开展元认知教学的问题。同时元认知的实证研究也必然涉及元认知的评定。目前,元认知的评定方法主要有口语报告法、出声思维法、问卷法、认知活动操作法、假想情景法、评定法等。

1. 口语报告法

口语报告法(verbal report)是评定元认知最常用的方法,即提供某一任务,让被试报告他们在完成任务时的元认知活动。一种程序是让儿童完成任务,然后进行事后报告;另一种则不进行实际操作,而要求儿童设想自己在操作时的可能情况,并作出报告。提问的方式也有开放性问题和选择性问题两种。关于计分方法,选择性问题计分比较简单,而开放性问题计分较复杂,有两种可行的方式:① 定性分析,如评价报告的流畅性如何;② 量化计分,如计算被试报告的不同策略的数量或它占所有可能的策略的总和的百分比。量化计分也可以辅之以定性分析,如以等级来标定被试报告的抽象性、普遍性、分化性等。

2. 出声思维法

出声思维法(thinking aloud)要求被试在进行任务操作时,用语言表达自己所思所想的一切,以推断元认知水平。如亨肖(Henshaw)在一项研究中,先将被试出声思维的内容按下列项目归类：回顾已有信息、策略单元、解决方案单元、促进性中介、妨碍性中介、沉默。然后对被试的六类言语进行分析,观察被试整个任务过程中思考方式的一贯性,以此推断被试的元认知水平。

通过观察被试在解决问题的过程中自然发生的,不是为了与他人进行交流的自言自语,也可以评定元认知。具体程序与出声思维法相似。

3. 问卷法

问卷法(questionnaire)是研究者用统一、严格设计的问卷来收集研究对象有关心理特征和行为数据资料的一种研究方法。虽然从方法的理论前提和原理上来看,问卷法与口语报告法都是借助被试对自己某些心理特征和行为的自我报告来获取有关研究资料的,但在研究的许多方面,问卷法都比口语报告法具有优越性,如问卷法的标准化程度高(问卷中的问题和答案预先进行了操作化和标准化设计,所得资料能进行定量处理和分析)、效率高(能在较短时间内收集大量的资料)、科学性强(问卷的设计、实施及结果处理均严格按一定原则和统一要求进行)等,这使得问卷法比口语报告法在实际研究中应用更为广泛。一些研究者编制的元认知问卷也具有较高的信度和效度(王光明,等,2016)。

在元认知研究领域中,问卷法主要应用于关于元认知知识的研究,而在关于元认知监控的研究中则较少被采用。究其原因,主要是问卷法在很大程度上属于静态—结果型的测量方法,比较适合对诸如事实性、态度性问题等静态、结果型的变量进行研究,而不太适合心理活动的操作、动态型的过程变量的研究。随着心理学研究中动态—过程研究范式的兴起和问卷编制技术的提高,问卷法的上述不足已得到了较大的改进,有关研究者开始采用这种改进了的、以过程变量为研究对象的问卷法来研究元认知监控的有关问题。其基本做法是,研究者首先对所研究的认知活动进行分析,从中选取能说明上述活动中元认知监控行为的合适的过程变量,然后在此基础上编制出相应的问卷,最后研究者便可从被试的回答中分析其过程变量的实际表现和变化情况,进而推测其相应的元认知监控活动及水平。

4. 认知活动操作法

认知活动操作法(operation of cognitive task)是指通过向被试提供某项特定的认知活动任务,然后对其在操作、完成该项任务时实际的行为表现进行观察和记录,进而分析和研究任务操作过程中元认知监控的心理活动和规律的一种方法(周勇,1993)。例如,研究者通过观察和分析被试在完成某一阅读理解任务时表现的行为(如查字典、划线、重读等)来探讨其中的阅读理解监控;通过观察和分析被试在完成某项课文朗读任务时出现的各种朗读行为(如停顿、自动纠正等)来探讨其中的朗读监控问题。一般来说,认知活动操作法由于让被试直接、真实地进行认知活动任务的实际操作,因而可完全克服假想情景法因角色扮演带来的研究的客观真实性问题,其研究结果较可靠;另一方面,由于研究者在被试进行认知任务操作的同时予以观察和记录,故收集的资料也不像口语报告法和问卷法那样受被试的语言表达能力、记忆力以及知识经验等因素的限制,因而较客观准确。此外,实施认知活动操作法时研究者会事先选择和设计好认知活动任务,因而其实验控制性较强、针对性较好。但是,认知活动操作法的设计比较困难,且研究的对象必须是外显的、可观察的行为,这使得它在元认知监控研究中的应用具有一定的局限性。

实践探索 5-1　　Master Mind 任务:测量元认知监控的认知活动操作法

Master Mind 任务是涉及推理能力的一种游戏。该任务由两个人参与,其中一人是密码设定者,另一个人是密码打破者。密码打破者必须在限定的尝试次数内发现密码,且每一次尝试后,密码设定者都给予正确或错误的反馈。密码打破者要解出密码,需要根据已完成的步骤以及反馈结果调整下一步骤,并使用有效的策略。因此,这一任务适合元认知监控的测量。

在具体测量中,可把元认知监控分为元认知监测和元认知控制。其中元认知监测指标的指标有两个,一是监测时间,用查看"上一次选择及反馈"、查看"前面所有选择及反馈"的时间与任务完成总时间的比例作为指标值,指标值越大,表明元认知监测水平越高。二是反思时间,以任务完成后,查看任务完成步骤,进行检查总结的时间作为指标值。指标值越大,表明元认知监测水平越高。元认知控制指标也有两个,即违背反馈的次数和策略水平。其中违背反馈的次数的指标值是不能根据上一次反馈及前面所有反馈进行有效调整的次数与总尝试次数之比,值越大,表明元认知控制水平越低;策略水平的指标值为对被测者使用的策略进行的评定。

通过在大学生中进行的测试表明,监测时间和违背反馈次数分别可作为元认知监测和元认知控制的有效指标。

(陈英和,慕德芳,郝嘉佳,2011)

5. 假想情景法

假想情景法(imaginative situation)是指研究者通过设置某种假想的认知活动情景让被试进行角色扮演,来探讨和研究其中元认知监控的心理活动规律的一种方法。根据认知活动假想情景设置方式的不同,这种方法可划分为录像假想情景法、问卷假想情景法、故事讲述假想情景法等几种具体方法。由于借助录像技术设置的认知假想情景最为逼真,有些甚至是从真实的认知情景录制下来的,故在此条件下被试最容易进入角色,研究效果最佳。因此,录像假想情景法是最常用的元认知监控的假想情景法。这种方法的一般程序是,先设计、制作好描绘一定认知活动情景的录像或录像片段,然后让被试观看并要求其通过设想自己置身于录像或录像片段所提供的假想情景之中,扮演里面的角色来回答研究者提出的问题或作出相应的行为反应,从中研究者就可以分析和探讨一定认知活动情景下元认知监控的活动规律。例如,上课时如何控制注意力以提高学习效率是学习活动中一种非常重要的元认知监控能力,在关于这个问题的研究中,研究者就可以通过系列的录像片段向被试提供各种常见的、典型的难以保持注意力的学习情景(如上课时自己想别的事,心里烦躁,其他同学干扰,课太难了听不懂,教室外面有人走动等),并提出类似"你在这种情况下怎么办?"的问题让被试进行回答和作出反应,从中便能对学习中注意力的调控策略、技巧等问题进行研究。

6. 评定法

与以上研究方法不同,**评定法**(rating)是通过对被试十分了解和熟悉的人(如父母、教师、同伴)对被试在日常认知活动中的元认知监控方面的行为表现进行评定来探讨被试的元认知监控的活动水平与发展规律的研究方法。例如,在研究学生学习的元认知监控活动时,研究者可以请有关教师根据平时的观察和了解对每个学生被试在平时学习中的元认知监控进行评定,评定项目既可以是直接观察到的行为表现,如是否向老师询问相关知识,对老师批改作业的评语的态度和做法等,也可以是间接推理的行为表现或心理活动,如是否预习过,在课上或作业上的表现等,从中研究者便可分析、推测出学生学习的自我计划、自我控制和自我调节。

由于评定法是对被试十分了解和熟悉的人基于长期观察作出的一般性评价,通过评价法收集到的研究资料具有较高的可靠性,能真实地反映出被试元认知监控的实际水平。在元认知监控的有关研究中,评定法常常作为考察别的研究方法的一个效度指标。另外,由于评定法是对许多被试在同样的维度上进行的评价,因而这种评价是建立在某种评价体系之上,并有稳定而一致的参考标准的,对其中任一被试的评价都是在与其他被试的比较过程中进行的,这就使得评定法的研究结果具有很好的可比性,比较适合元认知监控的差异性研究,如个体差异、性别差异、年龄差异等,从而有助于探讨元认知监控的发展规律和趋势。

以上列举的是几种主要的元认知评定方法,它们各有利弊。在进行研究时,最好能综合使用两种甚至两种以上的方法,取长补短,以获取更全面、更准确的资料。

学术研究 5-2　　　　元认知的脑机制研究

鲁利亚(Luria)及其同事对智力活动的脑机制进行了研究,并在此基础上提出大脑的三级机能结构理论,为元认知的神经生理基础提供了翔实的理论依据。他提出人脑有三个主要机能区:① 调节张力或觉醒的结构;② 接收、加工、保存来自外界信息的结构;③ 计划、调节、控制心理活动的结构。其中,第三个机能区就是元认知活动的结构基础。

人类认知的一个显著特性在它不但可以认识和反映外在客观世界,而且能够对自己的认识能力有所认识。当代心理学称这种对认知能力本身的认知为"元认知";"知道感"是其中一个典型例子,也是人们监控自身记忆存储能力的体现。

罗劲等人(2004)通过脑成像技术对此进行了具体研究。实验分三个步骤进行。首先,研究人员让参加实验的大学生记忆一系列词对,例如"项目-大臣";然后,研究人员呈现前面的线索词(项目-?)让大学生回忆后面的靶子词("大臣"),在他们回忆不出来的情况下,令他们判断自己是否对那个不能成功回忆的词有一种"知道感";最后,通过一项再认测验来检验其"知道感"是否准确。实验过程中,研究人员通过脑成像技术记录下被试在回忆信息时的大脑活动。

分析结果显示:"知道感"("我知道我知道")的记忆项目与"不知道感"("我知道我不知道")的记忆项目的脑活动模式有着显著的差别,"知道感"项目可以导致大量的脑(特别是额叶区域的)活动,而"不知道感"的项目只伴随少量的脑活动。因此,"知道感"可能基于一个积极的提取和元记忆判断过程,而"不知道感"则可能基于一个"虚无的"脑活动状态,也就是说,人们基于"一无所获"而获得"不知道感"。

研究者的进一步研究表明"知道感"依赖于一个"部分信息提取"过程,而"不知道感"则通过一个基于"线索熟悉性"的过程而实现。他们以前述的"项目-大臣"这个词对为例,"部分信息提取"是指对靶子词"大臣"有所知晓,而"线索熟悉性"是指对线索词"项目"感到熟悉。这一研究结果挑战了近半个世纪以来心理学家在"知道感"的研究中对"知道感"与"不知道感"不加区分的传统做法,对元记忆研究具有一定的启示作用。

四、元认知在学习中的作用

元认知在学习活动中起着重要作用。元认知不仅能提高认知活动的效率和成功的可能性,而且对于学生的智力、主体性的发展也具有良好的促进作用。

1. 提高学生认知活动的效率和效果

元认知使学生在认知活动中能更好地做到事前有计划,及时发现认知过程中存在的问题,并作出相应调节,从而大大加强了认知活动的目的性、自觉性、灵活性,减少了盲目性、冲动性,提高认知活动的效率和成功的可能性。一项研究表明,对于能高效率进行数学学习的高中生,数学元认知对数学成绩的影响最大,其后依次为非智力因素、智力因素、学习策略和数学素养(康玥媛,等,2016)。这说明,在具有一定的基础知识的前提下,学生学习的自我控制水平已成为影响其学习成败的关键因素。

学术研究 5-3　　　　元认知与学习动机的关系

元认知是个体对认知活动的监测和控制。近年来,元认知与学习动机之间的关系逐渐成为教育领域中元认知研究的热点内容。这些研究中的动机变量涉及学习动机的两种理解:① 学习动机是激发并维持学习活动的基本动力,强调的是这种动力的大小。② 学习动机也可以被理解为一个复杂的系统,这个系统包含着一系列的子系统,如自我评价子系统、目标子系统、归因子系统、情感体验子系统等;而学业自我概念、自我能力知觉、目标定向、归因、兴趣、考试焦虑等分别是隶属于这些子系统的变量。这些子系统反映着动机的不同侧面,对个体的学习活动发挥着一定的动力作用。

研究表明,动机变量与元认知之间存在着密切的关系。例如,关于目标定向与元认知的关系,舍韦(Schraw et al.,1995)发现,进行掌握定向的学生其元认知水平更高。关于归因与元认知之间的关系,卡尔等人(Carr et al.,1994)发现,努力归因与元认知之间有显著正相关。

元认知能力不同于一般的认知能力,它对于一般认知能力的发挥具有直接的调控作用。可以说,没有元认知的积极配合,即使一般认知能力很强,在解决问题的过程中也得不到有效的发挥。反之,一个人有很强的元认知能力,即使一般认知能力不高,也能在问题解决过程中表现得很好。从这种意义上来说,元认知知识能在一定程度上弥补一般认知能力的不足。在一项研究中(董奇,周勇,1994),运用元认知问卷(Kreutzer, Leonard, & Flavell, 1975)测量元认知知识,运用认知能力测验和基本技能综合测验(CTBS,包括阅读、数学、语言、社会科学、自然科学等分测验)测量学生的一般能力倾向,根据测验结果筛选出四个组:① 高元认知-高一般能力组;② 高元认知-低一般能力组;③ 低元认知-高一般能力组;④ 低元认知-低一般能力组。然后让这四组被试解决皮亚杰研究使用过的两个问题:钟摆问题和液体混合问题。结果发现①、②组比③、④组成绩好,尤其引人注意的是②组优于③组。

2. 促进学生智力的发展

如前所述,元认知能提高学生认知活动的效率,优化学习的效果,弥补一般认知能力的不足,似乎元认知能发挥智力的作用,那么元认知与智力究竟有什么关系呢?

热点聚焦 5-1　　　　学习困难学生元认知发展特点及教育对策

"学习困难"一词,国外又叫"学习障碍"或"学习无能",至今没有统一的概念。美国联邦教育署全国障碍儿童教育咨询委员会则把它定义为:"儿童在理解及语言应用等方面有一种或一种以上的心理过程异常,以致儿童在听话、思考、说话、阅读、书写或进行算术运算时显得能力不足,但是这个词并不包括那些主要是由于视觉、听觉、动作障碍或是智能不足、情绪困扰及环境、文化或经济不利因素导致学习问题的儿童在内。"具体体现在以下三个方面:① 不能很好地预期或计划自己的学习;② 不能自觉地使用有效的学习策略;③ 缺乏对学习的有效监控。

国内外心理学家对元认知及其在教育上的应用的大量研究表明,天才儿童与非天才儿童、正常儿童与迟钝儿童以及年龄较大的儿童与年龄较小的儿童在思维和认知上的差异主要表现在元认知方面。此外,许多研究者还发现,采取适当的教学训练措施能大大改善儿童的元认知水平从而提高他们的学习成绩,主要方法有:① 把策略性知识教学作为重要教学目标之一;② 激发学习动机,促进学生主动加工活动的开展;③ 教学中积极创设问题情境,让学生在运用各种知识解决问题的过程中,强化认知体验,培养学生对自己思维过程有意识监控的反省认知能力;④ 深化师生之间、学生之间的互动过程,建立畅通的信息反馈系统。

在智力理论的最新发展进程中,元认知已逐渐被列入智力范畴,并被认为是智力的一个核心成分。哈佛大学心理学教授加德纳(Gardner,1983)提出了多元智力观(theory of multiple intelligence),分出智力的七种形式:语言能力、逻辑数学能力、空间关系理解能力、音乐能力、躯体运动感觉能力、人际交往能力和自我意识能力。其中自我意识能力便涉及元认知。事实上,元认知贯彻于个体所有活动之中,而不仅仅是智力的一种形式。加德纳提出的其他六种类型的智力形式都离不开元认知。

斯腾伯格(Robert Jeffrey Sternberg,1949—)

美国心理学家,美国心理学会普通心理学分会和教育心理学分会主席,最大的贡献是提出了人类智力的三元理论。此外,他还致力于人类的创造性、思维方式和学习方式等领域的研究,提出了大量富有创造性的理论与概念。主要著作有《超越IQ:智力的三元理论》《成功智力》《思维方式》《认知心理学》《亲密关系中的满足感》《性别心理学》等。

斯腾伯格(1986)在信息加工模型的基础上提出了新的智力模型,也就是当今很有影响力的智力三元理论。该理论的主要目的是揭示智力操作后面潜藏的心理机制。他把智力成分区分为三种:元成分、执行成分和知识习得成分。其中执行成分是指在完成任务或解决问题时执行各种策略的较低水平的过程,包括编码成分、联合和比较成分、反应成分。知识习得成分是指学习和掌握新知识,并将其储存在长时记忆中的过程。而元成分是指执行计划、作出决策和执行监控的最高水平的控制过程,它包括七个方面:① 决定认知目标,理解所要解决的问题的本质;② 选择低层次成分,用于解决特定的加工任务;

③ 选择组织或表征信息的方式;④ 联合低层次成分的选择;⑤ 决定注意资源的分配;⑥ 决策监控,以明确已完成什么,正在做什么,还需做什么等;⑦ 对任务完成的内部反馈(自我评价)和外部反馈(他人评价)的理解。斯腾伯格认为,元成分是三种成分中最高级的,也是最重要的成分,始终处于控制、调节地位,只有它能对其他成分进行直接激活和直接反馈,因而元成分是智力的核心部分。在学习活动中,学生运用元认知的实践过程,也正是发展元认知,并有效促进学生整体智力的发展的过程。

3. 有助于学生主体性的发展

现代教育理论和我国素质教育的实际推进,都突出强调了学生在教学活动中的主体地位,强调学生主动、积极地学习。学生主体性的发展与认知发展是紧密相联的。因而,发展学生的主体性,促进学生素质的全面发展,是当前深化教育改革的关键性目标。强调学生的主体性,就是让学生成为学习的主人,能自觉管理、调控自己的学习,而这正需要学生更多地了解自己的学习过程和特点,进而改进自己的学习策略和方法。以认识自己的认知过程为本质的元认知,正好为学生提供了这方面了解自我的机制和手段。同时,作为自我意识的一部分,元认知的发展将促进整个自我意识水平的提高,它不仅为学生了解和调控自己的认知活动,也为学生了解和调控自己各方面的活动提供可能性,从而更有力地促进学生主体性的发展。

第二节　元认知的学习

当初弗拉维尔是从记忆研究中提出元认知概念的,此后,随着人们大量研究的发现,凡有认知过程的地方,都可能有元认知伴随。学生的学习是一项以认知过程为基础的活动,其中便有大量元认知现象存在,对这些元认知现象的研究,不仅具有理论意义,更具有促进学生学习、提高教学效率的实践价值。因此,研究学习中的元认知,也就成为元认知研究逐步深入、联系实际的必然趋势。就认知学习而言,学生不仅需要学习概念、规则,学习有效习得概念、规则的认知策略,还需要学习有效认识和控制自己认知过程的元认知,以形成相应的元认知能力。对学习中元认知问题的探讨符合学生认知学习的需要,也可借此让学生了解一般的元认知现象。根据现有的研究材料和学校教学的情况,这里主要涉及阅读理解中的元认知、问题解决中的元认知和英语听力中的元认知三个方面。

一、阅读理解中的元认知

阅读理解是学生学习活动中主要的学习形式之一。提高学生的阅读理解能力既是语文教学的重要目标,更是各科学习的需要。阅读理解是学生从书面材料中提取出意义的认知过程,其中包括一系列的认知因素,自然也伴随大量的元认知现象。让学生自觉、主动地运用阅读理解中的元认知,将直接优化学生的阅读效果,提高阅读效率,促进阅读能力的发展。如前所述,元认知中最重要的是元认知知识和元认知监控,因此阅读理解中的元认知也主要涉及这两个方面。

1. 阅读理解中的元认知知识

阅读理解中的元认知知识主要包括三个方面:关于阅读者自身特点的元认知知识;关于阅读目的、任务和材料特点的元认知知识;关于阅读策略的元认知知识。

(1) 关于阅读者自身特点的元认知知识

这里主要涉及阅读者有关阅读材料的背景知识、阅读的语言基础、认知特点和心理状态等方面的元认知知识。

阅读者对自己有关阅读材料的背景知识的元认知会直接影响对阅读材料的理解。有些阅读者对有关材料的理解发生困难,却不知道这是由缺乏相应的背景知识造成的,以致无法及时排除障碍去理解材料。例如,高中语文课中有一篇陆蠡于1937年"七七卢沟桥事变"发生前后写的文章《囚绿记》。文中有这样一段话:我(作者)看到绿色便感到喜悦,因为"它是生命,它是希望,它是慰安,它是快乐"。又因为"我疲累于灰暗的都市的天空和黄漠的平原,我怀念着绿色,如同涸辙的鱼盼等着雨水"。如果学生没有意识到自己缺乏有关语文写作背景知识而采取补救措施的话,那么很可能因不了解作者当时正生活在烽火四壁中的古都,不了解1937年卢沟桥事变前后的社会现状,而无法理解作者在文中对绿的那种渴望心理,也无法理解绿色的象征意义——象征着被侵略的中国大地上的人民向往自由,朝着驱赶敌人、争取独立的方向努力。这样,学生虽可能完全认识文字,却囿于肤浅、表面的理解,无法真正洞察该文的主题思想。

阅读者对自己的语言基础的元认知会影响对自己阅读的监控过程。这里所说的语言基础主要是指字词认识、语法认识和语感的掌握程度。不同的语言基础所能达到的对阅读材料的理解水平是完全不同的。图5-2表示一个人在阅读材料时的

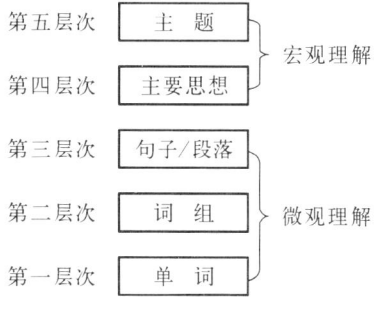

图5-2 阅读理解的层次水平

理解水平可分为由低到高五个层次,其中第一至第三层次为微观理解,第四和第五层次为宏观理解。语言基础差的阅读者,往往处于"读字"水平,即逐字理解内容,属"单词"层次;语言基础中等的阅读者,往往处于"读句"或"读段"水平,即能把握句子、段落的意思,尚不能把握段落与段落之间的联系,形成对文章的整体理解,属"词组"或"句子/段落"层次;语言基础较好的阅读者,则有可能达到"读篇"水平,即从整体上把握文章的结构和主题,属"主要思想"或"主题"层次。阅读者如能了解自己的语言基础,采取相应的补救措施,如阅读前着重加强某方面的训练,阅读时着重留意自己的薄弱环节,就能有效提高阅读理解水平。

阅读者对自己认知特点的元认知会直接影响自己的阅读监控过程。这里的认知特点包括视觉扫描速度、回视频率、漏错率、嘴读习惯、注意力集中时间、短时记忆容量、归纳和概括能力、根据上下文的推理能力等。了解自己的认知特点,就为阅读时符合自身特点的有效监控提供了条件。

阅读者对自己阅读的心理状态的元认知也是不可忽视的影响阅读理解的因素。我们知道,过分焦虑、紧张、不耐烦、急于求成等心态都不利于阅读中的深入理解,只有了解这一点,才能为自己的阅读监控提供多一层关注。

(2) 关于阅读目的、任务和材料特点的元认知知识

阅读的基本目的是从阅读材料中获得意义。但有的阅读者并未意识到这一点,只把阅读作为一种认字、辨词、读句的过程,这会影响他们对阅读概念的理解和阅读策略的运用。阅读的具体目的是多种多样的,有人研究大学生的阅读目的,将其归纳为 10 种类型:① 为考试复习而阅读;② 为研究而阅读;③ 为课堂预习而阅读;④ 为学习新知识而阅读;⑤ 为应用而阅读;⑥ 为搜寻某内容而阅读;⑦ 为自己提供信息而阅读;⑧ 为智力挑战而阅读;⑨ 为寻求刺激或趣闻而阅读;⑩ 为消遣而阅读(Lorch et al.,1993)。意识到不同的阅读目的,有助于采取不同的阅读方式和方法,调控不同的阅读进程和速度。

阅读任务是指阅读时外部指定的阅读目的。这在教学活动中往往是由老师下达的。好的阅读者能意识到依据不同的任务来调控自己的阅读过程,差的阅读者则不能。

阅读材料特点包括材料的体裁(如议论文、记叙文、说明文等)、篇幅(如短文、长文)、结构(如并列结构、从属结构、并列从属交叉结构等)、性质(图形材料、数表材料、文字材料)、逻辑性(如有组织的材料、无组织的材料)等,对阅读材料特点的元认知,有利于阅读者更好地调控自己的阅读策略和心态。

(3) 关于阅读策略的元认知知识

在阅读过程中可运用各种策略来提高阅读理解的效率,如详阅策略、扫视策略、猜测

策略、回读策略、快速阅读策略、总结策略、标题策略、提问策略等。有关这类策略的元认知知识一般包括三个方面：① **策略的陈述性知识**(declarative knowledge)，指的是知道阅读策略有哪些，分别是什么；② **策略的程序性知识**(procedural knowledge)，指的是如何运用策略；③ **策略的条件性知识**(conditional knowledge)，指的是在什么时候、在什么情况下运用策略。这些元认知知识直接为阅读过程中的自我调控提供条件。

2. 阅读理解中的元认知监控

（1）阅读理解中的元认知监控的内容

阅读理解中的元认知监控的内容是非常丰富的，根据国内外的研究，可大致归纳为以下八个方面(周勇,1992)。

① 建立阅读目标。阅读理解目标没建立或不正确、不准确，都会影响阅读的效果。低年级或阅读水平差的学生往往将课文阅读当成字、词的一种译码过程而不是去挖掘和提取句子和课文意义的过程，在阅读时一字一句地识别和记忆，以致无法整体理解其意义。同时，如前所述，阅读还有各种具体目的，因此通过元认知监控，针对这些目的，建立阅读理解目标就更有利于发挥其对阅读行为的导向作用。

② 根据目标调节阅读。目标建立后，紧接着的便是通过元认知监控来调节阅读行为——略读还是精读，快读还是慢读等。研究发现，高年级或阅读水平高的学生会根据不同的阅读目标，灵活选择使用不同的阅读行为，而低年级或阅读水平差的学生则根本不考虑具体的阅读目标，通常只采用一种阅读方式和一样的阅读速度。

③ 确定中心思想和要点。阅读理解本是从阅读材料中提取意义的过程，那么通过元认知监控来确定阅读材料的中心思想和要点，能起到纲举目张的作用，同时达到把握阅读材料的核心意义和关键性意义，促进对阅读材料整体理解和全面理解的双重效果。研究发现，许多低年级或阅读水平差的学生不能确定中心思想和要点的原因可能并不是对表达中心思想及要点的句子、段落不理解，而是不知道如何将课文中无关或不重要的句子、段落排除掉，将有关的或重要的句子、段落提取出来。

④ 利用逻辑结构。通常一份阅读材料都是按照一定的逻辑结构组织起来的，因此通过元认知监控使自己有意识地弄清阅读材料中各种思想、观念之间是如何、为何联结起来的，将有助于阅读者对阅读材料有更深入的理解。

⑤ 激活已有知识。阅读材料总是阅读者在一定的知识背景下进行的。而阅读者已有的知识背景只有在阅读过程中被激活时才能被充分利用。因此，通过元认知监控激活已有知识的状态(如数量、质量)会影响阅读理解效果。

⑥ 对材料特性的觉察与修正。这里所说的阅读材料的特性除了前面在论述阅读元

认知知识时提到的阅读材料特点外,主要指阅读材料的清晰性(有没有不清楚的地方)、完整性(提供的信息对于理解是否已经足够)、一致性(几个信息之间是否自相矛盾)、错误性(有无笔误、遗漏等影响和限制理解的问题)等。在阅读过程中对这些特性的觉察以及采取相应的修正措施,是阅读理解中元认识监控的又一重要方面。

⑦ 应付理解失败。在阅读时难免有不理解的地方,阅读者应通过元认知监控知道在理解失败时该怎么办。

⑧ 评价理解水平。阅读者对自己理解阅读材料达到的水平,符合预定目标的程度等的评价也都是阅读理解中元认知监控的重要内容。研究发现,低年级或阅读水平差的学生往往对于自己是否理解以及理解的程度认识不清,从而影响对阅读材料的理解质量。

(2) 影响阅读理解中元认知监控的因素

影响阅读理解中元认知监控的因素很多,可初步归纳为主观因素和客观因素两大类(张庆林,1997)。

① 主观因素。阅读者整体自我意识发展水平、阅读技能、知识经验、情绪状态等都是影响阅读理解中元认知监控的比较明显的主观因素。除此之外,个体认知类型也是一个重要的主观因素。根据认知节奏、速度的标准可将阅读者分为认知冲动型和认知熟虑型。认知冲动型指的是以快速方式反应,不仔细考虑各种可能性的阅读者。认知熟虑型指的是以大量时间思考,不轻易作出选择的阅读者。已有实验证明,认知冲动型比认知熟虑型的阅读者更容易在阅读的元认知监控方面失败。让两种类型的阅读者被试阅读含有不一致信息的三篇文章,记录下被试查出不一致信息的频次,同时在被试读完每一篇文章后对他们进行多项选择的回忆或理解测验,结果发现不论被试的年级高低,认知熟虑型比认知冲动型被试查出更多的信息不一致之处,尽管他们在回忆及理解的测验中没有表现出显著差异(Walczyk & Hall,1989)。

个体加工方式是影响阅读理解中元认知监控的又一个主观因素。在阅读理解中,有的人不仅具有对字句的编码技能,而且能注意把握文章的整体信息,有的人则采用零散加工方式,只在句子范围内理解,而不注意在全文范围内理解信息。实验证明,采用零散加工方式是阅读者元认知监控失败的原因之一。让理解力较差的被试阅读三篇短文后对自己的理解力作出评价,这三篇短文的特点分别是前后信息一致、不一致、包含较多多音节修饰词。然后让他们指出哪篇短文不易理解,困难何在,结果发现,他们认为除包含较多多音节修饰词的短文外,其余两篇都可以理解,且认为不易理解的原因在于文中单词太长、太难或不熟悉。显然,他们采取的是零散、分割的方式加工材料,导致监控不一致信息的失败(Garner & Kraus,1981)。

个体理解标准也会影响阅读组织中元认知监控。以背诵为标准的阅读者注意孤立事实的重复,以结构为标准的阅读者则注意各要点间的相互关系。在一项研究中发现,这种阅读理解标准可简要分为三类:第一类理解标准主要指向知识,第二类主要指向关系或上下文联系,第三类兼具前两类,采取多项标准。结果,他们的成绩是:第三类优于第二类,第二类优于第一类(Ryan et al.,1984)。

② 客观因素。虽然主观因素是影响阅读理解中元认知监控的主要因素,但某些客观因素也起了一定的作用。阅读材料本身的难度便是其中之一。在一项实验中,阅读材料分容易、中等、困难三个等级,让被试随机阅读其中一个等级的四篇文章,内含两篇说明文、两篇记叙文。阅读在计算机屏幕上进行,速度由自己控制,读完对自己的理解评一个等级(1~6级),再完成与材料信息有关的测验。结果发现,无论是说明文还是记叙文,当材料属于中等难度时,被试对材料理解的成绩预测都相当准确。这说明,不是材料的体裁,而是材料的难度影响阅读理解的效果(Weaver et al.,1995)。此外,阅读理解的任务也是不容忽视的客观因素。

二、问题解决中的元认知

问题解决是学生学习活动中又一重要而普遍的学习形式,也是人类最重要最典型的智慧活动。学生通过问题解决既巩固了知识,又学会了应用,并在解题实践中促进智力和创造力的发展。因而,提高问题解决能力不仅是理科,也是包含文科在内的各课程教学的共同目标。问题解决是一个复杂的过程,几乎涉及各种认知因素,尤其是集中了一些高级的认知活动,其中自然也存在大量的元认知现象。在这方面如能充分发挥学生的元认知的积极作用,则有利于最大限度地发掘学生问题解决的潜能,并从中进一步提高学生的元认知水平。

1. 问题解决中的元认知知识

与阅读中的元认知知识一样,问题解决中的元认知知识也主要包括关于问题解决者自身特点的元认知知识、对问题本身的元认知知识、对问题解决策略的元认知知识三个方面,只是在某些具体的内容上,两者是不同的。

(1) 关于问题解决者自身特点的元认知知识

这里主要涉及问题解决者对有关问题的基础知识、基本技能、认知特点和心理状态等方面的元认知知识。

有关问题的基础知识包括语义性知识、常识性知识和专业性知识。语义性知识涉及的是对题目的文字上的理解,如对"增加到"和"增加了","几年后"和"第几年","……被……除"和"……除以……"等文字上的表述未确知其语义,则往往会导致解题上的失误。常识性知识涉及的是对题目的某种情境上的理解,如果解题者不了解某种情境就会影响对问题的表征。例如缺乏商品销售中的某些常识,在解这样的数学题时便会感到困难:"进货单价 40 元的商品,按 50 元销出能卖 500 个,已知这种商品每个涨价 1 元,其销售量就减少 10 个,问为了赚得 8 000 元的利润,售价应定为多少?"专业性知识则直接涉及对题目的实质上的理解和操作上的运用,如关于串联电路上的功率分配的知识薄弱,或缺乏解方程的具体运算,自然无法解答有关这一类的题目。解题者具备这方面的元认知,就会自觉意识到有关解题的障碍来自某些知识上的缺陷从而对其加以必要的弥补。

解题者的认知特点包括认知风格、思维类型、智力等。认知风格是人们在理解、储存、转换和利用信息时习惯采用的加工方式,它对问题解决有一定影响。例如,深思型的解题者习惯于运用充足的时间考虑、审视问题,权衡各种问题解决的方法,然后从中选择一个满足多种条件的最佳方案,因而其反应正确率较高。而冲动型的解题者倾向于根据问题的部分信息或未对问题作透彻的分析就仓促作出决定,反应速度较快,但易发生错误。思维类型是人们在解决问题时习惯偏重的一些思维方式。例如,发散思维型的解题者习惯于从多方面考虑、探索问题的答案,解题思路较广,较灵活,常标新立异。聚合思维型的解题者拘泥于从单一方面考虑、探索问题的答案,解题思路较窄,易钻牛角尖,易因循守旧。有人(连榕,1984)还从小学生解答应用题研究中揭示出三种思维模式:以灵活性为主的活动型——思维活动建立在对题意的深刻理解和数量关系的正确分析上;以刻板性为主的经验型——能解答经验过的问题,但不一定能解答未经验过的题目,对问题理解过多依赖过去经验;以试碰性为主的盲试型——对当前感知的问题理解不深刻,表现为盲目尝试错误。智力差异可表现为智力类型、智力水平等方面的差异,它也是影响问题解决的重要认知特点,如有的人观察力强,有的人想象力好,有的人形象思维突出,有的人则抽象思维见长等。对解题者自身认知特点的元认知,会使解题者更有"自知之明",为解题过程中更好地扬长补短、实施元认知监控创造条件。

解题者对自己解题的心理状态的元认知与阅读理解相近,只是要指出的是,动机强度对问题解决的影响较为突出。耶基斯-多德森定律告诉我们,中等强度的动机水平是问题解决的最佳点,过强或过弱的动机水平都不利于问题的解决,当然,此最佳点又会随问题的难度而有所浮动:题越难,其动机水平的最佳点越是中等偏低;反之,则中等偏高一些。

(2) 对问题本身的元认知知识

这里主要涉及问题解决的目的、任务和问题特点等方面。

问题解决的目的是多种多样的,仅以学校教学范围而言,也可初步归纳为 10 种类型:① 为加深理解而解题;② 为巩固知识而解题;③ 为应用知识而解题;④ 为复习备考而解题;⑤ 为接受考核而解题;⑥ 为兴趣而解题;⑦ 为参加竞赛而解题;⑧ 为新的探索而解题;⑨ 为思维训练而解题;⑩ 为参与教学演示过程而解题。对不同解题目的的元认知有助于解题者选择不同的解题策略和注意方向。

问题解决的任务是指解题时外部指定的解题目的。它蕴涵在题目中,可由解题者觉察、领悟,即知道该题是在考解题者什么,如有的题目旨在考概念的理解,有的考定理、原理的运用,有的则考运算的技巧和熟练程度等。对此问题解决任务的元认知将有利于解题者调整解题的方向、思路和针对性。

问题特点包括问题范畴(涉及什么领域,如初等代数、平面几何、力学、光学、化学方程等及其各细分的领域,如力学中的牛顿定律、碰撞、弹力等)、问题类型(涉及解题的模式,如初等代数中的行程问题、鸡兔同笼、植树问题、盈亏问题、流水问题等及其按个人的经验作进一步细分的模式,如行程问题中的同时相向、同时同地背向、同时同向、同时同地同向和各种环行中的行程问题等)、问题形式(如应用题、论述题、证明题、选择题等)、问题性质(开放性问题或封闭性问题,结构良好问题或结构不良问题)和问题难度(相对容易求解或不容易求解)等。对此类特点的元认知有助于解题者优选解题的思路和策略。

(3) 对问题解决策略的元认知知识

问题解决的策略可分为一般策略、具体策略以及介于两者之间的中间策略。一般策略有较普遍的通用性,如目标-手段策略、尝试探索策略、逆向反推策略等。具体策略具有较突出的专业针对性,如几何解题策略、物理解题策略、化学解题策略等。中间策略比一般策略更贴近实际,但运用范围不局限于某一领域,具有一定的普遍性,如第四章中提到的解决问题的三阶段上的七条策略便属于此类策略。与阅读理解中的策略的元认知知识一样,问题解决策略的元认知知识也包括有关策略的陈述性知识、程序性知识和条件性知识三个方面,它们为问题解决中的元认知监控提供基础。

实践探索 5-2　　美国学科教学中的元认知能力训练

美国的瓦特(Watt)等在理科教学中制定了"探索性思维的训练计划"(thinker tools inquiry project),对学生在物理学习中的元认知知识和元认知调控能力进行了系统训练。他们以计算机为载体,让学生在计算机模拟状态下建立自己的力与运动关系的理论,通过对自己理论的验证过程来进行元认知能力训练,以班级作为模拟的研究群体。这一课程开始就向学生介绍了一个科学研究的元认知模型:提出问题、预测、实验、建立模型、应用、再提出问题,等等。学生们提出了很多不同的力与运动的关系的理论,然后按上面的探索流程进行工作。在需要进行元认知监控和调节时,教师组织大家在班级这个研究集体中进行相互的质疑与答疑,然后进行各自的模拟实验,这一过程反复重复直到得到一致的结论。

> 美国学科教学中元认知训练的成就及不足给我们提供了三方面启示：首先，进行元认知能力训练必须坚持在具体的学习活动中进行，不能只停留在讲解的层面上。其次，进行元认知训练的老师必须既有具体学科知识又有从事教育科研的基本素质。只有这样的教师才能准确把握训练中各环节的关键问题，充分发挥训练的作用。第三，在对训练课程的效果进行评定时，一定要考察评定过程的科学性。不能把那些对学生元认知能力提高不大的课程认定为效果显著的而进行推广。
>
> （姜英杰，程利，李广，2003）

2. 问题解决中的元认知监控

在问题解决的整个过程中都有解题者的元认知监控，只是在问题解决的不同阶段，元认知监控的具体内容有所不同而已。现按问题的四个阶段加以简述。

(1) 表征问题阶段的元认知监控

表征问题是问题解决的第一个阶段。其实质就是问题解决者将问题的任务领域转化为问题空间。从认知心理学观点看，任务领域反映问题的客观存在，问题空间则是问题解决者对问题的主观理解，它包括三个方面：任务的起始状态（已知条件），任务的目标状态（最终要达到的目标），完成任务的算子。表征问题还可细分为问题的字面理解和深层理解两个环节，前者理解问题的语义层面，后者理解问题的实质层面，便于识别问题类型。这一阶段的元认知监控主要在于：① 监控自己的解题心态，做到不焦不躁，不慌不忙；② 监控自己的阅读过程，做到准确理解题目中的语义；③ 监控自己的审题过程，做到由表及里，去伪存真，正确把握问题空间及其中各变量之间的关系，初步判断题目的类型，这里要有意识地提醒自己克服思维的消极定势。

(2) 设计解决问题方案的元认知监控

这一阶段是在理解问题的条件和目标，形成对问题空间的正确的心理表征，初步判断题目类型的基础上，设计解决问题的方案。这里便涉及解题思路的确定、问题解决思路的选用。这一阶段的元认知监控主要在于：① 监控自己的解题思路，先按初步判断的题目类型设计解决问题的方案，但如有障碍不要固执己见，而应灵活应变；② 监控自己选择策略的过程，积极进行发散思维，以便从众多可能的策略中选择最佳的策略解题；③ 监控自己的评价过程，以便更好地评价自己确定的思路和选定的策略。

(3) 执行问题阶段的元认知监控

这一阶段就是在一定的解题思路和策略的指引下进行具体操作，以改变问题的起始状态，使之逐步达到目标。这一阶段的元认知监控主要在于：① 监控自己的操作过程，防止操作上的失误、偏差，尤其是冲动型解题者，更要知道自己的粗心弱点，不断暗示自己仔细操作，防患于未然；② 监控自己的操作步骤，随时进行过程性评价，如发现问题，及时采取措施。

(4) 评价结果阶段的元认知监控

对结果进行自我评价，看起始状态是否达到目标状态。这一阶段的元认知监控主要在于：① 监控自己的操作结果，对目标的存在状态与程度进行自我评价；② 监控自己的调整行为，一旦发现操作结果不符合目标，及时提醒自己返回前一阶段，直至重新表征问题、设计方案、执行方案等；③ 监控自己的反思活动，这往往是成功解题者的重要经验积累途径。反思问题包括对所运用的策略和操作的适宜性反思；对其他解题途径和方法的探索性反思；对解题过程中经验、教训的总结性反思等。

(5) 问题解决中的一个元认知监控模式

密萨格(Mithaugh)认为，现代认知心理学家纽厄尔和西蒙(Newell & Simon)在人工智能研究中实施的一个十分著名的通用问题解决程序——手段-目的分析的操作过程，其实就是自我监控问题解决(self-regulated problem solving)模式，即元认知监控的问题解决模式(见图5-3)。由于纽厄尔和西蒙在他们的理论观点中常常使用这样一个日常生活中的例子来说明手段-目的分析是如何解决一连串问题的，密萨格也以此为例来加以说明。该例子是这样的：我打算把我的儿子送到幼儿园，那么就出现了一个如何从我家去幼儿园的问题，怎样解决这个问题呢？我可以驾驶汽车前往，但是我的汽车因电池用完了而不能发动。怎样才能发动汽车呢？需要一个新电池。怎样得到新电池呢？可以通知汽车修理厂。怎样通知？拨个电话。于是我拿起了电话听筒……

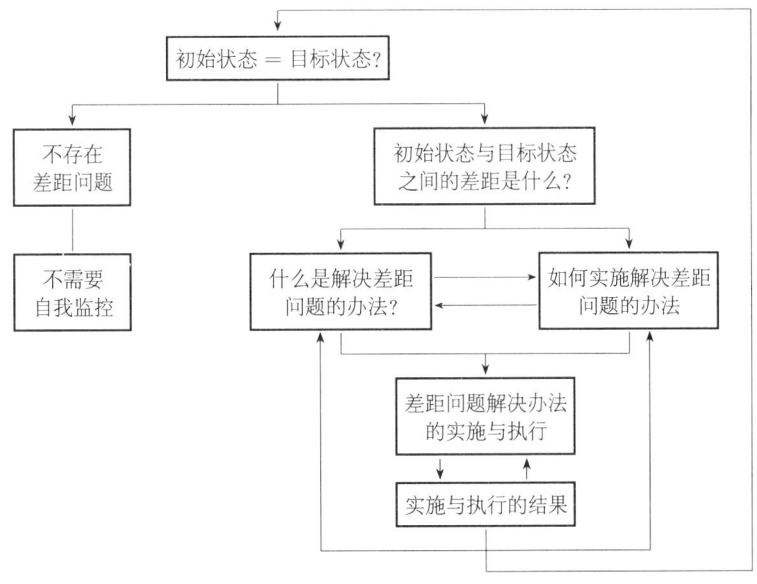

图5-3 密萨格的元认知监控问题解决模式图

密萨格认为,问题解决整个过程都贯彻着解题者的自我监控。当初始状态与目标状态存在差距时,自我监控就开始了。他首先自问:"初始状态与目标状态的差距是什么?"对其回答便产生两个问题:解决方法是什么?如何去实施?在上例中,解题者(父亲)认为差距就是家离幼儿园的距离,对此驾车前往是一有效方法,但在面临"如何去实施"的问题时,发现汽车不能发动。这样父亲又必须寻找一个发动汽车的解决方法。经过两个问题的几个来回交替,找到方法——通知修理厂换电池,实施手段——拨个电话。但在现实中父亲是否真的去拨电话,还涉及动机的自我监控,取决于该行动的效价和成功率,前者指达到目标状态的价值,后者指成功的可能性。只有当该行动效价高,成功率大,才会真正付诸行动,产生相应的结果。在上例中此两项均符合,父亲才会拨通电话。此后,自我监控发生在对行为结果的反馈与评价、对解决策略有效性和操作性的反馈与评价以及对整个问题解决的总评价之中。

三、英语听力中的元认知

英语听力理解不是一个被动接收信息的过程,而是一个靠听者主动参与的语言信息的解码和意义重新建构的复杂认知过程。学习者要成功地完成这一系列复杂的心理活动过程,就必须把听力理解操作的过程作为对象积极地加以监控,这就属于元认知活动。因此,元认知策略对英语听力有显著影响,恰当的元认知策略能有效提高听力成绩(刘菁菲,刘贤龙,2016)。

1. 英语听力中的元认知知识

首先,个体元认知知识对学生学习的影响集中体现在学生的自我效能感上。自我效能感是个体对自己是否能够成功地进行成就行为的主观判断,是自信心在某项任务中的具体表现。听力理解不成功的学生往往在听力方面对自己缺乏自信,在听力理解过程中会产生焦虑感。自我效能感与学生学习策略的运用和自我监控密切相关,高自我效能感的学生与低自我效能感的学生相比,能展现出更高水平的学习策略,并能更多地对学习结果进行自我监控。可见,个体的元认知知识是达到成功听力理解的第一步。

其次,任务元认知知识对学生学习的影响。学生对学习任务难度、性质的认识决定了他在该任务上分配的精力、时间的多少,影响到他对认知策略的选择。教师应指导学生在听力理解时对不同的听力任务进行分析,比如在短文的听力理解中,通过对问题的备选答案的分析,对每个题目的难度作出一个预测,看哪些题目是自己感觉比较简单的,哪些题目是自己感觉比较困难的,在听的过程中可以合理分配自己的注意力和精力。

最后,策略元认知知识对学生的学习有最直接的影响。学生仅仅拥有策略是不够的,一个好的策略使用者还必须知道何时、何地、怎样以及为什么使用这些策略。策略元认知知识促进学习还表现在,当学生认识到策略运用的价值后,他们会更积极地在学习中使用策略。对于何时运用何种策略,既需要教师的指导,也需要学生不断总结和归纳。

2. 英语听力中的元认知监控

奥麦雷和查莫特(Omalley & Chamot)指出元认知策略是一种高级的执行性技巧,它对听力理解水平的提高具有潜在的重要作用,可以帮助学习者在听力教学中进行自我调整和自我规范,并对语言的使用具有管理和监控作用。学习者利用认知处理的知识,通过对语言学习的计划、监控和评估等手段,来调节语言学习。其中计划包含学习者对自己学习任务的安排,在学习过程中具体该干什么,以及怎样做才能提高自己的听力水平等。监控策略包括对学习要求的了解以及对何时选择何种策略的意识的掌握。在听力过程中,监控还体现在是否意识到自己注意力不集中并能否立刻集中注意力的能力。如当学习者听到他们比较熟悉的内容时,就会沉溺于回忆过去的知识,而使自己的注意力偏离听力材料。评估则包括对自身学习进展情况的了解以及对他人学习经验的反应。由此可见,元认知策略在多种认知活动以及各种各样的自我指导和自我调控中具有重要作用,并具有广泛的适用性。

听力过程中可以运用以下监控策略:① 方向监控,即明确听力目的,确定应该采用精听或泛听,运用 what, who, when, where, why 和 how 自我提问,以便了解所听内容的主体及其情节发展脉络。② 进程监控,即边听边思考,注意识别材料提示的重要信息,通过上下文猜测词义,根据有关线索判断信息,完成相关的练习。③ 策略监控,即多角度分析推理,检验自己的答案正确与否,以便选用更有效的策略来提高听力的效果。

一旦在听力过程中出现问题,可采取如下补救措施:① 让讲话者明白你听不懂。如果听不懂某个词、词组或句子,你可直接问讲话者:"What does ... mean...?""I don't know the word for ..."② 让讲话者重复说过的话。你可说:"I beg your pardon?""Pardon?"③ 让讲话者讲慢些,学会说:"Could you speak more slowly, please?"④ 重复,你可以用疑问句升调重复讲话者的部分话语。如果你不理解某个词,可用升调重复它,让讲话者告诉你是对还是错,如讲话者问你:"How do you practice your oral English?"而你不懂"oral"这个词,此时可用疑问句升调重复:"my oral English?"讲话者会说:"Yes, your spoken English."而你知道"spoken English"是"口语"的意思。这种重复疑问,能使你明白讲话者的意思。⑤ 注意讲话人的语调和表情,从语调中判断是陈述句还是疑问句,从表情上看是愤怒还是喜悦。

第三节 元认知的有效教学

传统教学中,教师把大量精力放在对教材陈述性知识及程序性知识的分析和传授上,而忽视学生能否接受新知识,缺乏对学生原有的知识结构和认知发展水平的了解,导致教学方式方法没有针对性。元认知教学除了给学生传授大量的知识外,还重在训练学生创造性地解决问题以及灵活地把所学知识应用到实际中去的思维能力。因此,对元认知策略的有效教学,对帮助学生更好地学习,使学生的潜能得到最大限度地开发具有重要的意义。

一、元认知的教学途径

在现实教学中,对学生元认知方面的教学与培养,事实上存在着三种途径,与这三条途径相应的是三种教学观。

第一种途径是让学生在学习过程中通过自己的领悟去自发地发展元认知。也就是说,学校教师不承担在教学过程中培养学生元认知的责任,学生能否发展元认知,全凭学生自己的灵性。有灵性的学生即便老师不教,他也会悟出,没灵性的学生,即便老师教了也没什么效果。这背后是一种元认知只能自己领悟,无法由他人教会的教学观。

第二种途径是让学生在学科学习的过程中,通过教师的偶然点拨,逐步地发展元认知。不少有经验的优秀教师虽然并不知道"元认知"这一术语,但在自己的教学中还是会主动地结合学科教学培养学生的元认知。例如,他们常要求学生每次回家做作业时,先不忙着做,而是认真复习当天老师讲课的内容,直到确信自己已初步弄清了基本概念,掌握了基本要求后,才开始写作业,而且还要求学生做完题也不要急着干其他事,而是静心反思自己的作业,及时总结自己在做作业过程中的心得体会;平时,他们还常提醒学生在做题时要仔细,自己学会检查自己的解题过程。这一切,其实都是在教学中培养学生的元认知。这背后是一种学生能在教师指导下学会把握自己学习方法(即学会元认知)的教学观。

> **实践探索 5-3　　元认知迁移的训练方法**
>
> 布朗(Brown,1983)提出三种元认知迁移的训练方法:一是盲目训练法,指导学生应用策略,但不告诉学生为何、何时运用何种策略的方法;二是感受训练法,帮助学生理解为何运用不同策略的方法;三是感受自控训练法,指在感受的基础上让学生练习不同策略,提供掌握不同策略的机会。

进一步的研究表明,盲目训练法常难以导致元认知的迁移。感受训练法和感受自控训练法既影响元认知的迁移,还明显影响学生所获得知识的性质与组织。因而在元认知迁移的训练中,教会学生反思方法,培养反思习惯,可以使学生对学习策略作清晰的辨别,增强体验和调控,形成具有自己特色的学习方法,从而达到提高学习质量的目的。

第三种途径是教师在学科教学之外,通过专门训练学生来集中发展他们的元认知。这是人们随着元认知研究的发展才想到的一种专门培训元认知的途径。持此主张的人认为,元认知可以从学科学习任务中"拆卸"下来,进行专门训练,并能迁移到学科学习中去。这背后是一种将元认知学习视同其他学习一样处理的教学观。

纵观这三种途径:第一条事实上是教师放弃对学生元认知的培养;第三条是有争议的,因为有人认为不结合学科学习的元认知训练的效果不理想;第二条则囿于个别教师的经验性探索,缺乏计划性和系统性。鉴于此,我们提倡第四条途径:让学生在学科学习的过程中,通过教师有计划、有系统的培养,来积极发展元认知。该途径背后的一个基本教学观是,应把元认知的培养也作为教学的目标之一,并根据元认知的特点加以培养。一项研究证实了结合学科教学进行元认知训练的效果。将历史系的大一学生分成两组,对照组用传统讲授法教学并进行学习训练,而实验组将学生分为几人一组并互相比较,看别人是如何完成作业的,其间是怎样思考的,运用何种策略,以此来加强对自己学习策略的元认知监控。结果发现,对照组开始较热情,但到第二学期末,多数人并未使用教给他们的学习技能,而实验组开始进步很慢,但到学习结束时,比对照组更多地采用深层次的学习方式,作业完成得更好,学习方法发生质的飞跃(Martin et al., 1986)。

二、阅读理解中的元认知教学

结合阅读理解进行元认知教学的方法正在不断研究之中,从目前来看,可大致归纳为以下四种。

1. 直接指导

研究表明,在元认知知识的传授中,直接指导方法比其他教学方法更为有效,而且指导得越明确越好(Day, 1980)。以阅读策略方面的元认知知识传授为例,教师直接指导的内容包括五个方面:① 策略是什么? 教师应描述策略的关键点和已知的特征或指出策略的含义;② 为什么进行策略的学习? 教师应解释策略的目的和作用,让学生了解策略学习是从他控学习转变到自我监控学习的必要一步;③ 如何进行策略的学习? 教师将策略加以分解,尽可能清楚地解释策略的每一种成分和各成分之间的关系;④ 何时何地运用策略? 教师应指出策略的运用条件并举例说明一些不适合策略运用的情况;⑤ 如何评价策略的运用情况？教师应让学生了解如何对策略运用的成功与否作出评价,并给出建议和补救策略。

2. 阅读示范

通过教师和其他学生在阅读中的示范,学生将自己的阅读过程与别人的阅读过程进行比较,从而形成阅读中元认知监控的意识。该法的基本操作是,教师指出要加以阅读的那段课文,说明这次由他或某一学生来教这段课文,接着教师和学生都默读这段要学的课文。读完课文后教师或某一学生对该段落进行分析、总结,并提出在阅读中遇到的所有困难和问题,并对以后测验中很可能出现的问题进行预设。最后对该段落后面的内容进行预测。该法包括三个阶段：开始阶段由教师向学生展示阅读过程的模式,给学生提供一个有效的理解监控的榜样。这时学生处于相对被动的观测者地位。中间阶段让学生从中了解阅读理解过程,学会如何承担教师这一角色,并通过对课文的阅读提出一些复杂的问题。最后阶段学生自己能比较好地执行任务。其间,教师需要提高对学生的要求,一直到学生的活动模式变得与教师的模式相似为止。这方面的一项研究表明,开始时学生的成绩偏低,比那些没有参加元认知训练的学生低20%,但最后90%的学生成绩都有了提高,显示出这种方法的效果明显(Palinscar & Brown,1984)。

3. 自我提问

教师在进行阅读教学时,帮助学生形成自我提问的习惯和能力,是促进学生发展阅读理解中的元认知监控的又一有效方法。其主要表现为：① 有利于监控自己的阅读目的;② 有利于监控自己对阅读材料中重要部分的辨认和理解;③ 有利于监控自己的注意始终指向阅读活动。在这方面,教师要帮助学生编制有质量的提问单,以防止学生低效提问或使提问偏离中心,指向细枝末节,反而导致理解上的偏差。为提高提问质量,教师甚至可以引导学生对提问本身进行元认知监控。

4. 阅读的规程化训练

阅读的规程化就是将阅读的基本技能分解成若干有条理的小步骤,在其适宜的范围内作为固定程序,要求学生按此步骤进行阅读,并使之自动化的训练。其训练步骤是：① 分解阅读步骤,并用简练的词语来标志,如SQ3R阅读技能便是由浏览(survey)、提问(question)、阅读(read)、背诵(recite)和复习(review)五个阅读小步骤的标志词的首位字母组成;② 通过实例示范按步骤进行的活动,让学生掌握;③ 要求学生练习这些步骤,直至自动化。

三、问题解决中的元认知教学

结合问题解决进行元认知教学的方法,同样也正处于不断研究的过程之中,而且与结合阅读理解进行元认知教学的方法在某些形式上也是相通的,只是在具体细节方面有差异。这里主要归纳为以下三种。

1. 直接指导

结合问题解决进行元认知教学也存在直接指导的方法,它与结合阅读理解进行元认知教学的方法是完全一样的,可参见前面的介绍。

2. 出声思维

前面提到出声思维被作为一种重要的研究方法加以运用,以便能深入地发现优秀生和差生在解题思维活动研究中的区别,总结出有效解决问题的认知策略。在结合问题解决进行元认知教学中,此法也是很有用的教学方法。两者的区别在于,在认知策略研究中,无论是优秀生还是差生,都是任其自然地说出自己的思维活动,不加任何修饰;而在元认知教学中,教师在做解题演示时,有意识地将运用元认知于解题活动中的过程大声说出来,让学生了解,继而进行模仿学习。这个教学方法可以分两个阶段:一是教师通过出声思维来呈现自己运用元认知的解题过程,这也是一种示范,被称为心理示范(mental modeling),即通过出声思维向学生呈现其内在的、难以被观察到的元认知的操作过程,使学生获得具体的外显的指导;二是学生通过出声思维来练习自己运用元认知的解题过程,即学生通过出声思维训练实现其语言对自己的元认知活动的促进作用,同时也为教师了解和指导学生内在的、难以被观察到的元认知操作过程提供便利。

3. 编流程图

结合问题解决进行元认知教学的又一方法是教师编制流程图。流程图的编制可分为两个步骤:步骤一,教师针对某学科领域的解题过程,总结、归纳出相应的解题策略作为基本的解题思路。例如,根据中学代数应用题的解题过程可归纳出四条环环相扣的策略:一是准确理解题意,即准确把握应用题的基本数量关系并准确理解语句;二是理清复杂数量的关系,主要是在复杂的数量关系中找出建立方程的等量关系;三是寻找隐含的数量关系,即当分析题目中明确的数量关系后仍列不出方程时,就要寻找题目中隐含的数量关系;四是总结解题思路,从中获得经验、教训和启发。步骤二,根据这一解题思路,融入元认知操作,编制解决数学应用题思维方式流程图(见图5-4)。具体训练时要分为三个阶段:第一阶段是让学生进行应用题解题的思维策略的训练,针对每一策略配备练习题,训练学生运用策略的技能;第二阶段是在第一阶段的基础上,发给每个学生一张绘有上述流程图的元认知调控单,并举例说明如何按照流程图进行解题练习;第三阶段是元认知训练的重点,要求学生在做习题的每个思维阶段上都要结合元认知调控单上的问题(见实践探索5-3)自我提问,并将每个问题的答案写在作业本上,然后完整地列出方程求解。

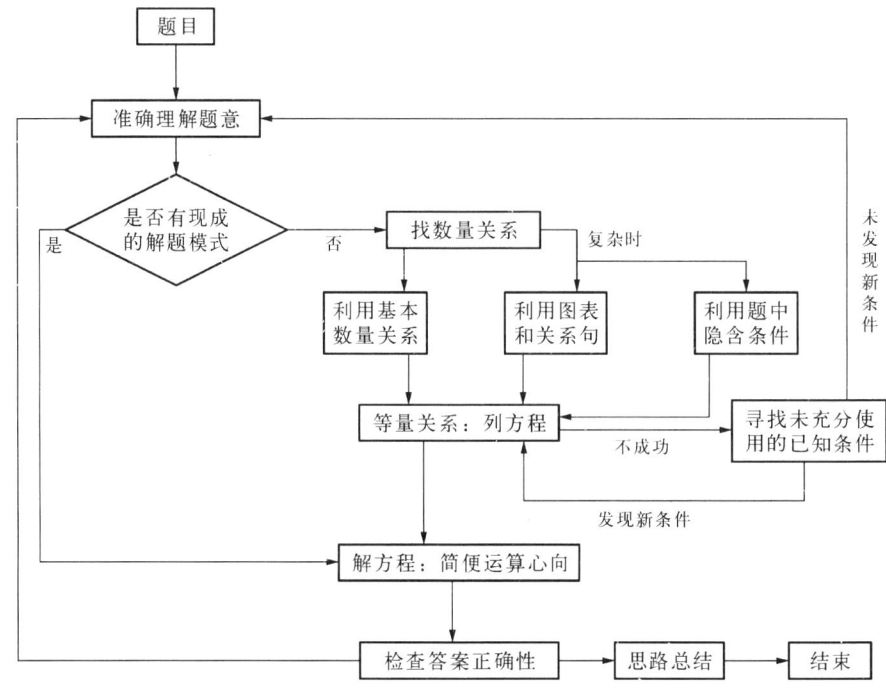

图 5-4 解决数学应用题思维方法的流程图(张庆林,1997)

实践探索 5-4　　解代数应用题的元认知调控单

一、准确理解题意阶段

1. 我有没有把握基本数量关系?
2. 我有没有将关系句准确地转化成代数式?
3. 我有没有成功挖掘复杂句子?
4. 我有没有充分挖掘题中的隐含条件?

二、列方程阶段

1. 我可以利用题目中哪些等量关系列出方程?
2. 我有没有验证方程两边的单位是否一致,含义是否相同?

三、解方程及经验总结阶段

1. 解方程时我是否考虑了有没有简便解法?
2. 解题后我检验答案了吗?
3. 解答难题后我进行思路总结了吗?

(张庆林,1997)

四、英语听力中的元认知教学

结合英语听力进行元认知教学的方法,可归纳为以下四个要点。

1. 理解听力环节

学生必须正确认识听力理解过程的本质。阿德森(Adelson,1995)认为,听力理解包括感知、分析和整合三个环节。感知是把听到的信息译成代码,把语流分割成不同的音素;在此过程中,听者要仔细地注意输入的信息,并将其存入短时记忆。在分析过程中,词语根据句型和语义被分割成不同的单位,再在大脑中形成与原来的话语相对应的图式,并在整合阶段与大脑中长时记忆中的知识相联系,形成不同的推理,最终把图式译成代码,形成语言。感知、分析和整合是听力理解过程的三个不同环节,彼此联系,交叉重叠,循环往复。

2. 制订听力计划

教师应帮助学生确定学习目标,制订学习计划。如果学生已经有了对个体的元认知知识的了解,那么教师应该要求学生根据对自身情况的掌握制订适合自己的听力学习计划,确定短期和长期的目标。比如听力较差的同学可以从最基本的语音、语调、单词的发音和语音技巧入手;对于听力较好的同学,可要求他们做到每次能够听懂与所学教材配套的听力材料,可以每周听写几条 VOA 慢速英语。对于学生制订的计划教师要有所了解,而且要对学生的计划进行指导,使学生能够合理调整计划。

3. 监控听力过程

教师要引导学生在听的过程中对自己的认知进行监控和调节。以往学生可能更关注听力材料内容本身,在听力过程中教师可以有意识地引导学生把自己的认知过程作为对象进行监控和调节。在听的过程当中,注意力的分配是很重要的。有研究表明,信息储存在人感觉记录器中的时间仅为 0.25 秒,然后经过筛选只留下一小部分进入"短时记忆",短时记忆的容量有限,留存信息的时间也很短,约 10 秒钟。因此,听者应该有选择地分配注意力。例如,在听短文的时候,教师应提醒学生把注意力集中在短文的开头几句话和过渡性词语上,在听的过程中学生应该监控自己是否把注意力分配在重要的地方。而且对听力的内容进行预测也很重要,学生可以一边预测一边对自己的预测进行调整。此外,由于短时记忆保存的内容和时间有限,教会学生做笔记的技巧也是很重要的。比如使用缩略词、画树形图等,使听到的信息更加系统化。还可以让学生对如何记笔记进行交流和切磋。最后,当听完听力内容之后,应将听力内容的文字资料发给学生,然后让学生再听一遍,检查他们在听的过程中是否抓住了重点,提高他们对不同类型文章要点的敏感性,以便在今后的听力过程中更好地进行自我监控。

4. 评估听力效果

教师要教会学生评估自己的听力效果和听力策略。自我评估是在学习之后对自己学习的回顾。对听力理解的评估包括对听力效果的评估和对听力策略的评估。在对效果的评估方面可以问学生是否了解了文章的大意,回答对了几个问题等;在对听力策略的评估方面可以让学生检查在这次听力当中是否集中了注意力,哪些策略起了作用,哪些没有起作用,今后遇到相似类型的文章应该运用哪些策略。课后应要求学生对本次的听力活动写文字性的总结,总结自己本次的听力目标是什么,在听的过程中使用了哪些策略,重点听了什么内容,对自己本次听力理解的总体评价是什么。这样做可以逐步使学生对自己听力认知的控制达到意识层面。

在本章开头的案例中,小王同学的情况属于学业不良。学业不良主要指学习者具有一定的学习动机,智力正常又没有感官障碍,但其学习成绩明显低于同年级学生,不能达到预期学习目的的现象。学业不良现象产生的原因是多方面的,因人而异。主要原因有:基础薄弱——在开始新的学习历程时与其他学生相比,基础差、能力差,因此一开始学习就有困难;情感因素——偏科思想、对学习有抵触情绪等;人格因素——自尊心受到损害、自卑心理等;意志因素——学习中畏难情绪明显,意志薄弱;观念因素——读书无用等错误观念的影响;不良习惯——作息习惯不良、网络成瘾等;环境因素——父母离异、学校忽视等。

但从小王的实际情况看,数学学习不良的原因主要在于学习技能掌握不够,其中元认知能力是一个重要的方面。具体表现为学习习惯、学习技能、学习方法、学习速度、学习组织能力、自我检查能力等方面的缺陷,因而成绩较差。

针对这一情况,常用的矫正策略有:(1) 针对知识缺陷,进行认知结构重建。即弥补以往知识的不足,获得当前学习所必要的知识结构。(2) 加强学习技能培训。要培养学会上课、听讲、思考、写作业等基本的学习习惯和学习技能。(3) 加强元认知与元策略教育。主要通过转变学科观念、指导学习方法、促进自我调节学习等提高元认知水平,不断增强数学自我效能感。

本章小结

- 元认知就是对认知的认知,包括元认知知识、元认知体验和元认知监控三个方面。
- 元认知的评定方法主要有自我报告法、出声思维法、问卷法、认知活动操作法、假想情景法、评定法等。
- 元认知在学习中的作用主要有：提高学生认知活动的效率和效果；促进学生智力的发展；有助于学生主体性的发展。
- 阅读理解中的元认知监控的内容包括：建立阅读目标、根据目标调节阅读、确定中心思想和要点、利用逻辑结构、激活已有知识、对材料特性的觉察与修正、应付理解失败、评价理解水平。
- 问题解决中的元认知知识包括三个方面：关于问题解决者自身特点的元认知知识、对问题本身的元认知知识、对问题解决策略的元认知知识。问题解决中的元认知监控包括表征问题、设计解决问题方案、执行问题、评价结果四个阶段。
- 英语听力中的元认知监控策略有方向监控、进程监控、策略监控。
- 在现实教学中，对学生元认知方面的教学与培养存在着三种途径，与这三种途径相应的是三种教学观。
- 阅读理解中的元认知教学策略有直接指导、阅读示范、自我提问、阅读的规程化训练。
- 问题解决中的元认知教学策略有直接指导、出声思维、编流程图。
- 英语听力的元认知教学策略有：正确认识听力理解过程的本质；帮助学生确定学习目标，制订学习计划；引导学生在听力过程中对自己的认知进行监控和调节；教会学生评估自己的听力效果和听力策略。

思考题

- 怎样评价学生的元认知水平？
- 元认知在学习中的重要性体现在哪些方面？
- 培养学生的元认知能力主要有哪些途径？试比较这些途径的优缺点。
- 如何通过问题的解决，提高学生的元认知能力？

问题探索

- 结合自己的所学专业，跟同学们一起讨论元认知在专业学习中的体现与作用。
- 英语的学习，特别是口语和听力一直是让许多学生感到头疼的问题，请结合元认知的知识，谈论一下如何更好地进行英语的学习。

第六章　创造的学习与教学

---- 本章细目 ----

本章要点

第一节　创造的概述

一、创造的本质

1. 创造的含义

2. 创造的标准

3. 创造的层次

二、创造的条件

1. 知识基础

2. 智力水平

3. 人格特征

4. 环境氛围

三、创造的过程

1. 创造过程的四阶段说

2. 创造过程的五阶段说

第二节　创造的学习

一、学习与创造

二、创造学习的途径

1. 掌握创造性学习策略

2. 消除负面心理效应的影响

第三节　创造的有效教学

一、创造型教师

1. 正确的创造教学观念

2. 创造性的人格特征

3. 丰富合理的知识结构

4. 创造性的教学艺术

二、创造性教学

1. 创造性教学过程的基本阶段

2. 常用的几种创造性教学模式

三、创造性教学的实践途径

1. 强化学生的创造意识

2. 训练学生的创造性思维

3. 培养学生的创造人格

4. 传授一些行之有效的创造方法

5. 为学生营造良好的、有利于创造学习的氛围

本章小结

思考题

问题探索

本章要点

- 创造的含义
- 创造的标准与层次
- 创造的条件与过程
- 创造的习得
- 如何通过有效的教学来培养学生的创造性

> **想试着回答一下吗……**
>
> - 什么样的人具有创造力？我们怎样发现和评价具有创造力的人？
> - 儿童是否也有创造力？假如你是一位教师，你是如何看待儿童的创造力的？
> - 有一次，在语文考试中有这样一道题目：请根据句子的意思写成语"思想一致，共同努力"。某学生回答"齐心协力"，老师判错。因为标准答案是"万众一心"。你是否遇到过类似的情境，我们应当如何看待这一问题？
> - 如果有一个纸箱、一盒大头针和一团线，请你尽可能多地设计出它们的用途。人们会给出怎样的答案呢？那我们又如何评价这些答案呢？
> - 电话、飞机、电脑、网络，等等，这些改变我们生活的工具是如何被发明的？人们是如何发明出世界上原本没有的东西的？
> - 具有创造力的老师与缺乏创造力的老师有什么区别？
> - 有人认为美国的学生更具有创造力，你是否同意这一观点？什么样的环境更适合学生创造力的培养？

在一所中学的研讨会上，一位教师说："我已经教了20多年的书，教学经验还算丰富，也具备了一定的教学技术，但不知道什么原因，这些经验和技术在前几年还是相当有效的，但现在却感觉不管用了，教学效果也大不如以前了，现在的学生也好像与以前不太一样了。"接着他又说起了先前课堂上发生的一件事情。在他教授"海洋"知识的时候，为了使学生能够更好地了解海洋生物的情况，他要求同学们把自己想象成潜水员，想象自己穿着潜水服，潜入海底的情况。这时，班级一个学生给他提出了这样一个建议：由他来扮演海洋人，迎接到达海底的这些潜水员。"我感到这个学生的想法实在是异想天开。大家都知道，海洋科学研究从来就没有发现海底有居民。不知道这个学生整天都在想什么,连这点常识都不清楚。"

这时,另一位教师也谈到,在他的班级里有一位考试分数高、平时表现好的优秀学生:"虽然我也很喜欢这个学生,但我总是觉得在他身上缺少了什么。有一次,我布置一篇关于外星人的科幻作文,让学生描述一下心目中的外星人的模样。这个学生的定义和描述都很优美,但基本上是对人的特征的描述。我只给他打了及格分,因为我根本看不到他的作文有什么新意。"

以上两位教师的观点有什么不同?他们的评价方式会对学生创造性的发展产生怎样的影响?上述案例对你有什么启发?你将在本章的学习中找到问题的答案。

第一节 创造的概述

从人类文明的诞生到现在科技飞速发展的信息时代,社会的发展都离不开发明创造。人类的创造力使我们的生活丰富多彩。那么究竟什么是创造?我们又是如何进行创造活动的?创造活动具有怎样的特点?这正是本节关注的问题。

一、创造的本质

创造(creativity)是令人着迷的,也是人人都向往的。但如果要用确切的语句来描述创造,却是一件困难的事,因为目前还没有一个普遍认可的创造的定义。

1. 创造的含义

现实生活中,人们对创造的认识往往是从创造的主体、创造的过程和创造的结果或产品三个不同方面来加以理解的,因此创造是一个具有多重含义的概念。从创造的主体看,它既可以指人具有的一种能力,称为创造力;也可以指人具有的一种品质,称为创造性。从创造的过程看,它既可以指人的一种行为过程,称为创造行为;又可以指人的一种心理过程,称为创造心理。从创造的产品看,它既可以指一种精神上的产品,如新的思想;也可以指一种物质上的产品,如新的发明。因而,心理学界对"creativity"一词可译为"创造""创造性""创造力",可解释为"心理过程""超长能力"等(张春兴,1991),其道理亦出于此。

由于创造产品具有客观性和较强的可比性,人们更倾向于从创造产品的角度来对创造进行定义。如美国心理学家斯腾伯格(1999)认为,创造性是一种创造既新颖又实用的产品或成果的能力;我国学者林崇德认为,创造力是根据一定目的,运用一切已知信息,产生出某种新颖、独特、有社会或个人价值的产品的能力。因此,创造最核心的内涵是产生新的精神或物质产品。这里的产品既可以是科学上的发现(即找出尚未被人们知晓的事物或规律,产生精神产品),如新概念、新思想、新理论、新观点和新观念的产生,也可以是技术发明(即制造新事物,产生物质产品),如新技术、新产品、新工艺。例如,在回答教师提问时,具有新的见解;在解决问题的过程中,打破常规,采用新的方法;在写作文时,不落窠臼,打开了不拘一格的新思路;在研究领域中,不墨守成规、因循守旧,而是标新立异,形成了自己的新理论;在生产领域中,进行技术革新,解决了实际问题;在新产品研究中,开发了新的工艺、新的品种;等等。这些都是创造的表现。这也正如刘佛年(1985)所说的:"什么是创造?我想只要是有一点新意思、新思想、新观念、新设计、新意图、新做法、新方法,就可称得上创造。我们要把创造的范围看得广一点,不要看得太神秘。"

需要指出的是,我们这里使用的创造概念,更多的是指创造行为,犹如论及学习,把学习亦可视为学习行为一样。当我们论述创造行为时,必然会涉及创造行为的内在心理过程、产生创造行为的能力——创造力,以及发生创造行为的个体的人格品质——创造性。因此,我们论述创造行为时,也就涉及创造的各种含义,只是在不同的情况下,强调的创造含义有不同的侧重而已。

2. 创造的标准

如何判断一名学生的行为是否具有创造性呢?这就涉及创造性的判断标准问题。要判断一个人的行为是否具有创造性,往往是从其创造的产品来加以鉴定的。不论这种产品是精神性的还是物质性的,创造性的判断标准都表现在行为产品(结果)是否具有以下三个方面的特征。

① 新颖性。这是从纵向上比较,是相对于历史而言的,看产品是墨守成规还是破旧立新、前所未有。

② 独特性。这是从横向上比较,是相对于他人而言的,看产品是否不同凡响、标新立异、独出心裁。

③ 价值性。这是相对于人类、国家、社会的进步和个人的发展而言的,看产品是否具有积极的意义。

这三个特征对判断个体行为的创造性十分重要。像顽童在纸上的胡写乱画,精神病患者的胡言乱语,尽管内容可能是新颖的、独特的,但由于它们毫无意义和价值,因而不能算作是创造;同样,像航模制作、标本制作等学校中常见的科技制作活动,虽然具有积极的社会价值和个人价值,也具备一定的独特性,但由于这些制作主要是模仿和重复而不具备新颖性,因此也不能算作是创造。

当然,新颖性、独特性和价值性这三条标准的前两条也可合并为一条,即新颖独特性,这是创造的本质特征;而社会或个人价值,则为创造的条件特征。因此,创造必然包含新颖独特性和社会或个人价值性两个特征,创造也就可以更明确地概括为:产生某种新颖独特、有社会或个人价值的精神或物质产品的行为。

需要指出的是,不能把是否创造产品作为衡量创造行为的唯一依据。有些创造行为能创造产品,有些创造行为由于种种原因尚未创造产品,前者可视为现实创造,后者可视为潜在创造,因为一旦条件成熟,潜在创造完全可以转化为现实创造。鉴于此,凡有可能产生出某种新颖独特性、有社会或个人价值的精神或物质产品的行为都可视为创造。

3. 创造的层次

创造是分层次的。正如布鲁纳(Bruner,1960)所说:"一位科学家在他的书桌上或实验室里所做的,一位评论家在谈一首诗时所做的,正像从事类似活动的任何其他人所做的一样,都属于同一类活动,其间的差别,仅在于程度而不在于性质。"因此,从科学家的创造发明到青少年学生学习中的创新探索活动,都可归为同质的创造,但在新颖独特性和社会或个体价值方面的情况是不同的。根据这种不同,可以把创造划分为以下三个层次。

① 初级创造。这是指仅对小范围群体而言,具有相对的新颖独特性,具有个体或小范围群体价值,不涉及社会价值的创造。青少年学生一般具有的创造多属这一层次,这里的小范围也多指小组、班级、学校。例如,在回答教师提问时,有的同学的见解相对全班同学而言是具有新颖独特性的,对大家是有启发的,这便可称为初级创造。这类创造在各科教学和课外活动中最为多见,它与我国素质教育中所说的"创新"意思相近。它虽是低层次的创造,但对个体,尤其是成长发展中的青少年来说,有着极为重要的意义,它为日后个体走向社会,进一步发展高层次的创造打下了十分有利的基础。对青少年创造能力的培养,正需要从这一层次着手,并向高层次引导。

② 中级创造。这是指具有新颖独特性和社会价值的创造。它是经过模仿、改革或发明,在原有的知识和经验基础上重新组织材料、加工产生的。在我们的社会生活中,生产实践上大多数的创造发明都属于这一层次。这一层次虽不是重大创造,但存在着大量的创造,因而是创造发明的主要层面,是推动社会发展的主要创造力。

③ 高级创造。这是指具有突出的新颖独特性和社会价值的创造。它是经过长期研究、反复探索而产生的,往往是填补空白性的创造。它集中体现了人类的最高智慧,又为人类社会发展作出了巨大贡献,其意义有时甚至是划时代的,如蒸汽机的发明、相对论的提出、遗传基因的发现、计算机的诞生,等等,都是这一层次创造的典范。这类创造虽然数

量相对较少，却是令人向往和仰慕的，是激发青少年学生创造的目标和榜样，也是鼓励他们不断学习、不断创新的精神力量。

由于对创造的层次性缺乏足够的认识，长期以来，当人们一提到创造的时候，就习惯于把创造与杰出人物、高级创造画上等号，这种观念导致的直接后果就是许许多多的普通人认为自己没有什么创造力，从而抑制了他们创造性的激发和发挥。事实上，按照创造的三个层次的标准，创造力是人人都有的。正如吉尔福特(Guilford,1986)所说："迄今人们获得的最有意义的认识之一是，再也不必假设创造仅限于少数天才，它潜在地分布于人口中间。"

当然，创造的上述三个层次并不是绝对不可分割的，它们在本质上是一样的，在个体发展上是相互衔接、逐层提高的。需要特别指出的是，虽然初级创造还十分幼稚，只能算准创造，但一旦与实际工作、专业领域的知识经验相联系，在明确的创造目标指引下，就会朝高一级的创造层次发展。因此，对于尚未接触生产和专业实际的青少年来说，学会创造主要就是学会这一层次的创造，或称之为学会创新。

知识小窗 6-1　　　　　　　　创造的五个层次

美国心理学家泰勒(Taylor,1972)，根据产品新颖独特性和价值大小的程度来划分创造的层次，从低到高共分五层。这一观点在目前创造领域的研究中较受重视，因为它比较好地反映了人类创造的各种不同水平的实际情况。

1. 表达式创造(expressive creativity)。这种创造不考虑产品的社会价值，仅以个人的自由和兴趣为基础，随兴趣而感发，因情境而产生。青少年儿童的创造多属此层次，例如，他们的涂鸦绘画便是一种常见的表达式创造。这种创造是其他较高层次创造的基础，后者是由前者逐步发展而成的。

2. 生产式创造(technical creativity)。这种创造具有明显的社会价值，它以产生完善的产品为目的，但不太注重创新性，往往通过模仿和应用现成的原理、原则去解决实际问题，具有技术性、应用性、精致性、效率性、完善性等特点。生产实践中发展各种技术解决实际问题的创造多属此层次。

3. 发明式创造(inventive creativity)。这种创造兼具一定的新颖独特性和社会价值，表现为用一种新眼光去看待旧东西。这种创造常通过取长补短而创造出更为简便、经济、有效、实用的新产品。

4. 革新式创造(innovative creativity)。这种创造具有较高的新颖独特性和社会价值，表现为对已有理论、产品的创新和添加新内容、新意义。这种创造要求个体具备较丰富的知识，尤其是对创造涉及的那一领域有充分的了解。

5. 高深的创造(emergentive creativity)。这是最高境界的创造。这种创造极为复杂、深奥，只有少数该领域的专家才能了解，要求具有处理复杂资料的能力，并能形成崭新的原理、原则或有系统的新学说。

(郭有遹,2002)

二、创造的条件

人人都能创造,但创造需要条件。进行创造活动,创造者除了必备的知识经验,还需要一定的智力支撑,具备一定的创造品质,以及适合创造的环境,唯有此,创造行为才能发生,也才有可能形成创造性产品。

1. 知识基础

一定的知识基础是创造的前提。知识对创造的作用主要体现在两个方面:第一,知识以抽象观念形态呈现,具有较大的概括和适用范围,当人们反复运用知识的时候,知识的形态便会发生转化,与个体的个性心理融为一体,成为能力,或把智力因素物化到知识本身中,而知识一旦成为能力,便能适用于更大的范围。如"滴水穿石"的知识,使人联想到水可以成为切割机;浮力知识使阿基米德得以揭开"王冠之谜"等,都是创造性的表现。第二,融会贯通的知识,可以通过灵活的分割组合,促进新的创造性的设想。现代心理学认为,知识是信息在人脑中的储存,一个人知识越丰富,神经细胞产生的突触越多,神经传导也越快,可以使人脑的思维和想象更加灵活、深刻,创造行为也就越容易出现。

有研究者对创造所需要的知识进行了进一步分类。例如有人(董奇,1996)认为,促进创造的合理的知识结构包括基础性理论知识、专业知识、临近学科知识以及前沿知识。有人(张履祥,2000)认为,促进创造活动的知识包括三类,一类是条件性知识,即创造者具备的学科基本知识,比如一个有着广阔天文地理知识的人才可能在天文学领域有所发明创造;另一类是策略性知识,即元认知策略,是对知识运用的把握和调节的知识,一个人虽然拥有丰富的知识,但不会灵活分解组合,不会用来解决实际问题,就谈不上在原有知识基础上的创造;第三类是本体性知识,即有关创造的特定知识,如各种创造技能技法,这类知识直接与从事的创造活动发生联系,是从事创造的必备条件。在以上三种知识中,策略性知识起调节、监控、发散、创新的作用,一定的条件性知识加上灵活的策略性知识,配之以丰富的本体性知识,便构成了完善的创造知识结构体系。这就告诉我们,培养学生的创造品质,促进学生创造性发展,必须引导学生认真学习,掌握学校教育所传授的学科知识,同时要加强与科技创造相关的学科知识、本体性知识的传授与辅导。

2. 智力水平

进行创造需要一定的智力水平的支撑。心理学研究表明,智力与创造之间的关系十分复杂。智力水平低的人不可能有高的创造性;智力水平高的人既可能有高的创造性也可能有低的创造性;创造性低的人其智力水平既可能高也可能低;高创造性的人必须具有较高水平的智力。智力的核心要素是思维,高创造性在智力上的主要体现是思维能力。

大量的研究表明,创造性思维能力是创造的最基本的心理品质,是创造性发展的灵魂。所谓**创造性思维**(creative-thinking)是指人在提供新颖的、独特的、有着社会或个人价值的产品的创造行为中进行的思维。创造性水平较高的人的思维特点主要体现在思维的流畅、灵活、独特和精密上。思维流畅,其注意范围就广,发现问题的机会便多,解决问题的方式方法就越丰富。它便于形成广泛的联想,从而创造性地解决问题;思维灵活,人就不会拘泥于死板教条的知识,而是能突破现状的束缚,展开自己的横向思维(lateral thinking),能迅速、轻易地从一类对象转到另一内容或形式相去甚远的对象上,这种灵活性是创造性思维存在不可或缺的基础;思维独特,人就会标新立异,勇于开拓新的未知的领域,提出新的观点,树立新的思想,产生新的产品,这是创造心理发展的标志,也是创造性思维发展的必然结果;思维的精密性是对思维过程的统摄与调控,包括从思维的开始至结束的所有推理过程,它能保证创造的合理性与逻辑性。

知识小窗 6-2　　　　　　横 向 思 维

英国学者爱德华(Edward)于1984年针对纵向思维习惯和模式而提出横向思维的概念。认为横向思维(或侧向思维)是背离理性规则的、探索各种可能的思维,是允许失败的宽容态度。有了这种态度,游戏、好奇、想象、机遇都会有它的用武之地,表面无关的信息可以闯入,闲暇式的胡思乱想也可以发生。

侧向思维与正向思维是不一样的,正向思维遇到问题,是从正面去想,但是侧向思维是要你避开问题的锋芒,从侧面去想,在次要的地方多做文章,这样往往会有意想不到的效果。

横向思维又称"旁通思维",是发散思维的又一种形式,这种思维的思路、方向不同于正向思维、多向思维或逆向思维,它是沿着正向思维旁侧开拓出新思路的一种创造性思维。通俗地讲,横向思维就是利用其他领域里的知识和资讯,从侧向迂回地解决问题的一种思维形式。

应用方法:

1. 侧向移入

这是指跳出本专业、本行业的范围,摆脱习惯性思维,侧视其他方向,将注意力引向更广阔的领域;或者将其他领域已成熟的、较好的技术方法、原理等直接移植过来加以利用;或者从其他领域事物的特征、属性、机理中得到启发,导致对原来思考问题的创新设想。如鲁班由茅草的细齿划破手指而发明了锯;威尔逊移入大雾中抛石子的现象,设计了探测基本粒子运动的云雾器;格拉塞观察啤酒冒泡的现象,提出了气泡室的设想;等等。这些事例说明,从其他领域借鉴或受启发是创新发明的一条捷径。

2. 侧向移出

这是指将现有的设想、已取得的发明、已有的感兴趣的技术和本厂产品，从现有的使用领域、使用对象中摆脱出来，将其外推到其他意想不到的领域或对象上。这也是一种立足于跳出本领域，克服线性思维的思考方式。

总之，关键的窍门是要善于观察，特别是留心那些表面上似乎与思考问题无关的事物和现象。这就需要在注意研究对象的同时，间接注意其他一些偶然看到的或事先预料不到的现象。

3. 人格特征

创造与个体的人格特征密切相关。任何创造行为都不是一帆风顺的，创造的过程往往是个体与苦难作斗争、与陈腐决裂、与权威抗衡以及战胜自我的过程。在过去的几十年中，心理学家对人格与人的创造力之间的关系做了大量的研究。研究表明，高创造性的人具有一些有利于进行创造的人格特征，从而构成创造者的创造性人格。

创造性人格的系统研究始于1950年吉尔福特在美国心理学年会上发表的题为"创造性"的著名演讲。他认为，创造性人才在人格上有八个方面的特点：(1) 有高度的自觉性和独立性，不愿与人雷同；(2) 有旺盛的求知欲；(3) 有强烈的好奇心，对事物的原理有深究的动机；(4) 知识面广，善于观察；(5) 工作中讲求理性、准确性与严格性；(6) 有丰富的想象力、敏锐的直觉，喜好抽象思维，对智力活动与游戏有广泛兴趣；(7) 富有幽默感，表现出卓越的文艺天赋；(8) 意志品质出众，能排除外界干扰，长时间地专注于某个感兴趣的问题之中。在这方面，斯腾伯格的观点也有较大影响，他认为高创造力个体具有七种人格特征：(1) 能容忍模棱两可状态；(2) 具有克服障碍的意志；(3) 具有自我超越的愿望；(4) 受内在动机驱动；(5) 具有适度的冒险精神；(6) 希望得到认可；(7) 具有为获得认可而工作的愿望(邹枝玲，施建农，2003)。

国内学者对创造性人格也进行了有益探讨。有研究发现，人格特质中的开放性和外向性在创造性思维与创造性行为间具有中介作用(孙鹏，邹泓，杜瑶琳，2014)。

虽然心理学家们关于影响个体创造性人格特征的研究并不一致，但主要涉及创造者的动机、兴趣、情感和意志四个方面。因此，创造者的创造性高低主要受制于其人格的四个方面，即创造动机、创造兴趣、创造情感以及创造意志。创造动机是推动个体进行创造的内在原因，是发动和维持创造行为的心理倾向，强烈的创造动机和欲望可以激发个体的创造性思维和想象，开阔视野，打破砂锅问到底，达到另辟蹊径、自我发现的目的。创造兴趣是积极探究事物的认识倾向，是创造行为的催化剂，浓厚的创造兴趣和爱好是一种无形的力量，使人们集中注意于客观事物，去发现事物之间的本质联系和规律性的关系,从而产生新的设想和猜测,对创造行为起着催化剂的作用。创造情感是使创造者迷恋于创造的心理体验,创造意志是创造者自觉地确立目标,并按预定目标调节支配自己的创造行为,从而克服困难,实现创造目的的心理过程。良好的创造情感体验和坚强的创造意志品质可以使曲折艰巨的创造之路得以延伸,变得平坦。

4. 环境氛围

环境氛围是进行创造的一个外部支持性条件。虽然环境氛围本身不能产生创造,但会影响创造。良好的环境氛围有利于创造性萌芽的滋生和发展;不良的环境氛围则往往使创造性受到压抑、窒息而被扼杀于萌芽状态。创造活动的环境氛围包括社会氛围、家庭氛围、学校氛围。这三种环境如果是良好的,可以以三种方式支持创造:帮助创造者传播创造思想;支持创造者产生创造思想;通过基础服务评价和修正创造思想。

阿瑞提(1987)曾详尽地研究了九个有利于创造的社会文化方面的因素:① 文化手段的便利;② 对文化刺激的开放;③ 注重正在生成的而不是只注重已经存在的;④ 无差别地让所有的人自由使用文化手段;⑤ 在排除严重压迫或专制之后获得自由;⑥ 接受不同的甚至对立的文化刺激;⑦ 对不同观点的容纳;⑧ 重要人物的相互影响;⑨ 对鼓励和奖励的提倡。

更多的心理学家关注了家庭环境与创造的关系。大量研究表明,家庭作为直接影响个体发展的重要微系统,对个体创造力的发展有着深远影响。一项对杰出创造性人物的传记研究发现,除家庭社会经济地位、父母职业、受教育程度等硬环境之外,父母主动营造创造性的气氛、重视培养兴趣爱好并提供物质、言语和情感等支持,鼓励冒险和挑战,容忍错误和失败等软环境对创造力的培养也至关重要(谷传华,陈会昌,许晶晶,2003)。宽容、民主的父母会听取孩子的意见,尊重他们的选择并允许其自由探索和决策,因而对其创造力有积极作用,而专制或独裁的父母对孩子过度限制和控制,这与其创造力负相关(Fearon, Copeland, & Saxon, 2013)。国内以大学生及其家庭环境为对象的研究也发现,家庭环境的亲密度、情感表达、矛盾性、独立性、成功性、知识性和娱乐性与大学生创造性倾向总分或其冒险性、好奇性、想象力和挑战性得分相关显著,家庭环境可以显著预测大学生创造性倾向的得分(师保国,许晶晶,2009)。

良好的学校教育环境能促进创造力的有效发展,这已经是广为接受的事实。例如,我国学者研究表明,师生关系对小学生创造性思维和创新效能感均有显著的正向预测作用(师保国,等,2016)。因此,创设有利于创造的学校环境,提供高质量的学校教育是促进学生创造力发展的基础。

学术研究 6-1　　　　　　　　创造力的投资理论

美国心理学家斯腾伯格(Sternberg)致力于智力、人类创造性、思维方式、学习能力等领域的研究,提出了大量富有创造性的理论与概念,其中创造力的投资理论是他在人类创造力研究中的独特贡献。

斯腾伯格认为,具有创造性才智的人就像好的投资人,在思想领域中低价买进再高价售出。但他们创造性的想法总是标新立异、与众不同,往往会遭到人们的拒绝、轻视和嘲笑,就好比被低估价值的股票,大多数人都会拒绝,甚至视为异类。因此,要培养创造力,就要鼓励人们低吸高抛——去与公众和世俗相抗衡。"他们挑战公众,而后又彻底地领导潮流。"

斯腾伯格认为,除了世俗和偏见,人的创造性还受到来自自身和环境方面的其他限制,创造力的产生是以下六种因素相互作用的结果。

1. 智力。 它是创造力充分发挥的必要条件,将影响个体对问题情境的感知、表征、定义和再定义以及选择问题解决的策略等过程。

2. 知识。 即有关的经验体验、知识结构,它给创造性思维提供加工的信息,帮助创造者了解其在某个领域中所处的位置。但个体的知识背景可能会约束其创造力的发挥,使人循规蹈矩。

3. 认知风格。 即认知活动过程的风格或倾向性。认知风格有三种类型:立法式认知风格(即乐于建立自己的规则和善于解决非预制的问题)、执行式认知风格(偏向于用现成的规则解决具有现成结构的问题)和司法式认知风格(用判断、分析和批判倾向看待事物,他们乐于对规则和程序作出评价,对现有的结构作出判断,从而来检查自己和他人的行为)。创造型个体常常具有立法式认知风格。

4. 人格特征。 个体人格特征对创造力的发挥有着重要影响,其中对模糊的容忍力、冒险性、毅力和坚持性以及成长的愿望和自尊至关重要。

5. 动机。 这是驱使个体从事创造性活动的动力。在从事创造性的活动时,人们的动机是以任务为中心而不是以目标为中心的,他们最关心的是他们正在做什么而不是他们将从中得到什么。

6. 环境。 环境可以激发一个人的创造力,也可以抑制创造力的发挥。如果个人关于创造力的标准与环境标准相吻合将促进个人的创造力的形成。

创造力充分发挥的关键是创造力六种因素的投入和它们之间的凝聚方式。在一定程度上,低创造力的原因在于人们没有投入足够并且合适的成分,这六种因素须经有效聚合后才能产生出高创造力来。

三、创造的过程

创造的过程,实质上就是一种特殊的解决问题的过程,主要包括准备——创新——验证三个阶段。在此基础上,由于认识角度的不同,学者们也提出过四阶段说和五阶段说,这对于我们更好地理解创造过程是有启发的。

1. 创造过程的四阶段说

英国心理学家华莱士(Wallas,1926)在其著作《思维的艺术》一书中提出了创造过程四阶段说。这四个阶段具体如下。

① 准备阶段。创造者在实践中发现疑难,确定所要解决的问题目标,并收集与之相关的材料,学习已有的知识、经验,展开丰富而自由的联想,搜集解决问题的可行方案。一项发明、一种思想,不可能突发而至,都有相当的准备,这是研究进展的先决条件。

② 酝酿阶段。创造者针对所要解决的问题进行思索,可以在一点上进行深入,也可以由此及彼的扩散,通过相关或非相关的思考,如十月怀胎般孕育着新思路、新概念的萌芽。在酝酿中排除无效设想、习惯性定势,可能在无意识中发现解决的线索或更改假设、调整方向。

③ 顿悟阶段。指突然出现灵感或产生顿悟的时期。只有这个阶段才摆脱了旧经验、旧观念的束缚,产生超常的新观念、新思想。在酝酿的基础上,创造者头脑中原本并不清晰、明确的新思路、新概念如旭日破晓般呈现出来,豁然开朗。这个阶段通常会伴随着灵感的出现,纷乱复杂的思维一下子变得清晰明了,有如一朝分娩,给人柳暗花明的感觉。当然,创造者在此时获得的新知,经过实践检验证明可能是错误的,如果是这样,就需要再回到酝酿阶段或准备阶段,寻求新的途径。

④ 验证阶段。指对灵感突发时得到的初具轮廓的新思路、新概念进行论证、验证的时期。这也就是利用逻辑的力量,来检验其理论上的合理性与严密性;利用观察、实验等方式,证明其事实的真实性等。不完备处则可在验证阶段予以修正,使之更趋完善,以一定的形式把创造成果表现出来,传播开去。

2. 创造过程的五阶段说

美国实用主义哲学家杜威(Dewey,1910)在其名著《我们是怎样思维的》一书中提出了创造性思维的五阶段说,即:① 感到某种困难的存在;② 认清是什么问题;③ 搜集资料,进行分类,并提出假说;④ 接受或抛弃试验性的假说;⑤ 得出结论并加以评论。

我国学者胡伦贵等人(1992)则在《人的终极能量开发——创造性思维训练》一书中将创造性思维全过程划分为五个既相互联系又相互区别的阶段。① 启动定向阶段。启动是指对问题情境的认识和创造需要的产生,创造动机的激发;定向则是指在发现问题的基础上提出问题,进而通过深入分析更加明确问题。② 潜伏酝酿阶段。当问题明确后,便进入以收集整理有关知识信息、弥补知识缺陷、消化原始材料、构思假设和解决方案为主导活动的潜伏酝酿阶段。在这个阶段,创造性思维者已大量提供原储存在头脑信息库中的有关知识信息,运用各种类型的思维,大胆尝试,小心求证,使问题在头脑中不断回旋,处于一种神情专注的状态。③ 游离逼近阶段。在该阶段,经过深思熟虑,反复尝试后,思路逐渐清晰,方法途径趋于明朗,问题接近于最后解决。④ 触发灵机阶段。在该阶段,创造性思维者由于受到某种事物的启发,突然灵机一动,游离中的思维神经突然接通,顿时大彻大悟,一通百通,线索猛然清晰。⑤ 引申成型阶段。创造性思维是否能正确反映客观存在的情况,是否揭示了客观事物的本质及其规律,还有待实践检验。在该阶段,若发现不足之处,还必须予以弥补、深化,使其更加系统和成熟,最后将其以适当的形式表达出来。

第二节 创造的学习

在理解了创造这一概念的基础之后,人们会问:什么样的人具有创造力? 创造是可以习得的吗? 创造力的培养有什么有效的途径?

一、学习与创造

从创造性的角度看,人类学习主要有两种形式,一种是**继承学习**(successive-learning),另外一种就是**创造学习**(creative-learning)。继承学习是通过所获得的固定的见解、方法、规则以处理已知的和再发生的情形,强调的是对现实社会的适应能力。继承学习是人类的一种重要的学习行为,对于封闭的、固定不变的情形是必不可少的。创造学习是指学习者具有探究未知世界的天然动力,学习是一个通过不断的自我唤醒,来感知、诠释和改造周围世界的过程。学习行为从本质上来说其实就是创造行为。

首先,每个儿童走进学校之前就已经有了丰富的储备,这种学习的源泉不是来自教师而是来自儿童自身的。这些早期资源准备为他们创造性的学习提供前提和基础。研究发现,幼儿已经有了一定的工具创新的能力,能创造性地解决工具有关的简单问题,且这种能力随着年龄增长而提高(彭杜宏,等,2016)。而当儿童进入学校后,教育的责任就是要发现儿童身上具有的资源和微妙特征,留给儿童一个空间,激发和指导他们创造学习潜力的发展。

其次,儿童天生具备一种探索未知世界的动力。这也决定了他们的学习是创造性的。我们可以强制儿童入学,但我们无法强制他们学习,因为学习的动力来自学习者本人。儿童这种天生的动力使得他们能够不带任何偏见和顾虑,大胆地去探索周围的一切未知事物。当儿童面对着世界时,他们永远是积极的、好奇的,想去探索和体验,他们会从感知领域的一个地方跑到另一个地方,全然不理睬成人在他们周围设置的藩篱。

最后,儿童之间是存在差异的。霍尼和芒福德(Honey & Mumford,1986)曾把学习者分为四类:反映家——善于反映具体经验并得出结论;理论家——善于获取数据和信息并发展思想;现实主义者——善于思考问题并寻求解决的可能性;激进分子——通过挑战和冒险获取思想。正是这样的差异使得儿童在面临学习这种复杂性的挑战时,必须寻找适合自己的学习方式,单一的学习方式不适合所有的儿童,而这种寻求适合自己独特的学习方式本身就是一个创造的过程。传统的学校教育总是试图寻找一种简单的、适合所有儿童的学习方式,这种做法显然是不当的。

无论是儿童自身的资源准备、天生的学习动力还是儿童在选择学习方式上的独特性方面,都证实学习行为从本质上来说是创造行为。

二、创造学习的途径

对学生来说,进行创造学习、学会创造的关键是要掌握创造学习的策略,消除负面心理效应的影响。

1. 掌握创造性学习策略

关于**学习策略**(包括一般学习策略、认知策略和元认知策略),我们在前面的章节中已讨论过,现在要讨论的是进行创造学习需要的策略,即**创造性学习策略**(creative learning strategies),它指的是创造学习行为中学生采用的学习策略的总称,应当是在低层次的常规学习策略基础上更高层次的学习策略,是在一般学习策略基础上多层次、多维度的学习策略系统。创造性学习策略系统可以从不同的角度加以划分。从学习的主体来看,有学生(小学生、中学生、大学生)和成年人的创造性学习策略;从学习的途径来看,有课堂、课外、家庭与社会的创造性学习策略;从学习的内容来看,有知识、动作技能和社会规范的创造性学习策略;从使用的范围来看,有基本和个性化的创造性学习策略。这里指的是学生进行创造学习必需的学习策略。创造性思维是创造的核心要素,学习创造的关键就在于学会创造性思维。

创造性思维是以新颖、独特的方式解决问题的思维。个体通过创造性思维不仅能揭示客观事物的本质及内在联系,而且能突破固定的逻辑推理,不断以新颖方式多维度多角度地寻求以前未曾发现的问题及其新的解释,从而产生前所未有的思维成果,或形成具有社会价值的新产品。创造性思维是智慧水平高度发展的表现。创造性思维是多种思维方式的有机结合,主要表现为发散思维与聚合思维的统一,形象思维与抽象思维的统一,以及直觉思维、灵感与逻辑思维的统一。

(1) 发散思维与聚合思维

在创造活动中,发散思维与聚合思维密切结合,互为条件、互为基础,成为创造性思维的重要成分。吉尔福特(Guilford)认为,创造性思维以发散思维的认知方式为核心,以聚合思维的认知方式为辅助,两者缺一不可。

发散思维(divergent thinking),又称扩散思维或求异思维。它是针对某个目标,从多方面进行思考,寻求解决问题的多种途径或多个答案的思维,是一种打破常规、寻求变异、探索多种选择的思维形式,很富有创造性。因此,心理学家也多以发散思维作为创造性思维乃至创造潜力的标志。发散思维具有流畅性、变通性、独创性三个基本特性。流畅性反映单位时间内个体思维发散的数量;变通性反映思维在发展方向上表现出的变化和灵活的水平;独创性反映思维发散的新颖、独特的程度。例如,让学生在限定的5分钟内写出"布所有可能的用途",结果有的学生一口气写出30多种用途,有的则只写出10多种用途,前者发散思维的流畅性显然优于后者。有的学生能写出布的各方面的用途,如用布做服装(各种衣服)、做容器(各种布袋)、做居家材料(帐篷)、当文具(画布、墨布)、当卫生工具(抹布、拖把)、当交通工具(帆、气球、汽艇)、当燃料、当灭火工具、当塞子(堵漏)、当武器(勒人、对付砍刀)等,而有的则大多囿于服装、鞋帽、装饰几类,前者发散思维的变通性又明显优于后者。而其中,一般人所不易想到的用途,如当武器、灭火工具等则反映了独创性的程度。

发散思维的三个特性也代表了从低到高的三个层次,其在创造性思维中的作用也不同。较低层次的流畅性,能在短时间内想出很多设想,但类别少;较高层次的变通性,则扩大了思维类别的跨度;最高层次的独创性,则以前所未有的新角度认识事物,提出超乎寻常的新颖、奇特、独创的设想。

聚合思维(convergent thinking),又称辐合思维或求同思维。这是人们平时习惯于使用的思维,它是把问题提供的各种信息聚合起来,寻求一个正确的或最好的答案的思维。

发散思维和聚合思维虽然考虑问题的角度不同,但都是为了发现问题、解决问题,两种思维方式交互运用,可逐步接近解决问题的最佳方案或最正确结论。因此,创造性思维的操作过程不是发散——聚合——再发散——再聚合,就是聚合——发散——再聚合——再发散。发散的目的是打开思路、多向探索,旨在产生众多新观念、新设想,而聚合思维的目的是集中思维,从众多新观念、新思想中作出评价和选择,得出一个最佳结果。发散性越大,聚合性越好,创造性思维水平才会越高,创造成果才会越丰硕。

(2) 形象思维与抽象思维

形象思维(imagery thinking)是运用已有表象进行的思维。**抽象思维**(abstract

thinking)是运用概念进行的思维。创造性思维也是形象思维和抽象思维的统一。人们也许会认为,创造性思维既然是人类高级的思维活动,那么一定是依靠抽象思维进行的。其实不然,它既需要抽象思维,又需要形象思维,而且后者在创造性思维中占据更为独特的地位。这是因为创造性思维的加工对象往往不是现成的东西,它需要通过头脑中的想象使之具体化,这种想象便是形象思维。物理学家爱因斯坦(Einstein)承认,他在高度抽象的理论物理领域中的许多创造性成果,大多是运用形象思维研究的结果。他的思维活动的一个重要特点也正在于常用图形来思维(thinking in pictures),而不是用词语来思维。物理学家通过形象思维来解决电磁场中本不存在的电力线和磁力线的问题,化学家通过形象思维来解决苯的分子结构问题,数学家更是通过形象思维建立数形关系,甚至创建解析几何。这一切都表明形象思维在创造性科学研究中的作用。当然这种形象思维最终也得经过抽象思维的逻辑推断来加以验证,因而也离不开抽象思维的支撑。同时,抽象思维的对象不限于当时当地的事物或现象,可以超越时空范围,以概括、推理、验证、评定等方式来反映现实,而形象思维则可以通过想象弥补事实链条中断缺的部分。

(3) 直觉思维、灵感与逻辑思维

直觉(intuition),也称**直觉思维**(intuitive-thinking),是一种没有经过严密推理与论证而径直地猜想问题关键的思维。它是个体基于有限的信息,调动一切已有的经验,对客观事物间的关系作出迅速辨别、敏锐洞察和整体判断的思维过程,常表现为一种大胆的猜想、预测。由于直觉思维没有经过明显的中间推理过程而直接提出结论,其思维的过程是跳跃式的,个体不能用言语将该过程和结论的道理表达清楚,大有"知其然,不知其所以然"之状,但它在创造性活动中,在确定研究方向、识别有价值的线索、预见事物发展结果、提出科学假设、寻找解决问题的有效途径等方面都起着独到的重要作用。例如,原子物理学家卢瑟福(Rutherford)很早就凭借直觉思维断定原子核存在,嗣后通过 α 粒子散射实验证实了当初的猜测。电磁学家法拉第(Faraday)从电流周围产生磁场这一现象中直觉地预见到在磁场周围也必然会产生电流,这个预见多年后被实验证实,只是有一个限定条件,那就是变化的磁场才会产生感应电流。直觉思维既然是一种猜测,何以有这样的有效性呢?原来直觉思维并非毫无根据的臆断、妄猜,而是个体在掌握牢固的科学知识,具备丰富的生活经验,并积极从事实践活动的基础上产生的一种领悟。

灵感(inspiration),也称**灵感思维**(inspirative-thinking),是一种顿悟性的思维。它是人们在思维活动中,综合运用多种思维方式和精神因素(包括理性因素和非理性因素)并在某种诱发因素的激活下而进行的一种特殊的、创造性的思维方式(冯国瑞,2015)。它的出现往往给人以一种豁然开朗、妙思骤现的体验。它具有突发性、闪时性的特点,不期而至,一闪而过,使人有一种欲盼而不可求、可望而不可即的神秘感。它是以个体对解决问题的方法的不断寻求、探索为前提的,又是在个体良好、轻松的心境下发生的。这时思维活动极为敏锐,工作效率极高,易解决难题,给人以无法形容的体验和喜悦。许多创造性活动都得益于灵感。例如,阿基米德(Archimedes)在对金皇冠纯度的测量问题进行反复研究而无果的情况下,沐浴时的一度放松导致灵感的出现;费密(Fermi)与朋友躺在草地上遐想时,灵感帮助他解决冥思苦想的热力学问题。日内瓦大学做过一次调查,在69名数学家中,有83%的人表示他们的创造性活动从灵感中获得过帮助。

直觉和灵感都是非分析性、非规则性、非程式化的。它们虽然在创造性活动中具有十分重要的作用,但都离不开逻辑思维。逻辑思维是遵循严密的逻辑规则,通过逐步推理得到符合逻辑的正确答案或结论的思维。直觉和灵感都是在以往通过逻辑思维活动而获得的知识经验的基础上发生的。同时,直觉和灵感中表现出的思维的跳跃性、简约性并不是非理性的,它实际上是逻辑思维高度压缩、简化、自动化和内化的结果。从本质上说,它们仍与逻辑思维紧密相关。更不用说,直觉和灵感产生的思维上的闪念、火花,最终仍需要通过逻辑思维来加以论证。

学术研究 6-2　　　　　右 脑 与 创 造

人的创造与大脑之间到底有什么样的关系?这一直是心理学家和其他科学家感兴趣的问题。20世纪60年代,诺贝尔医学奖获得者斯佩里(Sperry)和他的学生们进行历史性的裂脑实验,使得人们对大脑与创造性才能的关系有了一个突破性的认识。斯佩里教授归纳总结出左、右脑的功能差异:左脑具有理性认识,长于言语能力、运算能力,主要是用语言来处理信息,把我们通过五种感官(视觉、听觉、触觉、味觉和嗅觉)感受到的信息传入大脑中,再转换成语言表达出来;右脑具有感性认识,长于空间思维、立体认知和艺术形象的认知,主要用来处理节奏、旋律、音乐、图像和幻想。它能将接收到的信息以图像方式进行处理,并且在瞬间即可处理完毕。一般大量的信息处理工作(例如心算、速读等),是由右脑完成的。右脑具有创造性活动的本领。右半球的想象力、直觉思维、发散思维等对创造性具有重要意义。例如,我们仅凭熟悉的声音或脚步声,即可判断来人是谁,甚至眼前还能浮现出他的形象来。

英国研究员罗斯在《快速学习》(*Accelerated Learning*)一书中,形象地区分了左、右脑的分工:"如果你听一首歌,左脑会处理歌词,右脑会处理旋律。因此,我们能轻而易举学会流行歌曲,这并不是偶然的。你没有必要花很大力气去做。你之所以能很快地学会,是因为你的左、右脑都动员起来,就连处于大脑边缘的情感中心也加入其中了。"从图6-1也很容易看出左、右脑的分工。

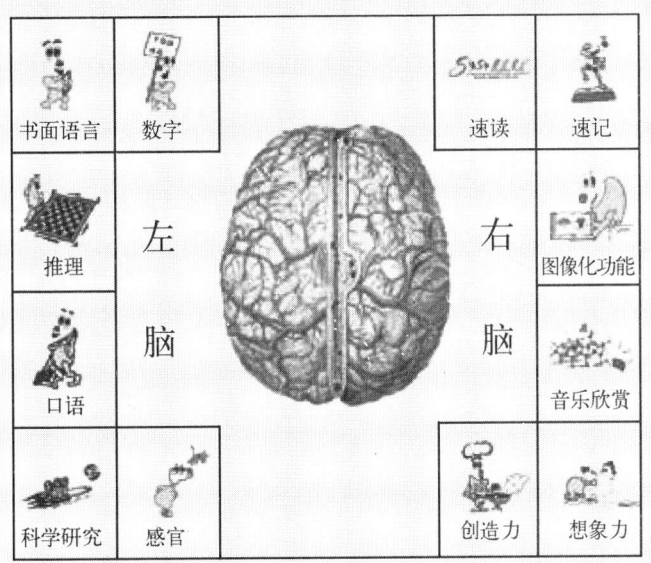

图 6-1 左右脑的不同分工

后来布莱克斯利(Blakslee)根据斯佩里的研究成果,在《右脑与创造》这本著作里,从人类认识的发展历程入手,根据当前的时代特征和教育状况,深刻剖析了右脑与创造的关系,阐述了人类进行右脑革命的必要性。因此,要重视右半球的开发,同时谋求两个半球功能的综合,将形象思维与语言思维、直觉思维与分析思维、想象与思考、发散思维与聚合思维,以及并行性信息处理与继时性信息处理统一起来。

2. 消除负面心理效应的影响

创造学习从本质上说是一种创造行为,它需要各种各样的条件,不仅需要学生具备一定的知识、良好的智力水平、进行创造的人格品质,也需要能够进行创造学习的各种环境。除了上述这些因素以外,还存在着一些不利于学生进行创造学习的心理因素。创造学习往往会被这些传统的、陈旧和保守的观念扼杀。阻碍学生创造学习的心理因素主要有以下一些。

(1) 从众效应

法国科学家法伯(Fabre,1912)曾做过著名的"毛毛虫实验",证明了从众心理的危害性。他把若干毛毛虫摆放在一个花盆边缘上,使它们首尾相连,围成一个正圈,然后在花盆周围不到六英寸的地方撒一些它们最爱吃的松针。由于它们有"相互跟随"的习性,致使它们在花盆上一个接一个地蠕动,谁也不离开"轨道"。七天七夜后,这些毛毛虫全部饿死在花盆沿上。其实,只要有一只毛毛虫敢于打破这种思维定势或者从众心理,它们就会改变自己的命运,告别死亡。创造学习也是一样,如果学生仅仅满足于教师的讲授,而对学习内容不敢越雷池半步,紧跟老师亦步亦趋,那么学生的创造学习只能是一句空话。创造就是要打破常规、与众不同。要打破从众心理对创造的禁锢,要进行创造学习的学生就要处处想到标新立异,坚持自己的主张与意见。

(2) 自我限制效应

普通跳蚤一般可以跳 30 厘米高。生理学家做过这样一个实验,把跳蚤分别罩在高度为 10 厘米、15 厘米、20 厘米、25 厘米、40 厘米的透明玻璃罩下。经过几天的喂养后,拿去玻璃罩。结果发现,只有在 40 厘米玻璃罩下的跳蚤才保持了 30 厘米的正常水平,其他高度玻璃罩下的跳蚤都已跳不过所在玻璃罩的高度了。这个实验说明,具有同样跳跃能力的跳蚤,在受到外界环境条件的限制时,为了适应环境,自动对自己的生理机制进行了限制。正是这种心理上的限制效应,使它们的能力在外界环境的限制条件消失时,仍然不能够恢复。

这一现象可以与学生的创造性类比。儿童年幼的时候,有着丰富的想象力、强烈的好奇心和浓厚的兴趣。正如杨福家教授在对比中外教育观时所指出的,创造性是建立在一种好奇心、一种兴趣之上的。但是在考试压力和评价标准唯一化的"玻璃罩"下,在家长、教师和社会的束缚下,儿童身上出现了这种自我限制效应。他们的想象力逐渐僵化,好奇心逐渐淡漠,兴趣也逐渐索然无味了。这使得他们的创造学习无从谈起。

实际上,苏联心理学家维果茨基提出的最近发展区理论,除了具有激发学生学习动机的目的外,还具有开发儿童创造性的功能。最近发展区理论就是要学生充分挖掘自己的创造潜能,在学习目标的制定上根据自己的实际情况,适当向上,达到"跳一跳就可以摘到桃子"的目标。向上迈个台阶,这是突破自我限制效应束缚的最直接、有效的活动方式,也是完全有利于学生创造性发展的。

(3) 失败归因效应

心理学家塞利格曼(Seligman,1975)曾以狗作为实验对象证实了"失败归因效应"的存在。他把狗关在一个木笼子里,施加电击。当狗遭受电击时,便四下冲撞,拼命地想逃出木笼。但经过数次挣扎后,终以失败告终。持续进行关进去、电击、冲撞、无效、放出。当狗经过努力仍然无法避开有害的或不愉快的情境时,便获得了"失败的经验"。这种失败的经验迫使它消极地对待后遇到的有害的或不愉快的情境,不再作出任何尝试或努力。于是,当教授把木笼的门打开,只要它冲撞木笼就能够逃出去时,这只狗仍然不做任何冲撞,而是忍受着电击。

其实,这种现象也出现在人身上。如果一个人觉察自己的努力没有成功的可能,就会产生一种无能为力或自暴自弃的心理状态,出现认知障碍、动机水平下降、情绪不适应等现象。这就是所谓的"失败归因效应"。当一个人将不可控制的消极事件或失败结果归因于他自身内部的、稳定的因素如自己的智力时,就会出现一种弥散的无助和抑郁状态,自我评价就会降低,动机水平也会减弱到最低水平。这种状态还会"扩散"到任何事情上。由于受到升学率的影响,教师和学生看重的是考试分数,并且以考试成绩的高低作为评价学生的唯一标准。当前的教育无时无刻不在制造失败者,而失败的心理感受对学生的影响是深刻的,它会导致学生对自己的能力产生怀疑,对自己失去信心。这种"失败归因效应"是不可能促使学生进行创造学习的。

(4) 拒绝尝试效应

土鲮鱼有个习性,就喜欢吃鲦鱼。有研究者在一个大鱼缸中放入几条土鲮鱼和几条鲦鱼,并用无色透明的玻璃板将两种鱼隔开。当土鲮鱼突袭鲦鱼时,便会重重地撞在玻璃板上。几次实验之后,即使抽去玻璃板,土鲮鱼也不会再突袭鲦鱼,哪怕鲦鱼近在嘴边。

其实,可怕的不是失败,而是失败后心态的麻木与拒绝尝试。由于拒绝尝试,就不可能发现新情况、新问题。不能发现新情况、新问题,如何谈得上进行创造学习呢?由于我们无时无刻不在制造失败者,由于我们过于强调"标准答案",久而久之,学生就再也不敢尝试创造了。

除此之外,还有几种常见的负性心理也会阻碍学生的创造学习。它们是:① 胆怯。胆怯会熄灭学生的创造动机,使学生丧失创造的热情,妨碍学生创造性思维和创造性想象的发挥。胆怯往往导致学生害怕困难、害怕失败、放弃努力,使学生失去许多创造的机会,并在许多有可能成功的创造学习中失败。② 倦怠。倦怠使学生意志消沉,不思进取,妨碍学生智力因素的发挥。倦怠能降低学生观察的敏感性,降低记忆的速度,使思维狭隘而肤浅,想象力贫乏。有些人小时候很聪明,才华横溢,被称为"神童",如王安石笔下的仲永,长大后却平庸无奇。造成这种后果的一个很重要的原因就是倦怠心理。③ 创造意识弱。创造意识弱会妨碍学生求知欲、好奇心的发展,使学生思维僵化,思路不活,也影响学生独立思考。创造意识弱还难以激发学生的创造性思维和创造性想象。对创造学习无任何裨益。④ 习惯性思维。习惯性思维容易使学生目光短浅、思路闭塞和思维僵化,往往不易接受新事物和新观点。学生在学习过程中总是采用同样的思路,往往思考次数越多,重新采用新的思路的可能性越小。⑤ 性格狭隘。性格狭隘的学生心胸狭隘,常为一些小事和得失而烦恼,耿耿于怀,不能自拔,心理上常有消极的情绪色彩。这种性格使学生缺乏上进心,阻碍创造学习。

实践探索 6-1　　　　　　创造学习六法

创造的学习方法有很多,有学者总结了如下一些具体方法。

1. **探源索隐**。学习时从事物的联系中思考。追索偶然发现的起因,在掌握知识的同时,探源索隐,追寻导致前人发现和发明定律、定理与公式的思路;从寻找事物的各种原因中,探索创新的思维方式,激发自己提出解决问题的办法。智商高的同学,对探源索隐的方法是有浓厚兴趣的。

2. **辨异求同**。要善于比较,从比较中打开思路。不谋求唯一正确的答案,要"逼迫"自己通过不同的思路达到同一目标。从比较中,发现新问题、新情况,发现老问题的不同解决办法,发现已知情况的新变化,使自己的创造欲在执着的追求中受到激发,培养自己创造性解题的习惯。创造性发挥自己的思路是创造中的精华,从小培养非常重要。

3. **立体思考**。要研究认识对象的一切方向、一切联系和"中介"。纵串横联,立体思考,从事物方方面面的联系上,去发现问题以及与问题相关的各种关系,从而获得解决问题的办法。对不同的学习内容,从不同角度进行分析判断,找出纵、横系列和它们相交叉而形成的立体系列,使学习既有深度又有广度,展示创造的前景。有些学科相互渗透、衔接,寻找所有的联系是需要创造力和才能的。

4. **纲要浓缩**。努力编制学习提纲,浓缩学习内容,使"点的记忆"变成"线的记忆",构成网络。学习提纲要突出自己的见解,跳出书本和老师的讲授,延伸发展,要把所发现的问题与创造联系在一起。纲要浓缩,博约相宜,形象直观,重点突出,拟制简便,应用广泛,便于复习,有利创造。浓缩学科中的精华是一种事半功倍的好方法。

5. **趋势外推**。事物发展的过去、现在和未来有着内在联系,因此可以根据过去和现在的信息,在学习中研究影响事物发展的基本因素、限制条件,推测未来发展的趋势,从而制定适当的对策。该学习方法要与科研、学术研讨结合起来进行,其学习效果会更为明显,有利于推动学生参加科学研究活动和创造实践。

6. **类比模拟**。学习要善于从自然界或者已有成果中,寻找与创造对象相类似的东西,加以模拟,创造出新的东西来。要培养自己动脑动手的能力,从类比模拟中求创造。类比的方法很多,常用的有拟人类比法、直接类比法、象征类比法、因果类比法、对称类比法、综合类比法等。任何发明创造都是动脑动手的结果,因此要培养动脑动手这两种能力。

第三节　创造的有效教学

在教学活动中如何培养学生的创造性?教师起着不可或缺的作用。这就关系到教师自身的素质,教师采用怎样的教学策略,在教学实践中进行有效的创造性教学。

一、创造型教师

要培养富有创造力的学生,就必须有富有创造性的教师。美国学者史密斯(Smith,2000)认为,所谓**创造型教师**(creative-teacher),就是那些善于吸收最新教育科学成果,将其积极运用于教学中,并且有独特见解,能够发现行之有效的新教学方法的教师。有研究发现,教师的创造性教学行为与学生创造性解决问题的能力有显著的正相关(吴洁清,等,2015)。这表明教师的创造性对学生创造力的培养是至关重要的。教师正确的创造教学观念、创造性的人格特征、丰富合理的知识结构以及创造性的教学艺术,是发挥教师的创造性,促进学生学会创造,培养学生创造性的重要保证,具有现实的指导意义。

1. 正确的创造教学观念

教师要通过教学来促进学生学会创造,首先必须在头脑中树立相应的创造教学观。它包括:① 要克服创造的神秘感,认识到学生都有创造的潜力。正如我国教育家陶行知在《创造宣言》(1943)中所宣称的那样:"处处是创造之地,天天是创造之时,人人是创造之人。"② 要转变传统教育观念中阻碍学生创造性发展的观点。譬如,变以教师为中心为以学生为中心;把以传授知识为主要目标变为以增长经验、发展能力为主要教学目标;变严守纪律、遵守常规的课堂气氛为生动活泼、主动探索的课堂气氛。③ 要把握创造发展的规律,认识到青少年是发掘创造潜力的最佳时机。日本教育家、心理学家乾侑根据大脑生长发育的特点,把创造性培养分成三个时期:3~9岁的儿童处于启蒙时期,是培养创造力的基础阶段;9~22岁的儿童青少年处于培养期,是培养创造力的关键时期;22~28岁的硕士生和博士生处于结果期,是培养创造力的黄金时期。④ 要摆正创造的层次定位,认识到青少年学生创造力的培养重点在于促进创造精神和能力,即初级创造的发展。这虽不是真创造,而是类创造,但符合青少年的学习实际,既为真创造打下基础,也为学习过程中学会创造提供条件。⑤ 要看到创造的复杂性,认识到帮助青少年学会创造是一个综合的培养过程。在这里,既要强化创造意识、发展创造性思维,又要塑造创造人格,授予创造技法等,而这一切又都应结合学科教学进行,以充分体现教学促进学生创造的价值。

2. 创造性的人格特征

大凡创造型人才,都有独特的人格特征,这在前面已广泛阐述。教师中的创造型人才也不例外。他们的人格特征是学生创造性发展的一个重要的外因。归纳起来,创造型教师大多有如下的人格特征:自信心强,热爱创造型学生,好奇心强,具有幽默感,智力水平较高,兴趣广泛,言谈自由、开放,等等。要培养富有创造性的学生,必须有创造型的教师。教师的创造性人格在这方面对学生的影响可归结为三个方面:首先,教师作为教学活动的主导者,其人格感召力、榜样示范性产生的效能是潜移默化、影响巨大的;其次,作为创造型的教师,应善于吸收最新教育科学成果,并积极运用于自己的教学之中,乐于推进富有成效的创造性教学,这将直接有助于学生创造性的发展;最后,创造型的教师,最能从情感上与富有创造性倾向的学生沟通,支持任何学生的创造性表现,也最能从认识上发现学生学习中富有创造性的成分及其价值,予以及时的肯定与鼓励,这又对学生的创造性发展起到了更为积极的促进作用。因此,教师要转变思想,树立以自己的创造型形象来促进学生创造性发展的观念,从具体的一言一行中做起,强化自己的创造意识,努力加强自身的创造性人格素养。

3. 丰富合理的知识结构

教师要能胜任对学生创造学习的引导和启发,帮助学生学会创造,必须具备多元、合理的知识结构:① 掌握现代教育理论,特别是有关教育新观念和学生身心发展规律的理论。② 学习和掌握培养创造力的原理和方法,并有意识地将其引进移植到教学活动中。这种知识储备与应用能力是创造型教师与一般教师的区别之一。③ 随着教育的现代化,计算机等现代化设备必将成为主要教学工具,这就要求教师掌握相应的现代教学技术和手段。④ 创造型教师应具备博与专相统一的合理的知识结构,在学科教学中进行创造性思维训练。⑤ 创造型教师要具有科学方法论的素养,这是开展独创性的教育科研活动所必需的。⑥ 学生第二课堂的开辟要求教师有广泛的科技知识、文学知识和文体活动知识。

4. 创造性的教学艺术

要培养学生的创造力,促进学生创造性地进行学习,教师就需要进行创造性的教学。创造性的教学是充满艺术性的教学,不同教学技巧的使用会使学生对相同教材的学习产生十分不同的教学效果。创造型教师能把教学安排得生动活泼、有声有色、趣味横生,不断赋予教材以新意和活力。霍尔曼(Hallman,1965)总结了创造型教师的教学艺术,列举了其中有利于学生创造力培养的几条方法:① 培养学生主动地学习。创造型教师十分注重启发学生的思维,鼓励他们自己发现问题,提出假设并亲自实践。② 放弃权威态度,在班上倡导学生相互合作、相互支持,使集体创造力得以发挥。③ 鼓励学生广泛涉猎,开阔视野,使学生对知识加深理解,灵活运用。④ 对学生进行专门的创造性思维训练。譬如,鼓励学生回忆和自由联想;区别不同问题并发现相关关系;鼓励学生提出自己的主张;鼓励学生编故事、玩智力游戏、讲笑话,等等。⑤ 延迟判断。创造型教师往往不立即对学生的创新成果予以评判,而是给他们足够的时间去创造。⑥ 发展学生思维的灵活性。帮助学生学会从不同角度看待、分析和理解问题,而不墨守成规。⑦ 鼓励学生独立评价。即用自己的标准评价别人的想法。⑧ 训练学生的感觉敏锐性。使学生对各种问题具有敏锐的洞察力。

⑨ 重视提问。创造型教师往往对学生的提问表现出浓厚的兴趣,并认真对待。同时,他们自己也提一些不拘泥于课本的问题,以刺激学生的思维。⑩ 尽可能创造多种条件,让学生接触各种不同的概念、观点以及材料、工具等。与不同事物的接触会促进学生的创造力。⑪ 注重对学生挫折忍受力的培养。⑫ 注重整体结构。创造型教师注重知识各组成部分的联系,不是机械地、零散地、无联系地将知识传授给学生,而是将其系统地教给学生。

热点聚焦 6-1　　教师的创造力内隐理论

创造力内隐理论(implicit theories of creativity)是指一般公众(专家和外行人)在日常生活和工作背景下形成的,且以某种形式存在于个体头脑中的关于创造力概念、结构及其发展的看法(也称为"内隐观"或"公众观")。内隐理论有助于验证和补充业已建立起来的各种创造力理论,重新框定创造力的研究范围,以及有效地了解创造力的培养和实践。现实生活中,内隐理论对创造力的非正式评价(如大学或者工作的面试)及培养(如父母与儿童、教师与学生的交互作用)都起着重要的潜在作用。

创造力内隐理论是依据教师的个人经验和知识而形成的,所以不同教师持有的观念也不尽相同。近来有研究者指出,教师的创造力内隐理论存在显著的性别差异和专业差异。女教师倾向于认为创造力涉及个人因素,而男教师倾向于强调客观的、非个人的因素。从总体上看,与一般学科、艺术和英语教师相比,数学、科学和技术学科的教师更倾向于使用非个人的或者客观的因素解释创造力。然而,这种差异对他们培养学生创造力的影响尚未确定。

教师对创造性行为的态度是偏爱还是抵制,直接影响到学生创造力的发展和表现。关于教师对创造性学生的态度也存在争议,有些研究发现教师能够正确认识创造力,偏爱创造性学生。然而,有些研究者指出教师不欢迎创造性学生,并且经常把他们与破坏校纪班规相联系。

造成上述矛盾的原因可能是,教师虽然能意识到创造力对个人和社会都具有重要意义和价值,但是具体到自己的学生,由于管理、教学任务和评价的多重限制,又对创造性学生表现出抵制的态度。这反映出教师对创造性学生本身具有矛盾心理。

教师的教育观念直接影响其判断和知觉,进而会影响其教学行为。创造力内隐理论是教师教育观念的一个组成部分。因此,对其创造力教学行为也有重要影响。当前我国正在大力推进中小学课程改革,以此为契机加强对教师创造观念的研究,对素质教育、学生创新能力培养和新课程的改革和实施都有重要的实践意义。

(黄四林,林崇德,王益文,2005)

二、创造性教学

创造性教学(creative teaching)是以创造学、创造心理学和创造教育学的基本原理为指导,运用科学的教学方法和教学途径,在传授知识、发展智能的同时培养创造性、开发创造力的教学。创造性教学是一种高度复杂、极具创造性的活动。作为一名教师,要进行有效的创造教学,必须对创造性教学过程的基本阶段有明确的认识。

1. 创造性教学过程的基本阶段

创造性教学本质上也是一种创造行为。创造性教学的过程也是一个特殊的解决问题的过程,遵循着创造的准备——创新——验证三个基本阶段。我们把创造性教学过程分为积极准备阶段、突破创新阶段和验证反馈阶段。

(1) 积极准备阶段

这个阶段教师的任务就是要创设问题情境,并提出具体的问题。教师有目的、有意识地创设问题情境,促使学生质疑问难,激发他们去进行创造性的探索。这是创造性教学取得成功的基本条件之一。波兰学者考解列茨基以问题性习题包含的起始情境与终结情境之间的相互关系作为分类的基础,提出四类问题情境:第一类是在起始情境中给出了全部条件,指出了目的,而且只能有一个答案;第二类是给出了全部根据,然而目的(答案)不限于一个;第三类是没有或几乎没有开始的根据,但有一个明确的目的;第四类是既没有开始的根据,也没有固定的答案。这四种呈现问题情境的方式对促进学生创造学习的作用是递增的,第一种效果最不明显,第四种效果最明显。

通过创设问题情境,学生可能会觉察到有问题存在。但是,面对令学生感到困惑的情境,对于导致矛盾或问题的关键是什么等,学生的认识还相当模糊。因此,教师要在全面分析问题情境的基础上确定需要解决的实质性问题。这是创造性教学很关键的一步。

(2) 突破创新阶段

这一阶段教师的任务是针对提出的实质性问题,引导学生提出创造性解答的方案或办法。学生在创造性地解决问题之前可能尝试各种办法都没有取得成功,但这是解决创造性问题必经的过程,可以使大脑处于一种激发势态,为下一阶段的创造性解答活动提供心理、知识和技术等方面的准备。这实际上是一个酝酿阶段。这时教师应及时地引导学生放弃习惯性循常思维方式,跳出已知材料的限制,积极主动地寻找与之不同的、有希望的中间转换信息,并利用一切非逻辑的方法推导出正确的答案。鼓励学生围绕整个问题或情境作深入而宽广的扫描,尽量扩大学生的感知范围,使学生不至于匆忙地沿着明显的、习惯性的思路去解决问题。

(3) 验证反馈阶段

这个阶段的主要任务是指导学生对突破创新阶段产生的新观点、新假说、新形象、新方法以及其他创造性成果的正确性进行检验。突破创新阶段有大量的非逻辑性因素的参与,在直觉判断、灵感、想象等非逻辑性因素基础上获得的突破性认识,既可能是科学的,又不可避免地存在着猜测性、偶然性。因此,验证反馈阶段是不可缺少的。如果实践证明了学生的认识是正确的,获得的反馈信息会激励学生在新的基础上突破创新;如果验证的结果表明学生的认识不正确或不完善,反馈信息将起到修正、补充认识成果或激发寻求新的途径与方法的作用。

2. 常用的几种创造性教学模式

(1) 泰勒的创造性教学模式

泰勒(I. A. Taylor)的教学模式以发展学生的多种才能为目标,其基本的理论依据是:几乎所有的学生都具有某种才能,这些才能都可以通过创造性教学获得很好的发挥与发展。我们在教学研究与实践中往往只重视学生的学业成绩的进步,忽视了这些才能。

该模式着力发挥和培养的才能包括创造才能、决策才能、计划才能、预测才能、沟通才能、思维才能等。该模式特别强调教师对学生的激励、启发以及学生之间的竞争与合作,注重学生学习的需要、兴趣、主动性等个性倾向因素。泰勒模式也是以问题解决为主要教学途径或策略的。对于该模式的具体使用,泰勒强调了五个要素:① 在教学前,让每一位学生经历每一种才能的训练,为学生提供机会、材料和时间。② 重视教学过程,强调知识获取的过程重于知识本身。③ 以开放的、发现的、灵活多样的及自由选择的方式进行教学。④ 辅导学生多思求异,学会优化选择。教师必须重视学生的观点、疑问及困难。⑤ 鼓励学生在课外根据志趣和特长独立进行学习。

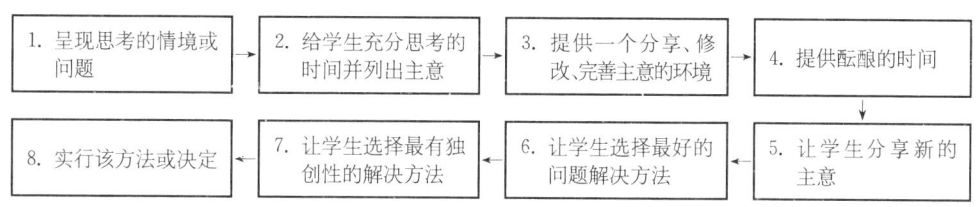

图 6-2 泰勒的创造性教学模式

(2) 吉尔福特的创造性思维教学模式

吉尔福特(Joy Paul Guilford, 1897—1987)

美国心理学家,主要从事心理测量方法、人格和智力等方面的研究。他应用心理测量方法和因素分析法进行人格特质的研究,并提出了智力三维结构理论。主要著作有《人类智力的性质》《统计学》《人格》《智力的分析》《超越智商》《认知心理学的参照框架》《创造性才能》等。

该模式以智力三维结构理论为依据,研究出以问题解决为主线、以发展学生的发散思维为目的的教学模式。其基本程序是:输入信息给学生——学生加工——产生问题——进行发散思维活动以获得多种解法——评价——选择——确定解法——输出信息。该模式主要体现在学生进行信息加工以发现问题和进行发散思维活动以求解法两个环节上。

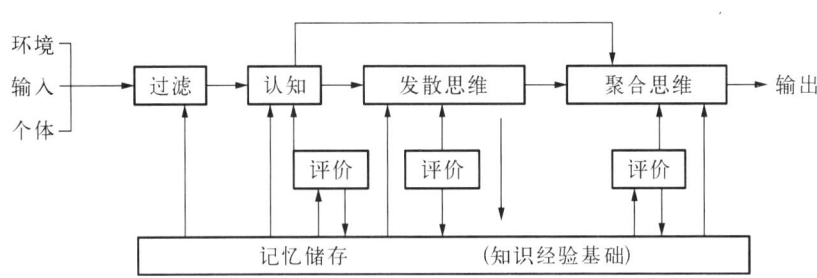

图 6-3 吉尔福特的创造性思维教学模式

其中吉尔福特研究和说明得最精致、系统的是发散思维这一步骤。他把发散思维教学分为 4 种,即图形、符号、语义和行为,并把每一种发散思维教学分为单位发散、种类发散、关系发散、系统发散、转换发散、应用发散 6 种。其中单位发散指使图形、符号等发散出更多的有意义的图形、符号;种类发散指将图形、符号等发散成各种不同的类别;关系发散指将各种不同的图形、符号等系统化为不同的结构体系;转换发散指将图形、符号等转变为另一种产品;应用发散指将图形、符号等发散为更多更独特的用途。

知识小窗 6-3　　　　创造力发展的年龄特征

研究者所持的创造力发展观主要有两种,即交替增长观和连续增长观。

交替增长观认为,个体创造力水平随着年龄的增长交替呈现高峰和低谷期,如托兰斯等人对 15 000 名学前儿童和小学儿童的创造力测验表明,3~5 岁是创造性倾向发展较高时期,5 岁以后呈下降趋势。小学一至三年级儿童发散思维随年龄增长而提高,四年级后开始下降,9 岁是创造力发展连续线上的一个下降点。在中学阶段,初一、初二年级处于下降期,此后一直稳步发展到高中毕业,高中结束时又有一个较小的低落期。也就是说,中学阶段创造力发展有 13 岁和 17 岁两个低落期。沃建中等人通过测验也发现,青少年的创造力整体呈阶段性发展,中学阶段的创造力水平明显高于小学阶段,但小学四年级和初三分别为发展的低谷期和高峰期,小学六年级到初一为发展的关键期。

连续增长观认为,创造力水平随着个体生理的成熟和社会经验的获得而呈连续增长趋势。如李金珍等人发现,实用创造力随年龄发展逐渐提高,但是创造力三个维度的发展并不均衡。

(李敏玉,等,2012)

(3) 威廉姆斯的创造与情致的教学模式

这是威廉姆斯(Williams)于 1970 年为培养小学生的创造性思维设计出的一个三维立体结构教学模式。该模式对教学的各个方面提出了比较全面的要求;教师根据学科特点和学生发展目标,选择适当的教学策略,以达到创造的目的;教师行为、学生行为和课程三个变量交互作用,经过优化组合与互动,产生最佳效果。

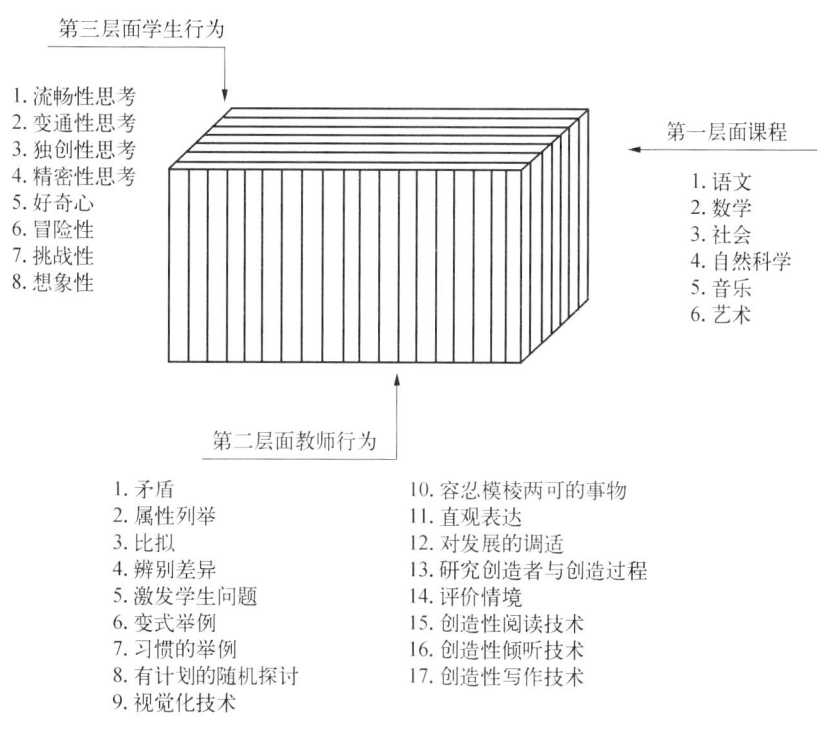

图 6-4　威廉姆斯的创造与情致的教学模式

该模式强调教师通过课程内容,运用启发创造性思维以增进学生创造行为的教学模式。第一维是课程,包括语文、数学、社会、自然科学、音乐和艺术;第二维是教师行为,包括矛盾、属性列举、比拟、辨别差异、激发学生问题、变式举例、有计划的随机探讨、直观表达等教学策略;第三维是学生行为,包括思维与个性两个方面。

(4) 帕尼斯的创造性问题解决的教学模式

该模式在两个基本假设的基础上构建而成:第一,假设每个学生都具有不同程度的创造力,这种创造力可通过联系和实际运用来加以发展。知识是创造的材料,没有知识,创造就成为无本之木。第二,假设教师能够而且应该把发展学生的创造力作为自己的首要任务;教师应该而且也必须为学生的发展创造自由的环境,鼓励幽默和自我表现,为学生创造力的发展提供尽可能好的条件。模式的基本程序：探索(受好奇心驱使)——发现事实——从中找出问题——提出假设——寻求解决办法——采取验证行动——获得解决。

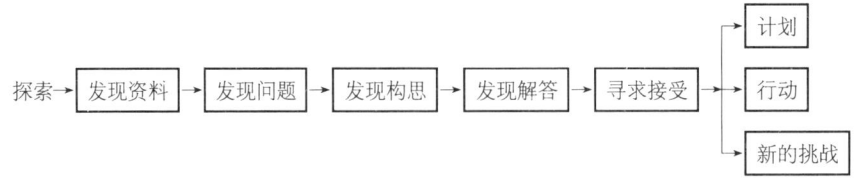

图 6-5　帕尼斯的创造性问题解决的教学模式

对于该模式的具体应用,帕尼斯(S. J. Parnes)进一步强调了七个要点：① 要消除创造性教学的内部障碍,例如自信心不足,缺乏冒险精神等。② 对任何想法或方法都不要求全责备,早下判词。③ 充分利用想象力建立各种联系或关系。④ 学生进行日常的发散思维与聚合思维练习。⑤ 鼓励学生有"打破砂锅问到底"的探究精神。⑥ 打好基础知识的基础。⑦ 鼓励学生形成强烈的成就动机和表现自己的个性。

三、创造性教学的实践途径

要进行有效的创造教学,教师不但要有创造性,善于把握和灵活运用恰当的创造性教学模式,还需要在具体的教学活动中,在学生创造意识的强化、创造性思维的训练、创造人格的培养、创造方法的传授以及创造环境的营造等方面多加努力。

1. 强化学生的创造意识

在足球比赛中,双方队员是否具有强烈的射门意识,往往是决定胜负的一个重要的心理因素。同样,有创造意识的青少年,会利用一切机会,充分调动自己的一切潜力,朝着创造的方向突进、冲刺,其成功的机会自然远远超出缺乏这种意识但又是偶然地、不自觉地进行创造活动的青少年。这里应主要克服两种心理误区：一是提到创造,就马上想到爱因斯坦、牛顿、爱迪生等一些科学家、发明家的创造事业,会顿时产生高不可攀、可敬而不可效的神秘感;二是进而想到学校里的创造活动也都是极少数学习尖子的事,与自己距离甚远,产生自卑感。这都是对创造的层次结构认识不清的缘故。因此,教师在教学中除了向学生阐明发掘创造潜力的意义之外,还要向学生讲清创造的层次,并强调青少年学生的初级创造,即创造的普及性、普遍性,以消除创造的心理障碍。正如刘佛年(1985)所说："创造可以从低级到高级。知识少、能力不强的幼儿、少年也可以创造,当然那是低级的。很多科学、技术、文化、艺术上的创造,需要很多的知识,很强的能力,那是高级的。没有低级的创造习惯,也就不能发展高级的创造。"

因此,教师在教学中,每当发现学生在理解内容、解答问题、完成作业等过程中有所创新,应即时予以鼓励、强化,以增强其创造的意识,从而将学习创造的过程融入并逐渐充盈创造性的学习过程中。这就像在游泳中学习游泳一样,让学生在创造性的学习中学会创造。

2. 训练学生的创造性思维

创造的核心成分是创造性思维,而创造性思维是发散思维与聚合思维、形象思维与抽象思维、直觉思维和灵感与逻辑思维的统一,其中发散思维、形象思维、直觉思维和灵感更是创造性思维中最富有创造性的成分。然而,传统教学长期以来注重的是聚合思维、抽象思维和逻辑思维,忽视的恰恰是发散思维、形象思维、直觉思维和灵感。因此,在现实的教学中要培养创造性思维,重点则在于培养创造性思维中最富有创造性的那些成分。

(1) 注重发散性提问

在教学中,教师的提问是促进学生进行思维最直接的手段,因为人们的思维往往是从问题开始的。教师的提问有不同的种类,其对学生思维的促进作用也各不相同。判别性提问,要求学生作出是非判断,其典型的形式是:"……,对不对?""……,是不是?"这类问题对学生的思维要求最低,对促进学生积极思维的作用也最小。叙述性提问,要求学生对有关内容作出相应叙述,其典型形式是:"……是什么?""……怎么样?"这类问题的重点是通过思维对有关内容进行回忆和组织,对思维的要求亦不很高,对促进学生积极思维的作用也不很大。说理性提问,要求学生对有关内容作出相应论述,其典型形式是:"……,为什么?""……,原因何在?""……,道理怎样?"这类问题的重点是要求学生进行分析、研究,对促进学生积极思维有很大作用,但更多的是激发学生的聚合思维,对发散思维的作用仍不很大。发散性提问,则要求学生尽可能产生多而新的想法,其典型形式是:"除此之外,还有哪些?""……还有什么新的见解?""如果……,那么会怎样?"这类问题的重点是启发学生多方面、多角度进行思维操作,引导思维的求异,有利于促进发散思维。

(2) 提倡一题多解

在让学生运用学过的知识解题时,提倡一题多解是培养发散思维的又一有效措施。在传统教学中,学生往往满足于把题解出,一旦答案正确,就懒得再从其他角度求解。这种教学不断强化的是聚合思维。教师要鼓励学生作多方向、多角度的探索,而不满足于一个正确的答案,从而培养学生的发散思维。在引导学生进行多方向、多角度的探索的思维活动过程中,还应注意横向思维与纵向思维的结合,逆向思维与正向思维的结合。所谓纵向思维,是指在已设定的范围内,按一定的顺序展开的思维。它依据由低到高、由浅到深、由始到终的线索进行思维,合乎逻辑,为我们常用的思维方式。而横向思维,则是指突破设定的范围,对问题本身提出问题,进而展开思索的思维。它常表现为对问题本身的合理性、完善性进行审视,易打开思维,凸显创造性。所谓正向思维,是指合乎常规、习惯的思维。而逆向思维,则是反常理、反习惯的思维。由于它不因循常规而是从相反的方向去思考、探索,往往会突破定势,另辟蹊径,凸显创造性。

(3) 鼓励质疑问难

在学习中鼓励学生质疑问难是培养学生思维的独立性、批判性的一种方法,同时也是培养发散思维的一条措施。在传统教学中,教材乃至教师授课的内容,都往往被学生认为是完全正确的,若自己的想法与之不符,习惯的做法就是修正自己,以求一致。这事实上是被教材或教师授课的教学内容禁锢了思维,因此教师要在教学中随时向学生讲明,教材或教师授课的教学内容并不总是正确或完善的,鼓励学生解放思想,活跃思维,积极地发现问题。这不仅有助于培养思维的独立性、批判性,加深对学习材料的理解,而且是对不拘一格的发散思维的一种促进,因为质疑问难本身就是摆脱学习材料原有的思维路线,从另外的角度进行思考。教师可采用这样的教学方式:① 自疑——围绕教学内容鼓励学生自己发现问题;② 激疑——当学生无疑时,设法激起学生产生疑问;③ 辨疑——发动学生围绕疑难问题谈自己的见解;④ 释疑——在学生充分讨论基础上解释疑问;⑤ 存疑——有些疑问留给学生课后进一步思考。

(4) 引发形象思维

形象思维是创造性思维中的一个主要成分,但传统教学注重抽象思维,轻视形象思维,因此,在教学中结合学科教学不失时机地抓住切入点,引导学生积极进行形象思维也就成为发展学生创造性思维的一个有效手段。在语文教学中创设情境、激发情感、丰富表象等是引发学生形象思维的好方法。因为创设与教学内容相关的情境、气氛,能引发学生的形象思维;披情入文、动情入境才能浮想联翩,更好地产生形象思维。在数学教学中处处抓住数与形的结合,从数中去认识形,从形中去认识数,是学好数学的关键,也是引发学生进行形象思维的具体途径。正如数学家华罗庚所说:"数形结合百般好,隔离分家万事休。"在物理教学中可通过培养实验中的观察能力、物理现象分析中的图文结合的表达习惯来引发学生的形象思维。在地理教学中则可通过读图、用图、制图的方法来引发学生的形象思维。在历史教学中也能通过实物、图片的出示,生动、丰富的语言文字描述,简洁的线条、符号的示意,在传授历史知识内容的同时引发学生的形象思维。

(5) 允许大胆猜想

传统教学十分强调严密的推理、论证,对学生缺乏充分依据的猜想是持否定态度的。殊不知,直觉思维往往就蕴涵在这些大胆的猜想之中。数学中的哥德巴赫猜想、巴尔姆猜想、费尔马猜想等,都是在缺乏论证的情况下提出的一些假设。因此,如前所述,直觉思维也是创造性思维中的一个重要成分。教师应在教学中允许学生在缺乏论证的情况下大胆猜想,而不是压制或斥责。当然,教师也要加以适当引导,使学生的猜想建立在较广博的专业知识、生活经验和敏锐观察的基础上,因为这恰是直觉思维产生的必要条件。

(6) 指导灵感捕获

灵感是创造性思维中非常特殊的成分,具有突发性、闪时性的特点,使人有一种欲盼而不可求、可望而不可即的神秘色彩。虽然不能在教学中随意地让学生出现灵感,但能教学生捕获灵感或提高灵感出现概率的方法。一般来说,灵感产生有两个条件:一是对所研究的问题进行长时间的考虑,直至"思维的饱和",这从表面上看是到了"山重水复疑无路"的境地,但其实由于穷思竭虑,已谙熟了问题的方方面面,是处于一种"一触即发"的状态;二是在此基础上有意识地放松思想,悠游闲适,或散步、聊天,或舒躺、静息,或垂钓、荡舟……表面上它们似乎是无谓的消遣,但其实是敞开思想的大门,让灵感不期而至。因为在轻松、舒适的时候大脑处于灵活状态,感受能力强,最易联想、触发新意,从而出现"柳暗花明又一村"的转机。凯库勒(Kckule)在瞌睡小憩时想出了他久思不得其解的苯的化学结构式,斯特劳斯(Strauss)在咖啡馆休闲时脑子里跃出了《蓝色的多瑙河》的旋律等,都是这方面的典型。这归结起来就是一句话,要让学生学会紧张,学会放松。张弛结合,既是学习之道,也是捕捉灵感的诀窍。

实践探索 6-2　　　斯腾伯格的创造性思维教学策略

斯腾伯格(Sternberg,1995)根据其创造力投资理论,在教学实践中确定了发展创造力的八种思维策略,并针对这些策略采取了不同的教学方式。

1. 树立楷模。给学生提供不同领域中创造性人物的模范,包括艺术家、作家、科学家、历史学家和数学家。实际上,有经验的教师往往自己表现出创造性。另外,还有其他方法可以将创造性引入课堂,如让学生协作,在戏剧中扮演角色,或者将课堂上讲的某个概念以故事的形式表演出来。

2. 鼓励学生对假设提出质疑。提出一些问题,以激发学生对一些司空见惯的假设提出质疑,或者引起他们对他人观点的思考。布置一些课题,让学生小组合作完成,这样他们在某个问题上可以听到多种观点。

3. 鼓励学生冒一些合理的风险。有经验的教师会一步一步地让学生学会识别合理的风险,如选择特殊的论文主题和研究方法。只要学生敢于尝试,教师就应该对其努力提出表扬以鼓励他这种敢于冒合理风险的行为,即使他努力的结果并不令人满意。

4. 鼓励学生坚持不懈。进行创造性思考的人应该认识到,对一些新的、不流行的想法,经常会有人反对,应该对此做好思想准备。教师可以通过自己的坚持不懈,或者举出一些因为坚持而取得胜利的例子来鼓励学生。教师还可以通过给学生提供"第二次机会"的方法来对坚持的行为进行奖励,所谓的"第二次机会"即允许学生对作业进行改进之后再交上去。

5. 允许犯错误。那些对风险有较高承受力并且愿意面对失败可能的学生,实际上更愿意去解决一些更有难度的问题,而且与那些不愿冒风险的学生相比,他们在标准测验中往往能够取得更高的成绩。有经验的教师可以利用错误来强化创造性。与学生一起讨论他们的错误,让他们意识到自己是怎样与一个好主意擦肩而过的,或者让他们明白下一次应该怎样做才会有所提高。

6. 示范并鼓励发散思维。让学生在做实验之前先预测可能的结果。在讨论时事问题、历史事件或故事情节时,鼓励学生的奇思妙想以得出不同的结论。学生慢慢就会明白,对于一门学科他们学得越多,当真正面对问题时,就越能够产生更多的想法。

7. 为创造性思维提供时间和机会。允许学生以新颖的方式使用教室的资源,或者将不同的学科结合起来。有经验的教师不会认为那些看似无所事事的学生就真什么都没做,相反,这些学生可能正在计划或考虑一个问题。

8. 奖励创造力。虽然内在奖励对创造力来说很重要,但是,有时候教师一样可以对学生的创造力进行奖励而不至于损伤他们继续这样做的愿望。对在班级讨论中提出不同想法的学生进行表扬,或给在某些课题中表现出的创造力加分。要营造一个创造力可以不断涌现的氛围。

3. 培养学生的创造人格

教学过程不仅是传授知识、发展智能的过程,也是育人的过程。如前所述,创造人格是影响个体创造力发展的一个极为重要的因素,两者之间有着密切的关系。创造人格促进个体创造潜能的发展和显示,而创造潜能的成功发挥,又反过来强化这些人格特点,使之进一步巩固和突出。这种良性循环式的相互作用、相互促进,便使这些人格特点在富有创造性的个体身上稳定下来,形成其独特的人格结构。因此,在教学中积极促进学生创造性发展的同时,又重视创造性人格的培养,是促进这种良性循环的有力措施。在教学环境中,创造性人格的培养主要集中在创新志向的激励、广泛的兴趣爱好的诱发、标新立异的挑战意识的培育、自信心的树立、独立性的呵护,等等。其培养的手段也可包括言语指导、行为强化、榜样作用、舆论配合等。

4. 传授一些行之有效的创造方法

教师还可以向学生教授针对创造性活动的创造方法,对创造性活动进行直接指导。首先,可让学生知道创造过程的四个阶段,每个阶段的特点和任务,以便学生能更自觉地把握创造过程。其次,还可让学生掌握一些有效的、具体的创造方法,也称创造技法,以帮助学生更好地发挥创造潜能。最早提出创造技法的是现代创造学奠基人美国的奥斯本

(Osborn,1963)。他发明的智力激励法,又名"头脑风暴法"(brain storming),是世界上第一个创造技法。嗣后,许多技法相继提出,迄今已有300多种。教师可根据情况向学生介绍,也可鼓励学生自己去查阅有关的书刊,以便了解。这里仅举例说明几种技法,以窥一斑。

(1) 智力激励法

通过限时的小型会议形式,与会者相互启发,激发创造性设想的连续反应,达到产生大量创造性设想的效果。具体做法是:与会者不超过10人;时间控制在1小时之内;议题明确,围绕议题畅所欲言。在讨论过程中还作出三项规定:① 不能批评他人的主意。② 欢迎"百花齐放",不拘一格。③ 求量为先,以量生质,主意越多越好,越怪越好。发言一律记录在案。由于相互启发,激发思想火花,效果显著。

(2) 分殊思考法

通过四个维度上的定向思考,全面激发思维。四个维度为:流畅思考、应变思考、创新思考以及周全思考。流畅思考的目的在于获得许多可以满足某种特定要求的主意,有点类似发散思维中的流畅性指标;应变思考的目的在于产生各种各样属于不同方向的主意,有点类似发散思维中的变通性指标;创新思考的目的在于获得与某一问题有关的不同凡响的主意,有点类似发散思维中的独创性指标;周全思考的目的在于发展、修饰、美化、落实或精心完成已有的主意,即将已有的主意进行进一步优化发展,以求完善。

(3) 综合摄取法

通过已知的事物,运用类比的方法,达到创造发明的目的。具体做法是:在进行创造性活动时,尽可能根据选题,寻找现实生活中已有的类似原理、结构、形式等,进行类推,并加以必要的适用性改造。最常用的类比方法是:① 仿生类比,如模拟人的手臂动作设计挖土机,模拟蜻蜓和鱼的外形设计飞机和潜艇等。② 直接类比,如将汽车上的操作系统改造后用于汽艇。③ 象征类比,如在建筑设计中以某种造型来象征一定含义,使建筑具有诸如"庄严""典雅"或"艺术"等独特风格。

(4) 形态分析法

以结构分析为基础,再使之形成各种结合,来产生更多的新观点。有六个步骤:① 选择各种要素。② 列出每一要素的特性。③ 发展评估的标准。④ 考量许多组合。⑤ 检查核对它的资源。⑥ 进一步找出最佳的构想。例如,要设计一栋良好的房屋,可以房屋的形式为第一要素,有以下可变的元素——平房、多层、高层……以房屋的材料为第二要素,有以下可变的元素——木造、砖造、水泥造……将两种元素结合——木造平房、木造多层、木造高层、砖造平房、砖造多层、砖造高层、水泥平房、水泥多层、水泥高层……使学生注意到与表面无关的现象,设法使之结合成新观念。

5. 为学生营造良好的、有利于创造学习的氛围

泰勒(Taylor,1972)在提出其创造理论时曾指出,在创造活动中只有当五种成分协调作用时,才能产生创造成就。这五种成分是:创造性人格、创造对象(要解决的问题)、内部加工过程、环境气氛以及创造成果。可见,创造性环境也是创造活动中不可忽视的影响因素。学生的创造性环境包括家庭环境、学校环境和社会环境。这里我们主要论述的是学校环境,更确切地说,是在教学活动中影响学生创造学习的学校环境因素。我国学者的研究也表明,中学班级的创新氛围特征包括鼓励支持、自主准予、启发探索、忽视抑制四个方面(杜瑶琳,等,2014)。

日本学者片冈德雄把课堂上的情绪气氛分为两大类,一类称为支持型气氛,其特征是集体成员互相信任、体谅,积极主动,无须担心集体的压力和他人的目光。另一类称为防卫型气氛,其特征是集体成员互不信任,担心遭到攻击,处于不安状态。只有形成前一类氛围,才会有助于学生发挥创造潜能,而后者则会压抑甚至扼杀创造精神。美国人本主义心理学家罗杰斯(Rogers)提出有利于创造性发展的两个心理条件——心理安全和心理自由。而能满足条件的外部教学要求则是民主、和谐、宽松的教学氛围。这一方面要求教师本人具有相应的民主的教学态度,另一方面要求教师调控学生群体内部的气氛。

(1) 具有民主的教学态度

教师的教学态度是否民主主要体现在四个方面:① 对学生学习的价值的态度取向。过分追求以分数为价值取向的成功,导致众多学生将注意力偏移到获得高分上去,过多顾及自己在班上引人注目的地位,家长的世俗化的赞誉。这就会大大削弱他们创造的内在动力。创造的内在动力本不指向以分数为价值取向的成功,而是指向解决问题中创造过程本身,寻求在创造活动中体验闪现思想火花时的喜悦,追求创造潜能的发展。因此,教师在教学活动中是引导学生以获得高分为价值取向,还是引导学生以追求创造的快乐和创造潜能的发展为学习的价值取向,这将直接影响学生创造学习的过程和效果。② 对学生反应的评价的态度取向。在教学中,对学生的反应,教师的评价存在着两种截然不同的取向。一种是反对学生任何超出教师设定范围的提问,另一种是积极鼓励学生即兴发问,尤其是鼓励学生提出富有新意的、有个人独特见解的观点。前者是对学生创造精神的扼杀,也是对学生创造性思维的压抑,其后果是阻碍了学生的创造学习,而后者则是对学生创造精神的培植,是对创造性思维的促进,其结果是有助于学生创造学习的发展。③ 对同龄团体的行为的态度取向。从众心理在青少年期的个体身上尤为突出。它表现为个体往往服从同龄人团体的行为规范。因此,同龄人团体对创造性活动的态度和行为取向,将会对青少年个体的创造学习产生深刻的影响。在不鼓励其成员积极创造、标新立异的团体中,某些成员的创造意识会受到不同程度的压制,其创造行为甚至会受其他人嘲讽、讥笑。他们会迫于舆论的压力,表现出非创造性的从众行为。而在积极进取、充满创造活力的团体中,个体的创造意识和表现将会受到他人的赞扬与鼓励,这就大大强化了个体的创造意识和行为,从而能极大地促进其创造学习。因此,教师对同龄团体在创造方面的行为取向的调控,成为影响学生创造学习的重要因素。④ 对教学形式的态度取向。有的教师认为教学应是严肃、紧张的,这样才能使学生认真学习,做到严谨、细致、踏实,以取得好的教学效果。但实际上,即使单从创造学习来看,这种观点也是站不住脚的。因为紧张、压抑的心境和循规蹈矩的行为方式会阻碍学生创造性的发展,而宽松、愉悦的心境和即兴发挥、自由表达则会促进学生创造性的发展。因此,在教学形式的态度取向上,教师是囿于常规,采用刻板、单调的教学形式,还是根据教学内容,采用灵活、多样的教学形式,使教学洋溢着幽默和智慧,给学生轻松自如感,激发学生的创造灵感,将会极大地影响学生创造学习的效果。

(2) 创设班集体良好的气氛与关系

我国台湾学者提出,要营造有利于学生创造学习的气氛,教师应当做到:① 使学生相信,教师并不是具有最高创造力的人,即学生有可能超过老师。② 公平地对待每一位同学。③ 对敢于提出意见的学生表示赞许。④ 对学生提出的新奇意见予以重视,并鼓励学生对其独特之处进行分析。⑤ 对学生自发提出的问题,教师不先行解答,而是鼓励学生进行思考,共同寻求解法。⑥ 鼓励学生互相讨论问题,制止相互间的攻击、嘲讽和贬损态度。⑦ 适时地参加学生的讨论,以平等的态度与学生共同交流想法,使其忘却师生界限,师生双方完全以探讨和解决问题为中心。⑧ 对于爱表现的学生,一方面肯定他们,另一方面也要向他们指出,应给别人留有表现的机会。⑨ 对表现不好的学生,尽量利用各种时机,鼓励其进行创造性的表现,使其有同别人相等的表现机会。⑩ 注意避免因鼓励学生独立、自由地思考和表现而使整个集体处于涣散、松懈的状态。

热点聚焦 6-2　　社会网络 (social network) 与创造力

早期研究中,科学家们的注意力集中于个体的创造性上,现在越来越多的科学家把研究指向作为社会现象的创造力。这些研究并非忽视个体因素,而是断定社会网络的影响更为重要。

西蒙顿(Simonton,1972)对一些已故的和在世的杰出人物进行研究,识别导致人们更有创造性的社会因素。他将社会的影响分为两类:一类是发展性的(developmental)因素,即有助于发展创造天赋的环境;另一类是生产性的(productive)因素,即在成年时期支持或抑制创造力的因素。他认为,帮助者和角色榜样在发展创造天赋中起了重要作用。许多诺贝尔奖获得者是在以前的诺贝尔奖获得者基础上进行研究的,或者他们周围有许多人可以激发他们的灵感。当一个具有创造性的人周围有许多其他的具有创造性的人时,他最能获得成功,因为他会与其他人甚至是竞争对手相得益彰。研究表明,处在与其他科学创造者相互联系的网络中的科学家比那些孤立的人有更长的创造生涯和更多的创造性产品。

西蒙顿等人认为,现代社会中,创造力变得更具合作性,尤其在自然科学研究中表现得更为明显。邓巴(Dunbar,1997)研究了实验室中的科学家如何进行推理。他发现,社会交往的作用十分重要。在科学研究中,往往是一个人提供一个前提条件,另一个人提供另一个前提条件,第三个人从这两个前提中得出结论。

邓巴、西蒙顿等人的研究在认知心理学家与社会心理学家之间架起了一座桥梁。虽然他们强调创造力的不同方面,但这些方面都是创造力中密不可分的组成部分。当前理解创造力的一种新的趋向是把认知层面与人格、社会层面整合起来看待创造力。

(武欣,张厚粲,1997)

本章开头所举的两个例子形成了鲜明的对照,已经成为教学活动中比较普遍的现象。问题的症结在于,如何培养学生的创造力。这就涉及同一个问题的两个方面:一是如何呵护学生创造力的发展;二是如何对缺乏创造力的学生加以培养。

在第一个例子中,教师未站在学生的角度上思考,而是以既定的惯性思维来评价学生具有创造性的答案,这必然会限制学生创造性的发展。相对于教师,学生在接受新知识的时候,其自身固有的定势较少,这有利于创造性思维的萌发。案例中,教师虽然以一种启发式的形式进行教学,但是没有树立创新、开放的观念,最终泯灭了学生创造性思维的火花。

在第二个例子中,学生的作文缺乏创造性,教师给出较低的评价。该教师的初衷在于激发学生的创造性。但是当发现学生缺乏创造性时,仅作出负面评价,反而不利于学生创造力的激发。教师应运用创造性的教学策略,来激发和引导学生的创造力。

综上所述,对学生创造力的培养,要求教师具有开放的思维,多重的评价模式,宽容的态度,不要拘泥于形式。教师既要激发缺乏创造力的学生,又要注意培养学生创造力的良性发展。

本章小结

- 一般把创造最核心的内涵看作是产生新的精神或物质产品。判断创造的标准是创造的精神或物质产品是否具有新颖性、独特性和价值性。根据创造的标准可以把创造分成初级创造、中级创造和高级创造三个层次。
- 创造的条件主要是创造主体的知识基础、智力水平、人格特征以及环境氛围。
- 创造的过程实质上是一种特殊的解决问题的过程,遵循着"准备——创新——验证"三个基本阶段,有逻辑的和非逻辑的因素参与。
- 人类主要有两种学习形式,一种是继承学习,另一种是创造学习。学习行为从本质上说是创造行为。创造学习主要是指学生在学校中有所创造的学习行为。创造学习在学习的主体、学习的目标、学习的过程和学习的结果方面有着其独特性。
- 要有效地进行创造学习,关键是要掌握创造学习的策略,消除负面心理效应的影响。
- 促进学生创造的学习需要有创造型教师。创造型教师是那些善于吸收最新教育科学成果,将其积极运用于教学中,并且有独特见解,能够发现行之有效的新教学方法的教师。创造型教师一般具有正确的创造教学观念、创造性的人格特征、丰富合理的知识结构和创造性的教学艺术。
- 促进创造的有效教学需要教师掌握创造性教学的基本模式。创造性教学过程一般需要经过积极准备、突破创新和验证反馈三个阶段。
- 促进创造的有效教学需要教师强化学生的创造意识、训练学生的创造性思维、培养学生的创造人格、传授一些行之有效的创造方法以及为学生营造良好的有利于创造学习的氛围。

思考题

- 我们如何对一个人的创造力水平进行客观评价?
- 在教学实践过程中,对于相对缺乏创造力的学生,如何对其进行培养?
- 请你简要阐述一下创造型教师应具有哪些特点?
- 目前在教学实践中,教师会采用哪些创造性教学模式?
- 如何在教学实践中培养学生的创造性人格?

问题探索

- 在这个提倡创新、提倡个性的时代,许多人认为在种种规则的约束下,我们难以实现真正的创新,唯有摆脱条条框框的束缚,才能尽显个人才智。你赞同这种说法吗?为什么?
- 运用智力激励法围绕某一实际问题进行发散思维,记录下发散的内容,以体会该方法的运用及其效果。
- 如果把教师和学生分别划分为具有创造性的和缺乏创造性的,那么在实际的教学过程中必然会出现匹配与否的问题。试探讨不同的教师风格与学生风格搭配的教学效果。

第七章 动作技能的学习与教学

---本章细目---

本章要点

第一节 动作技能的概述
一、动作技能的概念
二、动作技能与能力、技巧的关系
三、动作技能的种类
1. 按动作技能的复杂程度与动作是否有连续性划分
2. 按动作技能进行过程中外部环境条件是否变化划分
3. 按肌肉群参与部位划分

第二节 动作技能的学习
一、动作技能与练习
1. 练习曲线

2. 高原现象
3. 练习中的迁移
二、动作技能形成的阶段
1. 动作认知与定向阶段
2. 动作联系与形成阶段
3. 动作协调与完善阶段
三、动作技能的保持

第三节 动作技能的有效教学
一、注重形成动作表象与动作概念
1. 动作表象的形成
2. 动作概念的掌握
二、促进动作技能的正迁移
1. 利用动作技能间的相似性

2. 正确讲解与示范
3. 尽量保持练习情境的相似性
三、正确运用反馈
1. 正确运用结果反馈
2. 正确运用表现反馈
四、指导学生运用正确的练习策略
1. 集中练习与分散练习相结合
2. 整体练习与分解练习相结合
3. 变换练习与重复练习相结合

本章小结
思考题
问题探索

本章要点

- 动作技能的含义
- 动作技能与能力、技巧的关系
- 练习与动作技能的关系
- 动作技能形成的阶段
- 动作技能的培养

想试着回答一下吗……

- 我们学习的书本知识,如概念、规则等,如果学习后不及时复习,很快就会产生遗忘。但为什么我们学习的一些动作技能,如游泳、骑自行车等,学会后就不容易忘记呢?
- 为什么必须在水中才能学会游泳,在岸上永远也不可能学会?
- 为什么先学会骑自行车有助于学习骑摩托车,却不利于学骑人力三轮车?
- 不会游泳的人,能成为优秀的游泳教练吗?
- 在练习钢琴时,是一直不间断地练习效果好,还是劳逸结合效果好?
- 你是怎样看待"欲速则不达"的?
- 贝贝能用头、双手、双脚各顶起五个碗,你知道他是怎么做到的吗?
- 为什么杂技演员要有专门的教练?

在欣赏杂技节目时,我们常会惊叹杂技演员作出的不可思议的高难度动作:表演走钢丝的演员不仅能在钢丝上自由行走,甚至还能在钢丝上骑车、跳舞;表演顶碗的演员能准确地用脚将一只只碗送上头顶……他们是如何掌握这些高难度动作的?通过练习,人人都能学会这些技能吗?我们将在本章的学习中找到问题的答案。

第一节　动作技能的概述

人的行动是由一系列动作组成的。即使是简单的行走,也是腿、脚、手臂和眼等的共同活动。而骑自行车则是脚、腿、手臂的动作与整个躯体以及视觉、触觉等的联合活动。

所有这些活动的联合都涉及动作技能的相关知识。

一、动作技能的概念

动作技能(motor-skill)是通过身体动作表现出的技能,如写字、打字、计算、驾驶车辆及球类、田径、体操等各种体育活动。可以看出,动作技能是通过后天学习而掌握的,是能够保证我们有效完成专门动作的方式。我们通常所说的技能,如果不专门指明,一般都是指动作技能。因此,我们可以将动作技能简单地定义为:通过练习而形成的一定的动作方式。

根据这一定义,并不是所有的动作表现都可称为动作技能。例如,我们不能把反射性的动作,如遇强光眯上眼睛、听到响声转过头去等看作是动作技能,因为人在接受这类刺激以后作出的动作反应只是一种无条件反射,而不是通过练习获得的条件反射;同样,对于一些只需简单肌肉反射的动作,如点头、握拳等"举手之劳",也不能将其作为动作技能来看待,因为这些动作的技术要求不高,不需要专门的练习就能掌握。

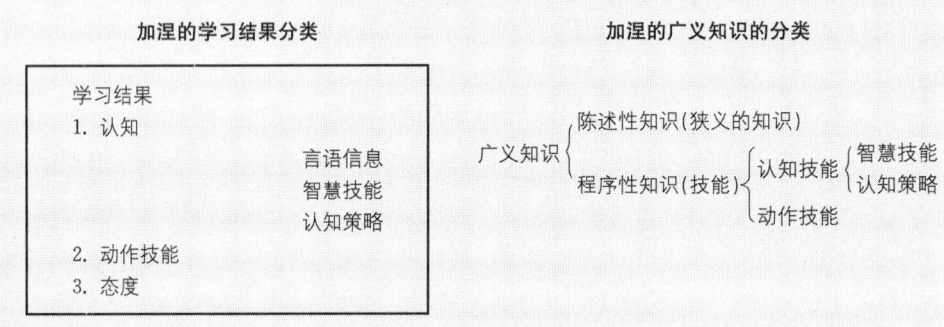

学术研究 7-1　　　　加涅对动作技能的定位

根据美国心理学家加涅的分类,动作技能是广义的知识的一种,与认知技能一起,构成程序性知识,即用以解决"怎么办"的问题的知识。而根据学习的结果进行分类,动作技能与认知、态度并列,成为三种学习结果之一,对学习结果分类的理论赋予动作技能以新的含义。

加涅认为,动作技能是程序性知识的一种,是通过学习而得到的结果:如果学生获得的是能顺利解决智慧任务方面"怎么办"的能力,则获得了认知技能;如果获得的是顺利地解决身体运动方面"怎么办"的能力,则获得了动作技能。

二、动作技能与能力、技巧的关系

能力是指直接影响活动的效率,使活动的任务得以顺利完成的个性心理特征,而动作技能则是通过练习而获得的完成任务的一种动作方式。因此,动作技能的形成必须以一定的能力为基础,不仅需要一般能力(即通常所说的智力),还需要有特殊能力的参与,才能更顺利、更圆满地完成动作;同时,动作技能的形成也能促进能力的发展与提高。研究表明,一般水平的动作技能可能与能力(一般能力、特殊能力)的相关程度不高,因为这时完成动作技能还会有身体素质、遗传素质等因素的参与,而当对动作技能有较高要求时,它对能力的要求也会明显提高。例如,某种运动技能的掌握或运动成绩的提高,对业余运动员来说,身体素质起着较大甚至极大的作用,而对高水平的运动员来说,智能因素则起了极为重要的作用。因为高水平运动员的训练方法、身体条件、技术战术等都已基本接近,此时智能就发挥了不可或缺的作用,因此有人把现代竞技体育看作是一个"身体素质的竞赛——科学技术和训练器材、训练方法的竞赛——智力的竞赛"的演变过程,国外高水平运动员、教练员中不乏硕士、博士,也就不难理解了。

再看动作技能与技巧的关系。通常所说的动作技能是广义的,即包括一般水平的技能和高级水平的技巧,如果说一般水平的技能是指已经习得的一定程序或技术的动作方式,那么高级水平的技巧则是指"掌握这些程序就反映出一定的专业水平"的动作方式,因此可以说,技巧是技能形成的高级阶段,即达到自动化的动作方式的阶段。动作技能的习得相对比较容易,而技巧的获得则要求很高,必须有较高的智力活动的参与。

知识小窗 7-1 　　　　精细动作技能与儿童认知发展

精细动作技能是指个体主要凭借手以及手指等部位的小肌肉或小肌肉群而产生的运动。国内外诸多研究表明,儿童的精细动作技能与认知发展存在密切关系。

首先,精细动作与注意关系密切。精细动作能力不足,儿童在执行复杂的新任务时就会出现注意资源分配不足的情况。因此,精细动作技能差的孩子在写字时,需要将注意力集中到动作监控上,这就分散了原本应分配到更高级认知任务的注意力。

其次,精细动作技能与高级认知关系密切。早期精细运动技能的顺利发育和有效发展可能利于早期脑结构和功能的成熟,进而促进认知系统发展。研究表明,4~5.5岁幼儿精细动作技能与推理能力密切相关,精细动作技能和非言语智力在学前具有显著正相关,这一时期的精细动作技能能显著预测一年后的智力。

最后,精细动作技能与学业表现关系密切。研究显示,在幼儿园阶段精细动作能力(如握笔能力)与后来的书写和阅读成绩密切相关,精细动作能力的发展可以高度预测儿童在小学的读写及数学成绩。还有研究表明,儿童精细动作能力测试成绩可显著预测其12个月后阅读和语言成绩的变化,书写强的孩子比书写差的孩子在学习数字、字母及复杂的学习任务方面进步较快,精细动作能力比较强的儿童在小学低年级可能取得更好的数学成绩。

(耿达,张兴利,施建农,2015)

三、动作技能的种类

为了更全面、更系统地认识动作技能这一概念,我们将从不同的角度对动作技能进行分类。

1. 按动作技能的复杂程度与动作是否有连续性划分

① 连续性动作技能:由一系列连续动作组成,完成动作的周期较长,动作技能的复杂性相对较高,对神经活动过程的灵活性、敏捷性有一定要求。驾驶汽车、舞蹈、武术、体操、球类运动都是典型的连续性动作技能。

② 非连续性动作技能:要求对一个活动作出一个特定反应的动作,有明显的动作开始和动作结束,完成时间较短,一般均要求有爆发性动作,且均可作精确的计数,完成单个动作的过程中不需因活动情境变化而调节自身行为,只需将注意力集中在完成既定动作上,动作技能的要求较为固定,复杂性比连续性动作技能低。射击、射箭、投掷、举重、刹车等都是典型的非连续性动作技能。

2. 按动作技能进行过程中外部环境条件是否变化划分

① 开放性动作技能:一般需根据外部环境条件的变化而不断调节、变换自身的活动,甚至需要寻求对策以适应变化,因此往往要求较准确的判断或预测,以及较高的神经活动过程的灵活性。乒乓球、篮球的传接球、击剑等均为开放性动作技能。

② 封闭性动作技能:一般外部环境条件保持不变,要求动作规范、精确,主要依靠自身动作的控制来完成,并不要求较高的神经活动过程的灵活性。如罚球、跑、投掷、武术、体操等均为封闭性动作技能。

3. 按肌肉群参与部位划分

① 小肌肉群动作技能:以手指等小肌肉群活动为中心的动作技能,要求精细、准确,如剪纸、绘画、小制作、书写、打字、射击等活动。

② 大肌肉群动作技能:伴随大肌肉群收缩和全身性活动的动作技能,如球类、拳击、体操等活动。

按以上三种分类标准可将一种动作技能归入到不同的类型中去,如举重是封闭的、不连续的、大肌肉群动作技能;球类则是开放的、连续的、大肌肉群动作技能。

> **实践探索 7 - 1　从感觉统合训练看动作技能对儿童心理发展的意义**
>
> 感觉统合(sensory integration)是指人脑将各种感觉器官传来的感觉信息进行多次分析、综合处理,并作出正确的应答,使个体在外界环境的刺激中和谐有效地运作。只有经过感觉统合,神经系统的不同部分才能协调整体运作,使个体与环境相适应。当感觉统合过程无法正常运转时,就会引起感觉统合失调。艾尔斯(Ayres,1972)把感觉统合失调分为身体运动障碍、结构和空间知觉障碍、前庭平衡功能障碍、听觉语言障碍以及触觉防御障碍。

感觉统合功能是认知能力、社会能力、情绪及自我发展的一个重要前提,也是促进大脑充分发育的一个重要学习过程。一般而言,感觉统合失调主要表现为:视觉统合失调,听觉统合失调,触觉统合失调,平衡觉统合失调以及本体觉统合失调。视觉统合失调的孩子,在阅读和书写时易出现跳行、跳字等现象,经常丢东西等。听觉统合失调的孩子常常表现为充耳不闻,注意力和记忆力差。触觉统合失调的孩子往往对别人的触摸十分敏感,易担惊受怕,好动,不安等。平衡觉统合失调的孩子常常不能准确判断距离和方向,做事协调能力差。本体觉统合失调的孩子则常常出现动作不协调、口吃等。

感觉统合训练可改善儿童的运动技能以及运动的协调组织能力,对儿童的粗大动作、精细动作以及双侧协调能力均有促进作用,它通过调整大肌肉运动和小肌肉运动的协调能力,达到手、眼、脑的协调运动,从而改善儿童的统合功能。加强对学龄期儿童的训练还能促进智能发育,预防心理行为异常,促进健全人格的成长,它不仅对各科学习成绩有所帮助,对改善学龄期儿童存在的各种行为问题也是必要的。早在1997年,任桂英就将感觉统合训练应用于临床治疗,对儿童的行为问题、身体运动协调性、注意力集中、情绪稳定及学习成绩的改善都有较好的疗效。

第二节　动作技能的学习

学骑自行车需要一个过程,在这过程中,肢体的配合渐渐完善,最终,上车、手握车把、脚踏等动作不需要考虑,就能轻松敏捷地一个接一个地表现出来。这个过程看似简单,实则蕴含着复杂的技能技巧。

一、动作技能与练习

在动作技能形成的过程中,学习者需要领会与这种动作技能有关的知识,如对于跳高这一动作技能的掌握,运动员需要了解跳高的动作要领、完成的过程等。但最终要形成动作技能,反复的练习是必不可少的条件。例如,要正确地完成跳高动作,运动员必须通过训练才能达到目的。

实践探索 7-2　　从表象训练看练习在动作技能形成中的作用

表象训练是在暗示语的指导下,在头脑中反复想象某种运动动作或运动情境,从而提高动作技能和情绪控制能力的方法。它作为运动训练的辅助手段正被广大教师和教练员普遍采用。

有关的实验证明,让运动员进行赛跑的表象回忆,或让小提琴家作演奏的表象回忆,同时记录运动员腿上或小提琴家手臂上的肌电,可以看到,在有表象活动时,肌肉电流都有明显的增强。近年来,有人对韩国、美国的射箭运动员作了射箭表象的肌电和脑电记录,发现与正式训练时的肌电和脑电相比,进行表象回忆时的肌电和脑电除强度较弱外,其他方面均有相似之处。

而让不是运动员或小提琴家的人做同样的肌电测试,就不会产生这样的结果。这种现象是19世纪中叶,德国化学家舍夫列利和英国物理学家法拉捷依几乎同时在不同地点独立发现的。

以上研究表明,动作技能的掌握必须通过实际的练习,表象训练只对有一定经验的个体适用。因为如果仅通过感知,获得的记忆是形象记忆而不是运动记忆,只有通过练习获得的记忆才是运动记忆,才有可能形成动作技能。单纯的表象训练无法代替实际的练习,只有练习才能促使大脑皮层建立相应的条件反射,而相应的条件反射又会进一步促进动作技能的巩固和熟练。

1. 练习曲线

随着练习的进行,动作技能的水平会逐渐提高。运用不同的练习曲线,可直观地表示这一进步的过程。所谓**练习曲线**(learning curve),是指在动作技能练习过程中,根据动作技能完成的工作量、所需时间、错误次数等变量描记出的反映成绩变化的曲线。

练习曲线有三种最常见的形式:(1) 记录单位时间内完成的工作量与练习次数的关系。随着练习次数的增加,单位时间内完成的工作量也随之增加,表现为工作效率的提高(如图7-1)。例如,打字练习就可记录为此种练习曲线,将每分钟打字的个数作为工作量的指标。(2) 记录每次练习所需时间与练习次数的关系。随着练习次数的增加,每次练习所需要的时间会逐渐减少(如图7-2)。如在打字练习中,记录500字所需时间与练习次数的关系可采用此种练习曲线。(3) 记录每次练习的错误数量与练习次数的关系,每次练习中的错误数量会随着练习次数的增加而减少(如图7-3)。例如,在打字练习进程中,记录单位时间内(一分钟)或一定工作量中(500字)出现的错误数量与练习次数之间的关系,就可采用此种练习曲线。

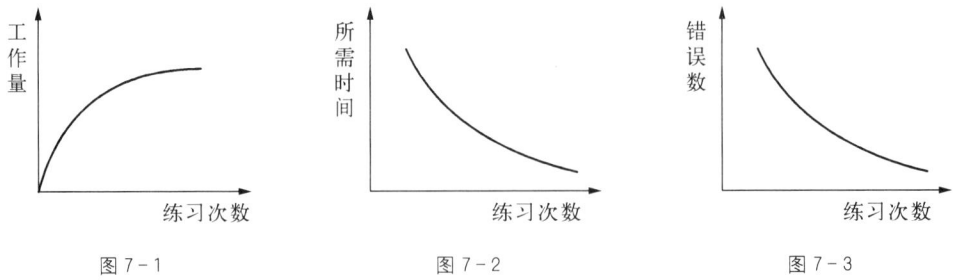

图7-1　　　　　　　　图7-2　　　　　　　　图7-3

2. 高原现象

在动作技能形成的过程中,一般在练习的中期,会出现水平暂时停止提高或提高速度很慢的现象,这种现象被称为练习曲线的**高原现象**(plateau)。在较复杂的动作技能形成过程中,一般都会出现这一现象。

高原现象的产生,既有主观原因,又有客观原因。

① 在动作技能练习到一定程度时,要想取得突破性进展,学习者必须以新的动作结构代替或改变旧的动作结构,而较为稳定的旧的动作结构的改造需要一个过程,在这一过程中,它还会对新的动作结构的形成产生干扰作用。

② 个体动作技能所需基础能力发展不一致,产生牵制作用。例如,跳高运动员在掌握跳高动作技能时,在掌握基本的动作要领后,要想进一步提高成绩,需要增强腿部的蹬地爆发力,这就需要较长时间的训练,从而表现出高原现象。

③ 从主观上看,一段时间的练习后,学习者往往会因练习的单调、枯燥而产生厌倦情绪,出现注意力涣散、兴趣减退的状况,这也直接影响着继续练习的效果。

要减少或摆脱高原现象,就要从产生高原现象的原因入手,有针对性地进行指导和训练,争取达到事半功倍的效果。

3. 练习中的迁移

在动作技能的练习中,已掌握的动作技能会影响新的动作技能的掌握,这也就是动作技能练习中的**迁移**(transfer)现象。

有人将动作技能的迁移分为三类:两侧性运动迁移、语言-运动迁移和运动-运动迁移。两侧性运动迁移是指用身体一侧器官进行练习,其练习效果向另一侧器官转移。语言-运动迁移是指事先的语言训练的实际效果向技能训练迁移,以提高技能训练效果的现象。运动-运动迁移是指从一个运动技术的学习向另一个运动技术的学习的迁移。在这里,主要讨论运动-运动迁移。

根据对动作技能影响的性质不同,又可把运动-运动迁移分为正迁移和负迁移。

正迁移(positive transfer)是指已掌握的动作技能对新学习的动作技能的形成起促进作用。如会骑自行车的人,较容易学习驾驶摩托车,而会驾驶摩托车的人更容易学会驾驶汽车。**负迁移**(negative transfer)是指已掌握的动作技能对新学习的动作技能起阻碍作用。如学会了骑自行车的人,学习骑三轮车时会更困难,掌握俯卧式跳高技术的运动员不易学会背越式跳高等。

为什么有的动作技能之间会产生正迁移,而有的会产生负迁移呢?研究发现,如果两种动作技能在动作结构、肌肉用力顺序和机体所受的内外刺激方面基本相似,或有着共同的运动素质基础(如速度、耐力),就能实现正迁移;而负迁移则不同,两种动作技能往往在动作结构方面有一定的类似,但在用力方式等方面差别很大甚至相反,或者有着不同的运动素质基础(鲁娟,2014)。

在动作技能的练习中,利用正迁移的促进作用,克服负迁移的干扰作用,需要分析动作技能的性质、两种动作技能的关系等因素,有针对性地进行训练。这一内容将在第三节中作详细阐述。

二、动作技能形成的阶段

从时间上看,动作技能特别是复杂动作技能的形成是一个连续不断的过程,但为了更好地对这一过程进行研究,可以按照表现特点将其分为三个阶段。

1. 动作认知与定向阶段

在这一阶段,个体刚刚开始接触新的动作技能,一般要通过指导者的言语讲解或示范动作,了解"做什么"和"该怎么做"的知识,并通过初步的练习,试图掌握这一动作技能。这一阶段也称作泛化阶段,因为在技能学习的初期,个体的神经过程不能精确分化。这一阶段的动作特点是:注意范围小,注意分配和转移的能力差,动作不协调,有多余动作,动作过程中表现为紧张慌乱,动作僵硬不连贯,难以发现动作的错误和缺点。例如,刚开始学习骑自行车的人往往需要牢记动作要领,同时在练习时离不开别人的扶持和保护,很难长时间保持身体平衡,一不小心就会摔倒。

2. 动作联系与形成阶段

通过动作认知阶段的练习,学习者感知能力分化,运动知觉占主导地位,注意范围扩大,注意分配的能力增强,运动表象较清晰、完整、准确,动作表现虽不够协调,但动作间的相互干扰消失,多余动作减少,能较连贯地完成动作技能,但熟练程度不够,仍需进一步巩固练习。从神经过程看,这时学习者的神经过程逐渐形成了分化性抑制,即只有条件刺激才能引起正确反应,即使是相似的非条件刺激也不会引起反应,所以这一阶段也称为分化阶段。例如,在经过一段时间的反复练习后,学习骑自行车的人可以独立地骑行一段距离,但还很不熟练,无法在复杂路况下掌控自如。

3. 动作协调与完善阶段

在这一阶段,动作技能包含的一系列局部动作已能联合成一个有机的整体且较为巩固,动作间相互协调,多余动作和紧张状态消失。不仅如此,个体还能够根据外部情境的变化和要求,灵活准确地完成任务。由于在高度熟练的状态下,视觉控制动作的作用减弱,个体几乎不需要意识的控制就能完成动作,因此这一阶段也叫作自动化阶段。例如,熟练骑自行车的人不仅能够在复杂的路况下应付各种情况而自如地骑行,而且能"一心二用",边骑自行车边思考问题,骑自行车的动作可在无意识或很少有意识支配下完成。

三、动作技能的保持

我们都知道,很多动作技能一旦掌握,一般不易遗忘,至多因缺乏练习而变得生疏。而保存在头脑中文字的甚至形象的材料却容易遗忘,且不容易恢复。这是什么原因呢?

国内外的研究者很早就注意到了这一现象并进行了相关研究(林峰,等,2000)。从有关研究可知,动作技能的遗忘与艾宾浩斯遗忘曲线呈现的无意义音节的遗忘进程有很大区别,即动作技能一经学会,随后即使不经练习,仍能有较高的保持量而并不表现为"先快后慢"的遗忘规律。之所以会有这样的差异,首先是因为动作技能只有经过大量练习才能获得,如果练习量很小,也会有较高的遗忘率;其次是动作技能均要求以连续完整的形式来完成,如果是孤立的单个的动作技能,则虽已学会仍易于遗忘;最后是动作技能的学习、保持需依赖小脑和脑低级中枢,这些中枢保持动作痕迹的功能较强。

学术研究 7-2　　　动作技能形成的闭环系统理论

亚当斯(Adams,1987)用闭环系统理论来解释动作技能的形成。他认为,动作技能的学习是一个复杂的思维过程,这一过程可分为两个阶段。

第一阶段,学习者要根据自己的能力和对任务难度、复杂性等的判断,利用想象和假设来预期如何完成任务,形成一个"目标期望"。例如,一位非体育专业的大学生要在体育课上学会 110 米栏的"连续跨栏"动作,他根据自己对这一运动项目的认识和对自己运动能力的评价,可能会把目标期望定为"基本掌握连续跨栏的动作要领,至少达到教师的最低要求",而不是专业运动员的水平。这一阶段叫作"语词-动作阶段"。

第二阶段,学习者通过练习,建立起了"知觉追踪",知觉追踪就是在练习过程中,可以识别出与正确动作一起出现的各种内外刺激的机制。比如,在教师指导下,学生能体会到作出正确动作时身体姿势、肌肉控制等的感觉。在知觉追踪的基础上,学生可以在练习中指导自己的反应,逐步达到对正确动作的掌握。这一阶段可称为"动作阶段"。

可见,建立"知觉追踪"是动作技能形成的关键,这对动作技能的教学具有一定的启发作用。

(丁俊武,2007)

第三节　动作技能的有效教学

如上所述,动作技能可按不同的标准进行分类,不同种类的动作技能各有特点,在培养和训练的过程中也应采用不同的方法。但即便如此,动作技能的培养也有其共同的规律。

一、注重形成动作表象与动作概念

要想形成动作技能,人们必须在头脑中具备相关动作的表象,还要对动作概念有所了解。

1. 动作表象的形成

动作表象(movement image)是在运动感知觉的基础上,在头脑中保留和重现出来的动作形象。它是培养动作技能的开端,因为学生只有看清了动作技能的全部过程,感受到动作进行过程中的速度、身体姿势等并在头脑中留下印象,才能在练习中凭借动作表象不断调整动作,达到对动作技能的掌握。所以,表象动作也可以成为一种动作技能练习和训练的方法,即动作表象训练法,是受训者在头脑中对过去完成的正确技术动作的回忆与再现、唤起临场感觉的训练方法。研究表明,正确运用动作表象训练法能有效提升运动员的运动成绩(孟海江,等,2014)。

动作表象包括视觉表象和动觉表象两个组成部分,前者是保存在头脑中的动作技能的视觉形象,后者是头脑中运动觉的形象。因此,动作表象的掌握是教师示范讲解和学生练习的过程。在通过示范与讲解使学生获得动作表象的过程中,教师要做到以下四点。

(1) 进行示范讲解时突出动作的主要特点

教师的示范和讲解必须突出动作的主要特点,这是为了避免所要学的动作与头脑中已有的相似动作的运动表象相混淆而形成干扰;同时应尽量避免讲解过多的动作细节,防止学生注意到细节而忽略了整体,要引导学生把注意力集中到动作的主要特点上去。例如在进行背越式跳高的教学时,最主要的就是要突出背越式跳高与俯卧式跳高的过杆动作的不同,从而导致对助跑、起跳等动作的要求也完全不同。

(2) 整体讲解示范与分解讲解示范相结合

教师对动作的整体讲解示范可使学生建立一个完整的运动表象,而分解的讲解示范可帮助学生对动作的精细化有深刻的理解,两者的结合可产生动作间的连贯性与精确性。例如,在投掷铅球的教学中,既要对投掷铅球的技术动作的全过程作示范讲解,又要对滑步、转体、出手等各个过程进行分解讲解,这样才能使学生明了这一看似简单其实并不简单的动作过程。

就整个讲解示范过程来说,一般采用整体——分解——整体的流程。首先,通过整体的示范讲解让学生大致认识这一动作技能,然后通过分解的示范讲解让学生掌握每个精确的动作,最后再进行整体示范讲解,使学生学会这一动作技能。

(3) 示范的动作必须准确,示范的速度要适宜

示范的动作如果不准确,学生得到的动作表象也就不准确,而且纠正一个不准确的动

作表象有时甚至比重新学习一个新的动作表象还要困难;示范速度不宜过快,一般采用正常速度——慢速或静止的分解动作——正常速度的反复示范来让学生加深印象,但有些动作技能不能通过"慢速"来进行示范,如跳高等。这时可采用多媒体教学手段进行示范,如使用录像慢放、幻灯片、图片等展示分解动作。

(4) 讲解的语言要规范,所用术语要准确

准确规范的语言能巩固和提高示范动作的形象性,加深对动作的理解,因为第二信号系统对第一信号系统能起到指导的作用。如果所用语言不规范不准确,那么学生在学习时往往不能理解和无所适从。例如,"蛙泳"虽然与青蛙在水中的游泳姿势相似,但并不完全一致,如果在讲解时简单告诉学生"像青蛙一样游泳",只让学生观察、模仿青蛙的动作姿势,就会出现由于语言和术语不规范而影响学生掌握的情况。正确的做法是告诉学生蛙泳与青蛙的游泳姿势很"相似",然后用标准规范的术语讲解动作,例如如何收腿、翻脚、划水等。

2. 动作概念的掌握

动作概念(movement concept)是人脑对同类动作的一般和本质特征的反映,是完成动作必须遵循的规律。例如,在背越式跳高学习过程中,学生不仅能掌握这一跳高动作的基本要领与动作特点,而且能明了背越式跳高与俯卧式跳高、剪式跳高的异同,以及助跑、踏跳、过杆各动作的连贯配合方面的要求,这时,我们可以认为学生掌握了背越式跳高这一动作技能的概念。

可见,动作概念反映的不是动作的形式或具体特点,而是动作的实质和完整的要领。在动作技能的学习中,学生通过运动感知觉在头脑中形成运动表象,能熟练而完整地完成一定的动作,在此基础上,还必须对动作的特点进行分析、综合、抽象、概括等思维活动,真正理解动作的意义,才能真正掌握动作概念。因此,动作概念是在动作表象的基础上形成的。

在使学生掌握动作概念的过程中,除了前述的示范与讲解外,还应注意以下方法。

实践探索 7-3　　教学案例:"爬行"动作技能的教学

"爬行"属体操类内容,是小学低年级学生特别喜爱,安全性极高的小学体育教学内容之一。经常进行爬行练习,可以有效改善学生上下肢配合动作,协调用力的能力,提高神经控制系统的反应速度和肌肉收缩的力度。

1. 教学过程

(1) 引入:模仿各种动物的爬行。(教师和学生共同探讨并练习2~3次。)

(2) 探讨:学生举例说明并演示哪些动物在爬行时膝盖不着地?(教师引导提问与评价。)

(3) 尝试:引导学生举例说明动物的爬行姿势并练习。(教师引导并示范后,学生尝试练习2~3次,对尝试动作成功者教师及时给予手势鼓励。)

(4) 寻找：膝盖不着地爬行的最快方法。(教师适时引导，帮助学生寻找最佳的动作方法。对积极动脑并能用动作进行演示的学生，教师带领大家及时给予掌声奖励。)

(5) 体验：降低重心，体验膝盖不着地爬行最快的方法。(学生练习3～4次，教师点评并提示手和脚协调配合的动作方法。)

(6) 展示本领："钻人洞"游戏比赛。(游戏方法：在双人搭成的通道内用膝盖不着地的方法爬行并比较速度。主要规则：膝盖不能触地。)

2. 教学效果

90%的学生学会了高姿爬行的方法，但有学生分不清是同侧手脚交替还是异侧手脚交替爬行。

3. 总结

(1) 合作探索学习方式得到了有效运用，既训练了学生的发散思维，又使学生找到了适合自己的快速高姿爬行方法。

(2) 课堂学习氛围热烈，学生学得主动、积极，使学生充分体验到体育学习过程中的快乐。

(3) 在教学内容安全性较高的情况下，学练方式以学生探究为主，更能取得教学效益的最大化。

(高兵，周卫，2007)

(1) 引导学生对比新旧动作概念

在讲解和示范新的动作概念时，应充分利用学生已掌握的知识经验，以便学生更好地理解。在这一过程中，应特别注意让学生将新旧知识及动作进行对比。例如，在掌握"100米跑的冲刺"这一动作技能时，可让学生利用已掌握的"加速跑"知识，来理解"冲刺"的含义，同时又要与"起跑""加速"等短跑中的动作概念加以区别，也要与400米、1 500米等中长距离跑中的"冲刺"加以区别，并理解这些区别的原因，这样才能把握"100米跑的冲刺"的本质特点，最终掌握这一动作技能概念。

(2) 启发学生主动发现动作间的内在联系和规律

教师不仅要通过示范或讲解，让学生通过模仿和练习掌握动作技能，还要引导学生根据自己在练习中的感受，总结出动作技能中的规律，这样才能更好地促进学生对动作概念的掌握。例如，在武术基本动作"扎马步"这一动作技能的训练中，正确的动作要求是上身端正，屈膝下蹲，双手握拳，小臂贴在腰间两侧，虎口向外，双臂轮番作出拳动作，打出的拳手臂要伸直，出拳要用力，出拳后撤回腰间，再出另一拳。教师在教学时，除逐一纠正学生身体各部位错误，教会正确动作外，还要通过引导与讲解，让学生了解这一动作技能的本质与规律性的知识，如这一动作是武术的基本功之一，目的是锻炼腿部肌肉，以达到站得更稳，出腿更有力量的目的。因此，初学时，"扎马步"不一定要蹲到九十度，只要达到自己能承受的最大限度就可以，通常在六十度左右，然后可以随着力量的增强逐渐增加强度和时间。

二、促进动作技能的正迁移

如上所述,在动作技能形成过程中,存在着迁移的现象。利用动作技能的正迁移,可促进动作技能的掌握,达到事半功倍的效果。要做到这一点,就应根据动作技能迁移的规律,在教学与训练中注意以下三个方面。

1. 利用动作技能间的相似性

根据前述动作技能迁移的共同要素理论,当两项动作技能包含共同的执行程序的知识时,迁移才会发生。例如,驾驶摩托车和驾驶汽车包含共同的执行程序的知识,如压离合器——刹车,松离合器——启动等。但有时表面上相似的两种动作技能却包含着相反的执行程序,反而会引起负迁移。例如,先学会骑自行车的人在学习骑人力三轮车时反而更困难,这是因为两种动作技能在保持平衡、用力方式等方面有着不同的要求。因此,在教学中,教师应分析先后学习的不同动作技能之间的共同因素,并在教学中加以利用以促进正迁移,减少负迁移。

> **知识小窗 7-2　　　　　　不会游泳的游泳教练**
>
> 在美国体育界和世界泳坛以及奥林匹克大家庭中,美国人查伏尔不仅是一位权威游泳教练,而且是一位为奥林匹克事业作出过巨大贡献的著名人物。
>
> 查伏尔读大学时是学校体育活动的积极分子,还是美式足球和田径项目的校队队员,获得过心理学学位。大学毕业后,他当过飞行员、教师和中学校长,后来当上了游泳队教练员。在他的教练生涯中,他曾经为美国以及其他国家,培养了不少世界级游泳巨星,比如大名鼎鼎的"飞鱼"施皮茨就是出自他的门下。他们先后74次打破奥运会纪录和62次打破世界游泳纪录;创造80次美国全国游泳纪录;夺得16枚奥运会游泳项目金牌。
>
> 然而,令人难以置信的是,有着如此卓越贡献的游泳教练竟然不会游泳! 这样一位培养出许许多多"水上蛟龙"的游泳教练,每天与游泳池打交道的运动家,为什么竟是一位不识水性的"旱鸭子"呢?
>
> 原来,在世界范围内,竞技运动发展到今天,已经成为各国教练员和运动员间的科学选材、科学训练的竞争,而个别成功者的个人经验并不一定能简单复制,也就是说,冠军不一定必然能教出冠军,不会游泳的教练只要认真研究运动规律,掌握科学合理的训练方法,同样能将潜质良好的运动员训练成冠军。
>
> 当然,并不是说经验不起任何作用,查伏尔本人也曾是运动员,有着一定的经验,关键是经验要与科学的训练方法结合起来。

2. 正确讲解与示范

在动作技能学习过程中,正迁移有时并不是自发产生的,需要教师的讲解与示范来促进迁移。有研究者在对学生阅读的研究中发现,只有给予一个明确的迁移暗示时,练习者才能将前一任务的记忆策略迁移到新任务上(Beverly & Joel,1996)。

教师通过讲解和示范促进动作技能的迁移,可通过多种方式进行,可以明确告诉学生两种动作技能之间的共同点,可以让学生观察不同动作技能的示范,也可以指导学生对不同动作技能进行练习,体验共同点等。

3. 尽量保持练习情境的相似性

练习的情境是动作技能记忆的重要线索之一,在相似的情境中进行动作技能的练习,能促进两种动作技能的迁移。这种相似的情境包括:练习的场所、示范的媒介、教学人员、环境布置、教学方法等。因此,在动作技能的教学中也应注意这些因素对迁移的影响。

三、正确运用反馈

"师者,所以传道授业解惑也""名师出高徒"等格言实际上都在说明学习过程中教师指导的重要作用。确实,在运动、舞蹈等以动作技能培养为主的领域,鲜有完全通过自学而获得高水平技能的例子。这主要是因为,在动作技能的学习过程中,学生经常会出现无法觉察自己错误动作的现象。如果在这种情况下只是简单地重复练习,往往会使错误动作更加根深蒂固,很难顺利地正确掌握复杂的动作技能。即使没有出现这种现象,简单的重复练习也会导致学习效率低下,进步缓慢。因此,练习中给予正确反馈,是培养动作技能的重要手段之一。有人将对动作技能练习的反馈分为内部反馈和外部反馈,前者来自练习者的本体感觉,后者则来自指导者或仪器工具等,又称为追加反馈(陈熹微,李靖,2016)。因此,教师在动作技能教学中对学生的反馈就是一种追加反馈。运用这种反馈促进教学时,需注意以下两方面。

1. 正确运用结果反馈

结果反馈(knowledge of result)是指在动作结束后,对个体动作的结果给予的评价、结论等相关信息。比如在跳远练习中,每次动作完成后都告知学生成绩是多少,就是一种结果反馈。

教师对结果进行反馈时,应注意以下三个方面。

① 反馈应有一定的精确度,例如"做得好""做得一般"就属于精确度不高的反馈,学生通过这种反馈获得的关于动作技能完成结果的信息量很有限。正确的做法是,明确告诉学生好在哪里,评价标准是什么,与前一次或与他人相比的差别情况等。

② 反馈要注意恰当的频率。研究表明,结果反馈并不是越多越好,每次练习后都给予反馈的效果不如一半的练习给予反馈,另一半不反馈(Chiviakowsky & Wulf,2002)。这可能是因为学生在得到反馈后,还需要一定时间在练习中加以体会并改进。

③ 结果反馈的时机问题也是不容忽视的。传统的行为主义学习理论认为,即时反馈比延时反馈的效果要好,且知道结果越快,练习效果越好。但一些针对动作技能掌握的研究结果表明,即时反馈的效果不如延时反馈,也有研究指出两者差别不大,这可能与动作技能本身的特点有关。因此,反馈的时机与动作技能的性质有关,即时反馈较适用于对复杂、开放的动作技能的练习,而延时反馈则更适用于对简单、封闭的动作技能的练习。

2. 正确运用表现反馈

表现反馈(knowledge of performance)是指在动作结束后,对个体在动作中的表现给予的评价、结论等相关信息。如在跳远练习中,动作完成后,告知学生"起跳时爆发力不足",就是一种表现反馈。

由于表现反馈能明确指出动作技能执行中的问题,能针对性地指导学生改进动作技能,在动作技能练习的初期,表现反馈能有效提高学生动作技能的水平。表现反馈是对动作技能执行过程中问题的评价,因此,正确运用表现反馈的关键在于教师的专业知识和教学经验。

当然,结果反馈与表现反馈并不是相互孤立的反馈方式,对于复杂、难掌握的动作技能,表现反馈的作用更明显,而在简单、易掌握的动作技能训练中,结果反馈会更适用。在动作技能训练的初期,表现反馈的作用较突出,而在动作技能的巩固与提高阶段,表现反馈的作用更大。

热点聚焦 7-1　　利用多媒体技术优化动作技能的学习反馈

当今社会,反馈媒体不再集中于教师、同伴、电视等,电脑的普及给知识反馈带来了便利。但直接用电脑处理视频、管理视频文件对一般大众来说还是有一定难度的,这就需要用某种语言开发一个用于管理、优化反馈信息的软件。这个软件面向的是一般大众,所以要求操作简单、界面简洁。在这里,我们以 NET 平台开发为例子来作一下说明。

1. 软件的设计

单独观看动作视频不容易找出学生存在的问题,所以我们要通过播放学习者的动作视频来发现问题。针对这种情况,我们尝试运用对比教学法。对比教学法能促使学习者在学习中更容易找到对比的两种内容之间的差别,从而提高学习者对对比内容的认识。而我们正需要这样一种对比来帮助我们认识自己的错误,提高动作技能的学习。我们把这个理论运用到软件当中:在软件的一个界面上同时放置两个播放器,一个播放标准演示视频,一个播放学习者自己的动作视频。两个视频文件从某一相同动作开始同步播放,让学习者自己看到两者的差别。软件有控制两个视频同时播放、同步暂停、同步后退的功能键,这使学习者可以方便地反复观看某一动作的对比,进而更好地在对比中提高自己动作技能的学习。由于可以有多个反馈信息的视频,软件还可以帮助使用者方便地管理和使用任何一个视频,需要播放时只需在软件的列表里直接点击选择即可,方便了对电脑不是很懂的人。

2. 操作步骤

① 把学习者的动作录制下来；② 把录好的视频添加到反馈的视频文件中；③ 选择该文件并打开；④ 在演示文件中选择相对应的视频文件并打开；⑤ 点击左边的播放按钮开始对比播放，并可以使用暂停、停止按钮，也可直接拉动进度条来调整播放的进度。

(杨蕴睿，刁永锋，2008)

四、指导学生运用正确的练习策略

如上所述，充分的练习是掌握动作技能所必需的。练习不是简单的重复，除上述在指导练习过程中遵循的规律外，正确的练习安排也有助于促进学生动作技能的掌握。

1. 集中练习与分散练习相结合

集中练习是指连续的长时间的练习，中间没有或有短暂的休息与停顿；分散练习是练习与休息或停顿以一定的时间交替的练习方式。

根据诸多研究者的结论，分散练习的效果要优于集中练习。有研究者在转盘追踪、镜画、描红、弹钢琴等运动技能的研究中发现，被试的成绩随每次练习中休息时间的增长而有所提高(黄希庭，1991)。但也有研究认为两种练习方式没有显著差别。一般说来，复杂动作技能应多使用分散练习，因为复杂动作技能无法通过一次或几次练习就能快速掌握，如果进行集中练习，会随着练习时间的延长而增加疲劳，降低练习的效率。而对简单的动作技能，或复杂动作技能学习的后期，可适当运用集中练习的方法。同理，如果需要训练的动作技能不止一种，应采用以随机或交替顺序进行练习的方法，而不应按一定顺序对每种动作只练习一次。

2. 整体练习与分解练习相结合

整体练习是指在练习时，每次都将动作技能完整地操作一遍，分解练习是指将动作技能拆分成几个部分，分别进行练习。

很多复杂的连续性动作技能必须通过分解练习来掌握，因为学生在初学时，无法正确连续地完成一系列动作，如武术的一个套路、体操的一套动作等。即使有的动作技能可以完全通过整体练习掌握，但如果在开始时运用分解练习的方法，效果会更好，如进行游泳训练时，一般是对上肢、下肢和换气几个动作进行分解练习。因此，对这些复杂的连续动作来说，应采取尝试整体练习——进行分解练习——再进行整体练习的方式为好，这也得到了实验研究的证实(和平，王健，2005)。

但需要注意的是，有些动作技能是不能无限度地进行分解的，例如，如果将篮球中的

"跳投"动作分解为"起跳""投篮"进行练习,则达不到理想的训练效果。这是因为这两个动作几乎是同时完成且相互配合的,不能看作是连续的动作技能。

3. 变换练习与重复练习相结合

对于很多较单一的动作技能来说,存在着变换练习与重复练习两种练习方式。所谓变换练习,是指不断变化动作技能中的一项或多项参数的练习,例如,在练习篮球投篮中的"定点跳投"动作时,如果在一次练习中不断变化投篮的距离和角度以达到熟练掌握,就是一种变换练习。而重复练习是指在一次练习中不变化有关参数,如只练习固定角度和距离的定点跳投。已有的研究表明,变换练习比重复练习的效果要好,因为变换练习能促进动作技能在不同情况下的相互迁移,增强动作技能掌握的巩固性和稳定性。而重复练习可运用在动作技能掌握的中后期,针对动作技能掌握中的薄弱环节进行练习,即"专项练习"。

图 7-4 杂技练习

在本章开头的案例引入中,我们列举了杂技演员作出的让人叹为观止的高难度动作。那么这些高难度动作是怎么掌握的呢?杂技演员之所以能够完成这些赏心悦目的表演,是因为他们掌握了完成这些动作必需的复杂的动作技能。

正如本章中所表述的那样,动作技能的掌握必须通过练习才能完成,而复杂的动作技能更需要长期艰苦的训练。比如,我国传统杂技的很多项目强调"幼功"的训练,即演员很小就开始基本功的训练,并长年累月地进行形体训练、力量训练、技巧训练,最终在扎实基本功的基础上达到熟能生巧、运用自如的境界。因此,杂技演员惊人的技能并不是天生的,而是在一定的先天素质的基础上,通过艰苦、科学的训练获得的。我们在学习或职业活动中需要的各种复杂动作技能,同样也需要通过有针对性的训练才能获得。

本章小结

- 动作技能是通过练习而形成的一定的动作方式,技巧是技能形成的高级阶段,复杂的、高水平的动作技能对能力有较高要求。

- 按复杂程度与动作是否有连续性,可把动作技能分为连续性动作技能和非连续性动作技能;按动作技能进行过程中外部环境条件是否变化来划分,可分为开放性动作技能和封闭性动作技能;按肌肉群参与部位来划分,可分为小肌肉群动作技能和大肌肉群动作技能。动作技能对个体的心理发展,特别是对少年儿童心理发展具有重要的意义。
- 动作技能水平必须通过练习才能提高。运用练习曲线可直观地表示这一过程。动作技能提高过程中会出现高原现象和动作技能的迁移。动作技能的形成可分为三个阶段:动作认知与定向阶段、动作联系与形成阶段、动作协调与完善阶段。
- 在培养动作技能过程中,教师应注意:注重形成动作表象与动作概念,促进动作技能的正迁移,正确运用结果反馈和表现反馈,指导学生正确运用集中练习与分散练习、整体练习与分解练习、变换练习与重复练习。

思考题

- 什么是动作技能?它是怎样进行分类的?
- 什么是动作技能学习中的高原现象?它产生的原因是什么?
- 动作技能的形成分为哪几个阶段?每个阶段各有什么特点?
- 动作技能培养过程中怎样指导学生正确运用练习策略?

问题探索

- 选择一个有一定难度的动作技能,如"套圈"游戏,进行练习并记录自己的练习曲线。
- 采访一位体育专业的同学,请他谈谈在专业学习中,与动作技能练习有关的感受。

第八章　社会规范的学习与教学

---本章细目---

本章要点

第一节　社会规范的概述

一、态度的概述

1. 态度的概念
2. 态度的构成
3. 态度的特点
4. 态度的功能

二、品德的概述

1. 品德的概念
2. 品德与道德的关系
3. 品德的构成

三、态度与品德的关系

1. 涉及的范围不同
2. 内化程度不同

第二节　社会规范的学习

一、态度的形成与改变

1. 态度的形成
2. 态度的改变

二、品德的形成与改变

1. 品德的形成
2. 品德不良的转化

三、影响态度和品德形成与改变的条件和因素

1. 影响态度和品德形成与改变的条件
2. 影响态度和品德形成与改变的因素

第三节　社会规范的有效教学

一、利用条件反射原理

1. 经典性条件反射法
2. 操作性条件反射法

二、提供榜样

三、进行说服

1. 沟通者的特点
2. 被沟通者的特点
3. 沟通时的特点

四、利用群体规范

五、通过角色扮演

六、进行价值辨析

七、小组道德讨论

本章小结

思考题

问题探索

本章要点

- 社会规范的含义
- 态度的含义、构成、特点和功能
- 态度与品德的联系和区别
- 态度、品德的形成与改变以及影响的条件和因素
- 促进态度和品德形成与改变的方法

想试着回答一下吗……

- 在日常生活、学习中,当你深思熟虑后提出一种看法却遭到大多数朋友反对时,你是否会怀疑自己而产生动摇呢?
- 俗话说"种瓜得瓜,种豆得豆""有其父必有其子",你是否同意这种说法,为什么呢?
- 一位癌症晚期患者,被一位他信赖的权威医生注射了一种所谓的"治癌特效药",竟奇迹般的精神振奋,行动自如,真有这样的"灵丹妙药"吗?
- "近朱者赤,近墨者黑""近朱者未必赤,近墨者未必黑",这两种说法你更赞同哪个呢?
- 当与他人的意见或观点发生冲突时,你是据理力争坚持自己原有的看法还是会站在他人的立场上考虑?
- 琳琅满目的商品,让人难以选择。面对质量和价格均差别不大的商品,你是否更倾向于购买你喜欢的明星代言的产品呢?
- "口不服心不服"表明的是什么态度?"口服心不服""口服心服"分别表明的是态度的哪个阶段?

学生小军,男,15岁,父母离异,随母亲生活,刚刚转入某校。该生性格倔强,歪点子多,多次触犯校纪校规,学习态度极差,经常不做作业,成绩不及格。在班内人际关系很差,经常轻则出口伤人,重则大打出手,对集体生活的疏离感比较明显。而且该生对老师的耐心教育不屑一顾,各方面都随心所欲,经常说谎,与老师顶嘴,几乎每天都要光顾网吧玩游戏,并沉迷其中不能自拔,为了上网还时常作出小偷小摸等品德不良行为。该生在家与母亲关系也非常紧张,母亲对其态度冷淡粗暴,他也由此对母亲产生了较强的逆反心理。

上述案例中小军的表现很差,通过他的态度和自身行为反映的品德来看,以后他有可能会危害社会,因为态度和品德体现了社会规范。他是否能变成好学生?我们能否改变他的态度和品德?如果能,应该怎样去改变他?这将在本章的学习中找到问题的答案。

第一节 社会规范的概述

个体从一个自然人成长为一个社会人,必须形成各种态度,养成一些品德,这样才有可能成为符合社会要求的成员。态度、品德形成与改变的过程实质上就是个体社会化的过程,也是社会规范的学习过程。

那么,什么是社会规范? **规范**(norm)一词来源于拉丁文"norma",本义指木匠使用的"规尺",后被用来研究人的社会行为,作为人的行为标准。不同的学科和领域对社会规范的界定不同,社会学家认为,社会规范是历史形成或规定的行为与活动的标准(Magill,1995);行为科学家则认为,社会规范指一个社会中诸成员共有的行为规则和标准(Gwin & Norton,1993)。因此,**社会规范**(social norms)是在一定社会中形成的用以调节其成员的社会行为的规则。

社会规范按内容可分为思想规范、政治规范、法律规范、道德规范、生活规范、工作规范、学习规范,等等。在教育心理学研究领域,一般认为社会规范的学习与教学主要表现为态度和品德的学习与教学,因此,本章将着重从态度和品德两个方面探讨社会规范的学习与教学。

一、态度的概述

态度是学生学习社会规范最基本的反应倾向,影响着学生的行为及其效果,因此了解态度、掌握态度的内容是进行态度培养的基础。

1. 态度的概念

尽管"态度"一词表面上看起来很好理解,但要想给"态度"下一个公认的定义却是一件很难的事情。将"态度"这一概念首次引入心理学领域的是哲学家斯宾塞(Spencer)和贝因(Bain),他们认为,态度是一种由个体的判断和思考导致的、具有一定方向的先有观念或先有倾向。早在19世纪末,心理学家朗格(Lange,1888)在一项反应时研究的实验中就发现,如果被试特别注意自己将要作出的反应时,即当被试在心理上对自己需要作出的反应有所准备时,其反应比其他被试快。他认为,这种心理上的准备状态实质上就是态度。

1918年,美国学者托马斯和兹纳涅茨基(Thomas & Znaniecki)将态度概念引进社会心理学。他们在研究移居美国的波兰移民对新环境的适应时提出了态度概念。他们把态度定义为个体对社会客体的价值、作用和意义的心理感受,或者说是个体对某些社会价值的意识状态。

后来的学者进一步认为,态度不能仅被看作是"行为的准备",它还包含了认知和情感的因素。他们认为态度是一种具有结构和组织的复杂的认知体系,同时还融入了情感因素,是一个人对任何事物的倾向、情感、观念等的总和。

另外,还有一些学者分别从不同的角度阐述了"态度"概念。社会心理学家罗森鲍姆(Rosenbaum & Franc,1960)认为,态度是刺激与反应之间的中介因素,个体对外界刺激作出的反应受到自己态度的调节。加涅(Gagné,1977)认为,态度同智力技能、认知策略、言语信息和运动技能一样,也是人类主要的几种学习成果之一。不同的是,同它们相比,态度与个人行为之间并不存在必然的因果关系,态度只是或多或少地决定个人的某一类行为,并不决定某一特定行为。加涅认为奥尔波特(Allport,1935)给态度下了一个能够经受时间考验的定义:"态度是心理的和神经中枢的准备状态,它通过经验来组织,并施加直接的或动力的影响于个人对所有与之有关系的对象和情境作出的反应。"

综上所述,我们可以从三个方面来理解"态度"这一概念:① 态度是一种反应倾向,而不是反应本身;② 态度与能力不同,能力决定人们是否能够完成某种任务,而态度决定人们是否愿意完成某种任务;③ 态度的形成与转变是学习的结果,是个体通过与其周围的环境相互作用而形成和改变的,态度不是天生的。

简言之,**态度**(attitude)就是个体习得的并影响个体对特定对象作出行为选择的有组织的内部反应倾向。

2. 态度的构成

从层次结构上来看,态度由三个层次或因素组成。

① **认知成分**(cognitive component)指个体对态度对象的知觉、理解与评价,这是态度的基础。人们对某一事物的态度,总是基于对该事物的认识和理解。它同时规定了态度的对象,也就是说,态度必须有一个明确的对象。值得注意的是,认知不仅包括对某人某事之所知,而且包括对某人某事的评论是赞同还是反对,如某人不但"知道如何做广播体操",而且"认识到广播体操对自己的身体有很大的好处,所以要经常做",这些都是态度的认知成分。

心理学家常用"一致性需要"理论来解释态度认知成分的产生。所谓的"一致性需要",就是假设个体总是保持自己在思想、信仰、态度和行为方面的一致性,当出现不一致或不协调的情况时,个体会力求获得一致,此时,其态度就有可能发生变化。

② **情感成分**(affective component)指个体对态度对象的情感体验,常伴随态度的认知成分而产生,如尊敬与轻蔑、喜爱与厌恶等。它是态度的核心成分,也是影响个体行为表现的重要动因。研究表明,在人的态度变化中伴随着情绪的变化。另外,国外心理学家通过对皮肤电反应的测量,发现态度变化与情绪变化有显著的相关。

③ **行为倾向成分**(behavioral intention component)即意向成分,指个体对态度对象意欲表现出来的行为,也就是行为的准备状态,意向与需要的关系很密切。如通常人们常说的"我想……"就属于此。

以上三种成分之间的关系可用图8-1表示。一般而言,以上这三个成分是相互协调一致的。比如,一个足球运动员认为"踢好足球为国家争得荣誉是非常崇高的事情",那他就会喜欢踢球,并产生努力踢好球的意向。但有时,这三者之间也会出现不协调的情况,此时情感成分起主要作用,比如生活中人们都有这样的经验,认识上的转变是容易的,但要在思想感情上得到转变就比较困难。另外,心理学家发现,认知、情感、意向三种成分之间的相互关系并不完全一致。一般而言,情感成分与行为倾向成分之间的相关比较高,而认知成分与情感成分以及认知成分与意向成分之间的相关就比较低,因而生活中常常出现人们态度与行为不一致的现象,如有时我们在认识上知道某人不错,有不少优点,但仍然不喜欢他。正因为如此,一些学者认为情感成分是态度的核心成分。

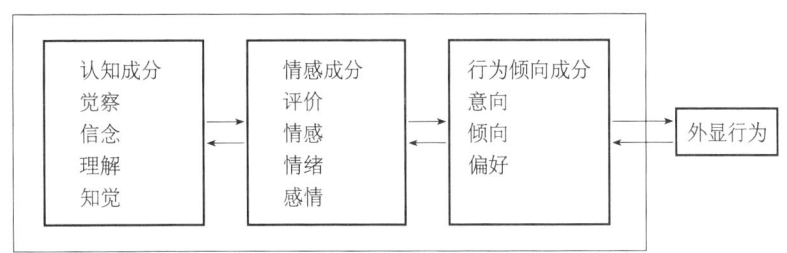

图8-1 态度结构中各成分关系示意图

学术研究 8-1　　　　有关态度与行为不一致的研究

20世纪30年代经济大萧条时期,里帕(LaPiere,1934)为了研究态度与行为之间的关系,和一对年轻的亚洲夫妇用两年时间环游美国,他们在所有停留过的旅馆、饭店都受到了热情周到的服务。然而,当事后以邮件方式调查184间饭店和66间旅馆时,在回信的128名商家中,92%的饭店和91%的旅馆表示不愿意接待亚洲夫妇。这个结果表明,态度与行为之间往往会存在差异,那么态度与行为不一致的原因是什么呢?

1. 社会态度有不同的层次,各个层次对行为的调节作用不同;
2. 同一对象具有多种属性与特征,当个体对其中某种属性持肯定态度而对另一种属性持否定态度时,就会导致不同的行为;
3. 个体行为除了受态度的影响以外,还受其他因素的影响,可以说,态度与行为不一致主要取决于当时的情境;
4. 个体的态度不应以口头表示为标准,由于心理结构的复杂性,各种行为往往受到多种态度制约,口头表示往往是不甚可靠的态度。

3. 态度的特点

态度的特点主要表现在以下五个方面。

① 态度具有社会性。态度不是与生俱来的,而是个体在长期的学习和生活中,通过与社会的不断相互作用而逐渐形成的。比如,刚出生的婴儿,对外界事物刺激不会有任何态度,但随着与外界社会环境的接触,思维逐渐发展,情感逐渐丰富,经验也逐渐积累,才开始形成对各种事物的不同态度。

② 态度具有稳定性。态度形成以后,就具有一定的稳定性,较难发生变化。在行为反应上表现出一定的规律性和倾向性,这种相对稳定的特点对于个体的社会适应是有利的。

③ 态度具有对象性。任何态度都是针对某一对象的,不存在没有对象的态度。

④ 态度具有系统性。个体的所有态度合起来被称为态度群,其中彼此相连、紧密相关的态度被称为态度系统。一个态度系统包括各态度内部成分的有机联系,但更重要的是指态度群的有机联系。由于态度系统中各态度的相互联系较为固定,人们可以从某人的一种态度推知其另外一种态度。比如,从某人讨厌数字可以推知他很可能不喜欢数学。

⑤ 态度具有间接性。这是指态度相对其对象而言,不具有直接发生行为作用的特点,它只是一种行为倾向,而不是行为本身。从这个意义上讲,态度具有一定的内隐性和动力性。比如,亲切、真诚的态度易让人有安全感并愿意亲近;阴险、虚伪的态度则让人怀有戒心并疏而远之。

4. 态度的功能

态度由认知、情感和意向三个因素构成,它对个体具有多方面的功能。

① 态度的认知功能。态度为个体的行为反应提供具体信息。某一特定态度一旦形成,成为一定的心理结构,就会影响对后继刺激的接受,对于后继刺激具有的价值能够发挥判断作用与理解作用。态度能使个体有选择地接受有利于自己的、合适的信息,拒绝不

合适的信息,但也可能使个体接受错误信息而产生错误的认识,形成偏见。

② 态度的情绪功能。人们的某种态度决定了自身的某种期望、某种目标,与其态度相一致的事物将会给他带来满足感,与其态度相反的事物则会唤起不满足的情绪。

③ 态度的动机功能。态度具有动机作用,态度将驱使人们趋向或逃离某些事物。它规定什么是偏爱的,什么是厌恶的,什么是渴求的,什么是避免的。例如,在一定社会文化传统中的人们对于食物的爱好或禁忌并不是根据它们的营养价值,而是取决于他们已形成的固有的态度。

具体而言,态度的动机功能主要体现在适应、表现和防御三个方面:态度促使个体转向为实现自己目标而服务的某一对象;态度可使个体摆脱内部紧张,成为表现自己个性的工具;态度可促使个体解决内部矛盾,超脱群体情境以保护自己。这是从态度包含的成分出发,对其功能所作的分类。也有学者从另外的角度进行了分析,社会心理学家史密斯(Smith)等人和卡兹(Kat)曾提出过两种十分相似的态度功能理论,其主要观点如表8-1所示。

表 8-1　史密斯等人和卡兹关于态度的观点

史密斯等人的观点	卡兹的观点
1. 社会性	1. 工具性、选择性、功利性
2. 外化	2. 自我防御
3. 对象评估	3. 知识性
4. 表达的品质	4. 价值表达

学术研究 8-2　　　　内 隐 态 度

研究者认为,除了我们自己能清楚意识到的态度(外显态度)之外,还有一种个体无法内省识别或者无法精确识别的过去经验的痕迹,这种痕迹调节着个体对社会对象的喜欢或不喜欢的感受、思考和行为。这就是内隐态度。简单地说,内隐态度就是我们不能清楚意识到,但又不知不觉影响我们行为的那种态度。内隐态度具有意识不可接近性、个体无意图性、不需要个体的意志努力与不可控性等特性。

关于内隐态度与外显态度的关系,有研究者持内隐、外显态度同一论的观点,即两者实际上是同一种心理结构,但有时两者统一,有时外显态度是内隐态度在一定程度上的歪曲表达。而内隐、外显态度分离论则认为,外显态度与内隐态度具有不同的心理加工机制:外显态度是思维意识性产物和自我反映的结果,内隐态度则是潜意识的产物。

内隐联想测验(implicit association test)是目前应用最广泛的内隐态度的测量方法。它是一种间接测量方法。具体做法是,呈现具有相容或不相容关系的概念词和属性词,让被试进行分类任务。在这里,相容是指概念词和属性词之间关系与被试内隐态度相一致(如"郁金香"和"可爱的"),否则为不相容(如"蜘蛛"和"可爱的")。在相容条件下,分类任务更多地是自动化加工,反应速度快,反应时短;在不相容条件下,被试产生认知冲突,分类任务需要进行复杂的意识加工,反应速度慢。因此,由被试分类任务的正确率和反应时便可推测被试的内隐态度。

二、品德的概述

品德反映了个体的行为是否符合社会的道德规范和准则,它是对社会规范的内化。了解品德的内涵有利于我们更客观地评价一个人的品德,有助于我们找到品德习得的关键点。

1. 品德的概念

不同学者从不同角度对"品德"下了不同的定义,一般认为,品德是指个人依据一定的道德规范和准则行动时表现出来的稳定的心理特征和倾向,它对个体的社会行为具有调节功能。也有学者从价值评价的角度,将品德定义为:个人持有的能引起社会道德价值评价的思想观念和行为特征。

我们认为,**品德**(morality)是指一个人在面临一系列道德情境时表现出来的某些稳固的人格倾向。个体在其逐渐社会化的过程中,常常会自觉或不自觉地按照某种社会公认的道德准则去行事,表现出一种比较稳定的特点或倾向,即品德,也就是通常所说的个体的道德品质、德性、品性。因此,个体的品德不是与生俱来的,而是社会化的产物,其形成是主客体相互作用的结果,是教育与自我教育的产物。品德在教育活动和社会交往中形成,又通过社会活动和交往表现出来。

知识小窗 8-1　　　历史上有关品德内容的观点

品德内容不同于品德的心理结构。品德的具体内容是一定社会或一定阶级的道德原则、道德规范在人的思想和行为中的体现,它是历史的、具体的。不同时代、不同民族和不同阶级有不同的品德内容。

我国古代孔子把"仁"作为最高的道德原则,围绕"仁"这个核心,他提出了"智""仁""勇"三德。孟轲在这个基础上,又提出仁、义、礼、智四德。荀况还把节操作为道德品质的主要内容。到了宋明时代,统治阶级特别强调上下尊卑,忠、孝、节、义等品德,更把节操提到突出的地位。近代孙中山在致力于推翻清朝封建统治的斗争中,又提出"忠孝仁爱,信义和平"的品德要求。

在西方,不同时代、不同阶级也提出不同的品德内容。古希腊的苏格拉底、柏拉图以克己、勇敢、正直、虔诚、聪明、节制作为品德内容,系统地论证了聪明、勇敢、节制和正直四种基本德性,这就是后人所称的"希腊四大德性"。西方近代资产阶级在宣扬人道主义的同时,也把仁爱、仁慈作为主要品德内容。历史上被剥削、被压迫的劳动人民，在世世代代的阶级斗争和生产斗争中，形成了自己的优良品德，主要表现为勤劳、刻苦、俭朴、善良、诚实、勇敢、团结和互助等品德。

从历史的发展来看，几乎可以说，人们有多少实践活动领域，就有多少品德的内容。

2. 品德与道德的关系

品德与道德有着密切联系，品德是社会道德在个体身上的表现，离开社会道德就无从谈个人品德。而个体的品德也可以转化为道德的有机组成部分，以丰富和发展社会道德。道德在个人身上体现出来的稳定的倾向就是品德。品德作为性格的一个侧面，是个体将那些与社会交往的行为准则有关的态度或价值观不断内化的结果。

当然，品德与道德也有着明显的区别，道德是一种社会现象，是行为规范的综合，它对调节人际关系起着重要作用，是上层建筑的一部分，是社会意识形态的反映，其发生、发展服从社会发展的规律，它是伦理学研究的对象。而品德则是一种个体心理现象，属于个性的重要组成部分，其发生、发展依附于具体存在的个人，既受制于社会的发展规律，又服从于个体的发展规律，它是心理学、教育学的研究对象。

3. 品德的构成

我国传统观点认为，品德包括以下三个部分。

① **道德认识**(moral cognition)，即道德观念，它是指对道德行为准则及其执行意义的认识。其中包括道德的概念、命题等道德认识的产物。它促使个体道德价值观念的发展，道德价值观念作为认知结构中的一种成分，其发展又会进一步影响道德认识。道德认识是品德形成的基础，只有当一个人充分认识到行为的道德意义时，他才能养成良好的品德。

② **道德情感**(moral affection)，它是伴随着道德观念而出现的情感。无论个体是在对自身的行为作道德判断，还是在对他人的行为作道德判断，都会出现与这些判断有关的情感。当道德认识和道德情感成为经常推动个人产生道德行为的内部动力时，它们就形成了道德动机。由此可知，道德情感是道德认识和道德行为的重要中介变量。

③ **道德行为**(moral behavior)，它是道德动机的外部行为表现。道德行为是衡量品德的重要标志。常言道："听其言而观其行。"看一个学生的品德，既要看他认识到什么，更要看他是否言行一致。道德行为除了需要道德动机的推动和道德意志的调节外，还需要个体掌握一定的道德技能。当道德行为成为一种稳定的、自动化的习惯时，道德行为习惯就形成了，它是品德培养的重要目的。

上述品德的三个成分并不是相互独立的，而是相互联系、相互制约的，在培养儿童的优良品德时，不能忽视任何一方面。

三、态度与品德的关系

区分态度与品德这两个概念看起来是有一定困难的。例如,两者均是一种习得的影响个人行为选择的内部状态,比如:具有助人为乐品德的学生在别人遇到困难时会自然而然地产生助人行为的内部心理准备状态或反应倾向,即具有"助人为乐"的态度。而且,两者均包括认知、情感和行为意向这三个方面。但是,仔细分析,这两者还是有一定区别的。

1. 涉及的范围不同

态度涉及的范围大,包括对人、对事、对物、对己的态度。这些态度中只有那些涉及社会道德规范的态度才能被称为品德。如某学生对学习、工作马马虎虎、敷衍塞责,这就属于态度问题,而不是品德问题。

2. 内化程度不同

态度存在从轻微持有和不稳定到受到高度评价且稳定之间多种程度的变化。价值内化的最高水平是个体的价值标准的"组织"。通过组织,克服各种不同价值标准的矛盾和冲突,最后成为个人性格的一部分(即价值性格化),品德就属于这一阶段的有关态度。在学校教育中,年幼儿童由于其价值标准没有内化或完全缺乏价值标准,许多不良的行为表现,如讲假话或损坏他人物品等,可以视为态度的不良表现,但不宜视为品德的不良表现。

第二节 社会规范的学习

进行社会规范的学习主要是进行态度和品德的学习,态度与品德不是与生俱来的,而是在社会化过程中逐渐习得内化的,掌握态度和品德的形成与改变规律有助于社会规范的有效学习。

一、态度的形成与改变

虽然心理学家对态度形成的内部心理机制作了不同的解释,但都认为态度的形成是一个过程,是可以训练的,在训练改变时要经历不同的阶段。

1. 态度的形成

个体态度的形成是个体与其周围环境相互作用的结果,而态度一旦形成,就具有相对稳定性,成为个体一种内在的心理结构,从而对其行为产生一定的影响。之所以如此,是因为如前所述,情感成分在态度中占有特别重要的地位,而一个人情感的改变要比认知的改变困难得多。

态度形成的内部心理机制是什么样的呢？不同的学者给予了不同的解释。

在经典性条件反射实验中早已发现，经典性条件作用能使个体对某种特定刺激形成特定的情绪反应。华生和雷纳(Waston & Rayner,1920)曾做过一个有名的实验，当一个婴儿触摸一只小白鼠时，实验者便在其后发出令人恐惧的金属敲击声，不久，这个婴儿便开始对小白鼠和带毛的东西产生了明显的恐惧感。

20世纪60年代，美国心理学家班杜拉提出社会学习理论，其主要观点是，个体是通过观察和模仿来进行社会学习的。态度学习作为社会学习的一种当然也不例外。班杜拉认为，**观察学习**(observational learning)是指个体以旁观者的身份观察他人的行为表现，并形成相应的态度和行为方式。观察不需要个体亲身经历某种刺激-反应联结，因而班杜拉把观察学习称为"不需练习的学习"。**模仿学习**(imitation learning)是指个体仿照他人的态度和行为方式而行动，力图使自己的态度和行为方式与被模仿者(榜样)相同。模仿包括四种类型：**直接模仿**(direct imitation)，个体通过榜样的行为直接学到一定的态度；**象征模仿**(symbolic imitation)，个体对广播、电视、电影和小说等媒介物中显示的榜样态度进行学习；**创造模仿**(creative imitation)，学生将各种榜样的态度和行为方式综合成全新的态度体系来进行模仿；**延迟模仿**(deferred imitation)，个体观察榜样一段时间后才出现模仿行为。

班杜拉并不认为强化是学习的必要条件，但他十分强调强化在个体学习中的作用。他认为强化有外部强化、替代强化和自我强化。外部强化，即强化一般在个体表现出合乎要求的行为后以某种奖赏物的形式出现；替代强化，即个体观察他人的某种行为，若该行为受到强化，个体会因此而增强自己该行为的出现概率；自我强化，即个体会因是否达到自己设置的目标而自我肯定或自我否定。

实践探索 8-1　　个体的需要和期望在态度形成中的作用

有些西方学者认为，需要和期望是态度形成的原发性机制中的两个关键因素，他们常用所谓的"饥饿实验"来说明需要与态度结构的关系。

在莱文(Levine)的实验中，被试是一组饥饿程度不同的人，首先让他们看一些胡乱涂画的图片，其中有几张描绘了食物和其他东西，这些图片都被盖上了一层薄纱，使被试无法看清楚图片内容。结果发现，饥饿时间越长的被试越倾向于将图片上画的东西看成食物，表现了明显的认知倾向。

在凯恩斯(Koens)进行的类似实验中，不少被试还表现出注意力分散、情绪不稳定等特征。此外，这些被试对别人的态度也起了变化，如吹毛求疵地挑剔别人的过失，憎恶同伴或怨恨别人。

加涅(Gagné,1977)认为,导致个体向榜样学习的一系列事件,大体上按照以下顺序进行:

① 建立榜样的感染力和可信性;

② 刺激学习者回忆态度的对象以及适当的态度出现的情境,如教师在培养学生"帮助他人"的态度时,提供一些信息,以提醒儿童回忆"帮助"的心理意义,以及在什么样的情境下出现"帮助";

③ 榜样人物示范或显示合乎需要的个人行为;

④ 显示或介绍榜样人物受到强化后的结果,以使观察者得到替代性强化。

2. 态度的改变

凯尔曼(Kelman,1961)提出态度转变的过程可分为三个阶段。

(1) 顺从

顺从(compliance)是指人们为了获得物质与精神的报酬或为了避免惩罚而往往采取表面的顺从行为。顺从行为不是个体内在的愿望,而仅仅是某种"权宜之计",一旦某种条件不再存在,顺从就可能不再存在。日常生活中常见的"闯红灯"现象,当有交警指挥时,一般人都会遵守交通规则,可是一旦没有交警,"闯红灯"的可能性就会大得多。

(2) 认同

与顺从不同,**认同**(identification)是人们自愿地接受某种观点、信念,使自己的态度与他人的要求相一致。如人们自愿加入一些社团并自觉遵守该社团的各种章程。认同的实现与他人或群体对个体的吸引力有很大关系。认同时可以有榜样的存在,不过与模仿不同的是,模仿的榜样必须是具体的,而认同的榜样则可以是抽象的。

(3) 内化

内化(internalization)是指一种观念或行动与个体的价值体系一致时,个体就接受这种观念或行动,并将其与自己现有的价值体系融为一体。这一概念最初由法国社会学家迪尔凯姆(Durkheim,1973)提出,指社会意识向个体意识的转化。后来美国的英格利希(English,1985)将内化理解为采纳别人的或社会的观念、做法、标准与价值观并将其作为自己的东西的过程,指出社会规范的内化就是从社会或一个参照组接受行为的标准或准则。美国社会心理学家阿伦森(Aronson,2005)则将内化视为把准则、信念纳入自己体系的过程。

到了内化阶段,人们真正从内心深处相信并接受他人的观点而彻底地改变自己的态度,这意味着个体主动地将新观点和新思想纳入自己的价值体系之中,使之成为自己态度体系的有机组成部分。比如,一个真正的马克思主义者,必然会对共产主义事业抱有坚定的信念,不管遇到了什么样的困难和挫折,都不会有丝毫的动摇。

显然,个体的态度只有到了内化阶段,才是稳固的、持久的、难以改变的。相比较而言,表面的顺从就显得肤浅、短暂、被动,尽管如此,在态度形成的过程中,被迫进行的顺从其作用也是不可以忽略的,在一定程度上,它是态度形成的必经之路。就像前面所说的遵守交通规则问题,首先必须顺从交警的指挥,然后逐渐养成习惯,自觉遵守,最后形成牢固的观念,以至于如果不按照交通规则走路,会感到很不自在。

二、品德的形成与改变

品德不是在短期内形成的,而是经过一系列的学习不断构建而成的。正因为它的形成是一个变化过程,所以对品德不良的转变可以根据情况从不同阶段着手。了解品德的形成与改变对品德不良的转化也具有重要的意义。

1. 品德的形成

个体品德的形成是个体在社会化过程中,在社会舆论和教育等影响下将外部道德规范进行内化的过程,也就是说,品德是在人际交往中,在对社会规范的学习和接受中形成和发展的。品德结构的构建同社会规范的遵从、态度的确立是一致的,社会规范的接受是品德结构不断构建的过程。

这一过程包括心理准备、道德信念的形成、道德意志力与道德行为习惯的培养等阶段。

(1) 心理准备

心理准备就是个体希望接受教育的心向,它是道德教育的前提条件。学生对教师的态度是影响心理准备的重要因素。

(2) 道德信念的形成

道德的实质涉及道德行为的意向和理由。所谓意向,是指个体对自己受意志支配的行为的意识。所谓理由,不同于原因,理由是指个体在理智、信念指导下的行为目的,而原因只表明行为逻辑上的因果关系。因此,培养个体形成一定的道德价值观念,学会用道德价值观念来调节自己的行为,在品德培养方面是必要的。

道德价值观念还不能成为个体行为的动机力量,而道德信念就是坚信行为规范的正确性并伴有情绪色彩与动力特点的观念,它是一种主动要求得到维护与实现的道德需要,即观念动机。

培养个体的道德判断能力有利于个体形成某种道德信念。道德判断能力是个体运用已有的或正在形成的道德准则或道德价值观念,对别人或自己的行为品质作出是非善恶判断的能力。这种能力是个体评判自己的道德认识以及他人对自己的道德要求的正确性所必需的。

在培养学生的道德判断能力时,应该注意儿童认知发展的特点以及儿童道德判断能力发展的阶段特点。

(3) 道德意志力与道德行为习惯的培养

当一种道德行为不需要意志努力时,我们就称这种道德行为已成为习惯了。在这一阶段中,应提供的条件是适当的强化、榜样的选择和给予实践机会。

2. 品德不良的转化

品德不良(moral delinquency)是指学生经常产生违反道德准则的行为或犯有较严重的道德过错,这是目前多数研究者都比较公认的关于"品德不良"的定义。不良品德是指个体具有的不符合道德要求的品德。品德不良既有可能是由道德认识方面的原因造成的,也可能是由道德意志或道德行为习惯方面的原因造成的。品德不良的转化过程大致经历以下三个阶段。

(1) 醒悟阶段

在社会实践活动中,品德不良者会经常因自己不适当的言行而遇到一些挫折,这样就有可能促使他们去反思自己的行为,认识到自己的行为违反了社会道德规范。此时个体就处于醒悟阶段。

引起醒悟的方法有两种。

① 消除疑惧。品德不良的人由于经常受到社会的责难,故而对他人抱有戒心,但他们在内心同样也有被社会、被他人尊重的需要。如果教育者适时、适当地给予关心、鼓励,就会慢慢地消除他们的疑惧,为进一步的道德教育提供互相信任的基础。

② 引发其他需要。许多品德不良的人往往意识不到自己的行为会给予自己有切身利益的人或事物带来什么后果,教育者如果能够抓住时机适时引导,就可以引发这些人的其他需要,从而促使他们醒悟。例如,在对犯错误的青少年进行教育时,可以描述由于他们所犯的错误而给他们的家人带来的极大痛苦,以及他们的家人朋友是多么希望他们能早点改过自新。这样可以引发他们强烈的归属与爱的需要,从而会促使他们幡然悔悟,洗心革面,重新做人。

实践探索 8-2　　　　南风效应:让批评变得温暖

法国作家拉封丹曾写过一则寓言,讲的是北风和南风比威力,看谁能把行人身上的大衣脱掉。北风首先来一个冷风凛凛、寒冷刺骨,结果行人为了抵御北风的侵袭,便把大衣裹得更紧了;南风则徐徐吹动,顿时风和日丽,行人因之觉得春暖上身,始而解开纽扣,继而脱掉大衣,南风获得了胜利。这就是"南风效应"。

它带给我们的教育教学两点启示。

1. 教师在处理自己与学生的关系时,要让学生感到温暖。 教师对学生冷漠甚至冷酷必然会造成师生间的情感对立,而这种对立的情绪是教学管理尤其是学生品德转化和改变过程中最严重的障碍。巧借南风效应,让温暖的批评像春雨一样滋润孩子稚嫩的心灵,让学生体会到教师关爱的温暖,这样容易使教师获得学生的信任,会使教育教学变得自然流畅,学生自然会因喜爱自己的老师而接受老师的教育。

2. 教育教学要讲究方式方法。 北风和南风都要使行人把大衣脱掉,但由于方法不一样,结果大相径庭。教师在处理品德不良学生的问题时,应尽量采取柔和、暗示的方法。教师怒对学生,拍桌、打椅,甚至体罚,会使学生的"大衣裹得更紧";采用和风细雨"南风"式的教育方法,则会轻而易举地让学生"脱掉大衣",达到教育目的,收到更好的教育效果。

(2) 转变阶段

当品德不良的个体产生了改过自新的意向,而且对自己的错误有了初步认识之后,他们会在行为上产生一定的转变。当然教育者也应该清醒地认识到,冰冻三尺,非一日之寒,品德不良是在长期的社会生活中形成的,这些个体往往缺乏上进心,有时抵制不了诱惑,并常抱有侥幸心理。在转变阶段,品德不良的个体常有反复的现象。出现反复的情况有两种:一种是前进中的暂时后退;二是由于教育的失败而出现的大倒退。

避免反复的方法有:

① 暂时避免旧的刺激;

② 创设积极的情境让他们获得积极的情感体验和进取心态;

③ 在时机成熟的时候让他们在消极的情境中接受考验。

(3) 自新阶段

进入这一阶段的个体,完全以崭新的面貌出现在社会生活中。对待这些个体,教育者要注意:第一,要避免歧视和翻旧账,要加倍关心他们的成长;第二,更为积极的是要使他们形成完整的自我观念。一个具有完整的、健康的自我观念的个体,敢于对自己的行为负责,并具有强烈的进取心,而不为别人的歧视所动。

三、影响态度和品德形成与改变的条件和因素

态度与品德都是可以改变的,掌握影响态度和品德形成与改变的条件和因素,有助于我们从不同层面、不同角度进行态度和品德的培养。

1. 影响态度和品德形成与改变的条件

(1) 外部条件

① 强化。同其他种类的学习一样,在态度、品德的学习过程中,强化起着重要的作

用,强化可以增强个体对客体的内部准备倾向。

② 榜样人物的选择。正如班杜拉的社会学习理论所指出的,许多态度是个体通过观察、模仿他人的行为而习得的。

(2) 内部条件

① 相应的概念。加涅(Gagné,1977)认为,学习者应具备以下概念:首先,学习者必须具备那种新的(或新改变的)态度将要指向的事物、事件或人的概念,换言之,在明白态度指向对象的意义之前,个体将无法学习有关这一对象的态度;其次,应具备一套行为与相应情境关系的概念,比如某学生知道,帮助同学会得到老师的表扬和同学的友谊。

② 认知不均衡。前面在讨论态度的认知成分时就已经提到,20世纪50年代后期,社会心理学界出现了几种强调态度的认知成分的理论模型,这些理论模式均包含着一致性需要的假设,即假定个体总是力图保持自己在思想、信仰、态度和行为方面的一致性,当出现不一致或不协调时,个体就会力求获得一致,此时,其态度就有可能发生变化。

③ 个体要求形成或改变态度与品德的心向。学习者在具备上述两类条件的状况下,并不一定必然形成或改变某种态度。例如,日常生活中人们不可能解决所有认知不均衡。此时个体具有态度学习的心向,显得尤为重要。影响个体态度学习心向的条件包括:形成或改变态度是否影响各方面的适应;态度学习中获得的强化与不学习遭遇的惩罚或损失的严重性之间的比较等。例如,对一些学业上屡遭失败的学生来说,升学、深造不会比毕业、谋职更具有吸引力。面对他们,教师要想使他们形成对升学的积极态度或改变他们对学习的消极态度,就显得比较困难。

学术研究 8-3　　有关一致性需要假设的几种理论

1. 海德的平衡理论(即 P-O-X 理论)

如图 8-2 所示,海德(Heider,1958)认为,假如 P 为认知者,O 是 P 认知的一个人,P 与 O 建立起一定的态度关系(好感或厌恶感),X 为第三者的人或物或事,那么当 P-O-X 三者关系协调一致时,P 的态度不需改变,反之则 P 心理上不舒服,此时 P 的认知体系需要发生改变。

2. 纽科姆的对称理论(即 A-B-X 理论)

这一模式与 P-O-X 理论本质上是一致的,不同的是,海德认为,P 是认知主体,纽科姆(Newcomb,1961)则认为 A、B 当中,不必确定谁是认知体系中的主体。

3. 费斯廷格的认知不协调理论

费斯廷格(Feistiger,1957)认为人有许多认知因素,这些认知因素有些是相互独立的,有些是相互关联的。相互关联的因素之间存在两种情况,一种是两个认知因素之间呈协调关系,另一种是呈不协调关系。

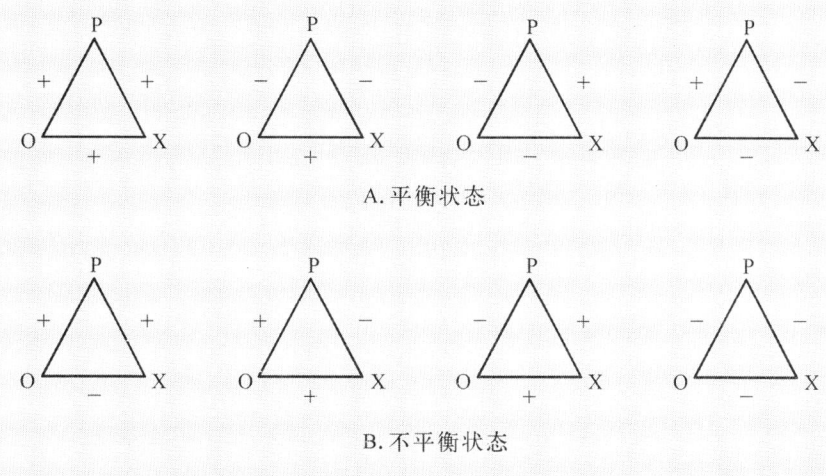

图 8-2 海德的 P-O-X 模式图
(图中"+"表示肯定关系,"-"表示否定关系。)

认知因素之间的失调会使心理上产生不愉快,有时有压迫感。失调的程度越大,人们想要减轻或解除失调的动机就愈强烈。

解除失调的方法有:第一,否认信息的正确性;第二,添加新的协调的认知因素;第三,作出某种解除失调的行为。

费斯廷格的认知失调理论,能说明人们的行为及其态度的变化,比海德和纽科姆的理论模型具有更大的适用性。

2. 影响态度和品德形成与改变的因素

(1) 客观因素

客观因素是指个体自身以外的一切条件,包括家庭、社会、学校、班集体和同伴小集体,这些因素对学生的态度和品德的形成与改变有着重要的影响。

① 家庭教养方式。"父母是孩子的第一任教师",对于家庭教育的重要性,一般人都比较容易理解。心理学中的大量研究也证明,家庭教养方式对孩子的心理有着非常重要的影响,尤其在态度和品德学习方面更是如此。艾森伯格(Eisenberg,1995)研究发现,如果儿童在早期有较丰富的与父母或兄弟姐妹的交往经验,那么他们在幼儿园和学龄阶段就会对他人的情感更敏感,也更容易对自己的违规行为产生羞怯的情绪。

② 社会环境。社会环境包括社会舆论、大众媒介传播的信息、成年人的榜样作用等。美国学者帕克(Park)等人的研究表明,在其他生活条件相似的情况下,观看暴力电影的学生比其他学生有更多的攻击性行为。彼得逊(Peterson)等人对美国 7~11 岁学生的一项

调查显示,常看暴力电视节目的学生有更多的恐惧感,他们担心一个人在外玩时被人杀害,有的甚至对社会失去信心。

③ 学校教育。可以说,青少年主要的活动时间是在学校度过的,很自然地,学校教育环境就成为教育环境的主要组成部分。马治国等人(2014)发现,小学生能够认知到教师课堂教学行为的道德意义,教师的教学中民主倾向行为(如公正、尊重、平等、宽容等)能够被学生较多地认知到,从而影响学生的道德认识水平。卢家楣(2009)研究发现,青少年道德情感与良好的师生关系、教师有情施教、自评学习成绩较好等因素密切相关,这也表明学校教育相关因素在学生品德形成发展中具有重要作用。

> **知识小窗 8-2　　罗森塔尔效应:教师的期望燃起学生希望之火**
>
> "罗森塔尔效应"又名"皮格马利翁效应"。相传古代的塞浦路斯国王皮格马利翁精心地雕刻了一具象牙少女像,由于他十分欣赏和迷恋这位象牙少女,他每天都含情脉脉地注视她,久而久之,这种无限的深情竟使象牙少女活了起来,走进了皮格马利翁的生活。
>
> 这一美丽的神话,完全应验了中国的一句老话——心诚则灵。但神话毕竟是虚幻的,在教育领域,我们更应关注的是,教师的期望究竟能对学生产生多大的影响。
>
> 罗森塔尔(Rosenthal)和他的助手雅各布森(Jacobsen)在一项研究中探讨了这个有趣的问题。他们向教育界宣布了他们的发现:中小学生在校成绩的好坏,是教师对学生不同期望的真实写照。这一划时代的研究立即引起了人们的极大兴趣和争议。
>
> 他们在一所普通的小学随机抽取20%的学生,告诉校长和教师要对学生进行发展潜力的测验,然后煞有介事地告诉他们,名单上的学生具有产生"冲刺"的潜力,并特别叮嘱教师在不告诉学生本人的前提下注意长期观察。8个月后,当他们回到该小学时,惊奇地发现,名单上的学生不但在学习成绩和智力表现上有明显的进步,而且在态度、品德、师生关系等方面也都有明显的变化。
>
> 罗森塔尔的话,其实只是"权威性谎言"。心理学家通过"权威性谎言"暗示教师,坚定了教师对名单上的学生的信心,激发了教师对这些学生独特的关注和期望。

④ 同伴影响。青少年的同伴集体既包括正式的班集体和各种学生团体,也包括一些非正式的小集体。社会心理学家认为,这些同伴集体之所以能对青少年产生重大影响,主要是因为从众现象的存在。所谓**从众**(conformity),是指个人的意见、态度和行动倾向于与大多数人保持一致。值得注意的是,随着青少年年龄的增长,他们与父母、教师的关系逐渐疏远,他们更喜欢与同伴交往,希望得到同伴小集体的接纳与认可。在同伴集体中,与正式集体对个体的影响相比,非正式集体对个体的影响呈逐渐增强趋势。因此,可以在学校德育实践中构建同伴交往的德育模式,能促进良好品德的形成和发展(陈伯良,

2013)。

⑤ 榜样吸引力。研究表明，榜样的吸引力是影响个体态度和品德形成或改变的重要因素。一般来说，有较大影响力的榜样通常有以下特征：这些榜样的行为达到了要求并得到了奖励，而其他人也常效仿他们的行为；这类榜样有权力、有能力奖励学习者，尤其是已经奖励过学习者的榜样；这些榜样与学习者有类似之处(如性别、年龄等)，即这些榜样可以反映学习者的自我概念和志向。

学校所能提供的榜样一般来自教材、教师和优秀学生。布赖恩(Midlarsky Bryan, 1972)研究发现，如果儿童看到榜样把自己参加比赛得到的奖品捐献给慈善团体，他们也会这样做；如果榜样不这样做，儿童就会留下自己的奖品。研究还发现，如果只是口头说教，诸如"你应该给……""给别人东西是好的"和"给人希望让人快乐"等这类言词劝告，那么对儿童外显的亲社会行为没有什么影响。

(2) 主观因素

① 智力水平。智力水平与品德、态度的学习有着比较复杂的关系，有人就一般少年与品德不良的工读学校的少年的智力水平进行对比研究(陈容，周丽，白春玉，1998)。结果发现，工读学校少年无论是在言语智商、操作智商，还是在总智商上，都显著低于一般少年。智力既是影响学业成绩的重要因素，也是影响态度与品德形成的重要因素。

② 教育程度。青少年的道德认识与判断不仅与智力有关，还随着年级升高、教育水平的提高而进步。有人以小学二年级、五年级和初中二年级学生为被试，研究者在谈话中告诉他们许多问题情境和纠纷事件，要他们设想出最好的解决方法。如"一天早晨甲把乙书桌上的一把直尺拿走了，甲不愿归还乙。这时乙应怎么做呢？"被试的类型和各年级所占人数的百分比见表8-2。

表8-2 道德解释在年级上的差异(%)

回　　答	二年级	五年级	八年级
拒绝共用工具	72	21	7
宣传他的坏品德	55	39	6
夺取他的用品	57	40	3
毁坏他的器具	69	31	0

③ 道德认知水平。皮亚杰(Piaget, 1932)认为，儿童道德认识的发展与儿童认知能力的发展是息息相关的。他曾利用对偶故事法来研究儿童的道德发展，发现儿童的道德认知发展可分为以下三个阶段。

第一,前道德阶段(0~3岁)。此时儿童尚处于前运算思维时期,他们对问题的考虑属于自我中心式的,不能区分主体与客体,而是把外部环境看作自我的延伸,按自己的想象去行为处事。

第二,他律道德或道德实在论阶段(3~7岁)。此时儿童单方面地尊重和服从权威、规则,判断一个行为好坏的根据是行为的物质后果而不是个体的主观动机,而且看待行为有绝对化的倾向。

第三,自律道德或道德主观主义阶段(7~12岁)。此时儿童开始认识到规则是人制定的,自然也可以被人修改。规则具有一种保证相互行动和相互给予的可逆特征。此时儿童在判断行为时既考虑行为的后果,也考虑行为的动机。

科尔伯格(Kohlberg,1969)借鉴了皮亚杰的对偶故事法而采用了两难故事法来研究儿童道德判断的发展。他认为,儿童道德判断的发展要经历三个水平六个阶段。

科尔伯格(Lawrence Kohlberg,1927—1987)

美国儿童发展心理学家。他继承并发展了皮亚杰的道德发展理论,着重研究儿童道德认知的发展,提出了道德发展阶段理论,在国际心理学界、教育界引起了很大反响。主要著作有《儿童面向道德秩序的发展:道德思维发展的第一个序列》《道德性格和道德意识形态的发展》《认知阶段和学前教育》《早期教育:认知发展的探讨》等。

第一水平:**前习俗水平**(preconventional level),即儿童根据行为的直接后果和自身的利害关系进行道德判断。这一水平包含两个阶段。

第一阶段:服从与惩罚定向。儿童主要根据行为的结果来评定行为的好坏,认为受表扬的行为就是好的,受批评的行为就是坏的。

第二阶段:朴素的利己主义定向。儿童评定行为的好坏,主要是看行为是否符合自己的要求和利益。

第二水平:**习俗水平**(conventional level),即依据行为是否有利于维持习俗秩序,是否符合他人愿望而进行道德判断。这一水平也包括两个阶段。

第三阶段:好孩子定向。凡是能取悦他人的行为就是好的,否则就是坏的。

第四阶段:维护权威和社会秩序的定向。正确的行为就是尽到个人责任,尊重权威,维护社会秩序,否则就是错误的。

第三水平:**后习俗水平**(postconventional level),又称为原则水平。指个体能摆脱外在因素，着重根据个人自愿选择的标准进行道德判断。这一水平包含两个阶段。

第五阶段：社会契约定向。道德法则只是一种社会契约，可以改变，不能以不变的规则去衡量人。

第六阶段：普遍的伦理原则定向。儿童已具有抽象的以尊重个人和个人良心为基础的道德概念。认为个人一贯地依据自己选定的道德原则去做就是正确的。

个体的道德认知水平一方面将制约新的态度和品德的学习，另一方面将影响道德行为的选择。以上的理论启示我们，在对青少年进行社会认可的道德价值教育时，不能脱离他们的接受能力。

第三节　社会规范的有效教学

如前所述，我们了解到社会规范的学习是必要的也是可行的，那么从教的角度上，该如何进行社会规范的教学呢？许多学者对此进行了深入研究，并提出了一些促进态度和品德形成与改变的教学方法。

一、利用条件反射原理

条件反射法是利用经典性条件反射和操作性条件反射原理进行态度与品德教学的方法。

1. 经典性条件反射法

斯塔茨等人（Staats et al., 1958）在一项研究中，将"讨人喜欢的"单词（如"美丽的""悦耳的""礼物"）与一组男子的名字一起呈现；而将"不讨人喜欢的"单词（如"苦味""丑陋的""悲哀的"）与另一组男子的名字一起呈现。前者使得对这些名字的积极态度不断增强，而后者则与之相反。

借助经典性条件反射的作用，可以促使学生形成某种积极的态度或改变某种消极的态度。例如在实际教学中，可使儿童逐渐理解"无私""优秀"等标记与教师的赞扬、父母的疼爱、同伴的羡慕之间的关系，从而形成对"自私"等标记的消极态度。

2. 操作性条件反射法

操作性条件反射法应用较多的是，适当地操纵学习行为同强化偶联，即在学生作出符合要求的行为时，给予奖励，在学生作出不符合要求的行为时，不给予奖励或撤销原来的奖励。布卢姆（Bloom，1976）曾用一个五级量表测量学生对数学的积极或消极态度。结果发现,三年级的学生中,数学成绩得分高的学生比得低分的学生更喜欢数学。他们之间的差别几乎是两级。而且这种差别会一直保持到十一年级(高中)。另有研究表明,学业成功的确能够促进学生对学业的积极态度,从而增加了未来成功的可能性。布卢姆认为,学生如果在某些方面一再受挫,表明他们的能力不足,他们就会把学业看作自己不安的根源,进而退缩、畏难或极度轻视学业对他们的影响。尤其是在他们失败以后,教师和同伴采取了不适当的态度,这更会使一些学习者对学业产生消极态度,导致学业失败。

二、提供榜样

在一个人的成长中,榜样的力量无疑是巨大的。班杜拉曾做过一项研究,他让一个托儿所的儿童观察了一个榜样人物(成年男子)对一个像成人那样大的洋娃娃作出了好几种侵犯行为。在榜样人物示范之后,对于第一组儿童,另一个成年人表扬了这种行为,并用果汁和糖果奖励了这个榜样人物。对于第二组儿童,成年人责备、惩罚了榜样人物的这种侵犯行为。第三组儿童为对照组,在他们看了示范之后,成年人不作任何评论或解释。然后,将这些儿童一个个地单独领到一个房间里,这个房间里放着各种玩具,其中也包括洋娃娃。在十分钟里,观察并记录他们的行为。结果表明,观察到榜样人物受到表扬的儿童,倾向于增加侵犯性行为;观察到榜样人物受到惩罚的儿童,倾向于减少侵犯行为;对照组则表现一般。在学校教育情境中,学生的榜样常常为教师或优秀学生,教师的言行极大地影响着学生的态度,同时对优秀学生的奖励也会激发其他学生的成就动机。不过,有时学习落后学生常会自发地形成一个小集体,在这种小集体中也常会出现某种"榜样",通过对这种"榜样"的模仿,学习落后学生倾向于敌视学习优秀的学生,并经常有意破坏学校纪律,因此,这种不健康的模仿"榜样"的现象应引起我们的高度重视。一项调查研究表明,当前初中生的榜样呈现多元化、偶像化、榜样信息来源多样化等特点(朱宁波,袁媛,2013),这也启发教育者在提供榜样时要适应这些新的特点。

三、进行说服

在学校教育中,促使学生态度形成或改变的一个常用方法就是教师说服学生。说服又被称为"说服性的言语沟通法"。在霍夫兰德(Hovland)提出的说服模型中,沟通的有效性受以下三方面因素影响(见图8-3)。

1. 沟通者的特点

宣传者的可信性,如果宣传者是以权威的角色出现的,就会增强宣传的可信性。在一项实验中,实验者要求被试对若干诗歌进行评论,当一些被试对其中之一作了否定性评价

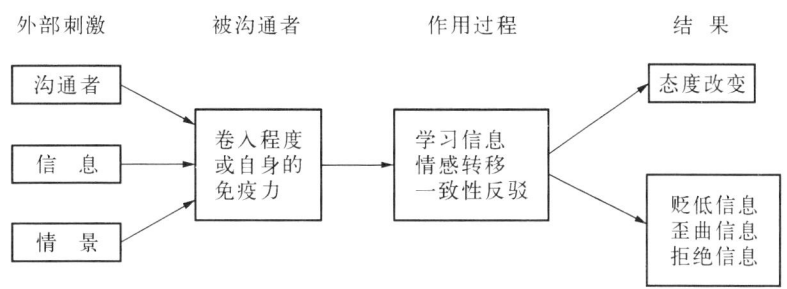

图 8-3 基于霍夫兰德观点的说服模型

以后,实验者告诉被试,有人对他们否定的诗作出了肯定评价。其中甲组被试被告知,作出肯定评价的是一位著名的诗人,而乙组被告知,作出肯定评价的是一个州立师范学院的女学生。然后重新让所有被试评价这首诗。结果,甲组被试中有很多人改变了原先的态度,而乙组被试中很少有人改变原先的态度。

宣传者的人格特征、仪表、态度与宣传的效果也有很大关系。一个品貌端正、态度诚恳的人容易得到别人的信任,而一个油滑、尖酸的人易使人感到此人心术不正。一个穿戴整齐、举止得体的人比一个不修边幅、举止放纵的人更能引起他人的好感。这也启示我们:"学校无小事,处处是教育;教师无小节,处处是楷模。"教师应当注意提高自己各方面的修养,以身教人,效果自然明显。

宣传者的动机也会影响说服的效果。一旦人们认为宣传者是为了自己从中获利,宣传的效果将会大打折扣。因此,一个人要想说服他人,得到他人信任,方法之一就在于其言论主张的内容应当与自身利益的获得相矛盾。假如能让信息接收者感觉人们并不是在有意地影响他们,就可提高说服的效果。日常生活中,一个商品推销者跑到你家里劝你购买他的东西时,你不见得对此感兴趣,而当你无意当中听到邻居说某商品好时,你很可能会产生购买的念头。

宣传者的吸引力也是一个重要的因素。如在广告中用歌星、影视明星、体育明星向人们推销商品。其实具有吸引力的宣传者不仅可改变人们的购买态度,而且在政治、经济、文化、教育等方面也同样具有影响。具有吸引力的个人之所以能影响他人,是因为人们希望自己与宣传者相似。

2. 被沟通者的特点

包括被沟通者的期望、个性特征、智力水平等。这在前面已经详细讨论过了。需要强调的是,教师在进行说服前应对学生有充分的了解,在说服时必须考虑到学生的年龄特点和心理特征。

3. 沟通时的特点

(1) 提供的是单面论据还是双面论据

心理学研究表明,对于受教育程度较高的个体来说,提供正反两方面论据比较容易改变他们的态度,而提供正面论据更有助于使受教育程度较低的个体改变态度。这一研究启示我们,在学校教育中,教师说服低年级学生时,应提供正面论据,而说服高年级学生时,可考虑提供正反两方面的论据。

提供正面论据还是提供正反两方面的论据,还取决于说服的任务。如果说服的任务是解决当务之急的问题,那么只提出正面的观点和材料比较有效。因为提出反面的观点和材料,会延长学生作出正确反应的时间。如果说服的任务是培养学生较为稳定的态度与品德,那么提出正反两方面的观点和材料比较有利。

(2) 以理服人还是以情动人

有些优秀教师在说服学生时,总是能很好地促使学生的态度发生改变,其中有一点就是这些优秀教师能够在说服教育中"动之以情,晓之以理"。那么在说服中,"动之以情"与"晓之以理"的关系如何?哪一个更重要呢?

美国的哈特曼等人(Hartman et al.,1989)研究了说服选民的不同竞选宣传方式的效果。对第一组被试派发有强烈情绪色彩的传单,对第二组被试派发条理清楚、说理充分的传单,第三组被试是对照组,没有派发传单。结果发现,第一组被试投赞成票的最多,但两个月以后的调查发现,这组被试已大多不记得传单的内容了,而第二组被试则仍然对传单的内容记忆犹新。可见,说服中的情感因素容易对态度的改变起到立竿见影的效果,但这种影响往往不能持久,而说服中的认知因素则容易产生长期的说服效果。

(3) 说服信息呈现的次序

学习心理学的研究表明,人的记忆也存在着首因效应和近因效应。相应地,社会心理学家发现,在信息发布时也存在着初时效果(即先呈现的宣传信息比后呈现的宣传信息产生更大的影响)和近时效果(后出现的信息具有更大的宣传效果)。

学术研究 8-4　　　　　　态度改变的睡眠者效应

自从1928年瑟斯顿(Thurstone)的开创性研究之后,态度成为探究个体内心状态、预测个体行为的核心概念,成为社会心理学研究的重要领域,正如奥尔波特(Allport)所说的那样:"态度这个概念在当代社会心理学中,也许是最有特色的和不可缺少的概念——它已成为社会心理学这座大厦的基石。"

20世纪30年代以后,对态度的研究向多个学科领域、多个研究方向进行扩展。由于研究者期望通过改变个体的态度进而改变其行为,以致态度改变(说服)成为一个研究重点,有许多研究者对态度改变的影响因素和态度改变过程进行研究。在对说服的时间效果的研究中,研究者们发现一种反常的现象:劝说效果有时随着时间的推移有所提高,而不是通常所认为的随着时间的推移而降低。

最早报告这一现象的是彼得森和瑟斯顿(Peterson & Thurstone,1932)。他们让来自不同地区的初中、高中学生观看电影,试图通过这些电影改变学生们对一些社会问题的态度。在电影播放完后立即对学生们进行一次与这些电影相对应的态度测验,此外在随后的2~19个月内也有测试。研究发现学生们对其中一部电影《Four Sons》中的人物在6个月后的再次调查中比刚看完电影时更加喜欢。后来,霍夫兰德等人也报告了类似的现象——他们在研究纪录片《The Battle of Britain》对态度改变的即时影响和延迟影响时发现,9周后这部电影对态度的影响比刚看完电影5天后的影响更大,态度改变的效果随着时间的推移而提高了。于是霍夫兰德用"睡眠者效应"(sleeper effect)来描述这一现象。

(张朝洪,凌文辁,方俐洛,2004)

四、利用群体规范

群体的公约、规则可以有效地改变人们的态度,尤其是那些人们应当执行的基本准则更是如此,如要求公民遵守国家宪法,要求学生遵守学校纪律等。

"二战"期间,美国食品匮乏,但美国人一直不愿用动物的内脏做菜,因此政府当局希望人们能改变这一态度。为此,心理学家勒温(Lewin)进行了一项研究。被试是美国的一些家庭主妇,在实验中她们被分为两组,主试向第一组被试讲解用动物内脏做菜的好处:味道鲜美且营养丰富等以及这样做对国家的贡献,并无偿赠予每人一份烹调内脏的菜谱。对第二组被试,只组织他们进行讨论,探讨动物内脏的营养价值和烹调法,并且分析用动物内脏做菜可能遇到的困难,最后由营养专家指导每人亲自尝试烹制。以上实验实施一星期后进行检测,结果发现第一组被试中只有3%的人改变了原先的态度,而第二组有32%人采用动物内脏做菜,后者约是前者的11倍。这主要是因为第二组被试在相互交流和共同活动中形成了群体规范。

群体规范有利于态度与品德转变有两方面的原因:① 接受群体规范的人是主动的,而听讲解的人是被动的,缺乏参与感;② 接受群体规范的人能够察觉到他人放弃原来的态度,而听讲解的人是沉默的,无法察知他人的倾向。

在学校教育情境中,可以让学生参与讨论、制定一些公共的规章制度,这样有助于学生遵守和执行这些规章制度。

五、通过角色扮演

角色扮演(role playing)是指个体模仿某种角色,并按照这种角色来行事,最常见的是儿童在游戏中扮演各种不同的角色。儿童的游戏有利于其将来适应各种不同的角色。研究表明,小学生更愿意在游戏中选择扮演代表真、善、美的角色,即会在基于道德判断基础上作出角色选择。这表明在游戏中,儿童能不断地评估调节自己的情绪和行为,表现出较强的道德性。虚拟情境的游戏能给儿童提供践行道德自然而然的机会,在游戏的冲突及解决过程中,儿童能发展并运用合作、同理心、宽容等品德(李敏,2015)。

在学校教育情境中,可以让学生扮演某种角色,加深其情绪情感体验,促使其态度与品德的形成或改变。

六、进行价值辨析

纽约大学的拉斯及其两名学生西蒙和哈明在1966年出版的《价值观与教学》一书中,系统地阐述了价值辨析的基本原理(Rath, Simon, & Harmin, 1966)。他们认为,价值观念是个体的一种内在价值,往往不能被清醒地意识到,因而难以指导人的行动。要想让这些潜在的价值观念发挥作用,就需要对它们进行深入辨析。价值辨析的方式一般是让学生在他们的日常生活中思考一些价值选择途径,同时使他们对周围人产生积极的态度。它帮助儿童利用理性思维和情绪体验来检查自己的行为模式,鼓励学生辨认自己的价值观念以及这些价值观念与其他价值观念的关系,揭示并解决自己的价值冲突,将自己的价值观念与别人交流,并根据自己的价值选择来行事。

价值辨析包括三个部分七个过程。

第一部分:选择

① 自由地选择。让学生思考"你认为你第一次产生这一想法是什么时候?"

② 从可选择的范围内选择。让学生思考:"在你产生这一想法之前,你常考虑其他什么事情?"

③ 对每一可选择途径的后果加以充分考虑后的选择。让学生考虑每一可选途径(想法)的后果将会怎样。

第二部分:赞赏

④ 喜欢这一选择并感到满足。让学生考虑:"你为这一选择感到高兴吗?"

⑤ 愿意公开承认这一选择。让学生回答:"你会把你的选择告诉你的同学吗?"

第三部分：行动

⑥ 按这一选择行事。教师对学生说："我知道你赞成什么了。现在你能为它做些什么吗？要我帮忙吗？"

⑦ 作为一种生活方式加以重复。教师问学生："你知道这一途径已经有一段时间了吗？"

从价值辨析的七个环节来看，教师首先必须诱发学生的态度和价值陈述；其次教师必须无批评地和无判断地接受学生的思想、情感、信念和观念；最后教师必须向学生提出问题以帮助学生思考自己的价值观念。

七、小组道德讨论

小组道德讨论法是由科尔伯格的合作者布拉特(Blatt, 1973)提出的。他认为，儿童通过对假设性道德两难问题的讨论，能够理解和同化高于自己一个阶段的同伴的道德判断和推理，而拒斥低于自己道德阶段的同伴的判断和推理，这就是布拉特效应。小组道德讨论法由三个基本要素组成：一是课程要素，即小组讨论的内容由一些能引起儿童认知冲突的道德两难故事组成；二是班组要素，即参与讨论的班组成员必须由处于不同阶段的学生混合而成，以使学生有机会接触到高于他们判断水平的道德判断，触动其原有的道德经验结构，产生不满足感，以达到改变自己原有道德经验结构的目的；三是教师行为要素，即教师应具备儿童品德发展的理论知识，根据儿童道德发展的阶段特点，启发学生积极思考，主动交流或辩论，作出自己的判断，并鼓励学生讨论他人的观点与意见，协调与他人的分歧。

针对本章开头部分的案例，我们结合上述有关态度、品德形成与改变的相关理论和策略，来分析主人公的转变过程。

可以看到，小军是由于家庭生活的变故，出现了心理异常和品德行为不良的情况。由于缺乏同龄学生拥有的亲情关爱，小军的问题已由心理上的孤独感、冷漠感，逐渐发展到自暴自弃，不能很好地融入班级、家庭和社会。解决该生的问题，应从心理疏导入手，消除他原有的异常心理，帮助他通过新的生活体验，重新感知、认识、把握和塑造自己。

在教育实践中，具体措施与步骤为：

1. 通过班级师生交流，主动与他进行"交心"，发展师生间心理上的"相知"关系，缓解其"孤独心理"负荷，建立师生间教育信任的心理基础。

开学初,班主任兼语文教学的王老师就布置了一篇题为《老师我想对你说》的周记,结果他的本子上只有寥寥数字:"我是差生,没有什么可说的。"很显然,他对王老师抱有不信任的态度。针对这一情况,王老师首先采取主动,热诚地写下了长达两页半的评语,向他阐明了自己的观点:"任何一个人没有天生的好坏之分,在学生时代,老师也写过检讨,你在我面前,就像一张白纸,你要用自己的实际行动向老师表明你是什么样的学生!我不问你过去犯过什么样的错误,我只相信现在。我会用自己的眼光来判断,希望你展现在我面前的是一个崭新的自我。"通过多次交流,他开始逐步向王老师接近,由相识到相知,彼此信任,建立了较为牢固的师生情感关系。显然,王老师在积极创设师生间融洽的人际关系的基础上,使用了"说服性的言语沟通法"来改变学生原有的态度,并做到"以情动人,以理服人",使得个体的道德认识发生了变化。

2. 通过集体生活中的积极关注,帮助其走出自我"冷漠心理"的误区,发展自己与其他同学之间的合作及情谊,提高他对自我成长的关注热情。初进班级,他与班集体"绝缘",对班级活动漠不关心,许多同学对他报以鄙视的目光。在作业中,王老师发现他写字工整大方,于是就安排他进了班级黑板报宣传小组,并负责每天更换"老师寄语"栏目。王老师每次都会把自己对"寄语"的理解告诉他。在轮到他对寄语的理解作小演讲时,王老师精心修改了他的演讲稿,并两次进行了试讲及辅导,结果,他的演讲赢得了全班同学的掌声。王老师及时肯定了他的成功,并将自己的摘抄本借给他,由他选择寄语的内容,建议他也每天摘抄一条。他工作更加认真,摘抄也注入了自己的许多新内容。王老师通过让他参与各种活动、担负重要的职责来促使他的品德发生转变,并且充分运用了强化偶联的原理,对他一点一滴的进步都给予了积极及时的评价。强调成功体验对学习困难学生改变习得性无助的心理定势起着至关重要的作用,因为在一定意义上,对大多数人来讲,应该是"成功是成功之母",而不是平常所说的"失败是成功之母"。

3. 帮助其与继父建立起"亲和"的父子关系,改善家庭关系,消除疑惧,引发其爱与归属的需要,改变其自我审视的角度,淡化其"自我怨恨"意识,使其对生活充满新的期待与追求。每次与他谈心,他总是避而不谈自己家庭的事,继父对他冷漠粗暴的态度,使他渴望得到家庭温暖的心理"雪上加霜"。每当继父与生母为此而吵架时,他就采用躲避的方式离开家庭。幼稚的人生观和孤独自卑的心理使他在闲荡中走向了网吧,结识了几位游手好闲的社会不良青年,开始了抽烟、喝酒和赌博。经过几次"暗访",王老师的行为感动了其继父,与他达成了共识:决定家校密切联系,共同搞好转化工作。在此基础上,王老师进行了第一次公开家访。对于王老师的到来,小军深感意外和警觉。王老师出乎意料地在他母亲和继父面前大谈其进入初二后的变化和进步,在某些细节上作了一定程度的夸张,其继父也在他面前作了自我批评,表示今后会好好地对待他,他第一次在大家面前流泪了。

4. 帮助其积极评价、认可自己,在扬长避短中学会自尊,在不断进步中树立信心。在组织参加校运动会时,根据其在班中"身材高大"的特点,安排他参加了铅球、跳远两项比赛,经过赛前训练、赛时指导,在老师和同学们的助威声中,他取得了铅球第三名、跳远第四名的好成绩,赢得了宝贵的 7 分,为班级夺冠立下汗马功劳。赛后,王老师抓住契机找他进行了总结:其实,你各方面的潜力都很大,你的名字不叫"差生",只要你去尝试、去投入,你将会有更多"惊喜的发现"!此后,在学习中,王老师经常鼓励他去发现、去创造,并取得任课老师的一致配合与支持,对其实行"特护"政策,使他感受到每个老师的关爱,他的成绩也开始有所进步。可以看出,王老师重视集体活动对于个体态度形成和转变的重要意义,认为参与集体活动是改变个体态度的有效途径。

"随风潜入夜,润物细无声。"经过一学年的心理疏导和教育帮助,小军在各方面都取得了可喜的成绩。在心理态度上,由"孤独自弃"变为"乐观进取";在品德行为上,由"我行我素,自暴放纵"变为"尊师守纪,关心集体";在学习上,已有一半的科目能够及格。最终,王老师根据自己掌握的关于态度和品德形成与改变的相关理论知识和策略,成功转化了一个"人见人烦,令人头疼"的问题学生,使其逐渐走上态度和品德健康发展的道路。

本章小结

- 态度是个体习得的并影响个体对特定对象作出行为选择的有组织的内部反应倾向。态度包括认知成分、情感成分、行为倾向成分,具有社会性、稳定性、对象性、系统性和间接性等特点,并具有认知、情绪与动机功能。
- 品德是指一个人在面临一系列道德情境时表现出来的某些稳固的人格倾向。品德属于个体心理现象,道德属于社会现象。品德由道德认识、道德情感与道德行为构成。态度与品德均是一种习得的影响个人行为选择的内部状态,两者的差异主要体现在涉及的范围与价值的内化程度两方面上。
- 关于态度的形成,华生认为是一个条件反射的过程,班杜拉则认为是一个观察学习的过程。态度的改变一般要历经顺从、认同与内化三个阶段。品德的形成包括心理准备、道德信念的形成、道德意志力与道德行为习惯的培养等阶段。不良品德的转化大致要经过醒悟、转变与自新三个阶段。影响态度和品德形成与改变的条件和因素既包括主观方面也包括客观方面。

- 促进态度和品德形成与改变的具体方法主要有条件反射法、提供榜样法、说服、利用群体规范、角色扮演、价值辨析、小组道德讨论法等。

思考题

- 什么是态度？
- 品德不良的转化过程要经历哪几个阶段？
- 举例说明态度与品德的联系和区别。
- 促进态度和品德形成与改变的具体教学方法有哪些？

问题探索

- 调查班级中同学对某一问题的态度，并分析产生差异的原因。
- 根据本章介绍的促进态度和品德形成与改变的方法，帮助身边品德不良的同学改正缺点，取得进步。

下 编

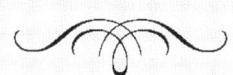

学习的迁移与教学
学习的动机与教学
学习的个体差异与教学
学习的环境与教学
教师心理

第九章 学习的迁移与教学

本章细目

本章要点

第一节 迁移的概述

一、迁移的概念

二、迁移的种类

1. 按迁移的性质划分
2. 按迁移的内容划分
3. 按迁移的顺序划分
4. 按迁移的范围划分
5. 按迁移的自动化程度划分

三、迁移的意义

第二节 学习中的迁移现象

一、影响学习迁移的因素

1. 学生的心理准备状态
2. 分析概括能力

3. 认知结构变量
4. 学习材料的性质
5. 学习的指导

二、迁移的理论与研究发展

1. 早期的迁移理论
2. 迁移研究的发展

三、不同种类学习中的迁移

1. 知识的迁移
2. 技能的迁移

第三节 在教学中促进学习迁移

一、合理组织教学

1. 重视基础知识
2. 加强知识间的联系

二、提高概括能力

1. 引导学生概括已有知识
2. 帮助学生提高理解能力

三、培养学生良好心理

1. 增强信心
2. 维持适当紧张度
3. 保持良好心理准备状态

四、运用学习迁移的教学策略

1. 建立学习间联结的策略
2. 发现关键特征的策略
3. 判断学生原有知识学习程度的策略

本章小结

思考题

问题探索

本章要点

- 迁移的含义
- 迁移的种类
- 影响迁移的各种因素
- 迁移的各种理论
- 在教学中如何促进学习的迁移

> **想试着回答一下吗……**
>
> - 在日常生活中我们会发现,会骑自行车的人比不会骑自行车的人学骑三轮车要慢,这是为什么?
> - 为什么阅读能力的提高有助于写作能力的提高呢?
> - 一个刚开始不喜欢某老师的学生,在多次得到老师的关心之后,态度发生改变,不仅对该老师产生好感,而且喜欢上他教的这门学科。这是为什么?
> - 为什么说学生对事物之间关系的觉察越敏锐,分析越透彻,就越容易产生迁移?
> - 学生在初学"鸟"和"乌"、"已"和"己"等汉字时,辨明字形和读音往往有困难,有什么方法能使学生更容易掌握?
> - 海豚和鲸生活在水中,但它们是哺乳动物。很多学生开始学习时对此很难理解,教师怎样教学才能使学生容易理解?
> - 教师在授新课之前,常使用学生熟悉的知识、语言或表达方式提供一些引导性的材料,如在教"浮力"之前让学生知道"力"的概念,为新旧知识架起一座桥梁,这是为什么呢?

在学生学习并掌握长方形面积的计算方法之后,数学教师王老师开始教学生关于平行四边形面积的计算方法。课堂上,王老师发给每个学生一个用纸剪成的平行四边形,要求学生以长方形的计算方法为参照,自己思考,求出平行四边形的面积。同学们思考了五分钟之后,没有学生想出解决问题的方法。那么,王老师接下来应该怎样引导学生掌握平行四边形面积的计算方法?

正如上例中表述的那样,在学校教学中,教师经常引导学生运用已学过的知识、技能等去解决新的学习问题或实际问题。这就是本章要讨论的学习中的迁移现象。在学校教学中,迁移现象涉及的范围十分广泛,除了知识、技能的迁移之外,兴趣、动机、情感、意志、行为方式等都可以产生迁移。对于案例中王老师在教学中遇到的问题,我们将会在本章的学习中找到答案。

第一节 迁移的概述

在日常生活中我们可以观察到:一个人学会骑自行车有助于学习驾驶摩托车;学会一种外文有助于掌握另一种外文;阅读能力的提高有助于写作能力的形成;儿童在做语文练习时养成爱整洁的书写习惯,有助于他们在完成其他作业时形成爱整洁的习惯。这些都是我们常见的学习迁移现象。那么,什么是迁移? 迁移有哪些种类? 了解迁移原理,对我们的学习有何意义?

一、迁移的概念

迁移(transfer)是指一种学习对另一种学习的影响。其中包含前一种学习对后一种学习的影响,也包含后一种学习对前一种学习的影响。迁移现象在我们日常生活中普遍存在。例如,学习写毛笔字,有利于学写钢笔字;会拉二胡的人,学拉小提琴也比较容易;学好乘法运算,反过来又有助于更加熟练地掌握加法运算。迁移现象之所以普遍存在,主要是由于客观事物之间本来就是普遍联系、相互制约的,而不是彼此孤立的。因此,人的知识、经验也不是互不相关、彼此割裂的。人在学习新知识、解决新问题时总是受到各种经验的影响。

关于迁移现象,古代人们就已注意到。我国古代思想家、教育家孔子曰:"举一隅不以三隅反,则不复也。"他还要求学生"举一反三""由此知彼",这就是学习中的迁移现象。西方关于迁移的思想则要追溯到古希腊的柏拉图、亚里士多德时代,柏拉图比较重视几何的学习,不是因为几何具有实用价值,而是几何学可以用来训练学生的思维能力,这可以说是形式训练说的雏形。古希腊人重视数学、音乐以及后来欧洲人对古典文学的提倡,这些都隐含着迁移训练的朴素思想。英国的洛克(2000)是第一个提出"迁移"概念的人。他认为,一个人要想具有良好的推理能力,就需要让他尽早习惯某种推理方法,这样可以训练他的心智能力。因此,每个人都应当认真学习数学,不是为了能成为一个数学家,而是让掌握的某种推理方法在需要的时候可以"迁移"到其他的问题上去。

美国心理学家詹姆斯(James)是第一个对迁移进行实验研究的人。1890年，詹姆斯和他的4个学生以自己为被试，利用两份难易度和分量相仿的材料，来考察前一种材料的学习是否影响后一种材料的学习。虽然他们的研究结果因被试人数太少而带有偶然性，但此实验开创了迁移研究的先河。此后，迁移现象引起了越来越多研究者的兴趣，并成为教育心理学研究的重要内容。

迁移如何发生，迁移量是多少，这就涉及迁移的测量问题。传统的研究方法是确定任务A与任务B之间是否产生迁移，将被试分为实验组和控制组。通过预测，尽量使两组被试在智力和知识水平等方面大体相当。让实验组先学习任务A，控制组没有学习任务A而保持休息；然后，让两组被试都学习任务B。测量两组被试的学习结果，并比较他们在学习任务B后的得分。如果实验组被试在学习后的成绩优于控制组，则说明实验组学习任务A对学习任务B产生了正迁移。反之，则说明产生了负迁移。这种方法简单易行，但难以比较不同任务之间是否产生迁移。目前，这种方法还有多种变式，但每种方法都有其优点和缺点。研究者往往根据实验的不同要求而采取合适的方法。

二、迁移的种类

迁移发生的范围较广、涉及的内容较多，因而分类方法也有诸多不同。

1. 按迁移的性质划分

正迁移(positive transfer)是指一种学习对另一种学习起促进作用。正迁移常在两种学习内容相似、过程相同或使用同一原理时发生。如方程式知识的学习有助于不等式知识的学习，数学学习促进物理、化学学习等。**负迁移**(negative transfer)是指一种学习对另一种学习起干扰或抑制作用。负迁移常在两种学习既相似又不相似的情境下因学生认知混淆而产生。发生这种迁移，会使另一种学习更加困难，错误增加。如学会汉语拼音会对学习英文国际音标产生干扰；语文学习不能区分一字多义，一字多音；在数学负数运算时错误使用正数的规则等。必须指出，一种学习对另一种学习的影响，并不是只有单纯的正迁移或负迁移，有时两种学习间既有正迁移又有负迁移。负迁移可能是暂时的，但必须通过练习消极影响才能得以减少或克服，正迁移的积极作用才能得以充分发挥。

2. 按迁移的内容划分

认知迁移(cognitive transfer)是指在人脑的知识结构中发生的迁移。每个学生的认知结构各有特点，当学生原有认知结构与新的情境发生作用时，有时原有认知结构影响新问题的解决，有时原有认知结构自身发生改变。如平面几何知识掌握得较好的学生，与有关知识贫乏的学生相比,前者学习立体几何的成绩也会更好。**态度迁移**(attitude transfer)是指一种态度对另一种态度的影响。态度迁移在日常生活中也是普遍存在的。如一个不喜欢某数学老师的学生,在多次得到该老师无微不至的关心和帮助之后,态度发生改变,不仅对数学老师产生好感,而且喜欢上数学这门学科。**技能迁移**(skill transfer)可分为认知技能的迁移和动作技能的迁移。认知技能是一种认知性的内隐操作过程,而动作技能则是一种肌肉性的外显操作过程。一个已掌握数学中因式分解解题技巧的学生,在解任何因式分解题时都会显得游刃有余,这属于认知技能的迁移。而棒球选手打高尔夫球时也会表现出高水平,则属于动作技能的迁移。

3. 按迁移的顺序划分

先学习对后学习产生的影响,称为**顺向迁移**(natural transfer),后学习对先学习产生的影响称为**逆向迁移**(contrary transfer)。如学会骑自行车,更容易学会骑摩托车,这属于顺向迁移;而学生掌握英语语法之后,又可能反过来对掌握汉语语法起干扰作用,则属于逆向迁移。无论是顺向迁移还是逆向迁移,其影响都有量的大小之分,正、负迁移之别。例如,先学习阅读,后学习写作,且阅读能力的提高有助于写作能力的形成,这样我们就可以说阅读学习对写作能力的提高产生顺向正迁移。又如学习汉语语音对后来学习英语语音会产生顺向负迁移。

学习的顺向迁移和逆向迁移与学习 A 材料、B 材料的关系如图 9-1 所示。

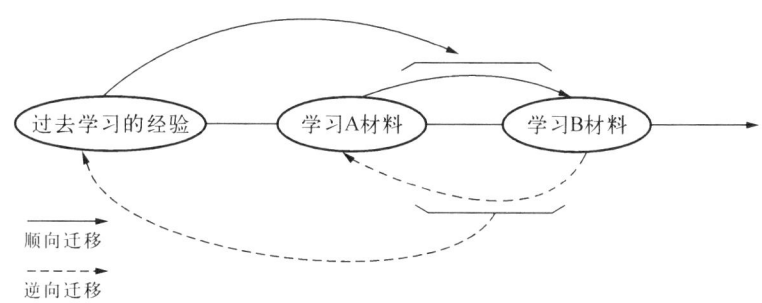

图 9-1 学习的顺向迁移和逆向迁移

4. 按迁移的范围划分

这是布鲁纳(Bruner)提出的一种划分方式。**一般迁移**(general transfer)是指个体习得的一般概念、原理或方法等对其他学习内容产生广泛影响的迁移。一般迁移是一种与十分具体的内容领域无关的学习之间的迁移形式,它可能由学习动机导致或注意的因素引起,也可能由学习策略、学习方法和其他的学习准备活动引起。传统的研究者认为,一般的方法、技巧和策略都有一般迁移的可能性,因而一般迁移具有重要的作用。**特殊迁移**

(specific transfer)是指一种具体领域的学习对另一种具体领域的学习产生的影响。特殊迁移对促进某一特定领域的学习起着十分重要的作用。例如,羽毛球运动员的手腕技巧可能对他学习打网球产生积极影响。布鲁纳十分强调一般迁移的重要性。他认为,一般迁移是教育过程的核心,对学科基本概念、基本原理的领会和基本知识的掌握是通向"训练迁移的大道"。

5. 按迁移的自动化程度划分

这是所罗门(Salomon)和帕金斯(Perkins)于1969年所作的划分。**低路迁移**(low-road transfer)是指学习内容经过学习者充分练习之后,不需要进行反省式思维,就被自动运用到其他新情境中。例如,初次学习汽车驾驶,刚开始学习可能比较吃力,但在多次学习并熟练掌握后,再驾驶其他类型的汽车也比较容易,这是由于初次驾驶汽车的技能已自动运用到新汽车的驾驶中。**高路迁移**(high-road transfer)是指学习者将先前习得的抽象内容有意识地应用到新的情境中。大体可分为两种情况:其一,当前学习知识会想到今后的运用。例如,有志于成为教师的大学生在学习心理学理论时,想到以后在走上教师岗位时会用到这些知识。其二,当前面临新问题时,会想到以前所学知识能解决眼前的实际问题。例如,学习统计学时,用以前学过的数学知识来分析和理解。学习中的大多数迁移是高路迁移,要想使任何练习取得效果,有意识和用心是十分重要的,不动脑筋往往难以取得效果。低路迁移和高路迁移的根本区别在于:低路迁移是先前知识和技能的自动化运用;高路迁移则是在反省认知监控下有意识地运用先前的知识和技能,即考虑到为什么用、怎么用以及用什么知识和技能等。

三、迁移的意义

迁移问题历来是心理学家研究的重要课题,它同学习的实质、过程等问题一样,是学习的基本理论问题之一。研究学习的迁移问题不仅具有重大的实践意义,而且具有重大的理论意义。

在实践方面,迁移对于学生学习和教师教学具有重大的影响。从某种意义上说,能否形成多种学习间的正迁移,决定学生在校学习的效率,甚至学业成败。只有通过正迁移,学生才能使已有知识、技能得到进一步检验、充实与熟练;只有通过正迁移,学生才能在已有知识、技能概括的基础上形成能力。而教师的任务不仅是教给学生各种知识,更重要的是教会学生各种学习方法,提高学习能力,能将学到的知识迁移到对校外的广泛知识的学习中去,并能将学到的技能应用到校外各种情境中。例如,学生学习历史,不应满足于单纯地掌握一些历史知识,更重要的是能从历史观点出发,辩证地看待一些社会现象,解决社会问题。而这些任务都需要在迁移的积极作用下才能完成。

在理论方面,研究迁移有助于我们进一步认清学习的实质。迁移的实质是什么?产生迁移的内在机制和外部因素有哪些?回答这些问题,必然涉及学习过程、学习条件和学习机制等基本学习理论。因此,探讨迁移的问题,实际上也是在探讨学习的实质、不同学习间的种种联系以及提高学习效率等问题。

> **实践探索 9-1　　　　学习迁移的教学实例**
>
> 初二男生小李的英语成绩很差,但其他各科成绩尚可。英语老师通过了解,发现造成这一现象的主要原因是小李同学认为只要不出国留学,英语的用处就不大,况且记英语单词、练习语法很枯燥乏味,所以他对英语学习不感兴趣,英语成绩每次都是全班最后一名。
>
> 通过了解,英语老师发现小李对航模制作有着很浓厚的兴趣,即使在上英语课时也常摆弄各式各样的飞机模型。针对小李的这一爱好,英语教师和他一起研究制作航模,并鼓励他参加航模比赛。为提高制作水平,英语老师找了一些适合青少年阅读的关于航模制作的英语书籍给他看。小李被书中丰富的航模图片吸引,对这些书籍爱不释手,但读不懂。他在老师的指导下,从查阅英语词典开始,一点一点地理解书中的内容。渐渐地,小李不仅从书中学到了一些英语单词和语法知识,还领悟到了学好英语的重要性。自此,他对英语学习的态度有了重大改变,学英语的积极性比以前高了很多,成绩也不断提高。

第二节　学习中的迁移现象

关于学习迁移的影响因素有很多,既包括学习的主体又包括学习的客体。了解学习迁移的影响因素,并掌握不同学派的迁移理论以及不同种类的迁移过程,将有助于我们更好地学习。

一、影响学习迁移的因素

影响学生学习迁移的因素很多,但主要有以下五方面。

1. 学生的心理准备状态

学生的心理状态,如学生的紧张程度、自信心等,都能对迁移产生影响。而学生原有知识的准备状态对迁移影响更明显,可能促进迁移的发生,也可能成为迁移的障碍。这种原有知识的准备状态被称为定势,有人通过实验来检验它对迁移的作用。

多尔西和霍普金斯(Dorsey & Hopkins,1930)曾用拉丁语源的字词测验和几何学的测验,测量大学生先前学过的知识对当前课题的迁移作用。被试被分为实验组和控制组。测验前,主试给实验组一定的训练,并提出如下建议:① 应用你在分段时熟悉的方法;② 用你的拉丁文知识辨别测验中的字义;③ 用你的几何图形知识回答问题。控制组被试在测验前也进行同样的训练,但无建议,因而他们没有将知识应用于当前测验课题的心理准备。实验结果表明,实验组的测验成绩明显好于控制组。

在另一实验中,向被试提出的要求是:① 给予四个点(如图9-2所示),通过四个点作三条直线;② 铅笔始终不离开纸,并要求铅笔返回原出发点。

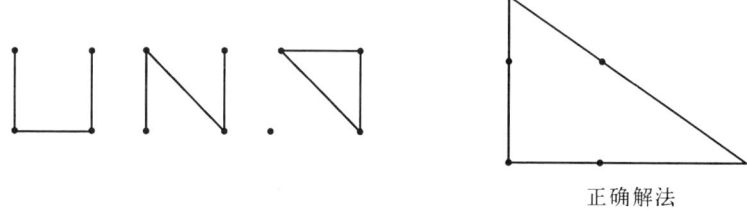

正确解法

图9-2 被试的尝试解答

解决这个问题很简单,只要画三条经过四个点所构成的平面范围的交接点即可。但很多被试对此感到困难,因为他们的思维没有超过四个点所限制的平面范围而作出各种错误图形。

以上实验证明,心理准备在迁移中起着重要的作用。新问题的解决与否,不仅依赖于心理准备与新问题的关系,还依赖于心理准备本身的内容。

2. 分析概括能力

学生分析概括问题的能力也是影响学习迁移的重要因素。学生对于事物之间的关系觉察越敏锐,分析越透彻,概括越全面,就越容易产生迁移;反之,迁移就难以产生。例如,分析概括能力差的学生在利用乘法公式求平方和的学习中,能理解$(a+b)^2=a^2+2ab+b^2$的由来,并能达到熟记的程度,但在解决$(a+b+c)^2=?$和$52^2=?$等题型时往往会产生一定的困难。其主要原因在于这些学生缺乏分析概括问题的能力,他们不会把$(a+b+c)^2$转换成$[(a+b)+c]^2$,也想不到要把52^2转换成$(50+2)^2$。

有研究进一步比较了分析概括能力中的归纳和演绎对迁移的不同影响。研究者让学生分别使用从证据到理论的归纳学习和从理论到证明的演绎学习掌握法拉第定律,结果表明,归纳学习的方法在学习迁移上更有优势,更能让学生理解深层的原理(Shemwell, Chase, & Schwartz, 2015)。

3. 认知结构变量

认知结构是学习者头脑中的知识结构,即学习者的观念的全部内容和组织形式。每个学习者的认知结构各有其特点。个人认知结构在内容和组织形式方面的不同特征,被称为认知结构变量。美国心理学家奥苏贝尔(Ausubel,1978)认为,原有认知结构对学习迁移有很大影响,原有认知结构对迁移的影响主要取决于三个变量:可利用性,可辨别性,稳定性和清晰性。

在原有认知结构中是否有起固定作用的观念可以利用,是影响迁移产生的第一个认知结构变量。在认知结构中,有的观念处于较高抽象、概括水平,能起固定作用,对于新的学习能提供最佳关系和固定点。

新的学习任务和原有观念系统的可辨别程度,是影响迁移产生的第二个认知结构变量。新的学习任务若不能同认知结构中原有的观念清楚地分辨开来,就很难产生迁移现象。

原有起固定作用的观念的稳定性和清晰性,是影响迁移产生的第三个认知结构变量。如果原有起固定作用的观念不稳定且含糊不清,那么原有观念不能为新的学习提供有力的固定点,也就阻碍了迁移的产生。

4. 学习材料的性质

学习材料的性质,如材料的相似性、材料之间的关联、材料的应用价值等,也会对学习迁移产生影响。但这种影响会受到诸多主客观因素的限制。例如,一般认为,概括化程度高的材料更容易迁移,但也与学生思维及学业水平等有关。在一项研究中,研究者让学生分别学习数学的抽象材料、与将要迁移的学习有关的半抽象材料以及与迁移有关的具体材料,结果发现,抽象和半抽象材料都能促进学习的迁移,而具体材料对推理能力较低学生的迁移的促进作用更大(Siler & Willows, 2014)。

5. 学习的指导

有指导的学习能减少负迁移的消极影响,增加正迁移的机会,避免盲目尝试,节省学习时间。

武德罗(Woodrow,1927)对此曾做过实验。他先让被试记忆若干材料,然后对他们进行初次测验,根据初次测验结果,将被试分成控制组、练习组、指导组。控制组,不加任何训练;练习组,被试记忆材料,但不加指导;指导组,被试记忆材料的同时,提供有效的记忆方法。练习组和指导组所学的材料、所学时间相同,最后对两组记忆结果进行测验。实验结果发现,练习组和指导组的迁移量都超过控制组,且指导组的迁移量超过练习组 10 倍以上(见表 9-1)。由此可见,迁移的效果受指导的影响。

表 9-1 练习组与指导组各超过控制组的进步量

记 忆 材 料	练习组进步分数	指导组进步分数
诗　　歌	0.3	6.1
散　　文	0.8	7.5
事　　实	0.2	7.2
日　　期	1.3	8.8
词　　汇	1.0	10.9
平均进步分数	0.75	8.1

学习指导的方式不同,对迁移的影响也不同。一项以高中生为对象的研究表明,教学中呈现样例时,先抽象后具体比先具体后抽象的方式能获得更好的延时迁移;样例中给出外部解释和引发自我解释比自发自我解释更能促进问题解决的迁移(徐碧波,等,2010)。

二、迁移的理论与研究发展

关于迁移现象,许多心理学家提出了不同的理论解释,形成了不同的迁移理论。了解这些理论将有助于我们更好地认识学习迁移现象,把握学习迁移规律。

1. 早期的迁移理论

(1) 形式训练说

形式训练说是最古老的一种迁移理论,至今已有两百多年的历史。它对说明学习迁移现象具有重要的历史价值。

形式训练说是以官能心理学为基础的。官能心理学认为,注意力、记忆力、意志力和推理力等都是每个人特有的心智能力,即官能。这些官能都是各自分开的实体,并分别从事不同的活动。例如,记忆力是获得和保持信息的官能。记忆力好的人对事物的识记、保持、回忆等都比较容易,而记忆力不好的人对事物的记忆则比较困难。由于各个官能是独立实体,因此它们都可以像肌肉一样通过训练来增强力量。这些能力增强后,就会使相应的各种活动能力得以改善。例如,记忆官能增强后,可以快速识记事物,记忆内容保持持久,再认或回忆准确。思维官能增强后,可以更好地思考和解决各种难题。而且,由于心灵是由各种成分组成的整体,由此一种功能的改善也可以促进其他功能的改善。

(2) 相同要素说

教育心理学的创始人桑代克(Thorndike)是最早系统研究学习迁移的研究者之一。他和伍德沃斯(Woodworth)在1901年进行了形状知觉方面的迁移训练的实验研究。他们对被试进行训练,让被试判断形状、大小各异的图形面积。被试先接受预测验,估计127个三角形、矩形、圆形和不规则图形的面积,这样就预测了他们判断面积的一般能力。然后,用90个10～100平方厘米大小的平行四边形对被试进行充分练习。最后,对被试进行两种测验:一是判断13个与训练图形相似的长方形的面积;二是判断27个三角形、圆形和不规则图形的面积,这些图形曾在初测中使用过。结果表明,通过平行四边形的判断,被试对长方形面积的判断成绩提高了,而对三角形、圆形和不规则图形面积的判断成绩则没有提高。

在类似实验的基础上,桑代克提出了学习迁移的相同要素说。他认为,只有当两种学习因素之间存在相同要素时,一种学习才能对另一种学习产生影响。其后,相同要素说被另一位心理学家伍德沃斯修改为共同成分说,即只有当学习情境与迁移情境存在共同要素时才产生迁移。

(3) 概括化说

概括化说由贾德(Judd,1908)提出。贾德认为,先期学习A获得的知识会迁移到后期学习B,这是因为学习A获得的一般原理会运用到后期学习B之中。根据这一理论,产生迁移的关键是学习者在两种活动中概括出它们之间的共同原理,而不是如相同要素说所称的两种活动之间必须存在共同的要素。

贾德在1908年所做的"水下打靶"实验,是概括化说的经典实验。他以五年级和六年级学生为被试,根据教师的评定把他们分为能力相等的两组,训练他们用标枪投中水下的靶子。其中一组在练习射击之前学习了光学折射原理,另一组则不学习。在射击水下3.05厘米的靶子时,两组成绩基本相同,也就是说在开始的测验中,所学的理论对于练习并没有产生影响。但当靶子置于水下10.16厘米时,没有学习过折射原理的学生产生极大的混乱,错误持续发生;而学习过光学折射原理的学生很快适应新的情境,错误不断减少。结果,没有学习过折射原理的一组成绩明显低于学习过的一组。贾德分析认为,学生学习了理论知识之后理解了实际情况,就能利用概括了的经验去解决实际问题。后来,亨德里克森等人在贾德"水下打靶"实验基础上,进行了更加严格的控制实验,其结果也证明了贾德实验的正确性。

(4) 关系转换说

关系转换说由格式塔心理学家提出。这一理论认为,迁移的关键不在于掌握原理和经验的概括,而在于各种情境关系的顿悟,所以顿悟情境中的一切关系才是获得迁移的根本。他们认为,先前学习获得的经验是否会迁移到新的情境中,关键不在于有没有相同要素,而在于是否掌握了原理,是否理解各种要素组成的整体之间的关系。

格式塔心理学家苛勒(Kohler,1929)用"小鸡啄米"实验来证明这一理论。他们用小鸡和一个3岁小孩做被试,训练被试在两张纸中的一张上找到能吃的食物。一张是浅灰色,另一张为深灰色。食物总是放在深灰色的纸上。经过训练,被试学会了只在深灰色纸上获取食物。然后,用比原来两张纸颜色都深的黑灰色代替那张浅灰色的纸,深灰色则保持不变,以此来观察被试会去哪张纸上觅食。如果被试到原来的深灰色纸上觅食,则证明迁移是因两种情境存在相同要素;如果被试到黑灰色纸上觅食,则证明两情境间存在共同的关系是迁移产生的根本原因。实验结果表明,小鸡对新刺激的反应(即选择去黑灰色纸上觅食)为70%;去原来深灰色纸上觅食为30%。而小孩在实验中则100%去两张纸中颜色较深的那张纸上寻找食物。苛勒认为,被试的反应不是根据刺激物的绝对性质作出的,即是否存在相同要素,而是因为他们顿悟出事物之间的关系。

(5) 迁移的三维模式

奥斯古德(Charles Egerton Osgood,1916—1991)

美国心理学家,致力于学习理论及其实验研究,提出了具有重要影响的学习迁移模型。1960年获美国心理学会颁发的杰出科学贡献奖,1963年当选为美国心理学会主席,1972年当选为国家科学院院士。主要著作有《实验心理学的方法和理论》《心理语言学:理论和研究问题概述》《意义的测量》等。

迁移的三维模式是由奥斯古德(Osgood,1949)总结了前人的研究成果,特别是在配对联想学习实验研究基础上提出的。

在配对联想学习中,实验者给学生一系列由词汇或无意义音节组成的成对的材料,这些成对材料的第一项为刺激,第二项为反应。迁移与逆向曲面图表示了学习材料或刺激的相似程度和反应的相似程度与迁移之间的关系,如图9-3所示。粗线勾画的面表示迁移发生的数量和方向,即迁移的逆向曲面。图中的曲线则表明了这种变化。正负迁移是通过0点的水平面来分界的。在0点的水平面之上为正迁移(+),在此平面之下为负迁移(-),与该平面相交则迁移为零(0)。S轴表示刺激相似性的变化,从相同刺激(S_I)到无关刺激(S_N);R轴表示反应相似性的变化,从相同反应(R_I)到对抗反应(R_A)。由此可见,正负迁移的数量是刺激条件和反应两者相似性变化的函数。

此学说也被称为"迁移的逆向曲面模型"。该模型是一个预测迁移效果的模式图,从中来预测迁移效果的正负以及迁移量的大小。

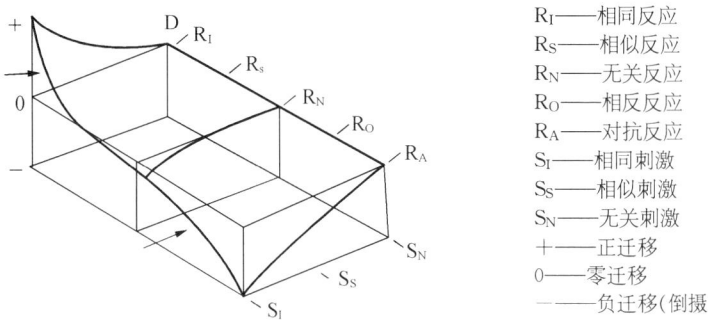

图 9-3 奥斯古德的迁移与逆向曲面

奥斯古德这一逆向曲面设法解释一些迁移现象,这一理论也得到一些实验研究的证明。但是,由于他研究的实验数据是以对偶联想学习的机械学习为基础而获得的,对解释一些机械学习等简单的迁移现象比较有说服力,但对解释一些复杂的迁移现象则有较大困难。

2. 迁移研究的发展

学习迁移是学习理论的一个重要问题,是最常见的学习现象之一。研究者们提出了许多理论,也进行大量的研究。

(1) 重视迁移机制的研究

什么是迁移的实质?迁移的过程、基本结构与条件是怎样的?虽然对这些基本的问题目前仍未达成共识,但很多研究者认为迁移机制的研究是解决迁移过程中出现的问题的关键环节之一。奥苏贝尔曾对学习的迁移问题提出过自己的看法,他认为原有认知结构的可利用性、清晰性、稳定性、概括性、连贯性和可辨别性等组织特性是迁移产生的重要中介之一。这一观点大体代表了从认知方面来解释迁移产生的一种倾向。之后,研究者们对迁移的过程、原有认知结构的特性等进行了更为深入的探讨。

斯腾伯格等人(Sternberg & Frensch,1993)通过等人记忆与学习等过程的研究结果类比到学习的迁移上,进而提出迁移产生的四种机制:第一是辨别,即能否对新知识或新情境与原有知识或情境之间的相似性进行辨别;第二是组织,即已有的知识结构组织得是否比较合理;第三是定势,即先前活动对后继活动是否产生一种心理准备状态;第四是编码有效性,即最初的学习是否以具体、有效的方式进行编码。

一些研究者试图从不同的角度来揭示迁移发生的机制,提出了多种迁移理论,如结构匹配理论、符号性图式理论、情境性理论与整合理论等。尽管这些研究者提出的观点不尽相同,但可以看出研究者们对揭示迁移机制的重视,目前对此问题的探讨仍在继续。

(2) 评定迁移的效果

如何评定迁移现象有无发生?如何测量迁移发生的水平?达到何种程度才算提高了

迁移的效果？对于这些问题，研究者们尚未达成一致，这可以从迁移种类的划分中看出，如低路迁移与高路迁移、一般迁移与特殊迁移、顺向迁移与逆向迁移等。然而，由于分类的标准不同，一致性的缺乏，导致目前还没有广为接受的、使用方便的测量迁移效果的测验，使得评定迁移效果在一定程度上受到制约。

马里尼等人(Marini & Genereux,1995)认为测定迁移时，首先应该考虑任务变量和情境变量，也就是最初的学习任务与发生迁移后的任务之间的差异程度。两种任务之间的差异越小，即迁移的距离越小；两种任务或情境的差异越大，则迁移的距离就越大。通过距离大小对迁移程度和水平进行测量。其次，还应该考虑迁移的概括性。先前的学习是否能被成功地应用于其他任务的数量，这涉及迁移的概括性。例如，在数学课程中学到的某一种思维策略，这种思维策略是否可以在其他课程的学习中得以应用，以提高解决问题的水平。如果能广泛地应用于不同任务、不同情境中，则说明一般迁移产生了；如果仅能应用于某一特定的任务或情境，则说明产生了特殊迁移。从距离和概括性两个指标来考察迁移，可以把迁移看作是从近到远的、从普通到特殊的不同程度的变化。

(3) 对影响迁移的主体因素研究的深入

早期的研究注意到了影响迁移的主体内部因素，如相同要素说和概括化说涉及的都是影响迁移的主体因素，但这些研究是孤立和笼统的。当前对影响迁移的主体因素的研究已不断深入，具体表现为以下两方面。

第一，研究已深入到主体的认知过程来揭示迁移。当前研究受认知心理学的研究技术和方法的影响，使迁移研究深入人的内在心理机制。罗伯特(Robert,1996)等人对不同推理能力的被试解决近迁移和远迁移任务进行研究，结果发现，高、低推理能力的被试在解决近迁移任务时都显示较高的迁移量，但只有高推理能力的被试在解决远迁移任务时才表现出较高的迁移量。鲁宾斯(Robins,1993)等人研究了示例训练方式与启发训练方式对学生掌握公式的迁移量的影响，结果表明，若减少学生前次学习工作记忆的负荷，则有利于后续学习中迁移的产生。

第二，人们对主体因素的研究越来越全面。一些研究者在探究学习的迁移过程时，不仅考察两个情境的相似性，还要让学生觉察到这种相似性，迁移才能产生。里德等人(Reed et al.,1974)在一项研究中让被试在30分钟内解决两个难题，当告诉被试这两个难题相似时，迁移就发生了；但若没有告诉被试两题相似，则被试没能注意到两题之间的相关性，迁移也就没能产生。贝弗利等人(Beverly & Joel,1996)研究表明，只有被试受到明确的暗示时，迁移才容易发生。教育心理学家布鲁纳、奥苏贝尔等人认为迁移的主体因素应扩大到主体的认知结构上。

(4) 热衷迁移认知领域的研究

心理学界对传统迁移理论的争论已逐渐减弱,但目前对一般迁移问题的研究越来越热。研究者热衷于对迁移过程中的认知方法、认知策略等问题的探讨。围绕这一问题,人们进行了大量研究,试图脱离具体的学科对认知策略和思维方法等进行训练,达到跨学科、跨领域的迁移。

佩珀特(Papert,1997)依据皮亚杰的理论开发出一种名叫 LOGO 的语言,他认为儿童在学习 LOGO 语言后,可以提高他们对其他类型知识的学习。佩珀特的观点影响很大,人们纷纷把学习 LOGO 语言作为培养解决问题的能力、训练思维方法的一种重要途径。但也有人提出质疑,认为把程序设计作为提高人的思维能力、增强迁移水平的手段只能是一种理想,要变成现实还有很长的路要走。布兰斯福德和施瓦茨(Bransford, & Schwartz,1999)总结了大量的研究后指出,是否能将这种思维训练迁移到其他不相似的任务中,把这种教学方法迁移到更广的学科中,目前尚没有足够的证据。

研究还表明,当学习者在接受解决问题的训练后,获得不依赖于某一特定领域的经验,迁移就比较容易产生。巴索克和霍利约克(Bassok & Holyoak,1989)研究发现,学习者经过解决代数问题的训练之后,在解决结构相似的物理问题时,迁移容易发生;反之,在接受解决物理问题的训练之后,在解决数学代数问题时,则迁移难以发生。此外,也有人研究发现,如果先训练学习者完成应用广泛的一般专题任务,再完成某一特定专题的任务时,迁移容易发生;反之,先训练完成某一特定专题的任务则难以迁移到完成一般专题的任务。

(5) 从问题空间的类比来研究迁移

当遇到一个新问题(靶问题)时,人们常会想起一个过去已解决了的类似的问题(源问题),并运用源问题的解决方法和程序来解决靶问题,这种解决问题的策略被称为**类比迁移**(analogical transfer)。有研究表明,类比迁移是学习新知识、新技能,进行科学探索,培养人的创造性的一个重要途径。这是由于人类的学习不仅是简单地增加新知识,学会新技能,成功的学习还常常需要我们从记忆中提取相关的知识、技能,并以此为出发点去学习新的知识和技能,即类比迁移。

莫兰等人(Moran et al.,2002)认为,迁移是通过问题空间的类比来实现的。学习者通过将已掌握的问题空间与新问题的某些部分相匹配,也就是将已掌握的问题空间(即源问题空间)的算子、途径与关系匹配到新问题的相应部分上去,以促进新问题的解决。因此,能否将源问题空间的算子、途径与关系匹配到新问题的算子、途径与关系上去,是迁移产生的关键。这种类比关系实质上是以两个问题空间的算子、途径和关系为基本条件的。

在类比迁移的阶段上,虽然不同学者有所分歧,但在以下四个阶段基本能达成共识。

(1) 源问题和靶问题的编码或表征;(2) 在表征靶问题的基础上对源问题的提取;(3) 将源问题应用到靶问题上,其应用包括在源问题与靶问题之间建立一种映射(mapping)关系和改造源问题的解决原则以适应靶问题;(4) 在运用源问题解决靶问题时的图式归纳(schema induction)。

学术研究 9-1　　　　迁移与元认知关系的研究

近年来,越来越多的研究者关注认知策略和元认知在迁移过程中的作用。认知策略虽然属于程序性知识,但它不同于一般的智力技能。元认知迁移理论认为,认知策略的迁移可以在多种情境下得以实现,其重要条件是学习者的元认知能力。

元认知能力是指个体对自己的认知过程的评价和监控能力。认知策略的成功迁移主要是指问题解决者能根据新问题的要求,选择已获得的适用于新问题的一般技能和特殊技巧,并试图在解决新问题时监控这些技巧的应用。元认知迁移理论把学习者看成学习过程的管理者和主动参与者。许多研究表明,元认知水平的提高确实能改善学生对学习的监控、调节以及策略的使用。

三、不同种类学习中的迁移

在日常学习中,存在不同的迁移现象,既有知识的迁移也有技能的迁移,不同种类的迁移过程也有所不同。

1. 知识的迁移

任何知识的学习必然包含着迁移,这里所指的知识的迁移过程主要是陈述性知识的迁移过程。奥苏贝尔认为,知识学习的本质是有意义的言语学习,即新知识与原有认知结构建立联系而获得意义,一切新的有意义的学习都是在原有学习的基础上产生的。也就是说,有意义的学习为迁移的产生提供可能性。奥苏贝尔把学生原有的认知结构看成是实现迁移的最关键因素。原有认知结构对迁移的影响主要取决于三个变量:可利用性、可辨别性和稳定性。

热点聚焦 9-1　　　　先 行 组 织 者

1960 年,美国教育心理学家奥苏贝尔在第一篇证明先行组织者促进意义学习效果的实验报告中,把先行组织者(advance organizer)定义为:"在正式学习之前,以适当方式介绍的关于学习主题内容的前导性材料……这个前导性材料的抽象性、一般性和包容性都高于正式学习材料。""先行组织者"就是指在学习新的内容前,让学生学习一个引导性的学习材料,这个引导性材料或是为新知识的学习提供一个可利用的知识框架;或是为了与新学习的知识进行辨别;或是对学习新知识需要的原有知识进行巩固。它要比学习任务本身有更高的抽象、概括和综合水平,并且能清晰地与认知结构中原有的观念和新的学习任务关联。设计"组织者"的目的,是为新的学习任务提供观念上的固定点,增加新旧知识之间的可辨别性,以促进类属性的学习。也就是说,通过呈现"组织者",给学习者已知的东西与需要知道的东西之间架设一道知识之桥,使他们能更有效地学习新材料,促进更多迁移的产生。在教学中,我们把先行组织者分为陈述性组织者和比较性组织者。

1. 陈述性组织者,即为新的知识提供最适当的类属者,它与新的知识产生一种上位关系。例如,学生将要学习"地形"方面的新材料,陈述性组织者可被设计为"地形是由各种各样特殊形状的大小陆地构成的总和"。其中,"陆地"是学生过去已经掌握了的上位概念,抽象和概括性高于概括化的新概念"地形",而"地形"的概括性又高于将要学习的正式材料,如"山脉""高原""平原"等。学生事先学习了这个组织者后,便将这些高度抽象概括化的观念移植进认知结构中,当学习新材料时,认知结构就有了可资利用的"固定观念"了。

2. 比较性组织者,即比较新材料与已有认知结构中相类似的材料,从而增强似是而非的新旧知识之间的可辨别性。例如,学生学习了"动作技能"的有关材料后,再学习"智力技能"的新材料。一般情况下,学生可能将两者的许多相似但不同的意义混为一谈,这时,"比较性组织者"可以被设计为:"智力技能与动作技能一样,练习越多就越熟练,不同的是前者为内化动作,后者为外化动作。"

关于认知结构可利用性变量对迁移的影响,奥苏贝尔在1960年对两组被试学习有关钢的性质材料进行了比较实验研究。一组为实验组,一组为控制组。实验组在学习材料之前,先学习了一个陈述性组织者(expository organizer),组织者的内容是金属和合金的异同,各自的利弊以及冶炼合金的理由。控制组在学习该材料之前,没有学习陈述性组织者,而是学习一个关于炼钢和炼铁方法的历史说明材料。这个说明材料没有提供能够作为理解钢的性质的观念框架,但可以提高被试的学习兴趣。结果,两组在学习有关钢的性质材料之后,学习成绩差异显著(见表9-2)。

表9-2 两组被试的学习成绩

组　　别	先学习的材料类别	平 均 分 数
实　验　组	陈述性组织者	1.67
控　制　组	历史介绍	1.41

研究结果表明,陈述性组织者植入被试的认知结构中,能加强认知结构的可利用性变量,促进了知识学习的迁移。

关于可辨别性变量对迁移的影响,奥苏贝尔和约瑟夫(Ausubel & Youssef,1963)让两组被试学习既相似又有矛盾的佛教材料和禅宗材料。实验组在学习佛教材料前,先学习一个比较性组织者(comparative organizer),组织者的内容是佛教与基督教的异同以及在学习禅宗材料之前先学习佛教与禅宗的异同。控制组在学习佛教材料之前,学习一个历史材料,在学禅宗之前学习一个传记材料(见表9-3)。

表9-3 两组被试的学习成绩

组 别	平均测验分数	
	佛 教	禅 宗
实 验 组	1.94	14.8
控 制 组	1.76	14.2
差异显著水平	显著	不显著

研究结果表明,第一个比较性组织者对佛教知识的学习起了很大作用。第一个比较性组织者加强了被试可辨别性变量,促进了学习的迁移。但第二个比较性组织者对禅宗材料的学习未起显著促进作用。究其原因,可能是第一个比较性组织者干扰了第二个比较性组织者的作用。

后来,心理学家通过大量实验研究表明:当先前知识不稳定和不清晰时,采用比较性组织者,能提高新旧知识的可辨别性,促进迁移的产生;当先前知识相当稳定和清晰时,要提高新旧知识的可辨别性,只有采用过度学习新知识的办法。

关于稳定性变量对迁移的影响,奥苏贝尔等人(Ausubel & Fitzgerald, 1961)做了认知结构稳定性对新知识学习影响的实验。研究中让被试先学习基督教的有关知识,并进行测验。根据被试成绩,分为中上和中下两个水平。接着将被试等分为三个组。第一组在学习佛教知识前,先学习内容为佛教和基督教异同的比较性组织者。第二组在学习佛教知识前先学习内容为一些佛教观念的陈述性组织者。第三组在学习佛教知识前先学习一个有关佛教历史和传记的材料。在实验后第三天和第十天分别进行保持测验(见表9-4)。

表9-4 三组的学习成绩

	原先的基督教知识掌握水平	第一组比较性组织者	第二组陈述性组织者	第三组历史材料
第三天的保持分数	中上	23.50	22.5	23.42
	中下	20.50	17.32	16.52
第十天的保持分数	中上	21.79	22.27	20.87
	中下	19.21	17.02	14.40

研究结果表明,无论哪一组,原先掌握基督教知识成绩中上的被试,在学习佛教知识后保持成绩均优于成绩中下者。对此,奥苏贝尔认为,认知结构稳定性对新知识的学习产生重大影响。

如何提高学生原有认知结构的可利用性、可辨别性和稳定性呢?认知学派认为,关键是设计适当的先行组织者。所谓先行组织者就是在有意义的学习中,在呈现正式的学习材料之前,先用浅显、易懂的语言介绍了一些引导性材料。这些能充当新旧知识联系"认知桥梁"作用的材料,奥苏贝尔称之为组织者。因它呈现在新学习材料之前,故称为先行组织者(advance organizer)。先行组织者可分为两类:一类是陈述性组织者,它为新的学习提供最适当的类属,与新的学习产生一种上位关系;另一类是比较性组织者,它能对新材料与认知结构中相类似的材料进行比较,增进新旧知识之间的可辨别性。

实践探索 9 - 2   陈述性组织者和比较性组织者在美术教学中的应用举例

1. 陈述性组织者

陈述性组织者通过移植一些适当的先行组织者进入学生的认知结构,可以加强其认知结构的可利用性,使学生的认识具有较明确的指向性、较大的受控性和较好的系统性,从而有助于将所学知识综合贯通。如在"多变的颜色"教学之前,先呈现给学生两个问题:你喜欢什么颜色的巧克力?为什么?搬运工人为什么不喜欢黑色或深色包装的箱子?这样既巧妙地揭示了课题,也让学生明白色彩的功用是本课学习任务和学习方向之一。

2. 比较性组织者

当学生面对新的学习任务时,若其认知结构中已具有同化新知识的适当观念,但原有观念不清晰或不巩固,或者对新旧知识之间关系辨别不清时,教师可设计一系列指出新旧知识间异同的组织者,即比较性组织者。如在"中国画欣赏"教学中,为了让学生清晰地辨别工笔花鸟画和写意花鸟画,教师可预先搜集几张描绘相同或相近题材的工笔和写意作品,分别并置在一张幻灯上,让学生赏析。在这种比较性组织者的帮助下,学生就比较明白工笔和写意花鸟的异同了。

(姜雪平,2012)

---

2. 技能的迁移

技能(skill)是指运用知识和经验去完成某一活动的方式。这种方式与行动的目的性和行动的条件等相适应。这里所指的技能的迁移过程主要是指程序性知识的迁移过程。一个刚学识字和书写的儿童,虽然阅读和书写还不熟练,但也有了读和写的基本技能,他们可以阅读词句,可以临摹描红。

技能可分认知技能和动作技能两大类。**认知技能**(cognitive skill)是认知性的内隐操作过程,它与知识密切联系;而**动作技能**(motor skill)是肌肉性的外显操作过程,外在的肌肉动作是显示其独特性的关键。技能是一种组织化的结构,而组成技能结构的基本单位在不同类型的技能中各有不同。认知技能实质上就是一套规则系统,而动作技能则是一套动作系统。关于动作技能,本书第七章已有介绍,以下我们主要就认知技能加以论述。

认知技能的学习是通过获得一系列规则而形成规则系统,再进一步使之自动化的过程。认知技能的迁移就是运用已经获得的规则系统来解决问题。在认知技能迁移过程中有两个重要环节,即条件概括和规则自动。

(1) *条件概括*

条件概括是指利用问题情境中提供的各种信息进行概括的一种技能。在学习者获得的规则系统中,每一个规则都是一个从分析条件到解决问题行为的过程。但规则里并不存在具体的条件,很多需要概括,从而掌握解题的基本原理。因此,条件概括在认知技能的迁移过程中起着重要的作用。

例如,在没有学过解方程的方法而去尝试解 $9x+17=6x+23$ 这样的方程时,就需要利用条件概括。解这道题一般有三个步骤:(1) 两边都减去 $6x$;(2) 两边都减去常数 17;(3) 两边同除以 3。解题时学习者必须掌握以下几点:(1) 解这道题需通过三个步骤;(2) 每个步骤都在一定条件下才能进行;(3) 如果条件具备,按以上三步骤解下去,才能正确。在整个解题过程中实际上涉及很多条件概括,如把 $6x$ 概括为 a;把 17 概括成常数 n;把 $3x$ 概括为 m 等。但概括必须有一定的度,概括不足或概括过度都会阻碍问题的解决,限制认知技能的迁移。

(2) *规则自动*

规则自动是指在条件概括的基础上达到不假思索即可操作的自动化熟练程度的一种技能。对于认知技能迁移来说,学习者仅对一些条件进行概括还不够,认知技能还必须达到一定熟练程度,即规则自动化程度,才能产生有效的迁移。

西蒙和纽厄尔(Simon & Newell,1972)做过有关专家和新手解决问题的实验。这是一道有关动力学方面的问题:一颗子弹以 400 米/秒的速度射出,枪膛长半米,假定子弹在膛内以加速运动,求子弹在枪膛内的平均速度。实验中的"专家",并不是物理学的专家,而是曾解决过许多物理学问题的人。而"新手"只是几年前读过物理学的人。研究结果发现,"新手"解决问题的时间是"专家"的四倍,且"新手"出现的错误比"专家"多得多。研究者还对"专家"和"新手"解决问题的过程进行分析,发现多数"专家"一步就能解决,而多数"新手"需要两步。"专家"没有去想选择哪种公式,而"新手"总要在选择公式中花费很多时间。究其原因,"专家"对问题解决的规则已相当熟悉,看到题目,不假思索即可操作运算,他们已经获得了认知技能的自动化。

第三节 在教学中促进学习迁移

学习迁移有着自身的规律,在教学工作中,只有遵循迁移的规律,创设一定的条件,控制有关影响因素,才能促进迁移的发生。为此,促进迁移的教学应注意以下四个方面。

一、合理组织教学

如前所述,学习材料的相似性和组织结构等是影响学习迁移产生的重要因素。利用这一因素,在教学中必须做到以下两点。

1. 重视基础知识

一些能起组织作用的材料是联系全部学习材料的中心。学生只有牢固掌握,才能形成基本技能,发展解决问题的能力,触类旁通,才能避免因材料相似而混淆。为此,教师在教学中需要注意:(1)重视基础学科。中学所学科目虽多,但语文、数学是学习各门学科的基础,这两门学科学得好坏会直接影响到其他学科的学习。因此,在学生所学的各门学科中,应尤其加强语文、数学两门学科的学习。(2)突出重要内容。每门学科都有重要知识、基本原理等,学生只有熟练掌握,才能在此基础上扩充知识,形成学习中大量的迁移。(3)强调每节课教学内容的要点。教师在课堂上应注意突出每节课的要点,使学生能以此为组织材料,将每节课的内容串联起来。

2. 加强知识间的联系

在呈现教材时,除要突出重点内容之外,还要从横向方面加强概念、原理乃至章节之间的联系。如果学生不能弄清各种知识的联系,那么他们可能会混淆许多表面不同而实质相同的概念;弄不清有关内容或隐蔽的重要特征之间的共同性;不能利用先前所学知识作为后继学习的基石。因此,教师在教学中引导学生努力挖掘各种知识之间的关联,指出它们的异同点是十分重要的。许多教材内容虽繁杂,但又是彼此联系的。数学的余弦定理和正弦定理,物理学中有关电磁场的左手定律和右手定律,生物进化的几种对立的理论,这些原理虽相对独立,但也存在千丝万缕的联系,教师只有帮助学生找出这些联系的关键点,才有助于迁移的发生。有研究表明,小学数学学习中,有教师指导的学生比自学的学生能获得更好的新旧知识正迁移(周俏敏,2016),这也是教师引导学生主动发现新旧知识联系的结果。

二、提高概括能力

学生的智力能影响学习的迁移,而提高学生概括能力是促进学习迁移的突破口。为达到这一目的,教师应该做到以下两点。

1. 引导学生概括已有知识

由于学生必须依据已有知识经验去识别或理解新事物,因此,已有知识的概括水平越高,就越能揭示新事物的实质,越有利于学生将新事物纳入已有知识系统中去,从而促进迁移的发生。为此,教师需帮助学生:① 认识到概括的重要性。学生只有提高了对概括的重要性的认识,才会具有概括的主动性和积极性。② 养成概括的习惯。要引导学生自己去概括并逐渐养成习惯。只有养成习惯,他们才能自觉地概括所学的知识。③ 学会解决新问题。帮助学生学会将已有的概括应用到新问题的解决中去,可以增加知识,形成大量迁移。比如,生物学课上,学生通过学习了解了低等动物的一些生活习惯,教师可以让学生自己概括出一些节肢动物的生活受光度、温度与酸碱度等自然条件制约的知识。

2. 帮助学生提高理解能力

如果学生对课文内容、基本原理充分理解,迁移也就容易产生。靠死记硬背获得的知识,不仅不利于学生学习成绩的提高,而且阻碍了迁移的产生。但值得一提的是,理解必须与熟练结合起来,才能取得迁移的最佳效果。缺少熟练的理解,知识不能运用自如,迁移的作用也会减弱。对某一知识熟练掌握,反过来又能提高理解的速度,增强理解能力。在帮助学生提高理解能力、促进学习迁移的过程中,教师需注意两点:(1) 要求学生勤于思考。理解是在不断思考的基础上产生的。培养学生的理解能力,首先就要求学生多思考。教师要在课堂上设立许多问题情境,让学生自己思考,从中找出答案。(2) 增加练习机会。给学生提供各种练习机会,可以促进学生对知识的充分理解,达到熟练的程度。对此,教师可以在学生学过某一原理、公式之后,提供各种类型的练习题。

三、培养学生良好心理

学生不同的心理准备状态对迁移能否产生有很大影响。那么学生究竟应该保持怎样的心理状态呢?

1. 增强信心

一个信心十足的人常斗志旺盛,无论遇到什么困难,都能表现出坚忍不拔、不屈不挠、不达目的誓不罢休的顽强意志。他可能因信心充足而兴趣增加、情绪乐观、理解深刻,从而学习迁移会顺利实现。而一个信心不足的人,常一碰到困难就精神萎靡、意志薄弱、注意分散,这样自然阻碍学习迁移的形成。为保持学生的信心,教师在教学中应注意:(1)适当鼓励,使缺乏信心的学生重树信心。有些教师习惯于打击学生,这样即使有信心的学生也会在打击下丧失信心。(2)因材施教,在培养学生的信心时,针对不同的学生可采用不同的方法。对成绩差的学生可让他们解决一些简单问题,以促使他们在初步成功中获得信心。

2. 维持适当紧张度

缺乏紧张度的学习,反而使学生智力活动松弛,不利于学习迁移。然而,紧张度太高也会抑制智力活动,同样不利于学习迁移。最好是维持适当的紧张度,让智力活动处于活跃、有效状态。

3. 保持良好心理准备状态

应用知识经验方面的心理准备就是定势。有的学生惯用某些知识去解决问题,久而久之就形成了定势。有时它对解决问题有积极作用,促进迁移的产生;有时又阻碍问题的解决,对迁移起干扰作用。如心理学家科斯在实验中首先给予被试一定的练习,如给被试 l e c a m 五个字母,要求将它组成一个单词,被试学会用 3-4-5-2-1 的顺序拼写成单词 camel,在做了十五个类似的练习(按同样的顺序组成单词)之后,再让被试将 p a c h e 组成单词,结果很多被试都按习惯了的顺序拼写成 cheap,而不会简单拼写成 peach。鉴于定势作用的双重性,在实际教学中,教师既要培养学生解决类似问题的心向,又要引导学生在遇到用习惯方法难以解决有关问题时积极地从其他角度来思考。因此,为使定势对迁移的产生起推动作用,以下两方面是值得注意的:(1)丰富学生知识。如果学生知识贫乏,碰到问题难以解决时,就是想改变思路,也难想出更多解决问题的方法。知识丰富了,他们就有选择各种知识去解决问题的余地。(2)引导学生改变思维模式。当学生碰到新问题时,教师要引导学生积极开动脑筋,对问题进行认真分析,根据问题的特点,采取具体解决办法。当一种方法不能有效地解决问题时,学生要学会立即改变思维模式,寻找新方法,而不是一成不变地用同一方法解决不断变化的新问题。

四、运用学习迁移的教学策略

在教学实践中,真正有效的学习迁移策略是教师和学生理解了影响学习迁移的因素之后,运用正迁移的强大力量所采取的一系列有效措施。这些策略能在学生的学习过程中,促进学生学习知识、掌握技能和解决问题等(王文静,2004)。

1. 建立学习间联结的策略

两个或多个事件、情境、活动之间的相关以及学习内容之间的相关可以促进学习迁移,因此,建立学习之间的联结,发现各种学习之间的相关是十分重要的。建立学习之间联结的策略很多,以下从两个方面进行分析。

① 过去的学习与现在的学习之间的联结策略。帮助学生发现和建立过去的学习与现在的学习之间的联结,促进学习迁移,是教师在教学中的一项重要任务。在教学实践中,常用的教学策略有头脑风暴策略、先行组织者策略、元认知策略和类比策略,等等。

② 现在的学习与未来的学习之间的联结策略。教师在教学中的情境创设要尽量类似于学生未来可能遇到的学习情境,创设的情境要丰富、逼真、复杂,这样更有利于激发学生正迁移的产生。以下提供两种具体的教学策略:一是模拟游戏。模拟游戏是学生在模拟的情境中,通过完成不同的任务来适应不同的角色要求,从而在将来遇到相似情境时能产生有效迁移。如模拟情境下的就职面试、模拟考试,等等。二是心智锻炼。学生可以通过想象来描述将来可能出现的学习情境,并对处理不同情境的心智策略发表自己的看法,等等。

2. 发现关键特征的策略

对概念或事物关键特征的发现是促进学生学习迁移、掌握概念的基础。有人根据一些相关研究,提出了找到概念关键特征的五步法则策略(David & Capraro,2001)。

① 发现概念等的最关键特征。概念或事物一般都拥有最关键的特征或属性。例如"鸟类"这一概念,首先应引导学生判断"鸟类"与其他生物的主要区别,并识别出"鸟类"特有的两个最关键的特征:身上长羽毛和卵生动物。

② 列举与概念等的关键特征相匹配的例子。在"列举出与鸟类的两个关键特征相匹配的例子"时,教师可给学生列举一些匹配的例子,如燕子、天鹅、杜鹃、鸵鸟等,以此来强化学生对概念的理解和掌握,这样就能给学生学习的知识一个很好的支撑。

③ 举出复杂的例子,以加强对概念等关键特征的理解和掌握。例如,教学生学习"哺乳动物"这一概念时,可告诉学生:海豚和鲸生活在水中,它们也是哺乳动物;虽然不同于一般的哺乳动物,但它们依然具有哺乳动物的关键特征。

④ 鼓励学生独立举出相关例子。要了解学生对新学习知识的理解和掌握程度,确保他们对哺乳动物的关键特征应用得当,可让学生自己列举出一些哺乳动物的例子,这样就可以证明哺乳动物的一些关键特征在学生所举的例子中得到了正确的使用。

⑤ 引导学生分析概念或事物关键特征的局限性。学生对某一概念或事物有了较好的理解之后,可引导他们进一步分析这一概念关键特征的局限性,让学生认识到每个概念或事物的关键特征都有其难以克服的局限性,因此不一定能适用于所有场合。

3. 判断学生原有知识学习程度的策略

对学生原有知识学习程度进行判断是教师的一项重要任务。教师只有准确掌握学生过去的学习情况,才能帮助学生将现在的学习与过去的学习建立起联系。教师可以根据自己的判断设计出一套科学的教学方法,促进学生学习迁移的产生。下面介绍判断学生原有知识学习程度的三种策略。

① 讲述。教师通过学生对原有知识的表述,了解学生的学习状态。教师可以给学生出一个题目,要求他们用口述或写短篇故事的形式来谈谈。这一方法对低年级的学生更为有效,可应用于任何一门学科。

② 访谈。教师通过鼓励学生之间相互访谈,使学生对同伴的原有学习情况进行了解和分析,从而判断自己对原有学习知识掌握的程度。教师可运用知识共享的模式来组织学生访谈,让学生充分认识到这一模式的重要意义,设计出符合学生特点的访谈提纲,引导他们对其同伴进行访谈,通过了解他人知识掌握的情况,来判断自己的知识水平。如果班级人数不多,教师还可亲自对学生进行访谈,以判断学生对原有知识的掌握情况。

③ 鼓励学生用自己喜欢的方式表达对过去知识的理解。教师可以通过组织学生进行各种活动,来判断他们的原有知识水平。例如,可让学生表演舞蹈、创作歌曲,也可让学生动手拼图或制作壁画,还可指导学生绘制航模,等等,以此来了解学生对知识的掌握情况。

在本章开头的课堂情境中,王老师向学生提示:"同学们可以用剪刀,将平行四边形剪下,那么拼成什么图形,我们才能求出面积呢?"两分钟后,一同学站起来回答,他算出平行四边形的面积是 60 平方厘米,他沿虚线减下,放到四边形的另一边,刚好是一个长方形,计算长方形的面积公式是长×宽,这样平行四边形的面积就算出来了。接着,王老师要求每一位同学按该生的做法重复一遍。之后,要求同学们记住求平行四边形面积的公式:底边×高。

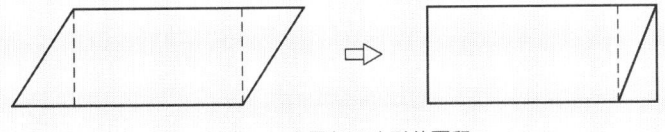

图 9-4 求平行四边形的面积

这是一个通过长方形面积公式(长×宽)的迁移来解决平行四边形面积的教学案例。在案例中,我们可以看出,王老师指导学生依据长方形的特点,把平行四边形改造成长方形,问题才得以解决。这是学生通过分析和概括两种图形的共同本质实现的迁移。不过,这种分析和概括是在直觉水平上以实践的形式来实现的。因此,王老师在教学中利用学生现有的分析和概括能力,启发学生积极思考,从而达到迁移的目的。在本教学案例中,王老师利用学生已经学习的知识为固着点,推导出求平行四边形面积的公式,促使学生产生了迁移。已经学过的知识也就是已有经验。经验的不断积累可以帮助学生扩大迁移。如通过平行四边形面积公式的迁移和改造,还可建立起三角形的面积公式:(底×高)÷2(见图9-5)。

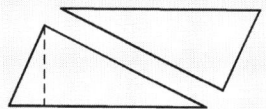 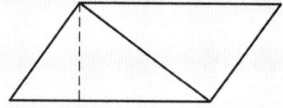

图9-5 求三角形的面积

任何一个三角形都能和与它全等的三角形拼成一个平行四边形。计算平行四边形面积的公式为:底边×高。那么求三角形的面积公式则为:(底边×高)÷2。这样,求三角形的面积公式可由求平行四边形的面积公式迁移而产生。

本章小结

- 学习迁移是指一种学习对另一种学习的影响。
- 迁移的分类方法很多,一般可分为正迁移和负迁移;认知迁移、态度迁移和技能迁移;顺向迁移和逆向迁移;一般迁移和特殊迁移;低路迁移和高路迁移。
- 影响学生学习迁移的因素很多,主要有学生的心理准备状态、分析概括能力、认知结构变量、学习材料的性质、学习的指导。
- 迁移的各种理论:形式训练说、相同要素说、概括化说、关系转化说、迁移的三维模式。
- 迁移研究的发展:重视迁移机制的研究、评定迁移的效果、对影响迁移的主体因素研究的深入、热衷迁移认知领域的研究、从问题空间的类比来研究迁移。
- 不同种类学习中的迁移过程:知识的迁移过程和技能的迁移过程。
- 促进迁移的教学应注意四个方面:合理组织教学、提高概括能力、培养学生良好心理、运用学习迁移的教学策略。

思考题

- 什么是学习迁移?影响学习迁移的因素有哪些?
- 迁移的种类有哪些?收集你在学习和生活中碰到的正迁移和负迁移的实例。
- 几种学习迁移理论的侧重点是什么?对促进学习中的正迁移各有什么启发?

- 请问学习迁移的教学策略有哪些?

问题探索

- 对一名中学教师进行访谈,请他谈谈在教学工作中是怎样促进学生产生学习迁移的。
- 教师在授课时,举例、做活动,都是可以接受的,但要求这些技巧和授课内容有密切联系,学生才能完成学习迁移。英语老师在教动词-ing时,不必将所有动词的-ing形式都讲一遍,学生们都会知道凡是动词后带有-ing形式的是指现在分词,这是运用了学习迁移中的相同要素说。请你结合本章所学的学习迁移理论,来说说教师和学生的哪些教学方法、学习技巧运用了学习迁移理论中的观点。

第十章 学习的动机与教学

---本章细目---

本章要点

第一节 学习动机的概述

一、学习动机的内涵与功能

1. 激发功能
2. 指向功能
3. 调节功能

二、学习动机的种类

1. 内在动机和外在动机
2. 远景性动机和近景性动机
3. 普遍性动机和特定性动机
4. 合理动机和不合理动机
5. 主导性动机和辅助性动机

第二节 学习中的动机系统

一、学习动机发生的心理机制

1. 需要及其种类
2. 内驱力
3. 诱因

二、影响学习动机的因素

1. 外部因素
2. 内部因素

三、学习的动机系统

1. 动机系统的静态结构
2. 动机系统的动态结构

第三节 在教学中激发和培养学习动机

一、学习动机的课堂教学策略

1. 激发学习动机的教学模式
2. 动机设计

二、激发和培养学习动机的具体措施

1. 学习动机的激发
2. 学习动机的培养

本章小结

思考题

问题探索

本章要点

- 学习动机的含义
- 学习动机的功能与分类
- 学习动机发生的心理机制
- 影响学习动机的因素
- 在教学中激发和培养学习动机的途径

想试着回答一下吗……

- 我们平时常说"左右为难""前有伏兵后有追击",这反映了什么原理呢?
- 人们现在的生活水平与过去相比要好很多,但在过去,人们可以夜不闭户,而今天几乎家家安装防盗门窗,仍感到不安全。这是为什么呢?
- 有些学生对学习的内容并不感兴趣,但为什么大多数学生仍能坚持学习活动?
- 学习动机越强,学习的效果就会越好吗?
- 教师在教学中,对学生以表扬为主的效果好还是以批评为主的效果好?
- 某同学大学英语四级考试没有通过,分析后认为是自己努力程度不够,于是更加努力学习。这反映了什么原理呢?
- 我们常常会发现这种现象:若教师越关心、越喜欢一个学生,这个学生就会更加积极地学习;反之,若教师厌恶一个学生,这个学生就会抵触学习。这是为什么呢?

李新是一所乡镇中学的初二年级学生。从去年 10 月份起,他的父母外出务工,就把他寄养在叔叔家。自此以后,他经常旷课,在网吧和游戏机房消磨时间,本来在班级属中等的学习成绩更是一落千丈,数学考试甚至得过零分。老师对他感到十分头疼,曾试图与他沟通,希望他能按时到校,努力学习,但他表示自己对学习已经没有了兴趣,再说初中毕业后,他打算与父母一样外出务工,也不需要太多的文化知识。李新的叔叔也反映,李新对学习没有一点兴趣,最近还结交了一些社会上的朋友,开始出现夜不归宿的情况。对此,班主任老师一时也感到束手无策。

在这一例子中,造成李新学习落后、行为不良的原因是多方面的,但学习动机的缺乏是其中最根本的一个因素。学习动机不仅对学生的学习行为具有重大影响,直接关系到学生在学习活动中的努力程度,而且是影响学习的内在因素中最活跃、最集中体现学生主观能动性的心理成分。那么,如何激发和培养学生的学习动机呢?我们该如何帮助李新改变这种学习状态呢?这将会在本章的学习中找到问题的答案。

第一节 学习动机的概述

日常学习中我们常常会看到,在同一班级里,老师的教学是一样的,但学生的成绩总存在差异,这很有可能是由不同种类、不同程度的学习动机引起的。那么,到底什么是学习动机?其内涵是什么?学习动机有哪些功能?又有哪些不同种类的学习动机呢?

一、学习动机的内涵与功能

心理学的研究表明,一个人之所以会出现某一行为,其动力直接来自动机。因此,**动机**(motivation)是直接推动一个人进行行为活动的内部动力,例如,交往动机会导致一个人的交往行为,娱乐动机会导致一个人的娱乐行为。当一个人出现学习行为时,他背后便存在着学习动机。所谓**学习动机**(motivation to learn)就是指直接推动一个人进行学习活动的内部动力。由于学习动机是动机中的一种,是个体的动机在学习这一特定活动中的表现,我们可以从动机在人的行为活动中的作用,推演出学习动机在人的学习活动中的具体作用,并细分为三大功能。

> **学术研究 10-1   动机强度对学习效率的影响**
>
> 动机越强,活动的效率就越高,效果就越好吗?情况并非如此简单。在日常生活中,我们有时也会遇到行为动机很强,以至于干扰了正常活动的情况。
>
> 动机的最佳水平随任务性质的不同而不同:任务较易,最佳激起水平较高;任务难度中等,最佳动机激起水平也适中;任务越困难,最佳激起水平越低。这就是著名的耶克斯-多德森定律(Yerks-Dodson Law)(简称倒"U"曲线规律)。确实,如图10-1所示,根据耶基斯-多德森定律,在一定范围内,活动效率随动机强度增大而提高,直至达到活动效率的最佳状态,之后随动机强度进一步增大而下降。也就是说,中等强度的动机水平最有利于活动效率。当然,从图10-1也可以看出,动机的最佳水平会随活动的难易程度而有所变化,从事比较容易的活动,动机强度的最佳水平会高些,而从事比较难的活动,动机强度的最佳水平会低些。这在学习活动中也是如此。

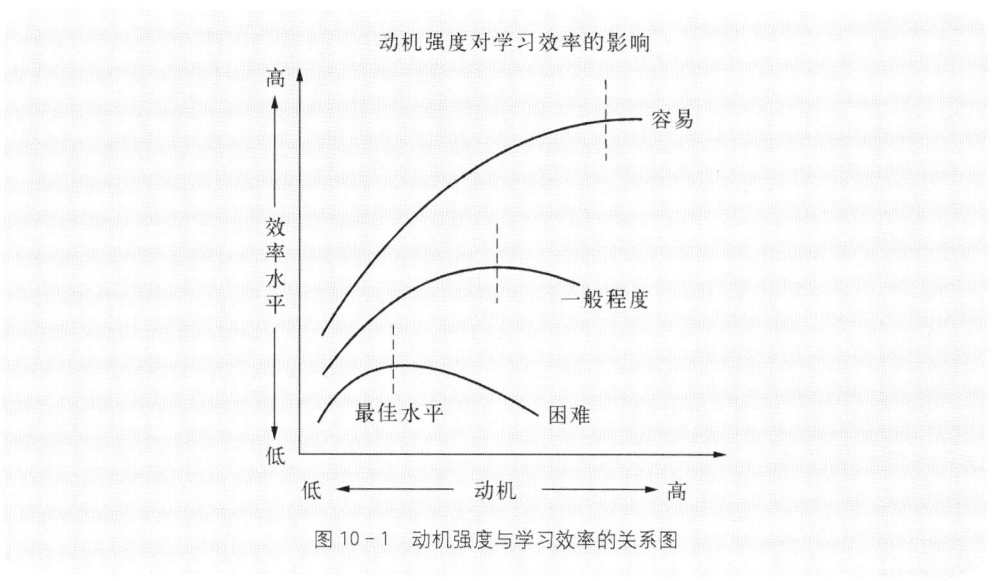

图 10-1 动机强度与学习效率的关系图

1. 激发功能

学习动机能激发个体产生某一学习行为。在这里,学习动机是引起某种学习行为的原动力,对学习行为起着始动作用。例如,一位学生知道自己的外语听力比较差,产生要训练听力的动机,他便会在这一动机的驱动下出现相应的行为,即收看电视中播放的国外原版片。

2. 指向功能

学习动机能使个体的学习行为指向某一具体目标。在这里,学习动机是引导某种学习行为的指示器,对学习行为起着导向作用。在上例中,那位学生会在要训练听力的动机引导下,将收看原版片的行为明确指向训练听力这一目标,把注意力集中于原版片中人物的对话上。

3. 调节功能

学习动机能调节个体学习行为的强度、持续时间和方向。在这里,学习动机是调节某种学习行为的控制器,对学习行为起着调控作用。在上例中,那位学生在收看原版片时把注意力集中于人物对话这一行为的强度、维持时间的长短,都受到该学习动机的制约。如果这一行为活动未达到训练听力的预定目标,该学习动机还会驱使他转换行为活动方向,或改换收看的原版片,或收听外语录音训练磁带,以达到既定目标。

学习动机这三方面的功能,构成其最本质的特征,也就成为学习动机概念的基本内涵。因此,心理学家也把学习动机定义为:引起和维持一个人的学习活动,并指引学习活动朝向某一学习目标的心理倾向。

关于学习动机在学习活动中的必要性问题,也曾有过激烈的争论。有的心理学家认为,没有学习动机,就不会发生学习,而有的心理学家则完全否认学习动机在学习过程中的必要性。研究表明,一些没有组织的、零星的学习可以在没有任何学习动机或学习意向的情况下偶然发生。如通过巴甫洛夫的经典性条件反射,条件刺激与无条件刺激的暂时接近会导致学习现象的出现,但对于有系统的、有计划的、复杂的学习活动,尤其是学校学习活动来说,"要有效地进行长期的认知领域的学习,动机是绝对必要的"(邵瑞珍,等,1997)。而且,对于学习的最终效果来说,其重要性丝毫不低于智力因素。如果把上述学习动机的三种功能所合成的对学生学习行为的作用,类比成由发动机(激发功能)、油门(调节功能)和方向盘(指向功能)所组成的动力与操作系统对车辆的运行作用,那么学习动机在学生学习活动中的意义之重大也就不言而喻了。

实践探索 10-1　　　　测测你的学习动机水平

一般说来,学生的学习动机水平的高低是通过其学习积极性表现出来的,而学习积极性经常从注意状态、情绪状态和意志状态三方面表现出来,因此教师可以根据学生这些方面的表现来初步判定学生的学习动机水平。斯蒂佩克(Stipek,1998)认为,教师应经常有意识地识别学生可能存在的动机,比如可以通过回答以下问题,来了解学生的学习动机情况。

(1) 是否注意教师?
(2) 课堂上是否主动回答问题?
(3) 能否迅速地开始某项学习活动?
(4) 注意力能否维持到学习任务的最终完成?
(5) 能否坚持自己独立解决问题,不轻易放弃看上去似乎较难的问题?
(6) 能否自觉地学习?
(7) 当确实需要他人帮助时,是否主动寻求帮助?
(8) 能否按时完成作业?
(9) 能否顺利完成学习任务?
(10) 允许选择时,能否选择具有挑战性的任务,即使有失败的可能?
(11) 能否接受这样的观点,即"学习新东西时,难免产生错误"?
(12) 当从事不同的学习任务,但需要相似的学习能力时,是否具有相似的表现?
(13) 期终考试成绩与平时成绩是否一致?
(14) 是否参与一些课外学习活动?
(15) 学习时是否显得快乐、自豪、热情和投入?

(16) 能否跟上教师的教学与辅导进度？

(17) 即使学习成绩很好,是否仍很努力地学习？

(18) 能否主动地选择具有挑战性的学习任务？

(19) 在没有奖励或评定时,能否继续努力地学习？

对于上述每个项目来说,答案为"是"的记1分,答案为"否"的记0分。把上述19个项目得分的总和,作为被试的学习动机水平的指标。0～6分,说明该学生的学习动机水平较低;7～12分,说明其学习动机水平中等;13～19分,说明其学习动机水平较高。

二、学习动机的种类

在学校教学中,学生的学习动机可以从不同的角度进行分类。

1. 内在动机和外在动机

根据动机的自主性水平不同,可以把学习动机分为内在动机和外在动机。自主性是指行为出自行为者意愿,并且由其自由抉择和承担责任。**内在动机**(intrinsic motivation)是由学习活动本身产生的快乐和满足引起的,它不需要外在条件的参与,完全是自主性的。比如说,为了获取新的、有趣的知识而读书。**外在动机**(extrinsic motivation)是由学习活动外部的因素引起的。根据自主性水平由低到高,可以把外在动机分为外在规则动机、内转规则动机和认同规则动机。外在规则动机是为了获取积极的后果或避免消极的后果。如学生为了获取老师的表扬或迎合家长的要求做作业。内转规则动机是指外在的要求转变为内在的要求,人们用内在的要求衡量自己的行为。比如,一个学生可能说:"我在考试前通宵学习,如果不这样做我会感到内疚。"认同规则动机是指人们看重某一行为,并且无条件地执行。比如,一个学生可能说:"我去上学,因为它对我很重要。"

2. 远景性动机和近景性动机

根据动机行为与目标的远近关系划分,可把学习动机分为远景性动机和近景性动机。**远景性动机**(distant motivation)是指动机行为与长远目标相联系的一类动机。**近景性动机**(proximal motivation)是指动机行为与近期目标相联系的一类动机。例如,学生在确定选修课程时,有的考虑今后走上社会、踏上工作岗位的需要,有的只考虑眼下是否容易通过考试,他们的择课动机就属于远景性动机和近景性动机范畴。远景性动机和近景性动机具有相对性,在一定条件下,两者可以相互转化。远景目标可分解为许多近景目标,近景目标要服从远景目标,体现远景目标。"千里之行,始于足下",是对远景性动机和近景性动机辩证关系的生动描述。

3. 普遍性动机和特定性动机

根据动机行为对象的广泛性,可以把学习动机分为普遍性动机和特定性动机。在学校教学中还存在这样一种情况:一类学生对所有学习活动都有学习动机,不但对所有知识性的学科都认真学习,而且对技能性学科、课外活动也从不懈怠;另一类学生则只对某种(或某几种)学科有学习动机,对其他学科均不予重视。教育心理学家将这两类学生的学习归结为两种学习动机:第一类学生的学习行为背后的学习动机,可以称为**普遍性动机**(general motivation to learn);第二类学生的学习行为背后的学习动机,可以称为**特定性动机**(specific motivation to learn)(Brophy,1987)。

4. 合理动机和不合理动机

根据动机的意义,可以把动机分为合理动机和不合理动机。**合理动机**(rational motivation),是指与我们的社会利益相一致的,有利于个体健康的动机,它包括高尚的、正确的和在一定时期内有较多积极因素的动机。**不合理动机**(irrational motivation),则是指不符合我们的社会利益和个体健康发展的动机,它包括低劣的、错误的和有较多消极因素的动机。

这里要指出,不少书里将动机简单划分为高尚或低劣、正确或错误两类是欠妥的。在实际生活中,包括在教学活动中,有相当一部分动机不能作这样简单的划分。例如,为分数而学习,为评奖学金而努力等动机就不能简单判定为高尚或低劣、正确或错误。当个体尚未培养起对学习活动的内在兴趣,又缺乏远大目标的有力激励时,上述动机对完成学习任务、提高学习积极性仍有一定的积极作用,应作为合理动机考虑。但作为教育者,我们必须清醒地看到这类合理动机具有的过渡性、阶段性特点,在运用分数和奖学金来激发学生学习动机的同时,要不失时机地培养学生正确和高尚的学习动机,鼓励学生为真正掌握文化知识而学习,为振兴中华而学习。因此,将动机按合理性划分出不同的合理性层次,既符合客观实际,又有助于指导教学实践,为学生动机的培养和激发提供一个正确的导向。

5. 主导性动机和辅助性动机

根据动机在活动中的地位和所起作用的大小,可以把学习动机分为主导性动机和辅助性动机。对行为起支配作用的动机被称为**主导性动机**(dominative motivation);对行为起辅助作用的动机被称为**辅助性动机**(assistant motivation)。当主导性动机与辅助性动机之间的关系比较一致时,活动动力会加强;如果彼此冲突,活动动力会减弱。一般来说,在同一时间内,在一个学生身上,主导性学习动机只有一个,而辅助性学习动机则可能不止一个,而且这些辅助性学习动机的强度和稳定性也都不一样。

第二节　学习中的动机系统

知道了什么是学习动机,我们还需要进一步了解学习动机是如何发生的,其结构如何,又有哪些因素会影响学习动机,这样才有助于我们深入了解学习动机,进而充分发挥自身的能动作用,提高学习动机。

一、学习动机发生的心理机制

学习动机与其他各种动机一样,是内驱力和诱因共同作用的结果。内驱力是在个体需要的基础上产生的内在推动力,诱因是能满足个体需要的外在刺激物,因此,归根结底,学生的学习动机是由内因与外因、内在主观需要与外在客体共同制约和决定的。了解学习动机发生的这种内在机制以及随后将提到的影响学生学习动机发生的因素,将有助于在教学活动中对学生学习动机的培养和激发。

1. 需要及其种类

需要(need)是人对客观事物的需求在头脑中的反映。它往往以人内部的缺乏或不平衡状态,表现出其生存和发展对于客观条件的依赖性。当个体某种需要没有得到满足时就会产生相应的动机,而且促使他去从事满足需要的行为活动。需要是人的积极性的源泉,也是学生学习动机产生的最根本的心理基础。同一个学习动机,可能出于不同的需要,因此有必要了解一下人的需要状况。人的需要是多种多样的。有关需要种类的划分,心理学界存在不同的理论观点,其中马斯洛的需要层次理论(need hierarchy theory)影响最大。

马斯洛(Abraham Harold Maslow,1908—1970)

美国社会心理学家、比较心理学家,人本主义心理学(humanistic psychology)的主要创建者之一,心理学第三势力的领导人。具体言之,马斯洛心理学思想的最大贡献在于提出了需要层次理论。主要著作有《动机与人格》《存在心理学探索》《宗教、价值与高峰体验》《优美心灵的管理》《科学心理学》《人性能达到的境界》等。

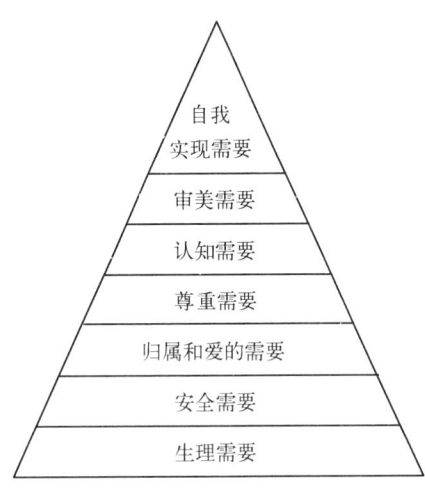

图 10-2　马斯洛需要层次模型(Maslow,1954)

马斯洛把人类需要由低级到高级排列为七大类(见图 10-2)：第一类是生理需要,如吃、喝、睡、性、排泄等方面的需要；第二类是安全需要,如躲避危险、防御侵袭、排除不安定因素等方面的需要；第三类是归属和爱的需要,如交友、爱情、母爱、依恋、从属于某一团体等方面的需要；第四类是尊重需要,如希望有实力、有成就、能胜任、有信心,以及要求独立和自由,或渴望名誉、威信、赏识、关心、重视、高度评价等方面的需要；第五类是认知需要,如知道、了解和探究事物等方面的需要；第六类是审美需要,如追求事物对称、秩序和美等方面的需要；第七类是自我实现需要,如充分发挥自身潜能、发现自我满足的方式等方面的需要。他进一步把前四类需要称为缺失需要,即一旦满足就失去了激发作用；后三类需要称为成长需要,具有无限的激发作用。

马斯洛把人类需要看成是一个组织系统,并按优势需要出现的先后排列成等级,这对我们是有启发的。我们也可以按生物性-社会性维度把需要划分为两大类：生物性需要和社会性需要。生物性需要是指保存和维持个体生命以及延续种族的那些需要,如生理需要、安全需要、运动需要等,其大部分为人和动物所共有(当然两者仍有本质区别)。社会性需要是指与人的社会生活相联系的那些需要。由于人的社会性需要十分复杂,又可细分为基本社会性需要和高级社会性需要,作为社会性需要,它们自然都是在环境作用下发展起来的,但基本社会性需要较少受教育影响,带有一定的先天成分,如依恋需要、探究需要、交往需要、关爱需要等,往往在个体发展早期就已出现,甚至在动物中也能发现其萌芽。哈洛(Harlow,1966)就曾做过这样的实验。他们制作了三种不同的金属母猴：第一种是金属框架表面包着绒布且装有奶瓶；第二种只在表面包着绒布；第三种是身上装有奶瓶,却未包绒布。然后观察小猴对三种假母猴的态度。结果发现,小猴喜欢第一种母猴,与后两种母猴相比,小猴更多地依偎在第一种母猴身边,只是在饥饿时才到第三种母猴那边去。

这表明依恋需要(affiliation need)甚至对动物来说也不是派生的。而高级社会性需要更多地受教育影响,完全是后天发展的结果,为人类所独有,如求知需要、成就需要、贡献需要等,往往都是在基本社会性需要的基础上发展形成的,也可以说,是人类社会性需要高度发展的结果。对于某一个体来说,未必都会有这种需要,它需要通过教育加以培养和发展。这样划分需要,尤其是在生物性需要与高级社会性需要之间,划分出基本社会性需要,更符合人的需要发展的实际,更能反映人在生物属性与社会属性之间由前者向后者发展的轨迹(卢家楣,1986)。

马斯洛理论的教育意义主要体现在缺失需要与成长需要之间的关系上。显然,当正在挨饿或处于危险中,学生几乎不可能将心理能量投入到学习中。因此,如果学生的基本需要没有得到满足,学习就会受挫。教师如果能使学生放松并且对学生表现出接纳和尊重,就更可能使学生变得渴望学习。

知识小窗 10-1　　达到自我实现的人格特征(马斯洛)

1. 有积极肯定自我的观念,有接纳所有人和全世界的能力;
2. 能与其他人建立深厚的人际关系;
3. 能够有效地感知并客观地对待现实,保持与现实的和谐关系;
4. 对现实永葆新鲜感,不断地从生活中寻找乐趣;
5. 尊重自己的行为和价值标准,成为自主的人,不受文化和环境束缚;
6. 不墨守成规,有首创性;
7. 尊重他人的独特性;
8. 灵感较多;
9. 相信新生事物具有无穷的生命力;
10. 把助人当作是个人应尽的义务;
11. 有与人合作的愿望;
12. 有良好的心境和幽默感;
13. 有强烈的道德感,他们的行为以理性和逻辑为依据;
14. 他们需要有独处的时机去思考问题和解决问题。

2. 内驱力

虽然从总体上说,需要是动机产生的最根本的心理基础,但在具体情境中,个体具有某种需要,未必一定引起相应的动机。模糊意识到的、未分化的需要叫**意向**(intention)。当个体有某种意向时,可能会意识到一定的行为活动方向,但不一定明确行为活动依据的具体需要,因而缺乏对行为的动力作用。明确意识到并想实现的需要叫**愿望**(desire)。但如果愿望仅仅停留在头脑里,不把它付诸实际行动,这种需要还是不能成为活动的动因。那么,处于静态的需要怎样才能引起动机产生行为呢?这便涉及行为发生机制中的另外两个概念：内驱力和诱因。这里我们先谈内驱力。

如前所述，需要往往以人内部的某种缺乏或不平衡状态，表现出其生存和发展对于客观条件的依赖性。而当这种缺乏或不平衡状态以动力的方式来表现其对客观条件的依赖性时，需要便以内驱力的形式从个体内部产生行为动力。因此，**内驱力**(drive)是由于人内部的某种缺乏或不平衡状态而产生的旨在恢复稳态的一种内在推动力。例如，体内食物缺乏导致人的一种不平衡状态，从而产生内驱力，引发觅食动机和行为。当他的饮食需要得到满足，内驱力就降低，觅食的动机和行为也就减弱或停止。因此，需要是内驱力的基础，一般情况下两者呈正相关，只是在个体有某种需要，但已缺乏行为活动可能性时，内驱力水平才没有跟上需要水平。如长期挨饿的动物，对食物需要强度大，但由于身体虚弱，其内驱力水平反而降低了。需要指出的是，在西方有关的理论中，有不少人把内驱力仅囿于生理性范畴，认为只有当个体在生理需要得不到满足时才产生内驱力。其实，内驱力与需要一样，也有生物性内驱力和社会性内驱力之分。就学校教学环境中青少年学生的学习动机而言，其内驱力是不一样的。美国心理学家奥苏贝尔(Ausubel, 1978)认为，学校情境中的成就动机，至少应包括三方面的内驱力，即认知内驱力、自我提高内驱力和亲和内驱力。后来另一位美国心理学家科温顿(Covington, 1984)又提出了自我价值感内驱力。

(1) 认知内驱力

认知内驱力(cognitive drive)是出于了解和理解事物、掌握和运用知识以及系统阐述和解决问题的需要。它在个体身上最初表现为探究的需要。这种需要如前所述，带有一定的先天性。它是在探究反射的基础上发展形成的，具有明显的生物意义，在高等动物和人类早期都可发现其各种表现形式。有人用猴子做实验：将猴子放在由野果和装有野果的箱子组成的环境中，猴子会花2小时去摸索打开箱子，而不去拿身边的野果；在没有任何奖赏的情况下，猴子会"主动"拆开一些机械装置；但若给猴子的每次成功操作以食物奖励，反而会使猴子降低操作兴趣。这表明猴子也有探究需要的萌芽。至于人类，早在婴幼儿时期就已出现三种形式的探究活动：感官探究——凡有新奇事物出现，便以视、听觉感官去探索；动作探究——在感官探究的基础上，以动作去探索；言语探究——用已掌握的言语向他人询问、求解。但个体进入学校后，对某学科的认知内驱力，则远不是先天性的，而是依赖于特定的学习经验。特别是当学生不断地获得学习的乐趣、成功的体验，看到知识的力量、学习的价值后，就更加期望在随后的学习中进一步得到满足。这就使学生逐渐形成认知内驱力。这种内驱力使青少年学生的学习动机直接指向学习任务本身(为获得知识)，而满足这种动机的奖励(知识的实际获得)，也是由学习本身提供的，因而它导致的也就是如前所述的内在动机。内在动机是学习活动最重要、最稳定的动机,对学习者具有持续而强有力的推动作用。

(2) 自我提高内驱力

自我提高内驱力(ego-enhancement drive)是出于想要通过学业成绩赢得相应地位的需要。这种内驱力与认知内驱力不一样,它并不使学习动机直接指向学习任务本身,且满足这种动机的奖励也并非由学习本身提供,而是学习成就之外的一定的地位,因而这导致的是外在动机。一个人的成就总是与他一定的地位相联系,在学校中学生的学业成就也总是与学生赢得的地位相应。在学生心目中,学业成就越大,其相应的地位越高,反之,则越低。因此,自我提高内驱力,也就成为学生在学习期间力图通过学业成就取得名次或等第的一种手段。

(3) 亲和内驱力

亲和内驱力(affiliative drive)是指个体与别人(如家长、教师等)亲近的心理倾向。这种心理倾向包括需要别人关心、需要友谊、需要爱情、需要别人的认可和支持等。这种内驱力与自我提高内驱力一样,导致的也是外在学习动机。只是满足这种动机的奖励不是学习成就之外的一定地位,而是获得同伴和长者的赞许或认可。这里必须指出的是:第一,学生与长者在感情上具有依附性;第二,学生将获得从长者的赞许或认可中引申出来的、不是由他本身成就水平决定的地位,即派生的地位;第三,享受到这种派生地位乐趣的学生会努力使行为符合长者期望,以不断地获得赞许,巩固派生地位。

(4) 自我价值感内驱力

自我价值感内驱力(self-worth drive)是科温顿提出的一种追求成功的内驱力。成功的经验都是在克服困难之后才获得的,而克服困难需要相当的能力。个体对自己获得成功的能力的评价可产生自我价值感。因此,能力、成功、自我价值感三者之间就形成了前因后果的连锁关系:有能力的人容易成功,成功经验导致自我价值感。有过多次这样的经历之后,对自我价值感的追求也就成为成就动机的内驱力。对学生来说,之所以努力学习、追求学业成功,正是因为他们渴望从求学的成功经验中提升自我价值。

以上我们概述了西方心理学家揭示的学生学习动机中的几种主要内驱力成分,事实上,学习动机的内驱力成分并不仅限于此。对我国在校学生来说,出于奉献需要,为国家明天的发展多作贡献的内驱力,也是十分强调的。为避免失败惩罚、丧失自尊威胁而努力学习的内驱力,在世界各国学生中都有相当的普遍性。

3. 诱因

个体最终是否产生动机和行为，往往不仅仅由其内驱力决定，在一般情况下还需要一定的外部条件，这个外部条件就是我们所说的诱因。**诱因**(incentive)，就是指能满足个体需要的刺激物。诱因可分为正诱因和负诱因。凡是能使个体因趋向或获得它而满足其需要的刺激物为**正诱因**(positive incentive)，而能使个体因逃离或回避它而满足其需要的刺激物为**负诱因**(negative incentive)。

现代心理学越来越重视诱因对个体动机行为的影响。许多动物实验表明，内驱力并不能直接推动有机体的动机行为，只是使有机体处于更易反应、准备反应的状态，诱因才能使有机体真正产生动机，导致行为。在老鼠走迷宫的实验中，如果迷宫终端没有食物（无正诱因），饥饿的老鼠（有较大的内驱力）并不比饱食的老鼠（缺少内驱力）更积极；但若在终端放了食物（有正诱因），饥饿的老鼠就立刻飞跑。当实验员把食物由大量换成小量，饥饿的老鼠也会相应地放慢速度，当食物增多，饥饿的鼠又会飞跑。这一实验突出反映诱因对动机行为的调节作用。事实上，在人类生活中也有许多类似的情况。当一个已经饱食了的人（缺少内驱力）看到异常精美的点心（正诱因），仍会忍不住品尝一下，此举主要不是出于内驱力的推动，而是诱因的刺激。

在教学中我们常常看到，枯燥的教学不但不能激起求知内驱力不强学生的听课动机，而且也难以激起求知内驱力较强学生的听课动机。因此，重视和强调诱因对学生学习动机的作用，在教学实践中更具有现实意义。教学的主要手段正是在于向学生提供各种诱因，以促使学生产生学习动机，进而养成良好的学习习惯。

二、影响学习动机的因素

学生的学习行为是在主观需要和客观事物的共同作用下，通过内驱力和诱因的形式被引发的。这可谓学习动机发生的最基本模式。在具体情境中，情况要复杂得多，还有其他因素影响着学生的学习动机。只有以基本模式为框架，并了解其他因素的影响，才能较全面地理解学生的动机。

1. 外部因素

（1）教室目标结构

埃姆斯(Ames,1992)认为，不同的教室环境结构诱发出学生不同的目标定向（见表10-1）。通常在教室中存在两种目标结构：掌握目标定向(mastery goal orientation)和成绩目标定向(performance goal orientation)。前者是以学习、掌握为目的的成就目标取向，关注对任务的掌握和理解，关注能力的发展；后者是以追求高成绩、证明自身能力为目的的成就目标取向,关注与他人的比较,以获得对自己能力的有利评价,避免不利评价。与之相对应,这两种不同的目标结构导致学生产生两种不同的动机模式:掌握模式(mastery pattern)和无助模式(helplessness pattern)。前者具有主动寻求挑战性任务、面对困难时坚持性高的特征,属于这类动机模式的人能够克服困难,直到实现自己的目标,因而最终能够取得较大的成就;后者具有回避挑战、面对困难时坚持性低的特征,属于这类动机模式的人往往在困难面前退缩,不能坚持到最后,也就难以取得较高的成就。从这点上讲,通过改变教室目标结构,就可以改变学生的知觉,从而改变学生的动机模式。例如,教师在教学中强调自我参照、减少学生之间的比较(常模参照),往往能降低学习成绩对学生自我的威胁,容易使学生获得安全感,增加教室舒适感。

表 10-1 教室目标结构的特征

教室的维度	掌 握 目 标	成 绩 目 标
成功被定义为	提高、进步	高成绩
价值集中于	努力、掌握	高能力
满足于	刻苦、挑战	比其他人更好
教师导向	学生如何学会	学生如何表现
对错误的看法	错误是学习的一部分	错误产生焦虑
注意力集中于	学习过程	超过他人
努力的原因	学习新事物	高学分、比他人更好
评价标准	绝对进步、自我参照	他人参照

(2) **教师期望**

1968年美国哈佛大学心理学家罗森塔尔和雅各布森(Rosenthal & Jacobson)出版《课堂里的皮格马利翁》一书,介绍了他们在奥克学校做的一个实验。他们先对这一学校一至六年级小学生做了一般智力测验,称"预测未来发展的测验"。接着随机抽取少数学生,并且告诉这些学生所在班级的任课教师,这些学生是"未来的花朵",有很大的"学业冲刺"潜力。不过,他们要求教师"保守秘密"。8个月后罗森塔尔又对该校全体学生进行了测验,测验表明,这些"未来的花朵"比其他学生成绩提高显著(特别是一、二年级),因为教师受到实验者的暗示,便对指定的学生产生了一定的期待,从而激起了教育热情,甚至在表情、语调方面也流露出一种特殊的情感。罗森塔尔借用古希腊神话典故称这一现象为"皮格马利翁效应"。

皮格马利翁效应也称教师期望效应。教师期望是教学中运用非智力因素的一个重要课题，它属于情绪、情感的范畴。**教师期望**(teacher expectancy)指的是，教师的情感促进了学生认知的发展。教学实验表明，教师适当地提高对学生的期望可以加快学生的进步。换句话说，学生的成就可以受到外界期望的影响。

热点聚焦 10-1　　教师期望与学习动机

教师期望是如何影响学生学习动机的呢？主要从两个方面：一是通过产生自我实现预言效应来影响学生的学习动机。自我实现预言效应也称皮格马利翁效应，它主要指人们好的期望和态度可以在被关注的对象身上产生好的和预期的反应。教师对学生的高期望可以有效激发学生的学习热情和学习积极性，使他们向好的方向发展，而低期望则会使学生丧失学习积极性，使他们的学习越来越差。在师生的交往过程中，教师将自己的期望和态度或明或暗地传递给学生，学生会按照教师期望的方式来调动学习的动力系统和塑造自己的行为，这样，教师的预言就有可能实现。二是通过影响学生学习中的归因方式来影响学生的学习动机。学生的归因方式一般有两种类型：一种类型趋向于将成绩的获得归因于内在因素，即自己的能力和勤奋，把成绩的欠佳归因于外在因素，如机遇和运气；一种类型把成绩的获得归因于外在因素，如机遇和运气，而将学习上偶尔失败归因于内在因素，如能力不足。采取前一种方式，往往可以使学生增强学习的信心，从而获得持久的学习动力。而采取后一种方式，则往往容易使学生丧失学习信心，导致学习积极性下降。研究表明，学生的归因方式与教师的期望有很大关系。在教学实践中，教师对学生的高期望、积极态度以及客观的评价，都可以提高学生的学习自信心，使他们采取适当的归因方式进行自我评价，进而大大提高他们学习的积极性，激发他们的学习动机和努力向上的进取精神。

教师期望是强烈的情感因素，是师生合作的产物。罗森塔尔实验告诉我们，教师对学生的期望与学生的成就呈正相关。期望是教师爱事业、爱学生的结晶。教师的合理期望将对学生的成长道路产生深远的影响。

知识小窗 10-2　　传递积极期望

1. 师生沟通期望的要求。 单方面的期望有时会成为学生的心理负担，对于自主性较强的学生来说，可能会部分地或完全拒绝外来期望。

2. 期望要合理。 期望要符合学生个人的特点，一刀切的做法不可取。

3. 期望要变成学生自己的愿望。 期望要有诱导性，同时用学生的成功充实期望。

4. 学生并非一贯按着教师的期望去做。 教师不要过于强求，以免适得其反。

5. 等待学生回答。 教师等待学生回答时间较长时能传递较高的教师期望和增加学生的成就动机。

6. 在学生中避免不必要的成就区分。在教师与学生之间,评价和学分应当具有一定的隐私性而不是作为公开信息散布。教师不应当进行僵化的能力层次分组,而应当平等地尊重每一个组,并且允许每一个学生在各组之间移动。

7. 平等对待所有学生。平等地提问不同成就水平的学生,而且在所有学生身上花费同样的时间。研究发现,教师常常不明智地将提问集中在某类学生身上,如女生或少数民族学生。

(Kahle & Meece, 1993)

(3) 行为强化

个体的行为是在其动机的驱动下发生的,而发生的行为所产生的结果,又会影响个体随后行为的动机。这里所说的行为结果对个体行为动机产生的影响,同样适用于学习情境,并主要表现在以下两个方面。

① 对行为动机的强化作用。**强化**(reinforcement)是指个体在学习过程中增强某种反应可能性的力量。例如,一位学生学习非常认真、刻苦,受到老师的表扬,他很高兴,随后他会表现出更为认真、刻苦的学习行为。这里学生的学习行为受到强化,而老师的表扬便是强化物。斯金纳(Skinner, 1983)把能起强化作用的刺激物分为两类:一类是由于其呈现而增强反应频率的刺激,称为**正强化物**(positive reinforcer),如食物、娱乐等;另一类是由于其撤除而增强反应频率的刺激物,称为**负强化物**(negative reinforcer),如噪声、电击等。强化物与前面提到的诱因相类似,但也有区别。诱因作为一种刺激物,呈现于个体行为发生之前,旨在激发动机,引起个体当前的定向行为;强化物也是一种刺激物,往往呈现于个体行为发生之后,旨在影响个体后续行为的反应倾向。在人类动机行为的研究中,强化一直是行为主义心理学派的一个核心概念。新行为主义的心理学家不仅用强化来解释学习行为的发生,而且用它来解释学习动机的引发。按照他们的观点,个体之所以产生学习行为动机,是因为先前的学习行为与刺激通过强化建立了牢固的联系。

② 通过对自我效能感的影响作用于行为动机。前面我们提到,作为认知因素的自我效能感,虽是个体对自己从事某种活动的胜任能力的主观判断,但毕竟还是要受客观现实的制约。个体行为效果好不好,能否胜任,自然会影响个体的主观判断,并进而影响个体的动机。国内研究表明,自我效能感对各种学习动机都有显著促进作用(王利娜,2014)。

知识小窗 10-3　　　　　　有效表扬的特征

有研究者认为,有效的表扬应该具备以下特征。

1. 一致性。当定好规则后,就必须按照规则表扬每一个遵守规则的学生,而不论其成绩、过去表现等。
2. 特定性。教师的表扬只针对学生特定的良性行为而不是概括性的优点。例如,教师说"王英,我很高兴你按照要求开始写作文",而不说"王英,你做得很好"。
3. 真诚。表扬应真诚,体现教师对学生成就的关心。但有些教师在表扬成绩较差的学生时往往伴随着矛盾的声调、姿态或其他非言语信息。
4. 明确性。教师应明确学生的何种行为值得表扬,应强调导致表扬的那种行为。
5. 表扬应当使学生明白,如果投入适当的努力,则将来还有可能成功。
6. 表扬应传递这样的信息,即学生努力并受到表扬,是因为他们喜欢这项任务,并想形成有关的能力。
7. 利用学生先前的成就作为现在表扬的背景。
8. 将成功归因于努力,并暗示教师期望学生将来能获得相似的成功。
9. 表扬应集中于学生的学习相关行为。

(Brophy,1981)

2. 内部因素

(1) 年龄特点

有人(甘诺,白晓东,2003)对 653 名中学生进行问卷调查,结果发现,中学生内部动机发展比较稳定,呈波浪起伏状;而外部动机随年级升高呈下降趋势。内部动机得分高于外部动机(见图 10-3)。但也有研究表明,11 岁学生的内、外部学习动机都高于 15 岁学生(程黎,等,2013)。

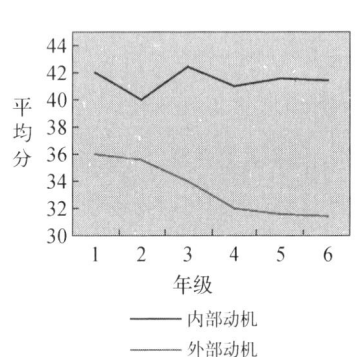

图 10-3　中学生学习动机变化状况

(2) 价值观因素

价值观(values)是人们用以评价事物价值并指导行为的心理倾向系统。它制约着个体去发现事物对自己的意义,规划自己,确定并实现奋斗目标。价值观是个体出生后在社会生活实践中逐渐萌发和形成的。一旦形成,就具有相当的稳定性,时时处处都会自觉不自觉地根据自己内心的尺度来衡量客观事物的价值。虽然事物是客观存在的,但由于每个人的价值观不同,对于同一事物,不同个体对其意义的评价和认识也就不同。这就进而导致人们对该事物的需要状况或程度,与之相联系的价值观有各种分类。德国哲学家、教育家斯普兰格(Spranger,

1928)根据社会文化生活方式,把人的价值观分为经济价值观、理论价值观、审美价值观、政治价值观和宗教价值观;阿德森(Adelson,1980)则根据自我-他人维度,把价值观分为自我取向价值观和他人取向价值观;罗克奇(Rokeach,1973)根据工具-目标维度,把价值观分为工具性价值观和终极性价值观。而从表现形式上看,兴趣、信念、理想等都是价值观的主要表现形式,价值观对学生的学习动机的影响,也主要通过这些形式得以具体化。

学术研究 10-2　　　　自我决定理论与学习动机

动机的自我决定理论(self-determination theory)是由美国心理学家德西和瑞安(Deci & Ryan)提出的,它关注的焦点是人类的行为在多大程度上是自愿的和自我决定的。自我决定理论假设人是积极的有机体,人天生就具有追求心理成长和发展的倾向,努力去应对持续的挑战,并把外部经验与自我感进行整合。

自我决定理论认为,每个人都有自主的需要、胜任的需要和归属的需要。这三种需要的满足是个体行为的根本动力,也是促进个体人格及认知结构成长与完善的条件。有研究认为,个体这三种心理需要的满足可以有效促进外部动机的内化,增强个体行为的持久性,对个体的心理状态也有积极影响,更可能产生积极的行为结果。

对于如何激发和培养学生的学习动机,自我决定理论提出了有别于以往理论的独到见解:个体的基本心理需要是学生学习的根本动力,外部动机的内化是动机有效性的前提;适当的教学风格和有效的激励是提升动机强度的外在条件,自我调节是动机持久性的保证。

(刘丽虹,张积家,2010;岑延远,2012)

① **兴趣**。这里指的是属于心理倾向的兴趣,而不是属于情绪状态的兴趣。**兴趣**(interest)是建立在需要基础上,带有积极情绪色彩的认知和活动倾向。兴趣也是人们用以评价事物好恶的内心尺度,是价值观的初级形式。由于个体的兴趣所向与其需要相一致,又伴有积极的情绪体验的支持,它对个体的活动,尤其是认知活动具有巨大的推动作用。个体对活动的兴趣往往会发展成为活动的内在动机,对活动有维持作用。特别是在认知活动中,当个体的某种需要得到满足后,其兴趣不但不会减弱,反而会更加丰富和深化,产生与更高的认知活动水平相应的新的兴趣。而这种兴趣又会导致新的认知活动的内在动机。

② **信念**(belief),是指个体对某些知识的真实性或某些观念的正确性抱有坚定的确信感和深刻的信任感,并力求加以实现的心理倾向。信念是知和情的升华,也是知转化为行的中介、动力,是知、情、意的高度统一体。因此,信念不仅是一种认识活动,与人的知识经验和以这种知识经验为依据对未来的推断有密切的关系,而且通常充满高级情感,能指引个体的思想和行为,具有理论性的价值取向。信念因处于个性心理倾向中的中上层部

分,故它对处于个性心理倾向中的基础部分的需要具有控制和调节的作用,它能通过对学生需要的调控来影响其学习动机和行为。例如,一名学生迷恋电子游戏,学习上不思进取,后经一系列的教育,逐渐树立起只有具备现代科学技术知识及其相应的能力,才有可能适应未来社会,做一个对祖国有用的人的一种信念,他就会在这种信念的指导下,克制打游戏机这种娱乐需要,把时间和精力更多地集中在学习上,表现出强有力的学习动机。

③ **理想**(ideal),是指个体对未来有可能实现的奋斗目标的向往和追求。它与信念紧密联系在一起,以一定的信念为基础,是信念对象的未来形象和具体内容。理想比信念更具体、更丰富、更明确、更具有情感意义上的感召力。理想总是与奋斗目标相联系进而影响人的行为动力,它会激发人的活动——包括学习活动在内的各种活动,向着一定的方向和对象奋进,会引发巨大的激励力量。理想具有十分明显的年龄特点。心理学研究表明,中学低年级学生的具体形象理想较多,中学中年级学生的综合形象理想较多,中学高年级学生的概括性理想较多。这表明青少年理想的发展是从具体到概括,从幻想型发展到现实型,从偏于感性的认识发展到偏于理性的认识的过程(全国青少年心理研究协作组,1985)。而随着理想朝着理性方向的发展,它对个体行为的激励作用也会变得更为稳定、持久而有实际效能。

(3) 情感因素

情感(affection)是人对客观现实的态度的体验,也就是人们在实践活动中出现的喜怒哀乐。在心理学史上,人们由于缺乏对情感现象的深入认识,曾在相当长的时期内,视情感为心理活动的副现象,甚至将其作为干扰因素而予以排斥。随着现代心理学的发展,人们对情感现象有了较多的研究和认识,揭示了情感的不少功能,其中一个十分突出的功能,便是情感的动力功能,即情感对包括学习活动在内的个体各种行为活动都具有的增力或减力效能。同一个人,在同一需要-动机系统支配下活动,在情绪高涨时,他会全力以赴,努力奋进,克服重重困难,直达预定目标。情绪低落时,他则缺乏冲劲和拼劲,稍遇阻力,便畏缩不前,半途而废。正如马克思所说:"情欲、激情是人指向着自己的对象努力追求的性能……热情就是一个人努力达到自己目标的一种积极的力量"。[①] 青少年高级社会性情感中的理智感就是直接推动学生学习动机的情性因素,包括乐学感、自信感、探究感、成就感和好奇感五种具体情感(卢家楣,2012)。

(4) 认知因素

虽说个体的行为动机来自主观需要与客观事物之间的相互作用,但客观事物符合自己需要的程度如何,需要满足的可能性有多大,都取决于个体的认知。因此,认知也是影

---

① 马克思恩格斯全集(第三卷)[M].北京:人民出版社,2002:644.

响行为动机的一个因素。特别是随着认知心理学的发展,这方面的影响因素正日益受到重视,成为解释学生学习动机行为的一个重要组成部分。

① 效价与期望评价。心理学研究发现,目标或诱因能否激起学生的学习行为,取决于它对学生具有的价值大小以及获得的概率,前者称为**效价**(valence),后者称为**期望**(expectancy)。个体行为动机为效价与期望的乘积(Atkinson,1964):

$$行为动机 = 效价 \times 期望。$$

这里的效价和期望,都是个体的主观认知,而不是客观实际。也就是说,对于同一个人、同一个客体,学生可能会作出不同的认知评价:或视之为很有价值的目标或诱因,或相反;或视之为有很高的获得率,或相反。这都取决于学生如何进行评价。而不同的评价结果给予学生学习行为动机不同的影响。一般来说,对客体的效价评估和期望评估越大,其相应的学习动机强度也就越大。

期望效价理论最重要的教育意义在于呈现给学生的任务既不能太容易也不能太难,如果有些学生认为无论他们做什么都能获得 A,那么他们的动机就不可能达到最大;反之亦然。因此,应建立这样的学分系统,许多人得 A 困难但可行;低学分意味着学生几乎不需努力即可达到。总之,成功必须在可达到的范围内,但不是所有学生都容易达到。

② 自我效能感。个体对期望的估计,在很大程度上与个体对自己从事该活动的胜任能力的判断有关,这样,这种对自我能力的判断也就会影响行为动机。班杜拉(Bandura,1977,1982)最早提出**自我效能感**(sense of self-efficacy)这一概念——指人对自己是否能够成功地进行某一成就行为的主观判断,并于 20 世纪 80 年代丰富和发展了自我效能感理论。他认为,在个体行为动机过程中,起主要作用的不是能力,而是个体对自己能否胜任该任务的知觉,这也是自我概念中的一种,他称之为"自我效能"(self-efficacy)。自我效能与**自信**(self-confidence)不尽相同。后者指个体信任自己,对自己所知晓的、所做的事具有信心,而自我效能则是指个体对自己从事某项工作具有的能力的主观评价和确信。它是个体对自己行为能力的主观推测,而不是客观实际。班杜拉等人的研究还进一步发现了自我效能感对包括学习在内的各种行为的具体影响:影响个体对活动的选择性,影响个体对活动的坚持性,影响个体对活动所遇困难的态度,影响个体在活动时的情绪状态,影响个体在活动中新行为的习得和习得行为的表现。

③ 归因作用。当某种活动取得成功或遭遇失败时,人们都会有一种对行为结果有所探求的倾向。这种对行为结果的原因的推论就被称为**归因**(attribution)。心理学研究发现,归因不仅影响个体对自己行为的反思和再认识,而且会影响个体后继行为的动机。韦纳

(Weiner,1972,1980)还提出归因理论来分析个体动机过程。他认为,人们对行为成败原因的分析可归纳为能力、运气、努力、任务难度、方法等因素。而这些因素可进一步归纳为控制性(可控与不可控)、稳定性(稳定与不稳定)和原因源(内部与外部)三个维度,从而形成八种类型的因素:内部、可控、稳定因素,如方法;内部、可控、不稳定因素,如努力程度;内部、不可控、稳定因素,如能力;内部、不可控、不稳定因素,如疲劳;外部、可控、稳定因素,如人际关系;外部、可控、不稳定因素,如他人帮助;外部、不可控、稳定因素,如任务难度;外部、不可控、不稳定因素,如运气。

韦纳(Bernard Weiner,1935—)

美国教育心理学家。韦纳的主要研究领域是社会心理学和教育心理学,研究兴趣是动机、情绪和归因理论。主要著作有《归因:行为原因的知觉》《人类动机:比喻、理论和研究》《认知心理学的兴起》《动机和情绪的归因理论》等。

一般来说,把行为结果成败的原因归结为外部的或不可控的因素,会降低个体对后继行为的动机;而把行为结果成败的原因归结为内部的、可控的因素,则会增强个体对后继行为的动机。例如,把成败归因为努力程度、方法运用等,则对后继行为具有积极的促进作用。

知识小窗 10-4　　控　制　点

控制点反映个体将成功与失败的责任归因于个体内部因素还是外部因素。

内控型个体倾向于将成功或失败归因于内部因素,如自己的努力;外控型个体倾向于将成功或失败归因于外部因素,如运气、任务难度或其他人的行为等。韦纳认为,对成就行为的内控或外控判断影响到这一行为对个人的"价值",进而影响其成就动机。人们更看重由内部原因所致的成功,并为此而奖励自己。考试中获得好成绩,若被归因于自己的能力或努力这些内部原因,而不是运气好或题目太容易这些外部原因,那么,个人会感到愉快并会继续争取成功。而归因于内部原因的失败则会对个人的自尊产生消极影响,并会削弱以后对成功的追求;若将失败归因于外在原因则不会如此。如果我们认为在某门功课上成绩不好是因为自己在这方面确实缺乏才能,即使加倍努力也往往无济于事,那么我们可能会突然觉得这门功课不那么重要,也不再对它用功了,从而导致习得性无助感。

④ 目标意识。个体对效价和期望的估计,又与自己的目标意识有着密切的联系。**目标**(goal)是行为所需达到的目的,又是引起行为动机的外部条件刺激。目标与诱因相类

似,但又有区别。诱因是外部提供的刺激物,目标是个体设定的行为方向。在一般情况下,两者并不统一。例如,奖学金是学校向学生提供的一种诱因,而学生争取不争取奖学金,争取何等奖学金,则是他自己的努力目标。只有当诱因与目标一致时,两者才能在同一客观事物上获得统一。动机使个体的行为指向一定的目标,反过来,目标的设立也会通过自我激励机制,对个体动机发生作用。

学术研究 10-3　　儿童的习得性无助:成因、机制和缓解

习得性无助(learned helplessness)是 20 世纪 60 年代由塞利格曼(Seligman)提出的。塞利格曼通过动物研究发现,当动物获得某些无法控制外部条件的经验后,就会产生一种无助或无奈的行为反应。实验者先将狗固定在架子上,然后对其进行无法预料也无法控制的电击,在随后的实验中,研究者发现这些狗绝大部分不能学会回避电击,而是甘心忍受,不进行任何反抗。这一结果表明,习得性无助是后天学会的,是受到不良刺激后感到没有能力或无法解决而产生的一种心理与行为。

习得性无助现象在人类特别是儿童身上同样存在。一旦产生习得性无助感,就会出现动机降低、认知出现障碍和情绪失调等表现,而且在一种情境中形成的习得性无助还会迁移到其他情境中。如儿童在经历了一连串不可解决的字谜问题后,无法学会简单的双手运动以摆脱刺耳的喧闹声。习得性无助感会导致儿童形成无论是失败还是成功都不能由自己决定和控制的认知观念,由此个体会放弃一切努力。

儿童习得性无助的形成原因复杂多样,其中最为主要的原因是个体的归因方式、早期经历、教养方式等。习得性无助的生理机制是儿童在感受到外部压力无法控制之后,激活了大脑中缝背侧聚集的 5-羟色胺细胞。可以采用归因训练、榜样示范、创造成功机会等措施缓解和治疗儿童习得性无助。新近研究表明,适度的、科学的、持续的体育锻炼对缓解和治疗儿童习得性无助等情绪障碍问题、提高儿童心理抗压能力具有很好的效果。

(燕良轼,颜志雄,邹霞,2014)

⑤ 认知冲突。以美国心理学家费斯廷格(Festinger,1957)为代表的一些认知心理学家还提出了认知失调的动机理论。他们认为,个体经常有保持心理平衡的倾向,但当个体对同一事物产生两种(或多种)不一致的认知时,就会产生心理紧张的失衡现象。个体恢复平衡,产生旨在消除认知不一致的行为动机,因而认知失调具有引起认知动机的作用。例如,当学生在课堂上发现某种新知识与自己头脑中的已有知识发生矛盾时,就会产生认知失调现象,引发学生试图弄懂新知识究竟是怎么回事的动机,以便与自己认知结构中已有的知识统一,消除认知失调,恢复平衡状态。特别要指出的是,个体通过努力,使认知不平衡引起的紧张感解除,代之以较松、满意的情绪体验。这种积极的情绪体验对认知动机起了一种强化作用,增强了个体认知活动的动机。伯莱因(Berlyne,1974)还把由认知不

协调引起的不确定性与好奇相联系,将学生面对不确定性情境时的中等程度的唤醒状态称为好奇。好奇可以导致旨在减少不确定性的探索性行为。好奇分知觉性好奇和认知性好奇。知觉性好奇是由新奇、不一致、复杂的感官刺激引起的。认识性好奇是由不一致的观念、信仰或态度,即内部刺激引起的。这两种好奇都对课堂学习有重要影响。情境越新奇,不确定性就越大,越容易产生观念间的冲突,也就越表现出对学习动机的方向和强度的影响(邵瑞珍,等,1997)。

费斯廷格(Leon Festinger,1919—1989)

美国社会心理学家,因社会比较论和认知失调论而闻名于世。主要研究人的期望、抱负和决策,并用实验方法研究偏见、社会影响等社会心理学问题。主要著作有《冲突、决策和失调》《认知失调理论》《社会交往的理论和实践》《行为科学的研究方法》《当预言失败时》《非正式群体的社会压力》《社会心理学回顾》等。

三、学习的动机系统

如前所述,人的行为动机是由主观需要和客观事物共同制约和决定的。而人的需要是极其丰富的,客观事物也是多种多样、千变万化的,因此在个体与其周围世界相互作用、相互影响下,决定个体行为的,尤其是比较重要的行为,常常不是一个单一的动机,而是一个动机系统。教师认识到这一点,对今后在教学中更好地调控学生的学习动机是有直接帮助的。

1. 动机系统的静态结构

从静态上分析,一个人的动机系统包括若干个动机,这些动机以其不同的种类、不同的强度有机结合,相互联系,形成动机系统的内部结构。在这个内部结构中,有的动机称为主导性动机,它往往最强烈、持久,是决定内部结构特点的主要成分,在个体行为的驱动下发挥主导作用,而其余的非主导性动机则处于相对次要的地位,称为辅助性动机。最终决定一个人行为的内在动机的,往往是若干动机组成的动机系统产生的合力。由于每个人组成系统的动机的种类不同、强度不同,因而产生的行为方向和力度也因人而异。例如,在对大学生入学动机的一项调查中发现,仅有一个动机驱动的人数最少,只占总数的7%,80%以上的大学生高考都有三个或三个以上的动机组成系统,其中60%的学生的主导性动机是"通过深造进一步发展自己的才能"(卢家楣,1988)。

2. 动机系统的动态结构

从动态上分析,一个人动机系统内的各种动机都处于相互作用、不断变化之中。动态特征表现在动机的冲突、合成和转化三个方面。

(1) 动机冲突

动机冲突(motivational conflict)主要是由个体内部需要与需要之间以及需要与外界客观现实之间的矛盾引起的,可归纳为四类冲突情境。

① **双趋冲突**(approach-approach conflict)。这是当个体具有分别追求两个目标的两个动机,但又必须在两个目标中作二择一的选择时发生的冲突情境,犹如鱼和熊掌不可兼得。例如,一位学生面对两门他都喜欢的选修课,但只能选修一门课时,他面对这种二择一的选择,便处于这种动机冲突之中。

② **双避冲突**(avoidance-avoidance conflict)。这是当个体具有想分别躲避两个目标的两个动机,但又必须在两个目标中作二择一的回避选择时发生的冲突情境,即左右两难。例如,有的学生既想回避艰苦的学习活动,又想回避考试不及格的结局,便处在这种冲突之中。

③ **趋避冲突**(approach-avoidance conflict)。这是当个体面对同一目标,同时产生接近和回避两种动机,但又必须作出取舍抉择时发生的冲突情境。例如,在测试卷中有这样一类附加题,其评分的规则是:答对题加分,答错题不仅不给分,还要倒扣分。学生既想做这类题,接受挑战,争取超 100 分,满足成功需要,但又怕万一做错,前功尽弃,顿生规避风险的需要。这时学生便处在这种动机冲突之中。

④ **双重趋避冲突**(double approach-avoidance conflict)。当个体面临两个甚至两个以上目标,而每个目标都有积极和消极两方面时,便发生这类冲突情境。这实际上是多个接近-回避冲突混合而成的一种复杂模式。例如,处在学习气氛不浓的大学生宿舍里,有的同学想努力学习,但又怕周围同学讥笑;想不理他们,走自己的路,但又恐影响人际关系;转而想随大流,但又觉虚度光阴,于心不安。事实上,在现实生活中人们遇到的更多的是这类复杂的动机冲突。

(2) **动机合成**(motivational synthesis)

当个体为了某一目标进行学习活动时,其行为受动机内部各种有关动机的合力的支配,这个合力就是由与个体的各种有关动机相联系的内驱力、诱因以及各种因素引起的各式各样的作用力合成的。在动机合成过程中,主导性动机无疑起着主要作用,但也不可忽视辅助性动机的力量。克服动机系统内不协调动机的消极作用,发挥协调动机的积极作用,以最终增强整个动机系统对个体学习行为的动力,是极有意义的实践课题。

图 10-4 动机冲突

(3) 动机转化(motivational conversion)

由于个体的动机受其内部和外部各种条件制约,而这种内外条件又处在不断变化之中,动机系统内部的动机也会发生转化。一是动机种类的转化。在个体动机系统中有的动机消退了,新的动机产生了。例如,通过学校教育,有的同学克服了过去为分数而学习的动机,代之以振兴中华而发奋学习的动机,使学习变得自觉而主动。二是动机强度上的转化。由于各种原因,原来主导性动机的强度可能减弱,下降为辅助性动机,而原来的辅助性动机的强度可能增大,上升为主导性动机。

第三节　在教学中激发和培养学习动机

激发和培养学生的学习动机,既是促进教学的手段,也是提高学生素质的教学目标。激发学习动机和培养学习动机,是两个相互联系又有区别的概念。在学校教学环境中,激发学习动机,是指通过教学手段,调节学习诱因,使已有指向学习的内驱力的学生的学习动机得以引发;培养学习动机,是指通过教学手段,帮助缺乏指向学习的内驱力的学生形成学习动机。它们所实施的状况及其运用的心理学原理是不一样的,但两者又是相辅相成的。因此,在实际的教学情境中,既不应把学习动机的激发与培养混为一谈,也不能截然割裂。

一、学习动机的课堂教学策略

在教学实践中,了解、认识学习动机就是为了能够运用相关原理来充分地激发和培养学生的学习动机,最终达到优化教学的目的。那么,在课堂中如何才能真正调动学生的积极性,恰当运用教学策略来激发和培养学生的学习动机呢?

1. 激发学习动机的教学模式

动机理论来源于科学研究和教育实践,判断它的价值要看它对教育实践是否具有指导意义。以不同的动机理论为指导,教育心理学家和教育工作者投身于教育实践,提出了许多在课堂教学中激发学生学习动机的模式。比较典型的有合作学习的教学模式、任务目标定向的课堂动机教学模式、情感教学模式等。

(1) 合作学习教学模式

合作学习(cooperation learning)是一种强调在学习者之间以及学习者与指导者、促进者之间的协同合作的教学模式。倡导者认为,一般在课堂中存在三种群体动力气氛,即自学、竞争和合作。在不同的气氛中,个体之间的相互作用方式不同,不同的相互作用方式对个体心理过程和行为方式产生不同的影响。传统课堂教学大多采用竞争性奖励结构进行教学,这样往往导致学生之间强弱差距进一步增大,影响同伴之间的关系;同时,对于复杂的智力活动(如问题解决、判断、推理、任务预测等),在合作氛围中进行学习的效果明显优于竞争情境。因此,在课堂教学中除了采取适度的竞争,还应引进合作机制,以便克服竞争机制带来的不利影响。有研究表明,学习动机与同伴关系会产生相互影响(刘晓玲,2015)。

合作学习多以小组形式进行,小组成员之间相互依赖,共同分担成功与失败,评价的基础是该合作小组的共同成果。小组之间是竞争关系,组内成员之间是协同合作的关系。斯莱文(Slavin,1983)指出,合作学习得以成功的两个必要条件是小组奖励和个体责任感,两者缺一不可。

(2) 任务目标定向的课堂动机教学模式

不同的学习者看待学习任务的观念不同,德韦克和埃利奥特(Dweck & Elliott,1983)根据尼科尔斯(Nicholls)的能力理论,在课堂教学中区分了**任务目标**(task goal)和**自我目标**(ego goal)两个概念。拥有任务目标的个体注重学习任务的掌握,倾向于把学习过程看作是提高自己、增强能力的机会,他们不热衷于与他人进行比较,喜欢选择更具挑战性的学习任务,有更高的坚持性,在学习时更多地采用深层加工策略;而拥有自我目标的学习者更注重自己是不是表现得比其他同学好,导致自己在作出学习选择时更倾向于维护自尊,而不是更好地完成学习任务(见表10-2)。

表 10-2　课堂教学目标结构、策略与任务目标定向

结构	指导策略	动机模式(任务目标定向)
任务	着力于有意义的学习活动 设计新颖、多样化的任务使学生感兴趣 设计合理而富有挑战性的任务 帮助学生建立短期的以自我为参照点的目标 支持学生形成和利用有效的学习策略	着力于努力和学习 对学习活动高度的内在兴趣 对努力的归因 基于努力的归因策略 使用有效学习和其他自我调节策略 对需高度努力任务的积极情感 "挫折耐受力"
教师	着力于帮助学生参与决策 提供基于努力而非能力评估的真正选择 给予学生发展责任感和独立性的机会 支持学生形成和利用自我管理和监控的技能	
评价/认识	着力于个体不断地完善、进步和精通 进行个人化而非公众化的评价 看出学生的努力 提供不断完善的机会 主张将犯错误视作学习过程一部分的观点	

埃姆斯(Ames,1992)

(3) 情感教学模式

情感教学模式是在情感教学心理学的理论基础上形成的,旨在最大限度地发挥情感因素的积极作用来优化教学效果,它拥有较为稳定的教学活动结构框架,并配有情感教学策略和评价体系。但这一教学模式不同于一般的以认知为主线的教学模式,它只是根据教学中情感本身的活动规律,以情感为主线,从情感维度规范教师在教学活动中的教学行为,以充分发挥情感的积极作用,它本身不是一个独立的教学模式,并不排斥其他认知性教学模式,相反,结合运用是对其他认知性教学模式的补充和完善。

从静态的角度看,情感教学模式揭示出用以规范体现教学思想和教学理论的教学活动所必须具有的基本操作要素,形成情感教学模式的结构。基本操作要素为诱发、陶冶、激励、调控。**诱发**(induction)是诱导和引发学生对当前学习内容的兴趣,以便调动学生参与认知活动的积极性。**陶冶**(nurturing)是在积极推进认知活动的同时,培养学生各种高尚情感和情感能力。**激励**(activation)是指在学习的过程中,不断增强学生学习的自信心和胜任感,激发学生学习的后继动力。**调控**(regulation)是使学生的情绪在整个教学过程中始终处于有利于学习活动的状态。

上述的结构在教学活动中又以动态的方式表现为一定的程序,其要素在这里也就称为环节。在诱发环节上,有认知匹配策略、形式匹配策略、超出预期策略、目标吸引策略、情境模拟策略等;在陶冶环节上,有展示情感策略、赋予情感策略、发掘情感策略、诱发情

感策略、情感迁移策略等;在激励环节上,有象征性评价策略、积极性评价策略、主体性评价策略、特色性评价策略、归因诱导策略等;在调控环节上,有创设氛围策略、张弛调节策略、表情调控策略、灵活分组策略、良性积累策略等。这些教学策略是我们通过理论演绎和实践归纳途径获得的,是将情感教学心理学理论同一线教师的教学实践经验结合的产物,具有可行性和有效性。而且,情感教学模式中的教学策略,是动态的、开放的,不是一成不变、自我封闭的(卢家楣,2006)。

2. 动机设计

教学设计主要是运用系统方法,依据学习理论和教学理论的基本原理,为实现一定的教学目标而寻找解决方案的计划、开发和评价的过程,设计良好的教学方案可以为实施阶段的具体活动带来很多便利。

近年来,教学设计理论开始在设计中融入对动机因素的考虑,以便真正实现有效的教学。下面介绍一下当代教学研究中比较有代表性的三种动机设计理论。

(1) TC 动机设计模式

教师在教学过程中通过师生间教与学的交往,引导学生确立学习动机,并不断激励、维持和强化学生的学习活动,使学生能够兴致勃勃地参与教学过程,真正成为学习的主体。沃德科夫斯基(Wlodkowski)的研究在激发学生学习动机方面最具有代表性(见图 10-5)。

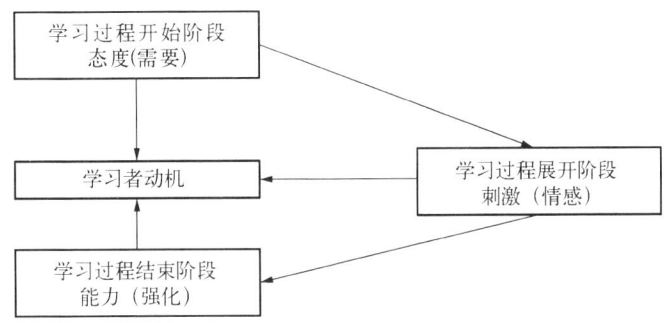

图 10-5 沃德科夫斯基的 TC 动机模式

他经过长期实践(尤其是在成人教育领域),提出了一个旨在将动机策略纳入教学计划的 TC(time continuum model)动机设计模式,即动机是一种不稳定的潜在因素,强调其动态性质,主张将动机因素置于连续的教学过程序列中加以考虑。该模式将学生的动机作为教学过程中的有机组成部分加以分析,在教学的开始、展开和结束阶段都分别有相应的动机因素,使课堂教学不仅提高效率,同时也更富有吸引力。这就要求教师摆脱传统课堂教学中"灌输主体"的角色,循循诱导学生形成良好的学习心理品质,在良好、明确的动机指引下成为具有创新能力的合格人才。

实践探索 10-2 《原子结构的初步知识》的 TC 动机模式教学设计

动 机 目 标	动 机 策 略	学习活动与教师行为
(态度):使学生建立成功的期望	(1) 明确学习目标、重点、难点 ① 了解原子核外电子分层排布规律和原子结构示意图含义(重点) ② 了解元素的性质与原子结构关系(难点) (2) 明确评价标准	教师:展示以前学生掌握程度 学生:确定个人预期达成目标
(需要):满足和尊重学生	减少或消除学习环境中导致失败的因素,明确提出依次解决三个问题: ① 原子由哪两部分构成? ② 若核外有多个电子,电子如何排布?是什么原因? ③ 用什么方式描述运动电子离核远近?	教师:(1) 讲解新内容,核外电子排布规律 (2) 引导学生思考 (3) 鼓励、帮助、指导 学生:自学,独立思考,解决问题
(刺激):维持学生的注意力(积极性) 鼓励学生参与	提供个性化训练材料: 利用所学规律书写 1~18 号元素原子结构示意图 (分三步:1~2;3~10;11~18) 分组辅导,检查 1~18 号元素原子结构示意图写法	学生:自主选择适合自己的训练题 教师:引导、纠错 学生:互助学习,纠错,最大限度达成目标
(情感):维持全体学生最佳的情绪氛围	合作,使全体学生达成最大限度的一致 分组讨论(实行竞赛) (1) 1~18 号元素以什么为依据划分为三种? (2) 这三种元素有何特点(性质)?	学生:分组讨论,达成共识 教师:小结
(能力):增强学生自信心、自主感,强化学生的进步感、成功感和学习责任感	帮助学生懂得在实际中如何运用所学知识,配套评价性测验(略)	教师:设计练习 学生:(1) 知识应用 (2) 模仿编题互测 (3) 互助、辅导评价

(2) ARCS 动机设计理论

ARCS 动机设计模式是由美国南佛罗里达州立大学的心理学教授凯勒(Keller & Kopp,1987)提出的。这一模式认为,影响学生学习动机的因素有**注意**(attention)、**切身性**(relevance)、**自信心**(confidence)、**满足感**(satisfaction)四类。因此,教师在进行教学设计的同时,还应该进行适当的动机设计,即针对学生群体的动机状况和教学内容的特点设计相应的动机策略,设法使教学过程能够引起并维持学生的注意,建立起教学与学生之间的切身性,使学生产生并维持对学习的自信心,并给学生提供一种满足感,那么教学就能激发学生的学习动机。

表 10-3 ARCS 动机设计的教学策略

动机因素	子因素	问题
注意	知觉唤起	如何使学生产生兴趣?
	探究唤起	如何激起学生的探究态度?
	多变性	如何维持学生的注意?
切身性	目标定向	如何满足学生的需要?
	动机匹配	如何、何时为学生提供合适的选择?
	熟悉性	如何将教学与学生的经验相结合?
自信心	学习要求	如何帮助学生建立对成功的积极期望?
	成功机会	学习怎样支持或强化学生关于自己能力的信念?
	个人责任	如何使学生明白他们的成功源于自己的努力和能力?
满足感	自然后果	如何为学生提供运用新知识和新技能的机会?
	积极后果	如何为学生的成功提供强化?
	公正	如何帮助学生对其成绩产生积极的体验?

① 注意。为了激发动机,学生的注意必须被激起并维持。注意常会被新奇的、不一致的或不确定的事物吸引。为了吸引并维持注意,教师可以运用新奇的或意料之外的事情,来激发学生的探究行为或更深层次的兴趣,即所谓的"认知好奇心"。

② 切身性。学生的注意被吸引后,他们很有可能会问"为什么我们必须学习这些材料?""这些材料和我们的兴趣或目标有什么关系?"等问题,这些涉及的就是切身性的问题。对这些问题的积极回答有助于激发学生的动机。

切身性有目的指向切身性和过程指向切身性两种。目的指向切身性指的是功利主义或实用主义的切身性。例如,如果学习内容能帮助学生达到未来生活中的重要目标,学生的动机就会被激发,这就是产生了目的指向切身性。这正是教师常常使用的方法,即告诉学生"这些知识现在可能用不上,但对你们的将来很重要"。过程对切身性的影响是与满足学生需要的教学方法紧密联系的。例如,高亲和需要的学生会被非竞争性的小组合作的情境吸引,高成就需要的学生则更喜欢允许自己设立目标和标准、允许个人对目标的达到与否负高度责任的情境。

③ 自信心。除了对教学感兴趣并产生切身性外,学生还必须相信他们具有一定的成功的可能性,否则,即使引起了注意并产生了切身性,他们也有可能放弃学习任务。当然,

并非只有坚信成功才能激发动机,有时人们喜欢挑战,喜欢具有一定冒险性的任务,但挑战应该在可接受的限度之内。

影响自信心的几个最重要因素是:能力知觉、控制知觉、对成功的期望。

能力知觉对自信心的影响体现在当人们认为自己具有成功所必需的能力时,他们的动机更有可能被激发。值得一提的是,一个人可能对自己的能力具有与客观情况不一致的信念,但这种信念本身可能会导致成功的结果。

控制知觉也会影响自信心。当人们相信自己的选择或努力能对行为的后果产生影响时,他们就对自己的行为更有自信。相反,无助感或外部归因会导致抑郁以及行为的无法持久。教学中能促进个人控制感的那些特征有利于发展自信和行为的坚持性。

对成功的期望类似于自我实现的预言。如果个体相信自己能成功,他就会投入更多的努力,从而提高成功的概率。有时,人们对成功的预期与成功的客观可能性并不相符,但这并不妨碍这种期望变成现实。

④ 满足感。如果行为的结果与学生的期望一致,而这一结果又是积极的,那么学生的动机就会被激发。因此,满足感导致的最主要的结果就是梅尔等人(Maehr et al., 1976)提出的持续性动机。影响满足感的因素有:强化和反馈、内部奖励以及认知评价。

(3) 马隆的内在动机设计原则

内在动机是指学习者不受外在压力束缚而产生的一种发自内心的学习愿望。由于内在动机具有持久性,因此教学的最终目标是提高学生的内在动机。马隆(Malone, 1981)提出了**求知欲**(inquisitive)、**挑战性**(challenge)和**幻想力**(fantasy)三项原则,可作为教学活动设计时的参考。求知欲,是指学习活动引发的惊奇感,它来源于新奇或中等复杂程度的活动、现实和期望的差异或者新旧概念之间冲突(概念性冲突)的协调整合。适度的挑战,能使学习者完成难易适度的学习项目,对自己解决问题的能力产生信心,增强对成功的控制感。幻想力是学习活动对学习者激起的想象力。

马隆的内在动机设计广泛应用于网络教学中。在基于网络资源的学习中,学生以问题为中心,以自己探索为主,但问题必须对学生具有一定挑战性,才能激发学生的动机。教师要根据教学目标和教学内容,或从实际问题出发,或从某一事件或现象出发,或从学生学习中的疑难出发选择所要探究的问题。

二、激发和培养学习动机的具体措施

激发学习动机的着力点在于向个体提供学习诱因,这无疑也对个体正在形成中的学习动机起到进一步强化的作用;而培养学习动机的着力点在于促进个体指向学习的需要——内驱力系统,这无疑为随后的学习动机的激发创造了内部条件。因此,下面探讨一下在教学中激发和培养学习动机的具体措施。

1. 学习动机的激发

(1) 提供学习诱因

对于青少年学生来说,最好的学习诱因是什么呢? 一项对 797 名大学一年级的新生进行的问卷调查发现,最富激励作用的诱因是"好的教师"(卢家楣,1988),它居所调查的各种诱因之首(占 78.4%),其他如分数、奖学金、教师鼓励、各种竞赛等分别占 45.5%、44.1%、33.1%、16.7%。在这里,"好的教师"指教师的人品师德、教学水平。教学内容毕竟要通过教师一定的教学形式和方法为学生所接受,作为教学内容载体的教学形式和方法的艺术性是激发学生学习动机的最有效因素。同样的教学内容,经不同的教学处理,会产生完全不同的教学效果:优秀的教师能使教学大纲变活,并补正教科书;而再好的教学内容,也会在缺乏教学艺术的教师手里变得枯燥、平淡、乏味。在学校中经常可以看到这样的情况:由于某位教师方法好,一门不太受学生欢迎的课也会激起学生意想不到的学习热情。

提供学习诱因的要点是提高教师的教学技巧,使教学活动尽可能生动、有趣,富有吸引力,其实质是向学生提供学习活动的正诱因,旨在激发学生近景性内在学习动机。

(2) 明确学习目标

由于目标对动机亦有影响,通过明确学习目标来激发学习动机,也是教学中不可忽视的一个方面。教师不仅要帮助学生明确总的学习目标,如整个大学期间的学习目标、某一学年的学习目标、某一学科的学习目标等,还要帮助学生明确具体的学习目标,例如阶段性学习目标、单元学习目标乃至某节课的学习目标,这对激发学习动机很有效果。例如,不少大学生有这样的切身体会:只是笼统地给自己提出要在学习期间提高外语水平的要求,往往因方向不明,无从入手,动力不大。而树立一个明确的目标,如争取在一年内达到大学英语四级水平,这样会促使自己订出每学期的阶段目标,能在词汇、听力、阅读和写作四个方面分配精力,分段达标,表现出较强的学习动力。

在明确学习目标时,要注意针对教学要求,并结合学生的实际情况,但总的目标要高些,使之不乏挑战性。因为确立高的目标,有利于激发个体潜能,增强远景性动机。但对于具体的目标,又要注意切实可行,使具有远景性动机的学习行为,能在具体情境中为一系列近景性动机所激励。

(3) 坚持以内部动机作用为主,外部动机作用为辅

利用教学内容与方法的新颖性以引起学生的学习兴趣,调动学生学习的积极性。教

学内容呈现方式可采用有趣的与变换的形式,防止学生觉得单调枯燥。内部学习动机也可通过使用有趣的材料和多种呈现方式来增强,如利用电影、录像等手段,采用游戏与模拟等方式。但在使用丰富、变化的教学形式提升动机时应注意,这种丰富变化应与教学内容有机结合起来,否则会影响效果。例如,一项对初中生在使用电子书包环境下学习动机的调查表明,学生的动机从初一到初二有下降趋势,这与电子书包的新奇感消失、易用性不完善有关(张文兰,等,2016)。

(4) 提供成功机会

让学生在学习过程中不断得到某些成功的体验,已成为运用现代心理学研究成果激发学习动机的最重要手段之一。美国教育心理学家奥苏贝尔(Ausubel, 1978)曾指出,动机与学习之间的关系是典型的相辅相成的关系,绝不是一种单向性的关系。因此,教师在传授知识的同时,应让学生获得成功的体验。学生一旦体验到学习的乐趣,既能使学习动机获得强化,又有助于产生自信心,增强自我效能感。而这又会对学习动机产生积极的促进作用。可以说,通过提供成功的机会来激发学习动机,具有多方面的综合效益。

提供成功机会,要注意控制教学的进度和难度,使学生某些具体的学习目标不断得到实现,尤其是要尽可能创造条件,使学生有机会走出课堂,走向社会,将学到的知识运用于社会实践,在为社会服务过程中获得巨大的成功喜悦。这种方法的实质是既提高学生对学习活动成功概率的主观估计,又充分利用强化自我效能感等作用,增强学习动机的强度和稳定性。

实践探索 10-3　　小学生学习动机的培养:一项五年追踪研究

国内有学者进行了一项小学生学习动机培养的追踪研究。在这项研究中,学习动机的培养使用了"学思维"活动课程。该课程中每个活动都包括活动导入、活动过程、活动心得和活动拓展四个环节,而且在整个活动课程的教学中,教师要遵循五点教学原理:动机激发、认知冲突、社会建构、自我监控或元认知、迁移。

研究者对一至三年级小学生的学习动机进行了四年干预培养,并在停止培养一年后,再次收集了数据,分析了变化趋势、即时效果和长时效应。结果表明,随着年龄的增长,儿童的表层动机(为了达到最低标准,应付考试而具有学习的动机)和成就动机呈下降趋势;深层动机(来自对所学内容兴趣,为发展自身在某一特定学科中的能力而具有的学习动机)呈先上升后下降的趋势,男生的表层动机和成就动机都高于女生,年级越高,表层动机、深层动机和成就动机越低,干预培养能显著提高学生的深层动机,而且长时效应显著。

(贾小娟,胡卫平,武宝军,2012)

(5) 转变归因倾向,克服习得性无助感

学生在学习中遇到挫折,如果认知不正确,很可能导致学习动机减弱。这种情况在学生学习的初期尤为突出。因此,要引导学生转变归因倾向,对挫折进行正确归因,克服习得性无助感。学校教学中的实际情况比较复杂,归因涉及的因素比较多,这里根据韦纳提出的归因模式,并结合学校实际,将学生可能的归因分析列表(见表10-4)。

表10-4 学生对挫折的归因

可控性	原因源	内 部 原 因		外 部 原 因	
	稳定性	较稳定原因	较不稳定原因	较稳定原因	较不稳定原因
易控制原因		学习态度、兴趣、方法	努力、注意	教学质量、师生关系	教师指导、同学帮助
不易控制原因		能力、经验、习惯、体质	心境、疲劳、疾病	任务难度、学习条件	运气、偶然事件

这一要求的实质是促使学生的归因朝着有利于吸取教训、总结经验、增强信心、再接再厉的方面分析。这就可以利用归因对学习动机的积极影响,避免挫折可能导致学生学习动机减弱。

(6) 创设良好的学习心理环境

让学生的学习活动处于良好的心理氛围之中,对学生学习动机的激发和维持都有十分重要的意义。为此,教师要特别注意以下四点。

第一,要避免学生出现高度的焦虑。因为高度焦虑的学生难以发挥自己的认知操作水平,会因此而降低学习动机的强度(Gross & Mastenbrook,1980)。

第二,要有合作化的教学取向。在学校教学中引入一定的竞争机制,以激励学生学习是必要的,但研究表明(Johnson & Johnson,1990;Stevens & Slavin,1991),创设为共同目标而努力的合作化目标结构的教学机制,能帮助学生完成复杂的智力任务和提高学生积极的学习动机,还可以促进同伴之间、教师与学生之间积极的相互作用。

第三,要满足学生的一些基本的合理需要。这可为促进学生发展高层次的学习动机创造条件。

第四,要善于调节学生的情绪。学生的认知过程和情感过程是一个有机的整体,学生的情绪状态对教学效果有着直接的影响。积极的情感对认知活动起启动和激励的作用,能提高智力活动的效果。因此,教师应善于了解和把握学生的情绪状态,善于引导和调节学生的情绪,使他们能以积极饱满的情绪学习。

(7) 注意个体差异

在激发动机时,教师应特别注意学生的个体特点。主要原则有:① 以每个学生动机

中独有的优点补偿其弱点;② 帮助每个学生确定个人的具体学习目标;③ 教学工作要有足够的变式和不同的进度,以使每个学生都有机会成功;④ 针对学生本人对其学业成败的归因,采取帮助措施,其中应特别注意对学生学习的归因要科学、客观。

(8) **正确运用竞赛、考试与评比**

一般认为,竞赛是激发学习积极性和争取优良成绩的一种有效手段。因为在竞赛过程中,学生的好胜动机和求成的需要会更加强烈,学习兴趣和克服困难的毅力会大大增强,所以多数人在竞赛情况下学习和工作的效率会有很大的提高。然而,竞赛有时也具有消极作用,过多的竞赛不仅会失去激励作用,还会造成紧张气氛,加重学生负担,损害学生身心健康。为此,竞赛中应尽可能地做到:① 按能力分组;② 按项目分组,使不同特长的学生有施展才华的机会;③ 鼓励学生自己和自己竞赛。

长期以来,学校教育中存在着对测验和分数认识的误区,即把分数作为衡量教学质量和学生水平的唯一标准,但事实已证明,为分数而学习并不能成为长久激发学习动机的手段。正确的做法应该是,运用测验和分数为学生提供一些信息,将其视为掌握知识程度的衡量标准,而不是能力的衡量标准;视其为个人努力程度的标志,而不是与其他人相互比较的尺度。例如,有的英语教师在每次上课前进行几分钟生词小测验,这对学生及时复习、多记单词是一个好的办法。

2. 学习动机的培养

(1) **进行正确的信念和理想教育**

不言而喻,这方面的教育本身就是学校思想品德教育的有机组成部分。从教学角度讲,这也是培养学生学习动机的一条极为重要的途径。在本章第二节中已指出作为价值观的具体表现形式——信念、理想等对个体的行为动机有着重要影响,对学生的学习活动来说,它们对学习动机的影响尤为明显。从心理学角度看,进行信念和理想教育的实质就是通过个性心理倾向中的高层次部分对低层次部分的制约作用来调节学生需要,引发其社会性内驱力,培养高尚的远景性学习动机。心理学研究表明,在学生的学习动力上,儿童时代比较单纯的好奇心已失去支配地位,代之以信念和理想起支配作用。如果树立了正确的信念和远大的理想,它们就会转化为强大的学习动力,推动学生的学习行为朝着预定的目标奋进;若缺乏正确的信念和远大的理想,学生就容易随波逐流,稍遇干扰便失去前进的动力和目标。因此,抓住青少年这一关键性年龄阶段,不失时机地运用各种形式,特别是结合教学内容进行信念、理想方面的切实有效的教育,有助于从根本上培养学生正确的学习动机。

(2) **发展学习兴趣**

发展学习兴趣,是培养学生学习动机的又一条有效途径。爱因斯坦曾指出:"在学校和生活中,工作的最重要的动机是工作中的乐趣,是工作获得结果时的乐趣,以及对这个结果的社会价值的认识。启发并加强青年人的这些心理力量,在我看来是学校最重要的任务。只有这样的心理基础,才能导致一种愉快的原理,促使人们去追求人的最高财富——知识与艺术技能。"巴甫洛夫的探究反射研究证明,原始的认知需要是一个健康的人类有机体具有的一种带生物学本能特性的需要。它往往表现为一种好奇心,随新奇事物的产生而产生,随它的消失而消失。教师应抓住这一原始特性,加以引导,把学生的不稳定的好奇心引导到对自然、社会规律的稳定兴趣上去。采取这一途径培养学习动机的实质,是通过兴趣作用把学习活动变成学生自己的需要,旨在培养学生强烈的内在学习动机,其要点是使学生在学习活动中感受到乐趣。

(3) 促使动机迁移

本书第九章专门论述了学习迁移现象。其实,迁移现象不仅表现在知识和技能的原理习得方面,也表现在学习态度、动机的形成方面。美国教育心理学家布鲁纳(Bruner, 1960)在《教育过程》一书中,就把"原理与态度的迁移"视为"教育过程的核心"。例如,某学生原来缺乏文科类课程的学习动机,但有强烈的集邮爱好和动机,教师就可以设法引导学生,让他懂得如何通过学习文史地方面的知识,开阔眼界,以提高对邮票的鉴赏能力。这样便使该学生产生为集邮而学习文史地课程方面的动机,并在学习的过程中体验到乐趣,使该生学习动机逐渐发生转化,直到最后成为为获得这方面的知识和技能而学习这类课程的学习动机。

促使动机迁移的要点是,要善于发现学生原有的某一方面的强烈动机,即寻找出动机迁移的原点,进而把它与学生某方面的学习活动联系起来,使他认识到通过某方面的学习活动能够达到自己原先动机所指向的行为目标,即揭示出动机迁移的轨迹。这种方法的实质,是使学生通过对学习活动与原有活动动机之间关系的重新认识,将原有的活动动机迁移到学习活动中来,旨在培养外在学习动机,进而使之转化为内在学习动机。

(4) 实施启发式教学,创设问题情境

实践证明,在正式讲授教学内容之前,提出与学习内容有关的一些问题,以引起学生的好奇与思考,是激发学生学习兴趣和求知欲的有效方法和手段。在启发式教学中创设问题情境,具有即时刺激学生学习动机的作用。这种方法的实质,是造成学生认知失调,刺激探究需要,引发相应的内驱力,旨在培养直接的或近景性学习动机。伯莱因(Berlyne,1966)曾对大学一年级学生做过一个实验。他把学生分成实验组和对照组,共同学习动物学中的一章内容。对实验组的教学采取三个步骤:① 预测验——关于无脊椎动物知识方面的问题;② 学习——关于无脊椎动物方面的系统知识的陈述;③ 正式测验——对学生掌握关于无脊椎动物方面的知识状况的考察。而对照组的教学则缺少预测验这一步骤。实验结果表明,实验组学生正式测验的成绩远优于对照组,原因是预测验中的问题刺激了实验组学生的探究需要,使他们在随后的学习中,特别注意与预测验中的问题有关的知识,在不知不觉中产生了相应的学习动机。

运用启发式教学,创设问题情境时要注意,启发式教学既可结合教学内容,提出一些发人深省、值得探讨的问题,也可联系学科的最新发展和社会实践的迫切需要,组织有关课题的研讨、辩论,使学生在活动中发现问题,然后抓住时机进行教学。《论语·述而》中有"不愤不启,不悱不发"之说,意即在学生遇到问题并积极思考但尚未想通(谓之"愤"),或对某一问题已有所悟,但还未能准确表达,正欲条理化(谓之"悱")之际进行启发,才恰到好处。

(5) 设置榜样

以社会上具有明确学习目标、在学习中努力克服种种困难的模范人物和身边同学中的优秀分子为榜样,帮助学生掌握成就动机高的学生的想法、谈话方式和行为方式的特点。如学习敢于冒险、不怕失败等品质,提高和增强自己的学习动机。由于不同年龄学生的心理发展水平不同,榜样的设置要符合其最近发展区的要求,即向该榜样学习既不是高不可攀,可望而不可即;又不是轻而易举,起不到榜样的作用。

(6) 利用学习结果的反馈作用

让学生及时了解自己学习的结果,会产生相当大的激励作用。反馈可用来提高具有动机价值的将来的行为。因为学生知道自己的进度、成绩以及在实践中应用知识的成效等,可以激起进一步学好的愿望。同时,通过反馈的作用又可及时纠正自己的缺点和错误并激发上进心。

根据这一要求,教师应注意及时批改和发还学生的作业、测验和试卷等。及时是利用学生刚刚留下的鲜明记忆表象,满足其进一步提高学习的愿望,增强学习信心。另外,作业评语要写得具体,有针对性、启发性和教育性,使学生受到激励。

在本章开头的案例中,学生李新的学习问题的根源,在于没有明确的学习目标,缺乏学习动机。针对这一情况,李新所在学校的初二年级教师小组进行了讨论,以激发学习动机为中心,提出了纠正其在学习中的问题的三项措施。

一是帮助他建立良好的人际关系,使他获得心理上的支持。任课教师主动关心李新的学习和生活,并引导班级的同学与他建立良好的朋友关系,使李新认识到自己身边有许多尊重和关心自己的、值得信赖的朋友,对班级、对学校的归属感和信任感就建立起来了,为激发其学习动机提供了外部环境的基础。

二是多提供正向反馈。由于以往成绩平平,李新很少受到老师的表扬和关注,成绩下降后,就更得不到老师的鼓励了。这也是他在学习中自暴自弃的原因之一。随着各科教师有意识地在学习中发现李新的优点,增加表扬和鼓励的次数,他在学习上重新建立了信心。

三是改变错误的思想观念。针对李新缺乏明确学习目标,认为"知识无用"的观念,班主任老师与李新的家长取得了联系,让家长以他们的亲身经历,说明知识在工作中的重要性,这对李新触动很大。

经过一学期的努力,李新在学习上取得了很大进步。

本章小结

- 学习动机是引起和维持一个人的学习活动,并指引学习活动朝向某一学习目标的心理倾向。
- 学习动机是内驱力和诱因共同作用的结果,是由内因与外因、内在主观需要与外在客体共同制约和决定的。奥苏贝尔认为学校情境中的成就动机,至少应包括三方面的内驱力,即认知内驱力、自我提高内驱力和亲和内驱力。
- 影响学习动机的外部因素通常有教室目标结构、教师期望和行为强化。影响学习动机的内部因素通常有年龄、价值观(兴趣、信念、理想)、情感因素、认知因素等。
- 期望效价理论认为个体行为动机为效价与期望的乘积。班杜拉认为,在行为动机过程中起主要作用的是自我效能。韦纳的归因理论认为,将行为结果成败的原因归结为外部或不可控的因素,会降低个体后继行为的动力;而把行为结果成败原因归结为内部的、可控的因素,会增强个体后继行为的动力。费斯廷格用认知失调解释动机的产生。
- 目标是行为所需达到的目的,又是引起行为动机的外部条件刺激。目标的设立会通过自我激励机制,对个体动机发生作用,表现为目标的明确性、适当性、价值性、自觉性和倾向性。
- 学习动机的课堂教学策略包括教学设计和动机设计两类。教学设计有合作学习教学模式、任务目标定向的课堂动机教学模式、情感教学模式。动机设计包括 TC 动机设计模式、ARCS 动机设计理论、马隆的内在动机设计原则。
- 学习动机的激发措施:提供学习诱因;明确学习目标;坚持以内部动机作用为主,外部动机作用为辅;提供成功机会;转变归因倾向,克服习得性无助感;创设良好的学习心理环境;注意个体差异;正确运用竞赛、考试与评比。
- 学习动机的培养措施:进行正确的信念和理想教育;发展学习兴趣;促使动机迁移;实施

启发式教学,创设问题情境;设置榜样;利用学习结果的反馈作用。

思考题

- 学习动机的心理机制是什么?
- 影响学习动机的因素有哪些?
- 如何从不同的角度对学习动机进行分类?
- 什么是动机冲突? 常见的动机冲突有哪几种?

问题探索

- 设计一个问卷,调查周围同学的学习动机,并分析其特点。
- 课堂学习动机与教学有着密切关系,作为教师,应如何创设一个支持性的、成功的课堂环境以激发学生的学习动机?

第十一章　学习的个体差异与教学

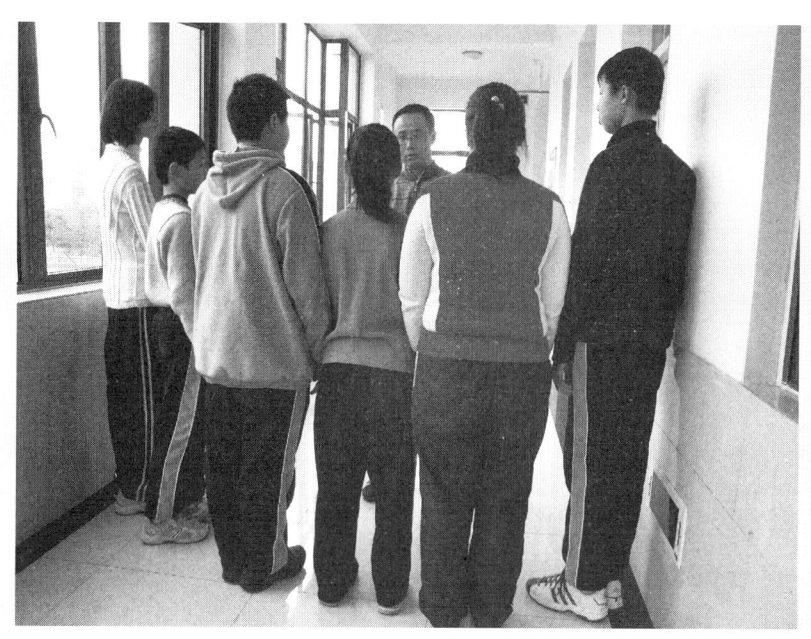

―――――――――――――― 本章细目 ――――――――――――――

本章要点

第一节　个体差异的概述

一、个体差异的概念

二、个体差异的成因

第二节　学习中的个体差异

一、能力的个体差异

1. 智力的差异

2. 智力的差异与学习

二、性格、气质的个体差异

1. 性格、气质的差异

2. 性格、气质的差异与学习

三、认知风格的个体差异

1. 认知风格的差异

2. 认知风格的差异与学习

四、性别的个体差异

1. 性别的差异

2. 性别的差异与学习

五、特殊学生的个体差异

1. 学习困难学生的心理特点

2. 智力落后学生的心理特点

3. 多动症学生的心理特点

第三节　在教学中注意个体差异

一、了解学生的个体差异

1. 观察法

2. 调查法

二、针对一般差异的因材施教

1. 因材施教的重要性

2. 因材施教的措施

三、针对性别差异的因材施教

1. 引导学生正确认识性别差异

2. 引导学生适应性别差异

3. 引导学生依据理想性别模式塑造人格

四、针对特殊学生的因材施教

1. 特殊学生的教育干预模式

2. 针对特殊学生的教学原则

本章小结

思考题

问题探索

本章要点

- 个体差异的含义和成因
- 学习中存在的能力的个体差异,性格、气质的个体差异,认知风格的个体差异
- 学习中存在的性别的个体差异、特殊学生的个体差异
- 智力落后学生的心理特点和多动症学生的特征
- 针对学生的个体差异进行教学

想试着回答一下吗……

- 有人说智力水平是预测学生成绩的一个重要指标:学生智商分数越高,他们未来接受的教育水平可能也越高。那么,智商属中等水平的人是不是就很难取得比较好的成绩?

- 有的学生性格开朗、活泼,遇事敢作敢为,有的学生则表现为沉静、内向,遇事缩手缩脚,这种性格差异对学习是否有影响?

- 有的学生习惯于按教师讲课的顺序和教科书上现成的公式、原理等进行学习;有的学生喜欢对事物进行知觉分析,无论对教材的内容还是教师的讲解都要在自己的认知结构中加以比较、分析。这两类学生哪一类考试成绩会更好?

- 有人说男性的学业成绩优于女性,也有人说女性的学业成绩优于男性。这两种性别学生的学业成绩是否真的存在差异?

- 小张是班上的学习困难生,学习成绩很差,如果你是班主任,你会怎么对待他? 有什么方法可以提高小张的学习成绩呢?

- 小李因没完成作业被老师当众批评,小李当众承认了错误并及时改正了。老师认为这种方法很有效,于是当小周也出现这一情况时,老师采取了同样的处理方法,没想到小周不仅不接受,还当众与老师顶撞,使老师非常尴尬。为什么会出现这种情况呢?

- 班上有很多学生,班主任是根据每个人的差异进行教学还是顾及大多数人的情况来教学呢? 你有什么好办法吗?

某老师正在教 A、B 和 C 三名学生有关百分数的数学问题。老师布置一道有关百分数问题的习题让三名学生去做。A 同学很快就解决了问题;B 同学吃力地尝试各种解决办法,但依然没有解决,嘴里还喃喃自语;C 同学眉头紧皱,显得毫无办法,最后放弃努力。面对这三名解决问题能力不同的学生,老师应该如何引导他们解决百分数这一数学问题呢? 这将在本章的学习中找到问题的答案。

第一节 个体差异的概述

现代学校以班级为单位进行教学,每个班级有几十名学生。同一班级的学生,虽年龄相近,但每个学生都是具有独特的能力、性格、气质、认知风格的个体。而现在绝大多数教师在传授知识的时候,忽略了学生的这些个体差异,使教学没有收到预期的效果。

一、个体差异的概念

每个学生都是与众不同的,如何在一个班级中既考虑到每个学生的个体差异又能保证全班的教学效果呢?这就要求我们深入了解什么是个体差异。

个体差异(individual difference)是指不同个体在身心方面存在的相对稳定的差异。个体间的差异是普遍存在的,它表现在个体的生理和心理两方面。本章只探讨学生心理方面的个体差异,这方面差异是教育心理学研究的重要课题。不同民族、性别、年龄、文化等因素形成了人与人之间的心理差异,这种差异反映的是人的心理的社会性。若落实到具体的、个别的人身上,每个人除了具有人类的共同心理之外,还具有自己独特的心理特点。作为一个活生生的具体的人,其心理又各有特色。正是由于人的心理的差别,每个人才成为一个真正的主体,才能作为一个独立的个体而存在;正是人的心理的差别,构成了个人心理生活的独特性和多样性。

个体间存在个体差异的现象,早在古代人们就已经注意到了。如我国古代思想家、教育家孔子就提出过"性相近,习相远"的命题。但个体差异成为研究的对象,乃是19世纪末的事情。英国的高尔顿最早对个体差异进行了研究。高尔顿研究了天才的遗传问题,并运用了众多的统计方法来研究个体间差异的问题。卡特尔(Gattell)是德国心理学家冯特(Wundt)的学生,他在美国发展高尔顿的个体差异理论,为美国心理学界研究个体差异开辟了一条新的道路。此后,个体差异一直是研究者们关注的热点。特别是近几十年来,

高尔顿(Francis Galton,1822—1911)

英国心理学家、优生学家,心理测量学先驱之一,被誉为差异心理学之父。他率先研究个体差异,强调遗传是形成个体差异的原因。主要著作有《遗传的天才》《人类的才能及其发展研究》《自然的遗传》《一生的记忆》等。

人们在采用科学的实验方法之后,个体差异的研究有了很大的进展。如今差异心理学已成为心理学的一个独立分支。

二、个体差异的成因

人与人之间个体差异的形成,主要受遗传、环境和教育等因素的影响。这些因素是相互影响、相互作用的,这种交互作用贯穿于人的一生。

遗传(genetic)是一种通过父母细胞核里染色体上的基因把上代的生物特征传给下代的生物现象。每个人不但通过基因继承了父母生理上的特点,而且在不同的条件下还会发生基因组成成分和排列组合上的变化,这就构成了每个人各不相同的遗传素质和遗传因素,成为人与人之间个体差异的生物前提。遗传因素是怎样对人的心理差异的形成产生影响的呢?现代心理和遗传学研究表明,遗传因素的特点决定着大脑皮层的分析与综合的特点,从而制约着个体心理的发展。特别是遗传因素影响人的神经系统的特点,神经过程的强度、平衡性和灵活性等特性制约着条件反射形成的快慢、动力定型改造的难易。神经过程灵活性不同的学生经过训练,灵活性会有所提高,但他们之间的差异依然存在。

环境(environment)是人的个体差异形成的外部因素。环境可分为自然环境和社会环境。自然环境是生物有机体共有的,对于维持生存来说是必不可少的,如食物、空气等。社会环境指人具有的社会生活条件,如家庭、同伴、集体等。环境的影响,其实在个体出生之前就已产生。如胎儿的营养、母亲的身体状况等都会对个体差异的形成起重要作用。胎儿生长环境的异常,常会造成个体出生后智力发展的落后。但是,并非一个人周围的一切事物都是影响他的心理发展的环境,也并非环境中的一切事物都对一个人心理的发展起同样的作用。只有环境同人的社会生活产生一定的联系,它才会对人的心理发展产生影响。人与人之间所处环境的不同,对人的心理差异形成有着重要的影响。

教育(education)有广义和狭义之分。广义的教育泛指一切有目的地影响人的身心发展的社会实践活动。狭义的教育主要指学校教育,即教育者根据一定的社会要求和受教育者的发展规律,有目的、有计划、有组织地对受教育者的身心施加影响,期望受教育者发生预期变化的活动。教育的目的是根据一定的社会需要,引导学生的心理朝着社会期望的方向发展,教育的过程由教师和专门的教育工作者实施。因此,教育也是人的心理差异形成的一个重要因素。一个人接受的教育程度不同,他的心理发展水平也会不同。

第二节 学习中的个体差异

从前面的案例中,我们可以看出在教学中学生的个体差异是普遍存在的。它主要表现为个体在能力、性格、气质、认知风格、性别等方面的差异。那么,在学习中存在怎样的个体差异呢?特殊学生,作为学生中的特殊人群,他们的个体差异又具有怎样的特点呢?

一、能力的个体差异

能力(ability)是指人们成功完成活动所必需的个性心理特征。能力可分为一般能力和特殊能力。其中一般能力是指观察、记忆、思维、想象等能力,即我们平时所说的智力。

1. 智力的差异

智力(intelligence)是指生物一般性的精神能力。个体间智力的发展存在着明显的差异,它包括个体差异和群体差异。

(1)智力的个体差异

智力的个体差异反映在个体间和个体内。个体间的差异是个体与其同龄团体常模比较而显示出的差异。大量研究表明,人类的智力水平呈常态分布,即少数人智力发展水平较高,少数人智力发展水平较低,而大部分人智力属中等水平。智力的个体内差异是指个人智商分数的构成差异。一般的智力测验都是由一个个分测验组成的。如韦克斯勒儿童智力测验是由6个测量言语智力的分测验和6个测量操作智力的分测验组成。研究表明,即使是两个智商相同的儿童,他们的智力分数构成也可能存在很大不同。如两名智商同为100的儿童,一名言语智商分数为80,操作智商为120;而另一名言语智商为120,操作智商为80,那么这两名学生在学习方面的能力将表现出很大差异:前一名学生可能适合操作课程,而后一名学生可能更适合文化知识课程。

(2)智力的群体差异

智力的群体差异是指不同群体间存在差异,主要包括智力的性别差异、年龄差异、种族差异等。目前研究主要集中在性别差异和年龄差异上。在性别差异方面,男女智力的总体水平大体相当。但男性智力的离散程度比女性大,即智力水平较高和较低的男性比例均比女性高,中等智力水平的女性比例比男性高。男性和女性在智力结构方面也存在差异。在年龄差异方面,不同年龄的群体的智力水平是不同的。研究表明:人的智力在18~25岁水平最高,成年期智力水平相对稳定,36岁以后开始衰退,60岁以后加速衰退。

2. 智力的差异与学习

很多研究表明,传统教学条件下,智力水平是预测学生成绩的一个重要指标。学生智商分数越高,他们未来接受的教育水平也可能越高。智力的水平和学生学习成绩之间有中等程度相关。不过,学生在不同年级阶段的学习成绩和智商的相关系数也略有不同:在小学阶段,其相关系数为0.6~0.7;在中学阶段,其相关系数为0.5~0.6;在大学阶段,其相关系数为0.4~0.5。也就是说,学习成绩和智力的相关系数随年级高而呈下降趋势(皮连生,1997)。

有人对50名小学四年级学生的智商(S-BIQ)与学习成绩(斯坦福成绩测验)之间的相关进行研究,如表11-1所示。

表11-1 50名小学四年级学生的S-BIQ分数与校内学习成绩之间的相关

IQ分	斯坦福成绩测验的年级等值分数											f
	3.0	3.3	3.6	3.9	4.2	4.5	4.8	5.1	5.4	5.7	6.0	
135								1				1
130										1	1	2
125						1						1
120			1A			1	2	1	1			6
115					1	2	1	1				5
110		1			2	1	1	2				7
105						1	1	1				3
100					4	1					1B	6
95		1	1	2	1		1					6
90	1	2		1		1	1					6
85			1		3							4
80	1		1	1								3
f	2	4	4	4	10	5	7	7	3	2	2	

(邵瑞珍,1988)

从表中可以看出,智商较高的学生,学习成绩的年级等值分一般也较高,但也有例外。如一名智商为120的学生,学习成绩等值分仅为3.6(见表中的A);而一名智商分数为100的学生,学习成绩年级等值分却达到6.0(见表中的B)。

研究表明,学生的智商高低不仅影响其学习的数量,也影响学习的质量。智商较高的学生往往学习质量高,速度快,学习轻松,容易找到解决问题的策略,容易学会及时检查、纠正和验证答案的方法,能较多运用逻辑推理的思维形式和较为有效的学习方法,而且他们能较为长久地进行学习。而智商较低学生在学习中的表现则恰好相反。比如在数学问题解决中,这部分学生的理解能力、数学模型抽象能力、总结迁移能力等方面都存在不足(樊雯琪,杨欢耸,2014)。

二、性格、气质的个体差异

学生之间的个体差异不仅表现在能力上,而且表现在性格和气质等方面。它们作为个体稳定的心理特征,又存在怎样的个体差异呢?

1. 性格、气质的差异

性格(character)是指人在对现实的稳定态度和习惯化行为方式中表现出的个性心理特征。每个人作为一定社会集团的成员,他身上具有该集团成员共有的性格特征,如民族性格特点、从事某种职业活动人群的共同性格特点。但作为个人,他有自己的神经系统特性、微观生活环境、特殊的活动内容、不同的教育条件,这一切反映到人对现实的态度和行为方式上,就形成了性格的个体差异,如有的人开朗、活泼,有的人沉静、内向。

气质(temperament)是指一个人的稳定的心理活动动力特征。**心理活动动力特征**,是指心理活动发生的速度、力度、变化的快慢与均衡程度以及心理活动的倾向性等动态性质的心理特征。这些动力状态的不同结合,构成了人与人之间气质的千差万别。气质依赖于人的身体素质,尤其与人的神经类型紧密联系。有人把气质看作是人发展的"内部气候"。初生的婴儿就表现出气质的个体差异,如有的好哭、好动,有的安静、少动。

2. 性格、气质的差异与学习

(1) 性格差异与学习

学生的性格特征与学习之间能够相互影响。良好的性格特征能促进学业的成功,而焦虑倾向等消极性格则与低学业水平相联系(史耀疆,等,2016)。

有人通过调查研究归纳出与学习有关的六种性格特征。这六种性格特征是:① 竞争型。这类学生的学习是为了表现自己,渴望在学习上超过别人。他们视课堂为打败对手的战场,特别重视自己考试分数的高低和教师的奖励。② 协作型。这类学生乐于和同学合作,愿意与他人交换意见,也乐于帮助他人。③ 回避型。这类学生对课堂学习不感兴趣,不愿与同学、老师进行学习交流。④ 参与型。这类学生积极参加与学习有关的活动,他们对课程内容和上课等都有浓厚的兴趣。⑤ 依赖型。这类学生在学习方面依赖性强,碰到难题总是指望他人来帮助自己。⑥ 独立型。这类学生具有独立自主精神,他们喜欢独立思考,独立完成学习任务。(邵瑞珍,等,1997)。

(2) 气质差异与学习

气质虽然不能决定一个人成就的大小,但不同气质对学生学习仍然有一定的影响。

有人对四种气质类型的学生在学业方面的特点进行研究,结果表明:在理解深刻性方面,四种气质类型没有明显差异;在解决问题独创性方面,多血质明显优于其他三种类型;在学习灵活性方面,抑郁质优于其他三种类型;在敏捷性方面,抑郁质差于其他三种类型。在气质对不同性别学生的学习的影响方面,除多血质女生在理解问题的深刻性、解决问题的独创性方面明显优于男生外,其他不同气质对学业的影响没有明显的性别差异。

三、认知风格的个体差异

学生在学习新知识和新事物时,认知风格也起着重要的作用。不同认知风格的学生在面对相同的学习问题时思考方式不同,选择的解决方法也会有所差异。

1. 认知风格的差异

认知风格(cognitive style)也称认知方式,是指人们在认知活动中独特的信息加工方式。认知风格是一种比较稳定的心理特征,它有多方面的表现,个体间差异较大。认知风格上的差异是学生学习的重要特点之一。如有的学生习惯于按教师讲课的顺序和教科书上现成的公式、原理等进行学习,因而考试能得到很高的分数;而有的学生,喜欢对事物进行知觉分析,无论对教材的内容还是教师的讲解都要在自己的认知结构中加以比较、分析,然后得出自己的看法。这种学生虽然独立性强,但并不一定能得高分。迄今为止,认知风格方面个体差异的研究主要集中在场独立型与场依存型、沉思型与冲动型等方面。

(1) 场独立型与场依存型

场独立型与场依存型是两种普遍存在的认知风格。**场独立型**(field-independent style)是指人们以自己内部的线索为依据对客观事物进行独立判断,具备此种认知风格的人倾向于以更抽象的和分析的水平进行加工,不受外来因素干扰。**场依存型**(field-dependent style)是指人们倾向于以外部参照为依据对物体进行知觉,具备此种认知风格的人易受周围人特别是权威人士的影响,善于察言观色,难以对客观事物作独立判断。这两个概念最早来源于威特金(Witkin, 1949; Witkin et al., 1954)对知觉的研究。在第二次世界大战期间,威特金为了研究飞行员如何依据内部的线索和外部仪表的线索调整自己身体的位置,而专门设计了一种能够倾斜的座舱,舱内放一把可以调节位置的座椅。当座舱倾斜时,被试可调节座椅,使身体与水平保持垂直。威特金发现:一部分被试主要利用外部仪表的线索来调节座椅,但他们很难使自己的身体与水平保持垂直;另一部分人利用自己身体内部的线索来调节座椅,尽管座舱倾斜,却能使自己身体保持垂直。威特金称前一种人的知觉风格为场依存风格,后一种人的知觉风格为场独立风格。

(2) 沉思型与冲动型

在解决问题时,有些学生倾向于深思熟虑,将错误率减少到最低程度。这种认知风格被称为**沉思型认知风格**(reflective style)。而有些学生倾向于尽快提出解决问题的方案,并迅速检验假设,但容易出错,这种认知风格被称为**冲动型认知风格**(impulsive style)。沉思和冲动常表现在很不确定的情境中,其衡量标准是反应时间与准确性。研究表明,大约30%的学前儿童和小学生常以冲动型认知风格去解决问题。不过,有些反应快的人,解决问题快而准确,此类人的认知风格不属冲动型的认知风格。

学术研究 11-1　　　　　认知风格两维度理论

近年来,认知风格两维度理论受到较多研究者的关注。这一理论把认知风格的分类分为两大维度:整体—分析维度和言语—表象维度。

整体—分析维度涵盖了以往的多种认知风格分类,如场独立—场依存型、冲动—沉思型、发散—聚合型等。一般而言,整体型认知风格个体主要关注事物间的联系,分析型个体主要关注事物自身的特点和属性。例如,在图片归类任务中,分析型认知风格者更倾向于以类别为标准,如手—脚;整体型认知风格者则更倾向于以功能为标准,如手—手套。

言语—表象维度认为,认知风格可分为言语型和表象型(视觉型),前者在认知中主要依赖于言语分析策略,而后者在尝试执行认知任务时主要依赖于表象。如学生中空间思维能力与语言能力的区别,可能与这种认知风格的不同有关。

(马军朋,等,2016;鲍旭辉,等,2012)

---

2. 认知风格的差异与学习

（1）场独立型与场依存型认知风格的差异与学习

有研究表明,场独立型的学生在数学、物理等自然学科的学习方面优于场依存型的学生。这是因为场独立型的学生善于独立思考,对数学、物理等自然学科和工程感兴趣;而场依存型的学生倾向于选修人文、教育等社会学科。

场独立型与场依存型的学生对教学方法的适应性各有不同。场独立型的学生比较适应结构不严密的教学方法,他们易于给无结构的材料提供结构。而场依存型的学生比较适应有严密结构的教学方法,他们希望教师能给无结构的材料提供结构,希望教师能对学习内容有明确的指导和细致的讲授。比如,在相对开放的网络学习中,场独立型学习者在问题解决任务中更容易出现"信息迷航"(刁春婷,刘华山,2016)。但总体上看,这两种认知风格都各有利弊,它们对学生学习成绩的影响没有明显差异。

(2) 沉思型与冲动型认知风格的差异与学习

沉思型与冲动型两种认知风格对学生学习产生的影响不同。沉思型学生再认、推理、创造性设计等测验成绩均较好，而冲动型学生阅读困难、学习成绩相对较差、学习能力缺乏。但对于一些需要从多维度解决的任务，冲动型学生往往解决得更顺利。

由于冲动型学生粗心大意，难以仔细分辨所学的知识，心理学家着手探索一些训练方法，纠正他们不良的认知风格。研究表明，单独提醒学生认真思考、养成耐心的习惯、对问题慢一些作出反应，对他们并没有帮助。但若训练他们具体分析、比较所学内容的构成，对纠正他们冲动型认知风格效果较好。也有人通过训练他们大声说出解决问题的详细过程，以加强其自我监督、自我指导，当获得数次成功后，再将大声说话变成轻声低语，直至默默自语。以此方法训练冲动型学生克服粗心的缺点，养成细心、有条不紊地解决问题的习惯，结果取得了良好的效果。

四、性别的个体差异

男生和女生在生理和心理等诸多方面都表现出极大的差异。我们如何正确地看待这些差异，使得男生和女生能在自己擅长的领域中发挥特长，在自己不擅长的领域里从容应对，这对学生的全面健康发展有着重要的意义。

1. 性别的差异

男性和女性在生理上的性别差异从受孕时就已经产生了。性腺分泌使男女在大脑和生殖系统方面发生分化，在生理上表现出男性和女性的性别特征。出生以后，性激素的持续分泌，影响着人的心理和行为。爱哈特(Ehrhardt)等人对雄性化综合征女性患者的研究发现，患此症状的女性由于药物、遗传等因素导致雄性激素分泌过多而患病。这些女性一般比正常女性表现出更多的男性特征，如更喜欢剧烈的活动，更加调皮等。很多研究发现，女性的免疫能力优于男性，在一些严重疾病方面，如心脏病、癌症等，女性的患病率明显低于男性；男孩成为问题儿童的比例是女孩的4.9倍，男孩更容易出现严重的精神问题、多动、学习困难和反社会行为等；女性较容易从疲劳、疾病等状况中恢复过来，更能承受丧偶和离异等不幸事件的打击；男性在生物学上更容易受到伤害，男性的平均寿命比女性短。

男性和女性在社会行为方面也存在差异。沃尔德罗普、霍尔沃森和查尔斯(Waldrop, Halverson, & Charles, 1975)研究发现，在社会交往方面，男性和女性在7岁之后就存在明显差异。男性喜爱在有更多伙伴的群体中游戏，而女孩喜爱和一两个好朋友在一起玩耍；更善交际的男孩会有更多的同性同龄伙伴，而更善交际的女孩则有更亲密的伙伴关系,其中与一两个同性伙伴最为亲密。这种差异随年龄逐渐增大而表现得更加明显。在人际沟通方面,男性和女性在语音语调、面部表情和身体姿态方面也存在明显不同。在异常行为方面,调查表明,女性在精神性神经症、功能性神经症、暂时性情境失调和心身失调等方面的患病率均高于男性,而且在青春期后,这种差异表现得更加明显。

2. 性别的差异与学习

男性和女性在学习能力及学业成绩方面也存在不同。在学习能力方面,女性在机械记忆、形象思维、言语表达、观察能力等方面优于男性;而男性在空间想象、抽象思维、创造性、操作能力等方面优于女性。麦科比和杰克林(Maccoby & Jacklin,1974)通过对1967—1973年出版的不同性别作者的1 600多种论文和著作进行分析,结果也发现,男性的数学能力和空间视觉能力优于女性,女性在言语能力方面则优于男性。

在学业成绩方面,男女生在不同学科方面各有优势。在小学阶段,女孩各门功课的平均成绩优于男性;在初中阶段,男女成绩的学科差异开始显现;在高中阶段,男女生学科差异的分化更加明显,男生在数学、物理等需要逻辑思维的学科上成绩优于女性。当然,性别导致学业成绩差异的原因是复杂的,除了两性遗传生理特点外,归因、自我评价与父母期望等社会心理因素也起着重要的作用(周菲,程天君,2016)。

热点聚焦 11-1　　　　　　学习中的性别差异

由于男女两性个体在遗传素质上存在差异,个体依照自己的性别逐渐将外在的社会标准内化为自己的行为准则,使他们获得与性别相适应的心理特征和行为模式,这些性别角色的界限及差别对各种社会活动都有一定影响,同样也表现在学生的学习活动中,主要体现在情绪情感、兴趣爱好、社会认知等方面。

以情绪、情感为例,情绪、情感是伴随着认识过程而产生的心理过程,是人对客观事物态度的体验。情绪、情感不仅对身心健康有影响,而且与智力发展的关系也很密切。我国心理学工作者用实验的方法证实,在美感词、恶感词、中间词中,美感词的记忆效果最好。可见,情绪和情感对人的学习有着重要影响,对学生的学习活动起着直接的调节作用。在学习中,情绪和情感对男女生产生的影响也不一样。比如,上课时,面对老师提问,男女生的反应是不一样的,男生通常会感到紧张,不愿意回答问题,在课堂教学中不愿意参与课堂活动;而女生的表现则截然相反,她们课堂表现活跃,积极参与活动,与同学讨论问题,配合老师的教学活动,表现得轻松活跃。因此,教师在教学中应充分增强和发挥女生在课堂上的优势来调动男生的积极性,从而达到好的课堂教学效果。

对此,教师在教学中应充分发挥和增强学生的性别优势,积极调节和改善学生的心理劣势,从差异性入手,多方面、多角度提高男女生的学习动力与效能。

(聂卫军,2009)

五、特殊学生的个体差异

在学校中还存在一些特殊的学生,他们在学习时遇到的困难要超乎我们的想象。在这些学生的群体内部仍然存在着个体差异,下面我们就着重看一下特殊学生的个体差异。

1. 学习困难学生的心理特点

学习困难学生(student with learning disabilities),也称学习障碍学生、学习缺陷学生、差生等,是指智力正常,但学习效果低下、达不到国家规定的教学大纲要求的学生。我国中小学存在不少学习困难学生。有人对小学一年级至初中二年级 10 178 名在校生学习困难状况进行调查,结果发现小学学习困难学生的检出率为 5.41%,初中学习困难学生检出率为 31.62%(武杰,1990)。

学生群体内部存在着个体差异,同时学习困难学生的内部也存在着个体差异。他们的个体差异主要表现在程度差异、时间差异和原因差异上。

在程度方面,学习困难学生可分为严重学习困难学生、中度学习困难学生和轻度学习困难学生。**严重学习困难学生**(student with severe learning disabilities)一般都有心智方面的障碍。过去人们认为这些儿童不适宜接受教育,因而剥夺他们受教育的权利,后来科学研究表明,他们的学习能力和社交能力远比人们估计的强得多。如今,越来越多的严重学习困难学生被送入特殊学校接受教育。**中度学习困难学生**(student with moderate learning disabilities)一般是由多种因素综合作用造成的,有的患有轻度感知障碍,有的有过不利的社会与教育经历。**轻度学习困难学生**(student with minimal learning disabilities)一般来讲,能力是正常的,只是在阅读、书写等方面有一定的困难,多数是智力以外的因素造成的。有轻度学习困难的儿童大约占儿童总体的 10%~15%,不过各地区、各学校的情况略有不同(钱在森,1994)。

在时间长短方面,学习困难学生分为暂时学习困难学生和稳定学习困难学生。**暂时学习困难学生**(student with temporary learning disabilities)的学习困难是短时间的。其形成原因十分复杂,有些是由具体学习准备状况不足引起的,如上课不专心、没有复习等;有些则是受到外界突发事件影响,如父母离异或早亡、生病、早恋等;也有些是由教师教育方法不当导致的,如教学进度过快、学习内容难度过大等。这些学生的学习困难程度较轻,只要及时采取措施,学习不良即可克服。**稳定学习困难学生**(student with stable learning disabilities)的学习困难是长时间的、稳定的。多数是由学生学习能力差、学习习惯不良、基础薄弱等因素引起的。这种学生学习困难程度较重,克服学习不良难度较大。

在形成原因方面,学习困难学生可分为能力缺乏型学习困难学生、动力不足型学习困难学生、方法不良型学习困难学生和基础薄弱型学习困难学生。**能力缺乏型学习困难学生**(student with ability-lack learning disabilities)在学习上的主要障碍是能力较差,智商多数在70～90之间。这类学生所占比例较少,仅为5.7%,他们的动机、意志水平不低,这是他们身上十分宝贵、尚未开发的动力资源(钱在森,1994)。如果教育者嫌弃这些学生或一味训斥他们,不去帮助他们分析具体障碍的原因,不利用其动机和意志水平不低的宝贵资源,其教育效果会适得其反。**动力不足型学习困难学生**(student with motivation-inadequate learning disabilities)在学习上的主要障碍在于学习目标、动机、归因和自我意识等方面存在不足。这类学生所占比例较大,达57.8%。**方法不良型学习困难学生**(student with method-bad learning disabilities)在学习上的主要障碍在于学习方法不当。这类学生在有关学习策略方面表现出比普通学生机械而消极的特点。有研究证实,通过改善学习困难学生的学习策略,可以提高他们的学习成绩。弗拉维尔(Flavell,1979)曾做了小学生复述策略的实验。被试为两组一年级学生,一组会喃喃自语学习(复述),结果测验成绩较好,另一组不会喃喃自语学习,成绩不如前者。研究者对两组被试同时进行复述策略的指导和训练,结果两组成绩差不多。**基础薄弱型学习困难学生**(student with basis-weak learning disabilities)在学习上的主要障碍在于学习基础较差。这类学生长期的学业失败使他们经常受到教师、家长乃至同伴的否定评价,使学生产生消极的自我概念,对自己缺乏自信,对学习缺乏兴趣和愿望。这类学生学习困难程度比较严重。教育上,除了改善课堂教学,还必须摸清他们的知识起点,制订个别教学计划和目标,针对其知识薄弱之处予以补救、强化。

实践探索 11-1   遵循心理学规律,转化学习困难学生

学习困难学生大多有转化的可能性。转化的关键是寻找契机,科学地运用心理学规律。

1. 优化班级环境。利用教师的指导、榜样的力量、班委的作用、学校的宣传等协调一致地搞好班风建设;形成人人受到尊重、人人受到关心的整体。这种环境促使学习困难学生投向集体怀抱,产生努力向上的决心。

2. 寻找并抓住契机。一般来说,当内心深处受到某些刺激,产生心理的矛盾斗争时,容易产生转化契机。如长期受到冷落和歧视的学习困难学生,如果突然得到温暖,比较容易转化。长期的学业失败中偶尔取得一些进步,及时得到老师的肯定或表扬,容易成为转化的契机。

3. 低起点、小目标。给学习困难学生提出他们无法实现的目标是不合适的。只有把起点放低,目标变小,才能使学生产生成功欲望,享受成功乐趣。低目标实现之后,教师还可以给学生提出稍高层次的目标,这种循序渐进的教学有利于学习困难学生树立目标,走向成功。

4. 抓住"闪光点"。学习困难学生身上也会有各自的"闪光点"。教师应该正视、挖掘和利用这些"闪光点",这是帮助学习困难生的重要方法。因此,教师应该拿着放大镜,去发现"闪光点",以达到"用其所长,补其所短"的目的。

5. 反复抓、抓反复。学习困难学生的转化往往是反复和曲折的。很多学生具有波动的心理特征。这就需要教师持之以恒地从主观和客观两方面去寻找原因,反复抓、抓反复,因人而异,对症下药。

(但林堂,2002)

2. 智力落后学生的心理特点

智力落后学生(mental retarded student)是指智力明显低于同年龄人的水平,并存在适应性行为障碍的学生。这类学生最明显的心理特征是智力水平低下,这种低下主要表现在心理过程和个性特征两个方面,具体表现在如下方面。

(1) 感知觉速度缓慢

对智力落后学生的实验研究表明,智力落后学生的感知觉速度缓慢,智力落后儿童学校一年级学生视听反应时间几乎是同年级正常学生的两倍。随着年龄的增加,智力落后学生的反应时间不断缩短;随着智力落后程度的减轻,他们的反应时间也在逐渐缩短。北京师范大学的"北京市盲、聋、智力落后学生生理和心理特点研究"课题组研究发现,智力落后学生的视知觉速度缓慢,大多数9~15岁的智力落后学生视知觉速度远低于普通学校5~7岁的一年级学生。智力落后学生感知觉速度缓慢的现象在日常生活中也不难发现,如他们难以看懂图像转换很快的动画片(朴永馨,1995)。

(2) 注意力分散

一些研究者认为,智力落后学生产生的一系列认识障碍都是因注意力不够集中而产生的。智力落后学生注意稳定性差,有的儿童集中注意3~5分钟都难以实现,更不用说要他们集中一节课的时间来进行学习了。智力落后学生的注意分配存在严重缺陷,这种缺陷可能是由于他们没有足够的注意力来分配,也可能是由于他们不能有效地向某一任务的各个方面分配合适的注意力。智力落后学生的注意广度狭窄,正常人视知觉注意能清晰感知7±2个单位,最多可达15个,而智力落后学生只能感知4~5个单位,有的甚至还不能感知1个单位。泽曼和豪斯(Zeaman & House,1963)的研究也表明,智力落后儿童对外在刺激存在选择性障碍和集中注意缺陷。

(3) 记忆效果差

在记忆的保持性方面,智力落后学生保持不牢固,且识记速度慢、回忆困难。我国一部分智力落后学生学校曾使用普通小学教材,教学进度虽比正常小学慢一半以上,但智力落后学生还是跟不上教学进度。他们对学过的内容很容易忘记,虽然教师在复习环节上花的时间往往是正常小学的数倍,但智力落后学生依然不能再认,回忆出错或不准确。

在记忆的策略使用方面,智力落后学生明显缺乏。有人对智力落后学生和正常学生进行实验比较研究,实验中给两组学生分别呈现图片:猫、草房、椅子、小屋、狼、楼房、桌子、狗,要求被试看过后记住。正常学生多数能打乱材料的顺序、重新整理,因而记忆效果很好,而智力落后儿童不会重新整理顺序,只能机械重复,结果记忆效果很差。

(4)思维发展水平低

思维发展水平低是智力落后学生的典型特征之一。在思维灵活性方面,智力落后学生表现为思维方法刻板,缺乏变通性,形成的心理定势难以改变,习惯于用类似的方法去解决新问题。在思维独立性方面,智力落后学生表现为没有独立思想,受暗示性强。如在智力落后儿童学校的课堂上,我们不难发现,智力落后学生常人云亦云,教师在向学生问一个问题之后,只要第一个学生作出回答,其他学生容易不加分辨地跟着附和,即使答案是错误的。在思维发展水平上,智力落后学生常停留在直观形象思维上,抽象思维发展明显落后。如教师问智力落后学生"什么叫奶奶",他们可能会说"头发白的叫奶奶"或"胖墩墩的叫奶奶"等,他们往往不会对奶奶这一概念进行概括,而是借助大脑中自己奶奶的直观形象。有人采用归类法对轻度智力落后儿童和正常幼儿园儿童进行思维概括水平的对比实验研究。结果表明,8~11岁轻度智力落后儿童的思维概括能力明显落后于6岁正常组的大班幼儿,接近于5岁正常组的中班幼儿(汤盛钦,1982)。

学术研究 11-2　　　　智力水平与学习困难的关系

有研究者对使用国内两个版本(WISC-CR 和 C-WISC)的韦氏智力测验施测学习困难儿童的23项研究进行了元分析,结果表明,学习困难儿童在总智力分数以及言语分测验和操作分测验的得分均低于正常儿童,而且两个分测验中各个具体的测验也存在两组的显著差异,其中学习困难儿童在常识、类同、积木和译码的延迟发展更明显。

这一结果表明,智力水平较低的儿童更易出现学习困难,学习困难儿童信息加工能力较低,会影响听、说、读、写能力水平,这可能是导致成绩落后的主要原因。因此,对学习困难儿童的训练应有针对性。

(童方,付童,孙静,2012)

---

3. 多动症学生的心理特点

多动症是儿童多动综合征的简称,也称**注意缺陷多动障碍**(attention deficit-hyperactivity disorder,即 ADHD),是儿童注意力缺陷、活动过多、唤起过度、冲动性和延迟满足困难等一系列心理、行为问题的总称。多动症是德国医生霍夫曼(Hoffman)在1844年首次提出的,直到20世纪50年代才开始被广泛研究。

注意缺陷多动障碍患儿的智力正常或接近正常,注意力不集中,活动过多(有些病例除外),情绪不稳,冲动任性,并常伴有不同程度的学习困难和行为问题。其发病原因很多,是儿童青少年时期的常见病。约60%患儿的症状在成人后逐渐消失,约40%患儿的某些症状可持续存在。有3%~5%的儿童患有多动症,患多动症的男性多于女性。近年来,注意缺陷多动障碍的发病率有逐年增高的趋势。

注意缺陷多动障碍的主要表现有以下五方面特征。

(1) 注意力缺陷

注意力缺陷是多动症儿童的典型症状。这些儿童很难长时间将注意集中在某一件事上或某个活动中。重症患儿对任何事情或活动都不能集中注意;轻症患儿对自己感兴趣的事物或活动,如听故事、看电视等能集中注意。在课堂上不能专心听课,容易受环境干扰,经常东张西望、心不在焉。平日对老师布置的作业记不住,写作业粗心大意、随意涂画、边做边玩、错误较多。研究发现,不同儿童对刺激的敏感性不同。有的儿童不能专注于视觉刺激,有的不能专注于听觉刺激。也有研究发现,多动症儿童大多表现为对听觉刺激的注意缺陷。

(2) 活动过多

多数患儿表现为活动过多、小动作不断和言语过多,这是多动症儿童最引人注意的症状。① 活动过多。他们在躯体上明显表现出比其他正常儿童更多的活动精力,他们走路时常常是连跑带跳;课堂上不能安静听课,如离位走动、摇椅转身、打搅同桌,影响教学秩序。② 小动作不断。他们在课堂上常常咬铅笔、咬指甲、把书页卷来卷去。也有部分多动症儿童主要表现为小动作过多,而在室外大范围的活动中则表现不明显,只有和他密切接触的父母、老师才会发现他们多动的症状。③ 言语过多。他们讲话时爱插嘴、争吵,很难倾听别人谈话,课堂上喜欢和同桌讲话,经常抢答问题,有意制造声音以引起他人注意。

(3) 任性冲动

多动症儿童克制力较差,易激怒或冲动,情绪不稳。一件小事他们就可能发脾气,叫喊或哭闹。情绪冲动时鲁莽行事,常常不考虑后果,可能产生短暂暴怒,也可能产生一些破坏行为或危险举动,甚至产生恶劣的后果。要求必须立刻得到满足。受到挫折时不能容忍,会出现激烈的情绪波动和冲动行为。经常违反校纪校规,受到批评又难以改变,因而错误会重复出现。有人认为,多动症儿童抑制能力差是行为激活系统和行为抑制系统的不平衡引起的,多动症儿童的行为抑制系统功能降低,从而导致患儿不能有效地抑制自己的冲动。

(4) 学习困难

多数多动症学生的学业成绩不良。大多数患儿智力水平不低,有的患儿智力水平还较高,但由于注意力不集中,好动贪玩导致学习困难。患儿可能会出现多门课程不及格,只有少数会达到中等水平,这给父母带来沉重的负担,需父母经常督促他们学习。多动症学生出现学业不良的时间也不一致。智力水平及多动症的轻重程度决定着学习困难出现的时间。智力水平中下且症状严重的多动症患儿在学龄早期就可出现学习困难,而智力水平较高、多动症状较轻的,可能在初中阶段才产生学习困难。部分患儿还会存在种种认知障碍,如有视觉运动障碍的,可能把 6 看成 9,把 b 看成 d 等。

(5) 行为适应问题

多数多动症儿童存在各种各样的社会适应问题,他们常因在学校缺少朋友而感到孤独。他们在交往中缺乏社交技能,不能与他人合作,干扰别人;不遵守游戏规则,不懂礼貌,不尊敬长辈,不能体察他人感受,从而惹人讨厌;对人缺乏善意,在和他人产生纠纷时常采用语言或躯体攻击等不良方式来解决,因而很难受到伙伴的欢迎。部分患儿伴有对抗、攻击和反社会性行为等,如在校不尊重老师,违反学校纪律;在家违抗父母意愿,和父母强烈对抗。说谎、逃学、惹是生非、挑衅斗殴等现象时有发生,出现问题又不易接受教育和管理。

第三节　在教学中注意个体差异

认识到学生在能力、性格、气质、认知风格、性别等方面存在个体差异这一事实,就有助于我们针对学生的这些个体差异进行教学,以充分体现因材施教的教学思想。

一、了解学生的个体差异

要根据学生的个体差异进行教学,首先要了解学生的个体差异。了解学生个体差异的方法有很多,在教学实践中常见的是观察法和调查法等。

1. 观察法

观察法(observational method)是有目的、有计划地通过观察学生的外部表现来研究其心理特点的一种方法。用观察法了解学生的个体差异一般可通过两种途径:① 在学生活动中了解学生的个体差异。学生的活动主要包括课堂活动、自习活动、课外活动、日常活动等。这些活动反映了他们对客观事物的认识水平,表现了他们在行动中的各种心理。学生的活动一般都要经过思考,不同的学生在完成某一任务时表现出的差异往往很大。有的学生可能表现出不凡的能力,独立的性格,不达目的誓不罢休的意志;而有的学生可能缺乏解决问题的能力,一遇到困难,就向别人询求解决办法。② 在学生言语中了解学生的个体差异。学生的语言一般分为书面语言、口头语言和体态语言。在书面语言方面,国内有人研究发现,从书写中能分析出一个人的个性特点。龙飞凤舞的连笔,说明此人个性豪放自信;字里行间毫无规律,说明此人信心缺乏;字迹潦草模糊,说明此人做事马虎。在口头语言方面,根据一个人说话多少、方式、风格等能判断一个人的性格是否开朗、是否善于交际、是否狂妄自大等。在体态语言方面,一个学生习惯化的面部表情和体态可以为认识他的个性提供依据。习惯笑口常开或经常愁眉苦脸,可反映一个人的个性差异。人的眼睛最富有表情。身体姿势在不同人身上的表现,也反映一个人的心理差异(陈安福,等,2003)。

2. 调查法

调查法(survey method)是以提出问题的形式搜集被试各种有关材料来了解学生心理差异的一种方法。通过调查法了解学生的有关情况,一般包括了解学生的一般情况、学生的个性心理特点以及分析学生心理特点的形成原因等。学生的一般情况涉及学生的姓名、年龄、性别、健康状况、学习成绩、道德行为表现、家庭情况以及与之有关的社会环境等;学生的个性心理特点涉及学生具有哪些能力、性格、气质、兴趣等特点,哪些品质占主导地位等;分析学生的个性心理特点涉及学生已经形成、正在逐步形成的心理特点和可能出现的心理特征,这些特征产生的原因是什么等。调查法的途径很多,但主要通过如下三方面进行:① 查寻档案资料、学生卡。学生档案资料、学生卡往往对学生的一般情况记载得较为详尽和细致。通过查寻,教育者不仅能掌握学生目前的一些情况,而且能了解到学生家庭背景、健康状况、学习成绩、行为表现等诸多情况的变化过程。② 开座谈会。座谈会因发言人较多而能相对较为全面地了解某一学生,避免因一个人主观猜测而造成误解。③ 问卷调查。问卷调查是以书面形式搜集资料的调查,分表格式、问答式和量表式等。问卷调查对学生心理特点的了解往往更精确、客观。

了解学生的个体差异的方法除观察法和调查法之外,还有测验法。**测验法**(test method)是通过运用标准化的心理量表对学生的某些心理品质进行测定来研究学生心理的一种方法。用测验法来了解学生心理的个体差异的优点是能够量化地反映学生的心理发展水平和特点,但测验法对主试要求较高,其结果也非绝对准确。以上各种方法各有所长,也各有不足,只有根据实际情况灵活运用,才能取得较好效果。

二、针对一般差异的因材施教

在了解了学生的个体差异之后,我们要针对这些差异因材施教,争取使每个学生都能在学校得到健康的发展。

1. 因材施教的重要性

在一个班级中,学生之间的个体差异十分显著,那么如何对这些学生进行有效的教学?很多研究证明,因材施教是适应学生个体差异的有效教学手段。

琼斯(Jones)曾做过实验:被试为程度相同的两个班级的学生,实验班采用适应个体差异的因材施教,对照班则施以统一的教学,制定共同的教学目标。教师首先了解实验班每个学生的能力、兴趣、学习方法、努力程度等各方面情况。教师在教学中针对每个学生的特点,施以不同的教学方法。对于学生的优点,教师要给予较多的机会,使之充分发挥;对于学生的弱点,教师则要帮助其找出原因,并设法弥补;对于学生在学习中碰到的问题,教师要及时帮助解决。而在对照班中,教师对全班学生负责,虽然对于任何学生提出的问题,教师都给予适当的解答,但不给予特殊的指导。一个学期之后,学生测验成绩表明,实验班的成绩远远优于对照班。在研究者征询两班学生对教学的意见时,实验班学生觉得新的教学方式使他们受益很大,尤其使他们的能力得以充分发挥,学习中有困难时也能及时得到指导,因而学习兴趣提高。而对照班的学生感到个人在班级中被忽视,学习只能跟着全班走,自己有问题时未能得到及时的帮助。

2. 因材施教的措施

学生心理特点的多样性,决定了教师需要采取多种多样的教育措施。教师对学生进行因材施教常需从以下三个方面入手。

(1) 帮助学生弥补能力上的不足

有些学生学习能力差,如理解问题缓慢、记忆效果不好、注意力不集中等。教师可给予这些学生特殊照顾。具体方法有:① 将这些学生集中起来,把课堂上难以理解的内容分为几个小步骤,反复讲解,直到他们理解为止;② 专门安排成绩优秀、有指导能力的学生轮流给他们辅导,帮助解决难题;③ 布置一些有利于消化书本内容的习题,让他们在练习中加强对一些重要的原理和定律的理解。有的学生可能有听觉障碍或近视等缺陷,那么在安排他们的座位时应给予照顾。

(2) 帮助学生克服性格、气质上的弱点

有些学生存在信心不足或自卑等性格弱点,教师可以使用各种方法来提高他们对学习的信心,克服自卑心理。如让他们完成能够胜任的学习任务,在获得成功之后,给予鼓励和表扬。这样学生在一次次的成功之后,自信心也会随之增强。有些学生具有依赖性强的性格特点,他们每逢难题,总想寻求别人帮助,久而久之,养成一种过度依赖的不良习惯。对此,教师可给予这些学生思想教育和专门训练,让他们逐步摆脱对教师和同学的依赖,养成独立解决问题的习惯。

(3) 帮助学生正确归因

把自己学习的成败归因于运气、智力等不可控因素,也会导致学习困难。对此,教师可对学生加强归因训练。具体方法有：① 团体发展。以团体讨论方式找出自己学业失败的原因,然后让每个学生填写归因量表,教师可针对学生不同的归因方式,给予不同的指导；对积极归因给予鼓励,对消极归因给予引导。② 强化矫正。让学生在规定时间内完成不同难度的任务。当学生作出积极归因时,及时给予鼓励或奖励；当学生很少作出积极归因时,则给予暗示或警告。③ 观察学习。让学生观看归因训练的录像,引导学生把学习的成功与失败归因于自身的努力。④ 帮助学生改变学习策略和认知风格。很多学习困难学生智力水平正常,也具有较强的上进心,只是因为学习策略不当或者认知风格不匹配,才落入学习困难学生的行列。对此,教师首先可以以讲座的形式向学生系统讲授有关学习策略和认知风格的知识,如介绍预习、听课、复习等学习方法和各种各样的认知风格；其次,教师可以有意识地对学生的学习策略和认知风格进行指导和训练,指导学生根据自己的学习特点,确定适当的学习计划、学习方法,学会对学习计划进行自我监控、评估和督促。如通过"学习计划情况记录卡"来指导、训练学生的自我监控能力,记录栏目分"日期""执行情况""评价""原因"等。教师在实施过程中,按时给予具体指导和检查。

学术研究 11-3　　　　智力超常学生的心理特点

智力超常学生有其独特的心理特点。具体表现为：

1. 认知能力大大超过同龄学生的水平。 比如,他们的感知能力敏锐、全面、细致而准确；记忆速度快、保持时间长；思维范围宽泛、内容深刻,善于分析和概括。

2. 才能表现得较早。 比如,在数学能力方面,超常学生的思维方法特别是归纳、推理能力都比同年龄的学生较早地表现出来。

3. 智力超常学生对心智活动具有很高的积极性。 有人对智力超常学生进行研究,结果发现他们的智能和性格各不相同,但都具有强烈的求知欲。这一特点在促进他们能力发展和取得优秀的学习成绩方面起着重要作用。

(潘菽,1983)

值得一提的是,每个班级都可能存在智力超常学生和学习困难学生。对于班上的智力超常学生,教师可采取两种方式对他们进行特殊教学:跳级或者丰富课程内容。对于智力超常学生,跳级的效果往往很好,有研究表明,跳过级的超常学生比未跳过级的学习速度快,且与同学的相处也很融洽。中国科技大学少年班的学生都曾跳过级,而且发展良好,但这种方式在我国中小学实践方面受到限制。丰富课程内容,是指让智力超常学生在普通班学习的同时,加大学习内容的难度,这种做法一般深受学生和家长的欢迎。对于学习困难学生,教师可采取多指导或者留级等方法。首先,找到根源,对症下药。如有的学生认知风格存在缺陷,教师可设法改变其认知风格;有的则自制力差,教师要多加督促。其次,留级虽然可以让学生有机会再次学习尚未掌握的内容,但也有可能使这些学生遭受别人异样的眼光,使他们失去学习信心,导致有的留级生比原来成绩更差。因此,留级是一种迫不得已的举措。如果学校允许学生留级,教师就应给予他们更多关怀和鼓励。

三、针对性别差异的因材施教

针对性别存在的差异,在学校教育中应该注意以下三个方面。

1. 引导学生正确认识性别差异

在性别的差异方面,我们要引导学生克服几个误区:其一,性别差异主要是对男性群体和女性群体进行统计得出的,这并不意味着某个男性或女性就一定具有这一心理特点。其二,总体而言,男性和女性的心理差异还是很小的,来自性别的内部差异往往表现得更显著。这些差异对一个人的学习、就业等影响很小。其三,男女间抽象思维、空间想象、观察力和创造性等方面在生理和心理上的差异并不是完全对应的。性别的差异除受生物因素影响外,还在很大程度上受到社会文化因素的影响。

2. 引导学生适应性别差异

教育者应引导学生适应不同年龄阶段表现出来的性别差异。例如在中学阶段,我们要引导中学生适应自己的生理变化,避免因适应不良而导致心理问题。如男生因雄性激素的分泌而长出喉结、胡须,声音变粗,出现遗精等,有些男生因没有做好心理准备而产生担心、害怕等情绪,从而使其学习受到干扰。有些女生在发育期间也因雌性激素的分泌而对自己身体形成的曲线和出现周期性月经等感到恐慌和不安,学习注意力分散。因此,学校,特别是中学,应该开设一些有关青春期教育的课程,提前教给他们一些有关青春期方面的生理知识,引导他们适应男女在性别上存在的差异。

3. 引导学生依据理想性别模式塑造人格

在中国传统观念中,男性应该具有坚强,有主见,富有事业心,对家庭负责,具有竞争性等特点。而女性应该具有细心、温柔、善良、善于打理家务,能养儿育女等特点。受现代教育和社会文化的影响,人们渐渐地认同自己的性别角色和相应的性别心理特征。虽然男性在某些方面优于女性,女性在某些方面也优于男性,但两种性别都有优缺点,只有扬长避短,才能形成具有优秀品质的理想性别模式。教育者应引导学生摆脱传统性别角色观念的束缚,利用各种时机培养自己的能力,形成健全的人格。

四、针对特殊学生的因材施教

特殊学生是学校中的一个特殊群体,如何使他们得到良好的发展成为当今学校教育中的一个难题。在总结以往经验的基础上,我们认为学校在管理和教育时应该注意以下两个方面。

1. 特殊学生的教育干预模式

对特殊学生的教育干预模式可以表述为,表现—原因—对策—效果。首先,全面掌握特殊儿童的在校表现情况。教育者可以通过观察、调查、测验等方法了解学生的个人发育史、智力状况、社会适应能力、家庭教育环境和在校学习情况等。其次,分析特殊儿童在校不良表现的原因。不同特殊儿童在校表现往往差异很大,教育者要根据其表现作全面系统分析,弄清特殊儿童在校表现不良的真正原因。再次,制定教育干预对策。教育对策必须针对特殊儿童在校不良表现的原因制定。教育干预对策至少应包括三方面内容:补偿缺陷的方法,挖掘潜力的措施,直接解决在校不良表现的策略。最后,评估教育干预效果。教育干预是否取得预期效果,需要通过评估来检验。如发现干预效果并不理想,可以修改干预计划,也可以重新制订计划。

2. 针对特殊学生的教学原则

根据特殊儿童身心特征差异较大的特点,教育者在教学实践中应遵循以下三个教育原则。

(1) 个别化原则

个别化原则是指针对班级中每个特殊学生的不同需要,为其制订教学计划、设计教学方法、选择教学材料和组织教学内容等。特殊儿童之间存在较大的个体差异,这就要求教育者在教学中不能用同一模式,而要最大限度地在个别化的基础上实施教育。为落实这一原则,教育者需要做到:全面系统地了解每个特殊学生的情况,做到心中有数;为每个特殊学生制订个别化教育计划;考虑到不同学生的特点,真正做到因材施教;评价学生的进步情况时,也要因人而异。

（2）激发兴趣的原则

兴趣是引起、维持或调节注意的一个重要因素。人们往往会主动地认识和探究自己感兴趣的事物,特殊学生也是如此。因此,培养和激发学习兴趣是教育特殊儿童的一个重要任务。为此,教育者需要做到:创设一个愉快的教学情境,让学生从内心体验到学习的快乐;增加教学内容的新颖性,力争做到丰富多彩,使学生将其兴趣集中到所学知识上;教学内容的难度适当,使学生都能体会到成功的喜悦;注意到学生兴趣的差异性,对不同学生,采用不同的激发兴趣的方法。

（3）补偿缺陷的原则

教育者在教学中除了要传授给学生一些基本的科学文化知识外,还要有计划地校正和补偿学生身体和心理方面存在的缺陷,使特殊学生在身心上得到全面、协调发展。特殊学生存在的缺陷是多方面的,学习困难学生可能因为学习动机不足产生学习困难,教育者需要努力激发学生的学习动机;对于轻度智力落后学生,教育者则需要将教学进度放慢、教学要求放低,还需要培养他们的社会适应能力;对于多动症学生,教育者则需要改变教学手段,努力吸引和培养他们的注意力。

在本章开头的案例中,教师正确的应对原则应该是根据每位学生的差异,使用不同的方法。如:

"让我们共同来讨论如何解决这个百分数习题。A同学,请你给大家讲讲你是怎样解决的？其他两位同学认真听讲,马上也要你们来谈谈。"

A同学大声地说:"我是这样想的。这个问题是问我们游戏机降价的百分比是多少,我想,关键是得出一个分数后,再将它转换成小数,最后将小数转换成百分数。"

当A同学说出自己的思路时,B同学和C同学一边听A同学的讲述一边重复。

接着,老师又向学生提出这样的问题:"某人共有12个面包,卖掉9个,请问这个人卖掉的面包占总数的百分比是多少?"并请B同学谈谈解题的方法。

B同学说:"和刚才A同学说的方法一样,我们先得到一个分数,然后将它转换成一个小数,最后再换算成百分比就好了。"

教师接着追问:"那么,他卖掉的面包的分数是多少？"

"十二分之九。"

"很好。请C同学重复一下解题的步骤,并说出最后结果。"老师说。

C同学作了重复。C同学补充说:"结果是十二分之九。"

"那么我请三位同学都算算换成小数和百分比分别是多少?"

结果,A同学最先算出0.75和75%,B同学也跟着算出来了,但C同学似乎算得很慢,最后在老师的稍加提示下也算出正确答案。

A、B和C三位同学在数学方面的学习能力是不同的。A同学表现出较好的解题能力,他几乎不需要老师的额外帮助;B同学在A同学的帮助下也学会了计算百分比的方法;C同学则显得比较困难,他在受到A和B两位同学的启发和老师的提示后,也终于完成了学习任务。

本章小结

- 个体差异是指不同个体在身心方面存在的相对稳定的差异。个体差异的形成,主要受遗传、环境和教育等因素的影响。
- 能力可分为一般能力和特殊能力。个体间智力的发展存在着明显差异,它包括个体差异和群体差异。
- 人的个体差异还表现在性格和气质的差异上。性格和气质的差异对人的学习也产生一定的影响。
- 认知风格方面个体差异的研究主要集中在场独立型与场依存型、沉思型与冲动型等方面。
- 人的个体差异还表现在性别差异上。
- 特殊学生的个体差异比较明显。学习困难学生、智力落后学生、多动症儿童等特殊学生各有其特殊的心理特征。
- 针对个体差异进行教学需要做到:了解学生的个体差异,因材施教,针对性别差异、针对特殊学生进行教学。
- 针对特殊学生进行的教学模式为,表现—原因—对策—效果。教学原则有个别化原则、激发兴趣的原则、补偿缺陷的原则。

思考题

- 什么是个体差异?
- 影响学生学习的个体差异主要有哪些方面?
- 了解学生个体差异的方法有哪些?
- 针对特殊学生教学的原则有哪些?

问题探索

- 对班级里的学习困难学生进行调查,运用本章所学的知识,为他们制定提高学习成绩的计划。
- 对班级里的学生的能力、性格、气质、认知风格和性别等特点及形成原因进行分析;对不足之处,提出相应的教育措施。
- 用一个认知风格的测量工具对自己进行测量,并分析认知风格在自己学习中的表现与特点。

第十二章 学习的环境与教学

本章细目

本章要点

第一节 学习环境的概述

一、学习环境的含义

二、学习环境的类别

1. 物理环境

2. 心理环境

第二节 学习环境对学习的影响

一、物理环境对学习的影响

1. 学习背景对学习的影响

2. 学习材料呈现方式对学习的影响

二、心理环境对学习的影响

1. 人际环境对学习的影响

2. 课堂情绪气氛对学习的影响

第三节 在教学中创设良好的学习环境

一、创设良好的物理环境

1. 重视作为学习背景的物理环境,搞好校园和教室的环境规划

2. 重视作为材料呈现方式的物理环境,优化网络学习过程

二、创设良好的心理环境

1. 和谐的人际关系,是良好心理环境的重要组成部分

2. 以情优教,形成良好课堂情绪气氛

本章小结

思考题

问题探索

本章要点

- 学习环境的含义与分类
- 物理环境对学习的影响
- 心理环境对学习的影响
- 创设良好的物理学习环境的途径
- 创设良好的心理学习环境的途径

想试着回答一下吗……

- 有的同学认为在幽静的校园里学习效果好,有的同学则喜欢在教室、图书馆中学习,甚至有同学认为入睡前在被窝里看书最有助于记忆。这些看法有道理吗?为什么?
- 有人认为随着网络学习软件的发展与完善,网络环境下的学习将来可能成为个人学习的主要方式,甚至传统的学校和班级也会因此消失。这种情况会发生吗?
- 一个班级的师生关系与这个班级的学习成绩有关系吗?为什么?
- 小李在班上的学习成绩一直不错,这学期学校进行了装修,教室变得非常漂亮,小李很喜欢。可是令他苦恼的是,最近上课他老是无法集中注意力,学习成绩也出现下滑,这是怎么回事呢?
- 在拥挤的车厢内,人们可能会因为空间太小而挤在一起。这时在车厢里的你有没有感到心里很不舒服,这是为什么呢?
- 小王和小刘是同班同学,学习成绩相当,最近他们家里都买了电脑,小王利用电脑进行网上学习,遇到不会的问题及时通过邮件与老师沟通,成绩提高很快;小刘则迷上了网络游戏,染上了网瘾,成绩一落千丈。面对上述情况,你对网络学习持怎样的态度,为什么?
- 以前小张的英语成绩很好,但最近学校换了个英语老师,他很不喜欢这个英语老师,英语成绩也出现下滑,这是怎么回事呢?

在国内学者阮鹏等人的一项研究中,让276名医学院的大学生先后3次分别在图书馆自习室、专业班教室进行无意义的英语单词记忆,每次共记忆40个单词,然后运用听写的方法检验这些学生的记忆成绩。研究者想探索在图书馆和教室中的记忆效果是否有区别。请你根据自己的经验猜一下研究结果:图书馆和教室中的记忆效果会有区别吗?为什么?这将在本章的学习中找到答案。

第一节 学习环境的概述

任何活动的发生都必须具备一定的条件,在特定的时间、空间内进行,即都在一定的环境中发生,学习活动也不例外。

一、学习环境的含义

学习环境是否合适直接影响到学生学习的效果。是不是所有的环境都可以叫作学习环境?学习环境包括哪些方面呢?下面我们将对这些问题展开讨论。

学习环境(learning environments)是对学习活动赖以发生的各种主客观背景的统称。它有广义和狭义之分。狭义的学习环境是指学习活动所处的客观物理环境,广义的学习环境还包括学习活动中人与人、人与物理环境相互作用而产生的心理环境。由于表现形式的原因,学习的物理环境容易被觉察,对学习的影响也易于被感受和确定,更为人们所重视,心理环境对学习与教学的影响虽不如物理环境直接和明显,但它的作用往往更深刻、更稳定,并且物理环境对学习和教学的影响是通过影响情绪、注意力等心理因素而实现的,它所起作用的大小也在很大程度上取决于心理环境。如国外的一项研究表明,在同样的噪声环境下,如果个体认为这种噪声是可以控制的,那么噪声对工作效率的影响就不大,相反,如果个体认为噪声是不可控制的,那么它对工作效率的不良影响就很明显了(Glass & Singer,1973)。

本章讨论的学习环境是指广义的学习环境,即包括物理环境和心理环境。作为影响学习的外因之一,学习环境对学习与教学的影响也是不容忽视的,有时甚至起着决定性的作用。掌握学习环境影响学习的有关规律,并在教学中控制和改造环境,对优化教学有着重要意义。

知识小窗 12-1　　　　环境心理学

环境心理学是研究人的行为与人所处的物质环境之间相互关系的科学。主要研究与物理环境相关的人类行为和健康,如学校、居住区、工作场所等的空间特点对个体心理和行为的影响等。这一学科于20世纪60年代末在美国兴起,经过30多年的发展,已形成了较成熟的研究方法与内容。

研究学习环境(特别是学习的物理环境)对学习过程和学习效果的影响,可以借鉴环境心理学的有关研究成果,如环境心理学研究了空气污染、噪声、拥挤等环境对人的行为效率的影响,以及个人空间特征、环境体验等与人的行为密切相关的心理现象。而在学校环境中,这些物理环境因素与心理现象也会对人的学习行为产生一定影响,在一定程度上影响学习的效率。因此,在探讨影响学习的环境因素时,环境心理学的研究能为我们提供借鉴与启发。例如:视觉环境对心理影响的规律可指导校园设计、教室布局;噪声对工作效率影响的规律可为控制学习环境中的声音因素提供参考;"个人空间圈"的研究结果可为教室和其他学习场所的空间大小与布局的设计提供借鉴。

二、学习环境的类别

如前所述,广义的学习环境可分为物理环境与心理环境两大类。

1. 物理环境

根据物理环境与学习内容的关系,又可把物理环境分为作为学习背景的物理环境和作为学习材料呈现方式的物理环境。

(1) 作为学习背景的物理环境

对于学校情景中学生的学习来说,作为学习背景的物理环境主要是由人工环境构成的。主要有视觉环境、听觉环境和触觉环境。

① 视觉环境,主要是指教室内外的可被视觉感受到的客观刺激。它主要包括校园布局、教室布局、教室色彩、教室布置、教室光线。

校园布局,指校园中的建筑、道路、绿化、运动场地等的情况与分布。校园规划除应当合理、方便师生学习与生活外,还应当符合视觉审美的要求,特别是校园的绿化、卫生等应尽量做好。

教室布局,主要指教室的课桌椅的排放形式。在传统的教室中,最常见的主要有"秧苗形"(如图12-1A所示)和"U形"(马蹄形,如图12-1B所示)两种形式。秧苗形即传统的排放形式,在教室的矩形空间内作剧场式的前后左右对齐的排放,可最大限度地利用教室空间。U形排放是以讲台为中心,呈U字形的排放,在同样空间内较秧苗形排放的座位少。除此之外,还有几人围坐的"咖吧形"(如图12-1D所示),两两对座的"车厢形"(如图12-1E所示)和众人围坐的"会议形"(如图12-1C所示)等。不同的教室布局会使学生产生不同的视觉效果,适合不同的师生之间、生生之间的交流方式,从而产生不同的心理效应,对学习和教学产生不同影响。

教室色彩,指教室的墙壁、地面、课桌椅等的颜色及整体的主色调。主色调可分为冷色调(蓝色、绿色、白色等)和暖色调(黄色、橘黄色等)。不同性质的色调也会对教学中教

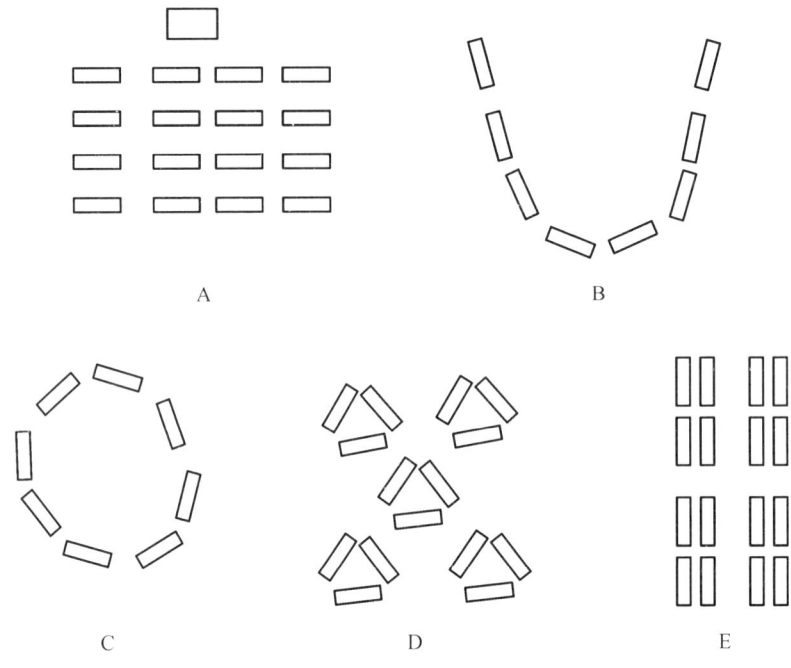

图 12-1 不同的教室布局

师和学生的意识水平和心境产生影响。

教室布置,指教室中人为布置的标语、墙报、饰物等。有的可以在教学中起警示作用,有的则为营造一种"教室文化"的氛围,供课后学习、观赏。

教室光线,指教室光线的强弱与分布。光线强弱以流明(LX)为单位测量确定。光线状况会通过对视觉系统的刺激影响学习活动中的接受心理。当然,不同内容和形式的教学活动对光线的强弱也有不同要求,随着多媒体技术在课堂教学中的广泛应用,课堂教学对教室光线的要求也越来越高。

② 听觉环境,主要是指教学过程中可被听觉感受到的客观刺激。根据与教学的关系,可将教学中的听觉刺激分为信号与噪声。前者是教学过程中用以传递教学内容的声音,后者则是与教学活动无关的声音。一般来说,教学活动中应尽量消除噪声,或提高信号音与噪声的比值。另外,信号音的大小与变化也会对学生的心理,特别是注意水平产生影响。如教师突然提高或降低声调能引起学生的注意力。在课堂教学间隙播放轻柔舒缓或欢快的音乐,也会改善听觉环境,达到放松身心的目的。

学术研究 12-1　　"莫扎特效应"真的存在吗?

美国威斯康星州立大学副教授拉舍尔等人(Rauscher et al., 1995)曾进行了一项实验。他让大学生在听完莫扎特的《双钢琴奏鸣曲》后马上进行空间推理的测验,结果发现大学生的空间推理能力明显提高,智商测验提高了 8 或 9 分,并认为这一现象的理论依据是音乐与人类的空间认知能力分享着共同的神经机制。他将这种现象称作"莫扎特效应"。

此后,一些心理学家对"莫扎特效应"提出了质疑。如哈佛大学的查伯里斯等人(Chabris et al., 1999)根据对已有研究的元分析指出,"莫扎特效应"增进认知的作用是微小的,也无法体现出推理能力上的变化,可能只是对右脑的"愉悦刺激"产生作用。斯蒂尔等人(Steele et al., 1999)也指出"莫扎特效应"也许并不存在。对此,拉舍尔等人回应称,"莫扎特效应"仅仅限制在"时空性的作业"的范围内,而不是体现在"抽象推理能力"上。

但不管"莫扎特效应"是否真的存在,可以确定的是,轻柔舒缓的音乐能使人放松身心,在一定程度上消除脑力劳动的疲劳。这也启发我们注重教学环境中听觉环境的设计。

③ 触觉环境,是指教学过程中可被触觉感受到的客观刺激,在课堂教学中,主要是指学生对课桌椅的触觉。这种触觉是教学过程中较持续地影响学生的因素。课桌椅是否适合人体的高度,其轮廓是否与人体吻合,其稳定性是否良好等,都会影响学生在教学活动中的舒适感受,从而对其注意力产生影响。

除上述视觉、听觉、触觉环境外,其他物理环境也会对学习产生不同程度的影响。如有人研究探讨了味觉环境对学生记忆效果的影响,结果发现,如果在学习和回忆时,向学生呈现同一种令人感到愉快的气味,那么会产生记忆提高现象,因为令人感到愉快的气味是一种有效的记忆提取线索;如果在学习时呈现一种令人感到不愉快的气味,那么回忆时不管有无气味,都不会产生记忆提高现象。另外,长期的拥挤、空气污染等也会影响学习效果(王翔南,2006)。

(2) 作为学习材料呈现方式的物理环境

在学生学习过程中,学习材料的呈现方式也是学习的物理环境的组成部分,与学习背景相比,学习材料的呈现方式更微观,与学习的关系更为密切。根据现存的学习材料呈现方式的状况,可把这种学习的物理环境分为传统呈现方式和网络与多媒体呈现方式两种。

传统的学习材料的呈现方式为书本、黑板、挂图、模型等,这些呈现方式的特点在一定程度上也会对学生的学习产生影响。如纸张的颜色与书写时的注意力有关(卢家楣,等,2003),暖色调和冷色调分别有利于记忆测试问题和创造性问题的解决(孙崇勇,刘电芝,2016)。

网络与多媒体的学习材料呈现方式是近年来快速发展的一种教学与学习的应用技术。严格地说,录像、幻灯、投影等多媒体技术实际上是传统的学习材料呈现方式的改进,能使学习材料的呈现更加生动、直观,促进了学生对知识的感知与理解,却没有从根本上变革传统呈现方式的"单方面呈现"这一特点,而以网络为基础的学习材料呈现方式则不同,它具有更强的自主性、开放性与互动性,从根本上改变了传统的学习材料呈现方式。因为在网络学习环境下,学生可以在一定程度上选择学习或参考材料,主动控制学习进度,及时得到个性化的反馈信息,还能通过网络与教师和同学进行交流等,这些都会对教学过程与学生的学习产生深刻的影响。当前,网络学习多指基于 Web 的学习方式,即利用万维网的功能、资源进行的交互式学习。

实践探索 12-1　　　　一个网络课程的实例

美国国家公园局(National Park Service)是一个负责管理国家公园的政府组织,在该组织的官方网页(www.nps.gov)上,提供了诸多介绍美国历史与文化、风景名胜等的网络课程。

以介绍新费城的网络课程"新费城:伊利诺伊州边界的多民族城市"为例,在课程的主页面上,介绍了新费城的概况,并提供了课程内容的链接,如课程简介、历史沿革、阅读资料、图片等,并对学生提出了运用所学知识的活动要求。

(见下图,详见 http://www.nps.gov/nr/twhp/wwwlps/lessons/130newphila/)

TABLE OF CONTENTS	RELATED INFORMATION
About This Lesson	How to Use a TwHP Lesson
Getting Started: Inquiry Question	Lessons on Related Topics
Setting the Stage: Historical Context	TwHP Home
Locating the Site: Maps 　1. Illinois, showing the location of New Philadelphia	National Register Home
Determining the Facts: Readings 　1. Free Frank McWorter 　2. New Philadelphia 　3. Selection from 1850 Manuscript Census for Pike County, Illinois 　4. Archeology at the New Philadelphia Site	About the National Register How the National Register Helps Teachers Contact TwHP
Visual Evidence: Images 　1. Layout of New Philadelphia in 1836 　2. Aerial view of New Philadelphia, 2005 and 3. 1836 layout overlaid on aerial view 　4. Artifact 1 　5. Artifact 2 　6. Archeological excavation at New Philadelphia	This lesson is based on the New Philadelphia Town Site, Illinois, one of the thousands of properties listed in the National Register of Historic Places.
Putting It All Together: Activities 　1. Role Play 　2. Telling the story of New Philadelphia 　3. Discriminatory legislation in the local community	
Supplementary Resources	

这一课程并非紧贴学校的课堂教学内容,而是更适合为有关学科的教师提供丰富的教学资料,所以在互动性方面并不突出,但有着网络课程的一般框架。

2. 心理环境

学习的心理环境较物理环境复杂,并且各因素间相互交叉影响,这给分类带来了困难。尽管如此,我们仍可把心理环境分为如下两个方面。

(1) 人际环境

课堂教学中的人际环境由师生关系和生生关系构成。

① 师生关系,是课堂教学中最经常发生的人际关系,师生关系的不同形式和特点会影响学习与教学的进程及效果。根据课堂上师生关系的形式,可把师生关系分为平行式和互动式两种。平行式是指教师与学生各自进行无及时反馈的平行活动。如教师讲述时学生听讲,学生练习时教师监督等。互动式是指教师与学生进行相互及时反馈的交互活动,如提问、讨论、商议等。

② 生生关系,即学生之间的关系。与师生关系一样,教学中的生生关系也可按形式分为平行式和互动式,分别指各自进行练习、听讲的平行关系以及相互讨论、交流的互动关系;也可按学习过程中的人际关系状态,分为竞争关系与合作关系。

(2) 课堂情绪气氛

课堂情绪气氛指课堂教学环境中多数班级成员的主导情绪气氛的总和。它是班级背景中的人际关系、课堂情感体验等特征在课堂教学中的综合表现,并以个体心理感受的形式存在着,如热烈、温暖、舒畅、兴奋、亲和、同情、感谢等。在良好的课堂情绪气氛中,多数成员在教学过程中能心情愉快、相互信任,讨论问题时能畅所欲言,对集体有责任感、归属感和依恋感,对遇到挫折的其他成员表现出强烈的同情心并伸出援手。而课堂情绪气氛差的教学过程则表现为课堂气氛沉闷,成员间交流少,情感淡漠。课堂情绪气氛作为课堂情绪发生的直接心理背景,由教学过程直接引起,并影响着课堂教学过程中班级成员的心境状况,进而影响学生的学习效果。

尽管课堂情绪气氛较复杂、抽象,但仍是可以测量的。国内外有一些用于个体心境测量的工具,可在确定课堂情绪气氛时参考使用,如简明心境量表(POMS)、BFS心境量表等。但针对课堂背景的情绪或心境的测量工具很少见,仅有伦德奎斯特(Lundquist et al., 2002)编制的教室环境下自我报告的心境量表,卢家楣等人(2007)编制的课堂情感测评工具(见学术研究12-2)等。

学术研究12-2　　　　　　课堂情绪气氛的测量

卢家楣等人(2007)将课堂教学的情感目标分为三个维度(乐情度、冶情度和融情度)和四个层次(接受、反应、兴趣和热爱)。为测量课堂情感的状况,研究者将汉语中描述人类情绪与情绪反应的词语进行筛选,最后得到126个词语,分别用以代表三维度四层次的课堂情感状况。

测量时,采用问卷的方式,列举出与课堂情绪气氛有关的形容词,让学生挑选出最符合自己在课堂教学中的主观情感感受的词语。例如,对于乐情维度,问卷中是这样提问的:

"请阅读并体会下面一些词:渴求、肯定、聆听、满意、满足、享受、笑逐颜开、欣赏、欣喜、兴奋、兴趣、寻根究底、愉快、全神贯注、热爱、入迷、舒畅、钻研、琢磨、钟情、注意、专心致志、积极发言、目不转睛、兴致勃勃、畅所欲言、主动思考、谈笑风生、陶醉、津津有味、沉浸、惊喜、惬意、欢欣、接受、高兴、活跃、参与、向往、好奇、执着、踊跃。这些词是用来形象描述学生在课堂上对所学知识的接受和喜爱程度的。

(1) 如果你仅仅是被动地注意、接受新知识,而没有主动地思考和探索,这时的情绪状态用哪四个词描述最为合适?

(2) 如果你能按照教师要求,跟随学习内容进行主动思考,这时的情绪状态用哪四个词描述最为合适?

(3) 如果你对课堂学习有一定的兴趣,进行积极主动的思考,这时的情绪状态用哪四个词描述最为合适?

(4) 如果你对课堂学习的内容有浓厚的兴趣,有进一步探索的强烈愿望,这时的情绪状态用哪四个词描述最为合适?"

在课堂教学的使用过程中,问卷能较好地测量课堂情绪气氛的状况。

(卢家楣,等,2007)

第二节 学习环境对学习的影响

既然学习活动是在一定的环境中进行的,那么作为外因的环境也会影响学习活动。这里我们分别从物理环境和心理环境两个方面来论述其对学习活动的不同影响。

一、物理环境对学习的影响

物理环境作为学习环境的一个重要组成部分,主要包括作为学习背景的物理环境和作为学习材料呈现方式的物理环境。它们对学习会有怎样的影响呢?下面我们将从物理环境的这两个方面来分别论述它们对学习的影响。

1. 学习背景对学习的影响

学习背景对学习的影响主要通过以下三种途径。

(1) 通过影响学生的生理状况影响学习

少年儿童正处于身体快速发育的时期,长时间在同一种物理环境下学习,这种物理环境特点会对他们的生理状况产生一定影响,从而间接影响学习。这些影响因素主要有以下三个。

① 课桌椅的规格与排列。课桌椅高度不当会给骨骼发育和视觉系统带来不良后果。若桌高椅低或桌低椅高,极易造成中小学生用眼距离不当,患上近视。若学生的身高增长而桌椅高度不随之调高,学生不仅在上课时易疲劳,而且容易养成歪着身体或前探身子等不良习惯,久而久之,体态受到影响,造成脊柱弯曲、驼背,等等。有关生理学研究表明,高度不当的课桌椅是造成11~16岁少年儿童骨骼发育异常的主要原因之一。在这方面,可对照国家质量监督检验检疫总局的《学校课桌椅功能尺寸》标准(GB/T 3976－2014),这一标准将中小学课桌椅分为11个型号,分别适合不同身高的学生使用。

关于课桌椅的排列,国家住房和城乡建设部颁布的《中小学校设计规范》(GB 50099－2011)规定,普通教室课桌椅的排距不宜小于0.90米,最前排课桌的前沿与前方黑板的水平距离不宜小于2.20米,最后排课桌后沿与前方黑板的水平距离为:小学不宜大于8.00米,中学不宜大于9.00米。教室最后排座椅之后应设不小于1.10米的横向疏散走道。

② 照明条件。指光源的强度、方向和反射的状况会对学生视觉系统产生影响。据调查,当前中小学普遍存在着教室照明条件不达标的问题(段佳丽,等,2012)。根据《建筑照明设计标准》(GB 50034－2013),教室课桌面照度标准值为300lx,黑板为500 lx。

通风、温度和湿度等因素的强度若超过一定范围,也会引起学生头痛、疲倦、情绪不佳等不适反应。

(2) 通过影响学生的感知、注意、思维等认知因素影响学习

学习背景中的有些要素也会对学习中的感知、注意、记忆、思维等认知过程产生影响。例如,学习背景中视觉刺激的特点、变化会影响注意的程度与对象,如果教室墙面上的装饰、布置内容过于花哨,会在课堂教学中吸引学生的注意力。另外,环境中的噪声与突然出现的无关声音会导致注意分散,使与学习有关的认知活动受到影响。在国外的一项经典研究中,让被试在不可预见且不可控制的108分贝的噪声环境中待25分钟,然后完成解答问题和校对的任务,结果发现,被试完成任务的成绩与对照组相比有很大下降(林玉莲,胡正凡,2006)。

(3) 通过影响学生的心境影响学习

心境是较为微弱、平静而持久的情绪状态。它的最大特点是情境性,即容易随着环境的变化而变化。因此,物理环境的情况会直接影响学生的心境,从而间接地影响学习。如在视觉环境方面,整洁的环境、赏心悦目的布置会使人心情舒畅,杂乱的环境则相反,以偏暖色为主色调的环境能使人心情放松;在听觉刺激方面,噪声会使人心情紧

张,甚至出现多疑、易怒、攻击性强等表现,相反,安静的环境或平缓、悦耳的音乐则会使人有正向积极的心境。另外,拥挤对心境与行为的影响也是环境心理学家特别关注的一个问题。

学术研究 12-3　　　　拥挤对心境与行为的影响

萨默(Sommer,1969)最早提出"个人空间"的概念,指在社会交往中个体对独占一定空间的要求。在拥挤状态下,这种需要得不到满足,会引起消极的心境和情绪。在动物研究中,当在一定空间内老鼠达到一定数量后,就会出现行为异常的现象,如攻击性增强,失去本能行为,死亡率升高等。在一项以人为被试的研究中,当完成复杂任务时,拥挤导致了错误发生率的上升。其他有关的研究也都表明,生活环境的拥挤会导致人们助人行为减少,儿童习得性无助行为增多等。

但拥挤对人的心境与行为的影响又是复杂的。一项研究发现,男性在拥挤环境下更多体验到消极情绪,而女性则相反,这可能是因为男性具有更多的社会竞争倾向,而女性具有更多的社会合作倾向。

学校也是一个人群聚集的场所,拥挤对个体心境与行为影响的研究,为我们设计学校活动环境、控制过分拥挤提供了借鉴。

---

2. 学习材料呈现方式对学习的影响

如前所述,学习材料的呈现方式可分为传统的书面文字材料以及新近发展起来的多媒体学习、计算机辅助学习与网络学习。这里主要讨论网络环境对学习的影响。

网络学习环境,是指以互联网为依托,运用互联网的丰富资源,辅助学生学习的环境。这一环境可粗略地分为接入支持系统(如可以连接互联网或局域网的个人电脑、带有网络接口的学习软件等)、内容支持系统(如教师放置于网络上的学习内容、互联网上的相关内容等)和学习者的行为系统(即与传统学习方式不同的学习方法与学习行为)。与传统的学习方式相比,网络环境下的学习具有以下三个特点。

① 虚拟性。网络学习能使学习者借助上述的接入支持和内容支持系统进行自主学习,脱离了传统课堂学习过程所必需的教室、书本、教具等构成的现实环境。

② 开放性。网络学习能借助互联网上丰富的学习资源来进行,从某种意义上说,这一资源是开放的、无限量的。例如,学生学习生物课中有关"脊椎动物"的内容时,学生若在万维网上以"脊椎动物"为关键词利用谷歌搜索引擎(www.google.com)进行查找,可得到多达几百万个相关网页,这些网页中包含有关脊椎动物的图片、科普知识、科学研究进展等丰富内容,学生可以根据学习需要进一步对这些信息进行筛选并下载保存。

③ 交互性。与传统学习材料呈现方式以及多媒体学习不同,网络学习是一种交互学习。首先,专业的学习软件具有一定的交互反馈功能,如可以对学生的掌握情况进行测验,对学习中出现的不足进行诊断,给出反馈信息,并有针对性地控制学习内容的难度和进度;其次,网络学习过程中,学生还可通过电子邮件、BBS、聊天室等即时和延时交流方式实现教师与学生之间、学生与学生之间的交流互动。

图 12-2 网络学习

那么网络学习环境对学生的学习会产生哪些影响呢?影响的途径和方式又是怎样的?

① 影响学习的方式。网络学习无须像传统课堂学习一样在固定的时间(课堂教学时间)和固定的地点(教室)进行,也没有教师面对面讲授、学生面对面交流等形式,而是在联网的个人电脑上完成学习。因此,传统课堂学习中课堂气氛、面对面交流、教师监控等影响学习的因素被弱化甚至不再起作用,而学生学习过程中的自律性、主动性、学习策略等因素的作用更加强化。

② 影响学习的内容。传统课堂学习的内容主要是教材、教师的讲述、有关辅助资料等,而网络学习虽然可以有教师预设的规定的内容,但充分利用互联网丰富的资源与多样的交流方式,在一定程度上让学生自主选择学习内容,才真正体现了网络学习的特色。因此,对学习同一内容的学生来说,学习进度、难度与接受的内容都会有差异,而不是像在课堂上一样整齐划一。

③ 影响学习的效果。传统的课堂学习过程有相对固定的监控者与管理者——教师,他能随时掌控、检查、调整学生学习的进程,检查学习的效果,而网络学习环境中,主要由学生自己掌握学习进程,决定学习的时间安排与进度,教师不能直接掌控学生的学习行为,对学习效果的影响有限,因此更突出了学生的主体作用。

二、心理环境对学习的影响

心理环境作为学习环境的另一重要组成部分,相对于物理环境,它对学习的影响效果更加明显,持续时间更长,作用方式更加隐蔽,下面将从心理环境的两个方面来逐一论述这一影响。

1. 人际环境对学习的影响

(1) 师生关系的影响

当代著名作家魏巍在《我的老师》一文中这样深情地回忆小学时的老师对自己的影响:"今天想来,她对我的接近文学和爱好文学,是有着多么有益的影响!像这样的老师,我们怎么会不喜欢她,怎么会不愿意和她接近呢?我们见了她不由得就围上去。即使她写字的时候,我们也默默地看着她,连她握笔的姿势都急于模仿。"

确实,师生关系的好坏,会影响学生学习的各个方面。良好的师生关系会对学生的学习起极大的促进作用,这主要表现在以下四个方面。

① 动力作用。良好的师生关系可使学生产生对教师的热爱、尊敬、崇拜等积极的情感,而这些积极的情感正是学生学习过程中的动力之一。如一项调查显示,把努力学习的原因归结为"让老师高兴、表扬自己"的学生占全部被调查的优秀学生的19%。这说明,良好的师生关系对学生的学习起着重要的推动作用。

② 期望作用,即期望效应的表现。期望效应最早是由罗森塔尔和雅各布森(Rosenthal & Jacobson,1968)在一项研究中发现的。在研究中,他们告诉一所初级小学的教师,经过一个特别测验,学生中的某些人被鉴定为智力上是大有潜力的,在不久的将来会有"学业冲刺"的能力。而实际上对这些学生的选择完全是随机进行的。但学年结束时的测验表明,这些学生智商的平均分数比其他学生要高出许多。研究者们的结论是,由于教师对被选中的学生有了期望、热爱、鼓励的表现,于是这些学生身上就产生了促使他们进步的力量。

确实,教师相信学生、热爱学生,会自觉或不自觉地通过语言、行为、态度等表现出来。而在学生方面,一旦通过种种途径感受到这种热爱和期待,则会自觉或不自觉地通过自身的努力来回应它们,从而向教师希望和暗示的方向发展。因此,一旦师生之间建立起这种期待与回应的良性关系,会对学生的学习产生巨大的推动力量。

③ 榜样作用。指教师对学生的榜样作用。教师榜样作用发挥的程度、大小,与师生关系的状况有着密切联系。在良好师生关系的前提下,教师渊博的学识、认真的态度、刻苦钻研的精神会被学生效仿,从而对学习产生正向的影响。若师生关系紧张淡漠,可想而知,这一促进学习的榜样作用就会大打折扣。许多有成就的人都会深情地回忆起老师对自己的教诲和影响,以及自己对老师的崇敬和热爱。可见,师生关系越亲密,情感越深刻,这种榜样作用也就越大。

④ 移情作用。移情,是指对某一事物的情感或态度会自觉或不自觉地泛化到与这一事物密切联系的其他事物上,使人对其他事物也具有与该事物相同的情感或态度。师生

关系中也存在着移情现象。一位学生怀有对老师的热爱、崇敬之情，一般说来这种情感也会泛化到这位老师所教的学科上，对这一学科表现出极大的兴趣并努力取得好成绩。相反，与教师的对立、抵触情绪同样会泛化到这位教师所教学科的学习上，从而产生负面情绪，导致对学习的不良影响。在一项研究中，要求学生回答最喜欢某一学科的原因，其中与师生关系有关的答案占了很高的比例。

(2) 生生关系的影响

生生关系中，平行与互动的人际关系状态主要由教师根据课堂教学的内容与形式进行引导与调节。而竞争与合作的人际关系则更持久地影响学生的学习。

学习中的竞争可激发学生的成就动机，使他们为优胜的目标付出更多努力。因为在竞争目标的鼓舞下，个体处于一种积极的心理准备状态，能更大程度地发挥自身的潜力去达到目标。根据我国心理学家对小学生的研究(时蓉华，1981)，在竞争条件下，无论是优等生还是差等生，学习的积极性都比非竞争状态下高，并且竞争使差等生的学习成绩有了显著提高。因此，在以往的教学中，提倡竞争始终是许多教师教学的主要手段之一，如表扬先进、批评落后、重视分数、排名次等。

但一味强调班级中的竞争也会出现一些副作用。首先，竞争的优胜者只能是少数人，甚至是一个人，不利于鼓励多数学生的进步，在竞争目标较难获得且屡次失败的情况下，有些学生会产生放弃参与竞争和自暴自弃的想法，即心理学上所说的"习得性无助"。这反而不利于学习。其次，竞争不可避免地具有对抗性，虽然这种对抗是间接的，是针对目标而不是针对他人的，但由于心理不成熟和社会认知的不完善，有的学生往往把竞争和排斥、反对他人等同起来，引起某些不正当竞争，最后导致同学关系紧张。同时，如果长期处于竞争环境中，容易使人产生紧张、压抑、焦虑等情绪，甚至会出现心理失调和心理疾病，不利于学生的心理健康。

而合作的人际关系对学习的影响多是正向的、积极的，因为合作的基础是目标一致。合作关系能使学生在课后的学习中相互帮助、取长补短、共同进步；在课堂上，良好的合作关系则会活跃课堂气氛，使讨论、提问等教学形式顺利进行。

根据竞争与合作对学习的上述不同影响，可以看出，将竞争与合作结合起来是一种解决两者对立的很好方法，这种结合可以通过提倡团体之间的竞争而避免个体间竞争来实现，也可以通过竞争中有合作、合作中有竞争的形式来实现。例如，在一项实验研究中，研究者在数学课上将学生分成组内异质(即小组成员的数学成绩差别较大)、组间同质(各小组之间差别不大)的学习小组，提倡小组之间的竞争和小组内部的合作，取得了良好的教学效果(蒋波，2006)。这是因为，团体之间的竞争有效地把竞争与合作结合起来，在一定程度上克服了个体之间竞争的弊端,既有利于团体内互助互学与和谐人际关系的建立,又能激发学生的上进心。

2. 课堂情绪气氛对学习的影响

课堂情绪气氛是课堂教学中无处不在的影响因素,对课堂上的人际关系与行为方式都会产生一定影响。这一影响比较复杂微妙,因为在课堂教学背景下,个体的情绪状态和心理感受既是课堂情绪气氛的一部分,同时又受课堂情绪气氛的影响和制约。

当教师和学生围绕教材内容展开活动时,教学中的情感因素便能够被激活,并以情感信息的形式,在师生间发生流动,形成教学中情感交流的动态网络,表现为不同的课堂情绪气氛。卢家楣(2000)认为,它是由三条主要回路组成的网络。

一是师生间伴随着教学中的认知信息传递而形成的情感交流回路。这是指教师在教学过程中,通过充分挖掘教学内容中蕴含的显性情感因素和隐性情感因素,进行师生间的情感传递而实现的。例如,教师在地理课上讲述有关黄山的教学内容时,通过黄山的图片和描述黄山美景的诗词、文章、歌曲以及教师充满感情的生动讲述等,创设一个包含丰富情感因素的氛围,激发起学生热爱自然、热爱祖国的情感,从而达到师生间情感交融、共鸣、和谐的课堂情绪气氛。

二是师生间人际关系中的情感交流回路。前述作为学习心理背景的师生关系和生生关系如果能够在课堂教学过程被学生体验,则成为课堂情绪气氛的构成部分。教师对学生的情感会从教师的言语、行为、举止上流露出来,为学生所察觉、感受;学生对教师的情感也会从学生的一言一行、一笑一颦中表现出来,为教师所心领神会。当然,由师生关系引发的良好课堂情绪气氛是以师生之间、生生之间平时的情感交流和积累为基础的。

三是师生情感的自控回路。即师生能在自我意识和认知能力成熟的基础上,通过自我控制来调节自己的情感,使课堂情绪气氛成为可设计、可调节的学习心理背景。例如,即使教师在上课前刚刚经历了不快,也能够在课堂上控制自己的情绪,为课堂教学的需要营造出热烈、愉快的情绪气氛。因此,教师的自控对课堂情绪气氛的创造尤为重要。

第三节 在教学中创设良好的学习环境

一、创设良好的物理环境

如前所述,学生学习的物理环境主要包括作为学习背景的物理环境和作为学习材料呈现方式的物理环境两个方面。下面我们将以这两个方面为切入点,就如何创建良好的物理环境来展开具体的讨论。

1. 重视作为学习背景的物理环境,搞好校园和教室的环境规划

校园内的建筑、绿化以及各种设施的整体规划不仅有其实用的意义,而且对于每天都生活在其中的学生来说,更具有象征意义和陶冶功能,成为影响学习的"大环境"。搞好校园环境规划应做到以下三个方面。

(1) 校园整体布局应合理

指校园中的建筑、道路、绿化和其他教学设施达到和谐、平衡的审美效果。可根据地理条件的不同,采取对称式布局、集中式布局或自由式布局等。一般来说,学校管理的不同部门应尽量安排在一起,教学区与生活区应分开;为避免干扰,应设有远离教学区的专门的音体美教室,运动场也应远离教室。另外,校园绿化应整齐美观,花草树木的种类、高低、颜色等应根据季节加以选择,使之在任何时间都能呈现出多姿多彩的景观。有条件的学校可请专业机构专门进行设计。

(2) 重视校园文化建设

广义的校园文化是指在学校范围内教育教学活动中创造和形成的精神财富、文化氛围及其表现形式。而与学习的物理环境相关的是狭义的校园文化,指人为创造的、具有文化内涵的校园物理环境。

校园文化的内容是丰富多彩的,在规划校园时,可以根据学校条件,将艺术雕塑、凉亭、假山、草坪等穿插其间,不仅为学生创造了一个优美的学习环境,而且能促进审美教育的开展,培养学生热爱生活、热爱校园的健康情感。

校园文化还有其管理和教育的功能。校园中醒目的校规校训、发人深省的名人名言以及阅报栏、宣传栏、自办板报等,都能起到促进学生学习的作用,而富有诗意和拟人化特色的标语和警示牌更能起到意想不到的作用。如一所小学将花圃和果树上的"禁止攀摘,违者罚款"的牌子换成"手边留情花似锦,脚下留情草如茵""因为你爱护花草树木,苹果树在向你致敬"等委婉的语言,效果很好。

(3) 美化教室环境,促进学生学习

教室环境的美化应做到以下两点。

首先,在教室的布置上,应将知识性、趣味性和教育性融为一体,最好能充分发挥学生的积极性和创造性,独立设计布置方案。对教室的主色调、课桌椅的摆设、标语和墙报的形式与内容都要精心安排,使之协调美观,这样能消除疲劳,启发思维,丰富想象力,培养审美情趣。

其次,注意教室物理环境对学生生理的影响。学生有二分之一以上的时间生活在教室环境中,且正处在身体快速发育的时期,因此教室物理环境对学生的生理感受以至于身体健康都有较大影响。在教室的空间、光线等方面应严格遵照前述有关行政部门制定的标准执行。

2. 重视作为材料呈现方式的物理环境,优化网络学习过程

在中小学教学中,网络学习主要用于教学辅助和进行实验探索,但由于有着不同于传统的课堂教学的诸多优势,它必将获得巨大的发展,成为学生自主学习的重要形式。

热点聚焦12-1　从马斯洛需要层次理论看网络学习环境的设计

互联网的出现,带来了学习方式的革命。网络学习的方式也越来越受到人们的重视和青睐。网络教育、在线学习等学习方式的出现,正是随着计算机网络技术的飞速发展而产生的。如何构建一个良好的网络学习环境,使这些虚拟的学习方式能够帮助学习者更好地学习,如何设计网络学习环境中的各个要素,以满足学习者在学习过程中的各种需求,笔者认为马斯洛需要层次理论可以为网络学习环境的设计提供很好的指导作用。

网络学习环境是由学习资源、学习模式、认知工具、学习策略等要素构成的,这些元素通过一定的形式,构成网络学习环境,为学习者提供虚拟的学习场所。借助马斯洛需要层次理论来设计网络学习环境,可以从以下五个层次来考虑。

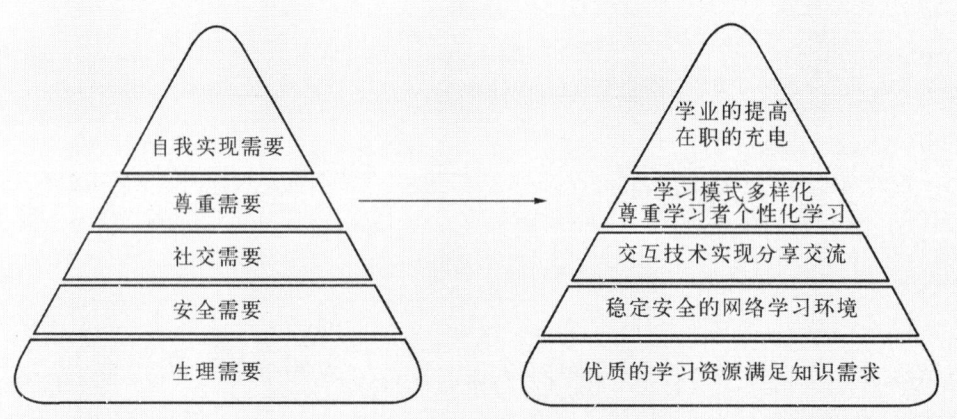

马斯洛需要层次理论为网络学习环境的设计提供了很好的指导作用,我们可以从上述的五个需要层次的角度来考量网络学习环境设计的好坏,在设计网络学习环境的要素时要考虑到学习者不同层次的需要,构建出具有开放性、交互性、自主性和个性化的,充满活力的网络学习环境。

(邵晶晶,张健,郝大魁,2009)

在现阶段,优化网络学习主要从以下三个方面入手。

(1) 内容优化

如前所述,网络学习可以借助互联网上丰富的信息资源进行,即使是经过网络教学程序筛选的信息资源,也有着比课堂教学内容更大的容量。因此,现有的网络学习中,信息超载的现象较为突出,即网络学习的内容中有着过多的无关信息和不恰当信息,这反而会妨碍网络学习优势的发挥。正确的做法是,在网络学习内容的广度方面要适当控制信息量以保证可接受度,在难度方面应考虑学习者的现有知识层次。

(2) 结构、界面优化

即在内容的组织上,应按照知识的内在结构清晰呈现,使学习者能方便地建构知识框架,呈现的界面应生动活泼,符合学生的认知特点和兴趣,但又不能过于花哨。因此,尽量真实模拟课堂教学环境和过程的网络课程实际上并不是最好选择,因为它无形中失去了网络学习在呈现方式上的优势。

(3) 功能优化

即重视发挥网络特有的功能,促进学生学习。例如,网络提供的师生之间和学生之间多途径沟通的功能、多媒体展示的功能、网络学习软件的智能引导和及时反馈功能等,都能在网络学习中发挥重要的作用。

知识小窗 12-2　　　　网络学习空间的五种类型

对现已存在的空间案例进行梳理和归纳后可以发现,目前网络学习空间大致有以下五种类型。

第一种类型是以提供视频、音频、教案、讲稿、课件、习题、多媒体素材等教学资源为共同特征,可以称之为教学资源型空间。在这种类型中,学习者可以根据学习需要自主下载或浏览,其学习方式为接受学习,知识建构方式为个体建构。如百度文库、北京数字学校等。

第二种类型是以提供在线视频或音频实时直播教学为共同特征,可以称之为直播教学型空间。在这种类型中,学习者的学习方式以接受学习为主,但在学习过程中可以通过留言、弹幕、评论等多种方式进行会话,因而其知识建构方式为群体建构。如腾讯直播课堂。

第三种类型是以提供学习交流服务为共同特征,可以称之为学习社区型空间。在这种类型中,学习者的学习方式为发现学习,知识建构方式为群体建构。教育微博、教育博客、个人教育网站、教育 BBS 等,学习者以关注、点赞、评论、回复、引用、"@"等多种方式进行会话。如湖南省建设的面向职业教育的学习社区型空间"职教新干线"。

第四种类型是以角色代入开展探究学习为共同特征,可以称之为角色扮演型空间。在这种类型中,学习者个体以某一角色进入虚拟的学习情境中,学习方式为发现学习,知识建构方式为群体建构。如为儿童设计开发的角色扮演型空间"摩尔庄园"。

第五种类型是以同时提供课程平台、课程内容和学习支持服务为共同特征,可以称之为课程服务型空间。在这种类型中,课程内容周期性更新,提供作业批改、教学答疑等,是一种全方位的课程服务。在这种类型中,学习方式为接受学习,知识建构方式有可能是个体建构,也有可能是群体建构。中国大学慕课就属于这一类型。

以上分类方式是基于当前主流的网络学习空间案例的特征进行归纳的。随着时间的推移和技术的发展,新的空间类别可能出现,这就需要重新归纳,并纳入网络学习空间的分类体系中。

(胡永斌,黄如民,刘东英,2016)

二、创设良好的心理环境

学生学习的心理环境主要包括人际关系和课堂情绪气氛两个方面,它们对学生学习的影响具有较大的隐蔽性,因此如何创设良好的心理环境就有了一定的难度。我们主要可从以下两个方面入手。

1. 和谐的人际关系,是良好心理环境的重要组成部分

班级人际关系包括师生关系和生生关系。教师直接主导着师生关系的进程和状况,所以这里主要探讨和谐的师生关系的建立。

(1) 加强教师自身素养,使学生产生崇敬和乐于接近的心理

传统的师生关系无视学生的自主性、独立性和身心发展特点,重视建立在"传统"和"法理"之上的教师权威,是一种封闭专制型的师生关系。要建立良好的师生关系,教师必须加强自身修养,把权威建立在丰富的知识、全面的能力和高尚的人格基础之上,从而使学生产生崇敬和乐于接近的心理。

关于教师素养的内容,古今中外都有着不同的表述。一般认为,当代教师应具备的素质包括思想政治与师德素养、科学文化素质、教育教学必需的能力素质、良好的心理素质等。也有学者通过对学生进行调查,得出在学生心目中教师最重要的素质依次为:职业道德素质、人格素质、教育教学能力等(黄兴帅,2006)。有人认为,对学生产生长远影响的教师胜任特征,应包括主动性、人际了解、冲击与影响、关系建立、学生服务导向等14项(李晔,等,2016)。

总之,师德素养、专业知识素养、能力与心理素质等被公认为是当代教师最重要的职业素养。更具体地说,教师的责任心和进取心、公平、关怀、尊重、教法生动等是最受学生欢迎的特点。教师若能把权威建立在这些素质的基础上,就能有助于良好师生关系的形成。

(2) 更新教育理念,建立新型师生人际关系

根据有关研究的结论和优秀教师的实践经验,新型的师生人际关系主要包括两种。

① 对话型师生关系,即师生之间不仅要多沟通、多交流,而且这种沟通与交流要建立在平等交流的基础之上。在这里,对话并不是指单纯的言语交流,而是包括书面语言和口头语言、动作、表情等多方面和全方位的沟通。要真正地建立起对话型师生关系,首先要

做到沟通渠道的畅通,建立起师生间多通道的沟通途径。例如,在对话型师生关系下,学生可以在课堂教学中与教师讨论交流,可以在课间以及上课前后与教师交流,也可以在课余时间通过电话、网络等与教师交流。其次,平等交流是对话型师生关系的核心。这就需要教师彻底摒弃传统的教师中心的观念以及命令式、说教式的教育教学方法,真正认识到教师与学生是身份不同但人格平等、地位平等的对等主体。在此基础上,平等交流才能实现。

② 关心型师生关系。关心理论的代表人物诺丁斯(Noddings,2003)认为,关心和被关心是人类的基本需要,关心是一切教育成功的基石。要使孩子学会关心,教师首先要关心班上的每一位学生,让他们感受到被爱和关心(黄丽衡,梁芸,2006)。怎样建立关心型师生关系呢?首先,要营造充满关爱的课堂气氛,教师要将对学生的关爱体现在课堂教学的一言一行之中。例如,如果一位学生不能正确回答教师的提问,感到很尴尬时,教师应及时化解他的难堪:"这个问题很难,所给的思考时间又少,所以这位同学还没有想好也是情有可原的。"其次,教师应细心观察每一位学生,多与学生交流,对学生的要求、反应等进行积极回应,这样才能体现出对学生的关心。

2. 以情优教,形成良好课堂情绪气氛

如前所述,课堂情绪气氛是师生在认知信息传递、人际关系展现和情绪自我控制等过程中体现出来的学习的情绪背景。教师应有意识地运用教学过程中正向情绪情感对学习的促进作用,做到以情优教,以情促教。

在国内学者进行的情感教学理论与实践的研究中,卢家楣(2006)系统提出了以情优教的情感教学模式。这一教学模式的结构包括诱发、陶冶、激励和调控四个环节。每个环节都按其要达到的情感目标提出了一系列指导操作的教学策略。其中诱发是指诱导和引发学生对当前学习活动的兴趣,以便调动学生参与学习活动的积极性;陶冶指在积极推进认知活动的同时,培养学生各种高尚情感以及情感能力;激励指在学习过程中,不断增强学生学习的自信心和胜任感,激发学生学习的后续动力;调控的内涵是使学生的情绪在整个教学过程中始终处于有利于学习活动的状态之中。不难看出,在这四个环节中,调控环节与良好课堂气氛的关系最为密切。在调控环节中,教师为营造良好的课堂情绪气氛,可在教学过程中使用灵活分组策略、张弛调节策略、角色转换策略等。

灵活分组策略是指教师在教学活动中,按学生的学业、能力、个性等方面的差异将学生分成若干异质学习小组,加强学生之间的交流,促进合作学习,使学生在课堂教学中处于良好的心境之中。例如,在英语课上进行听说练习时,教师就可将听说水平不同的学生安排在同一小组进行练习,并组织小组之间的竞争,这样不仅活跃了课堂气氛,而且对听说能力较低学生的促进也是显而易见的。

张弛调节策略是指教师在教学活动中,通过有张有弛地调节课堂气氛,改变学生的情绪强度和性质,使学生始终处于有利于学习的心境之中。例如,教师在一个课时中可安排多种认知形式或活动方式,既有较容易学习掌握的知识,又有较高深的问题;既有新课的学习,又有复习检查;既有个人或小组间的竞赛,又有竞赛后的总结评比。不仅如此,还为每一种不同的认知或活动方式设计一种相应的情绪氛围,如复习检查对应"紧张",上新课对应"好奇",小组间的竞赛对应"有趣",总结评比对应"轻松"等,这样,在教学中当进行某种认知形式或活动方式时,教师就可运用情绪化的、有感染力的语言、表情、动作等激发出相应的情绪氛围,并使其随认知形式和活动方式的改变而改变。

角色转换策略要求教师根据教学内容,灵活安排部分学生临时扮演教师的角色,这样不仅能使学生加深对学习内容的理解,而且能活跃课堂气氛,优化学习的情绪背景。例如,在课堂教学中,教师可安排一两位学生面对全班同学完成一些总结性的讲述,代替教师的角色,而暂时代替教师角色的学生的选拔可采用自我推荐、同学推荐、教师指定、抽签、轮流等多种方法,这样,"小教师"的选择过程、新形式的教学过程都可有效地活跃课堂气氛(卢家楣,2008)。

在本章开头的案例引入中,介绍了一项有关不同记忆环境对记忆效果影响的研究:276 名医学院的大学生先后 3 次分别在图书馆自习室、专业班教室进行无意义的英语单词记忆,每次共记忆 40 个单词,然后运用听写的方法检验这些学生的记忆成绩。结果表明,这些大学生在图书馆自习室学习后,单词听写的正确率显著地高于在教室学习后的正确率。

为什么在学习内容、学习时间、测试方法、学生素质等都相同或相似的情况下,只是学习场合的不同,就会导致学习效果的明显差别呢?这可以用本章学习的有关知识来解释这一现象:物理环境会影响学习者的注意、情绪等心理因素,从而对学习效果产生一定的影响。在这一研究中,这种影响可能来自多个方面,如图书馆自习室对多数学生是较陌生的学习环境,这一较新异的刺激容易成为学生回忆学习内容的线索,图书馆自习室聚集的多是陌生人,学生自律性较强、注意力较集中,以及自习室较安静等。因此,在学习与教学中,我们也应注重环境因素对学习效果的影响。

本章小结

- 学习环境是对学习活动赖以发生的各种主客观背景的统称。狭义的学习环境指学习活动所处的客观物理环境,广义的学习环境还包括学习活动中人与人、人与物理环境相互作用而产生的心理环境。学习环境对学习与教学会产生重要影响。
- 学习的物理环境可分为作为学习背景的物理环境和作为学习材料呈现方式的物理环境。前者是指学习的视觉环境、听觉环境和触觉环境等,后者可分为传统呈现方式和网络与多媒体呈现方式两种。学习的心理环境主要由人际环境和课堂情绪气氛组成,其中人际环境包括师生关系和生生关系。
- 学习背景影响学生的生理状况,感知、注意和思维等认知因素以及学生的心境等,从而对学生的学习产生影响;而网络学习环境具有虚拟性、开放性和交互性的特点,会深刻地改变学生在传统学习条件下的学习方式、学习内容以及学习效果。
- 良好的师生关系会产生动力作用、期待作用和榜样作用,对学生的学习产生极大的促进。课堂情绪气氛是通过教学中情感因素的激活,从而形成教学中师生情感交流的动态网络而存在的,是课堂教学中无处不在的影响因素。
- 创设良好的物理环境,需要在作为学习背景的物理环境方面,搞好校园和教室的环境规划,做到校园整体布局合理、重视校园文化建设、美化教室环境;在作为材料呈现方式的物理环境方面,在内容、结构与界面和功能方面力求优化网络学习过程。
- 创设良好的心理环境,首先要在教学过程中建立对话型、关心型等和谐的人际关系,加强教师自身素养,使学生产生崇敬和乐于接近的心理;其次要做到以情优教,营造良好的课堂情绪气氛。

思考题

- 学习中的物理环境包括哪些方面?
- 学习的心理环境是怎样影响学习的?
- 与传统的学习方式相比,网络学习有什么特点?对学习过程有何影响?
- 什么是新型的师生人际关系?

问题探索

- 考察本校的校园环境和教室环境状况,从对学习影响的角度提出改进意见。
- 调查班级中师生人际关系状况,并分析其对学习的影响。

第十三章 教师心理

---- 本章细目 ----

本章要点

第一节 教师心理的概述

一、教师角色心理

1. 角色与角色心理概述
2. 教师角色
3. 教师角色心理

二、教师的成长

1. 教师成长的阶段特征
2. 教师成长的水平特征

三、教师心理健康

1. 心理健康及其标准
2. 教师心理健康及其标准

第二节 教师心理的常见问题

一、教师角色冲突

1. 教师的角色间冲突
2. 教师的角色内冲突

二、教师成长过程中的问题

1. 教师的观念更新慢
2. 教师的知识更新慢
3. 教师的技能发展慢

三、教师职业心理健康问题

1. 教师职业压力
2. 教师职业倦怠

第三节 教师心理的发展

一、调适教师角色

1. 自我调适
2. 社会调适

二、促进教师专业成长

1. 观摩学习
2. 案例研究
3. 教师合作研讨
4. 微格教学
5. 教学决策训练
6. 教学反思训练
7. 教师行动研究

三、增进教师的心理健康

1. 从外部环境入手增进教师心理健康
2. 从内在因素入手增进教师心理健康

本章小结

思考题

问题探索

本章要点

- 教师角色心理
- 教师心理健康
- 教师角色冲突及其调适
- 教师成长中的问题与对策
- 教师职业心理健康的问题与对策

> **想试着回答一下吗……**
>
> - 有人认为,教师难做的理由之一就是教师要扮演多重角色。你觉得对吗?教师角色内容有哪些?
> - 有研究发现,教师角色冲突是教师职业压力的重要来源之一。你觉得教师会面临哪些角色冲突?如何调适?
> - 教龄长的教师就是专家型教师吗?专家型教师的特征有哪些?在未来工作岗位上,你认为如何才能让自身快速成长为一名专家型教师?
> - 有人说,教师是一个心理健康方面的"高危"职业。你同意吗?你觉得现代教师会出现心理健康问题吗?如何判断?常见问题有哪些?
> - 作为有志于成为未来教师的大学生,在未来教师职业道路上,你准备如何维护和提升自身的心理健康水平?

李老师是一名中学语文教师,自入职以来算算也是有十多年教龄的"青年老教师"了。随着娶妻生子、成家立业,正当别人都对李老师拥有稳定的工作和幸福的家庭羡慕不已时,他却有一种"干不下去"的感觉:"每次走进教室,每当我想到今后的二十多年自己还要这样重复地生活下去的时候,我就有一种想要逃跑的感觉。最初登上讲台时的那种神圣感,现在已经变为一种负累,工作、生活日复一日,单调无味。除了要上课之外,还要应对各种日常的琐事:备课、批作业、学校领导的检查、家长的来访、不得不评的职称、形式大于内容的论文发表——太累了!"

虽处在年富力强的青壮年阶段,可李老师却一直提不起精神来,工作没有激情,生活懒散,每天家里学校两点一线,对自己将来的事业发展也充满了困惑。

李老师出现的问题对教师职业而言具有一定的普遍性,这是一种什么问题?除此之外,教师还有哪些与职业有关的心理问题?如何解决?本章我们就来学习这些与教师心理规律有关的内容。

第一节 教师心理的概述

一、教师角色心理

1. 角色与角色心理概述

角色(role)原指戏剧中演员表演的脚本。精神分析学派的心理学家荣格首先将与角色类似的"人格面具"一词引入心理学,指个体为适应环境而表现出的一整套行为模式。当前,角色(社会角色)这一术语被广泛地使用在社会心理学文献中,主要指个体在社会群体中的地位与身份,而这种地位与身份存在于社会对某一角色行为模式的期望和个体对自己所处角色行为的认识之中。例如,一位医生的社会角色,包括他救死扶伤的职业行为,也包括接受严格专业训练、对患者一视同仁、获得与工作相应的声望与收入等社会的和个人的期望。

在社会生活中,个体往往同时扮演多个角色,如某人具备教师的职业角色,同时在家庭中也承担着父亲的角色。**角色冲突**(role conflict)是指个体不同角色间发生冲突的情况。如教师因忙于工作而不能很好地履行作为父亲的职责,就是两个角色间发生了冲突,即角色间冲突,而在承担一种角色过程中也会出现角色冲突,如学生、家长和学校管理者对教师就有着不一致的期待和要求,这种角色冲突称为角色内冲突。

角色心理是指某个社会角色具有的、与角色有关的心理特点和规律。一位教师在作为教师的角色活动中,由于角色活动内容与要求的原因,会在认知、情绪、意志、人格等方面有着与其他角色身份不同的特点和规律。

2. 教师角色

教师角色是指教师在社会群体中的地位与身份,包括社会对教师个人行为模式的期望和教师对自己应有行为的认识。

人们对教师角色的认识也是一个发展的过程。在对教师角色的传统认识中,教师角色较为单一,从"师者,所以传道、受业、解惑也"和"教不严,师之过"的表述以及"天地君亲师"的地位排序中可以看出,古代教师角色的主要内容为不容置疑的文化权威,其任务是向学生阐明事理并传递知识,同时需要监督学生的言行。到了近代,教师角色中传授知识和言传身教的教育功能进一步被强调,即"学高为师,身正为范"。

而在现代教育理念下,教师角色的内容和范围大大扩展,并得到了更准确的描述。一般认为,教师角色应包括以下六方面的内容。

(1) 知识及其获取方法的传授者

时至今日,传授知识仍是教师角色中重要的内容,但在知识快速增长和更新的背景下,教师远不能做到无所不知,因此,教师应掌握运用网络、参考书、数据库等获取未知知识的方法,并在必要时将这些方法传授给学生。

(2) 教学设计者

作为教师,要对教学的整个过程进行安排和设计,主要包括三个方面:一是教学目标,即学生通过教学达到一个什么样的知识和能力水平;二是教学策略和方法,指教师通过什么样的教学策略方法高效地达到上述目标;三是测验手段,即检查目标是否达到以及达到何种程度的方法,也包括测验后的反馈以及补救。

(3) 教学的组织者和管理者

这是指对课堂教学和其他教学形式的组织与管理,如维持课堂秩序、处理教学中的突发事件、组织班会或其他班级活动、对学生进行表彰或批评等。

(4) 教学中的指导者和促进者

当代教学思想要求教师不仅传授知识、培养学生能力,而且要作为指导者和促进者,来引导学生人格健康发展、具备正确的人生观和价值观,正确看待学习,并针对学生的特点激发学生学习的动机等。

(5) 教学的反思者和研究者

对教学的反思和研究,能有效提高教学水平,也是专家型教师的必由之路。反思并不只是教师个人对自己教学的回顾与检查,也包括教师之间的相互听课与建议,以及来自学生的反馈。

(6) 终身学习者

教师的终身学习,是知识快速增长和更新的要求,是学生培养目标不断提升完善的要求,也是教师专业成长,成为专家型教师的要求。从学习内容上看,包括所教学科的专业知识和技能以及教育科学、心理学等教学的支持性学科的知识技能。

3. 教师角色心理

教师角色心理是指教师在长期教育教学实践中形成的、教师职业特有的心理品质,是从事教师职业者共有的、典型的心理特征。这一心理品质和特征可以从教师的认知能力特征和人格特征两方面加以描述。

(1) 教师的认知能力特征

教师的认知能力是指与教育教学有关的言语、观察、注意、思维、想象等能力。

教师的言语能力应具有针对性、启发性，应简单明了，有说服力和感染力，同时也应有感情色彩，用语速语调恰当表达情绪情感和引发学生注意。

教师在教育教学中需要观察学生的言行和面部表情等，以便随时了解学生的学习与心理状态，作为因材施教的基础。因此，教师的观察应具备细致深入、全面客观的特点。

教育教学是一个复杂的多维度的过程，也是一个面对新问题的过程，要求教师的思维具备系统性、逻辑性和创造性。特别是在因材施教和教育科研中，对思维能力的要求更为突出。

(2) 教师的人格特征

不少研究都对优秀教师的人格特征进行了研究。综合相关研究结果，教师在情感特征方面，应热爱关心学生，对人真诚坦率，情绪稳定积极；在意志特征方面，自强自信，自制力强，坚韧果断；在领导方式方面，作风民主，客观公正。

二、教师的成长

教师的职业成长也有其共同的规律性，可以从成长阶段与成长水平两方面概括教师成长规律。

1. 教师成长的阶段特征

一些学者对教师成长的阶段进行了划分，如卡茨(Katz, 1972)将教师成长分为生存期、巩固期、更新期和成熟期；费斯勒(Fessler, 1992)将教师成长分为职前教育、实习和导入、能力建立、热心和成长、生涯挫折、稳定和停滞、生涯低落以及生涯引退八个阶段。

福勒(Fuller)有关教师成长三阶段的划分更具代表性。

第一阶段为关注生存阶段。新教师一般都处于这一阶段。他们最为关注的是自己是否有能力成为合格教师，经常担心"学生是否喜欢我""同事如何评价我"等问题，注重与学生和同事建立良好关系。

第二阶段为关注情境阶段。在这一阶段，教师最关心的是上好每一节课，力求取得良好的教学效果，他们会较多思考"教学内容是否得当""如何呈现教学内容""如何掌握教学时间"等问题。

第三阶段是关注学生阶段。在这一阶段，教师更多地去探究如何根据学生的个体差异采取适当的教学，通过因材施教促进学生的发展。

2. 教师成长的水平特征

一些研究者在教育心理学中有关专家—新手研究思路下，将教师成长视为新手—熟手—专家的历程。伯利纳(Berliner)的教学专长发展阶段论认为，新手教师发展成为专家型教师要经历五个阶段,即新手教师、熟练新手教师、胜任型教师、能手教师和专家型教师。

出于为专家型教师培养和教师主动成长提供启发的目的,诸多学者从不同角度提出了不同水平教师特别是专家型教师的特征。

斯腾伯格着重从认知维度指出了专家型教师与新手教师的三个不同点,即专业知识、解决问题的效率以及洞察力,并且提供了相应的例子(见表13-1)。

表 13-1 专家型教师的教学原型

特 征			例 子
专业知识 (数量和组织)	内容知识 教学法知识 实践知识	具体内容的 非具体内容的 外显的 内隐的	知道坐标的几何原理 知道教授坐标几何原理的课程计划和日程表 知道用最小的间断来布置和收回家庭作业的常规 知道学区为特殊教育服务的标准 知道怎样为一个不符合成绩标准的学生申请获得特殊教育的服务
解决问题 的效率	自动化 自我调节 认知资源的再投入	计划 监控 评价	一边提前思考课程计划,一边思考布置和回收家庭作业 预想到执行课程计划时的困难 在执行课程计划时发现学生不能理解或缺乏兴趣 根据遇到的困难,修正课程计划以便将来利用布置和回收家庭作业的机会观察并评价某个特殊学生的举动
洞察力	选择性编码 选择性联合 选择性比较		注意到学生在坐标格的右上象限的外面绘点有困难 注意到将右上象限的外面绘点的困难和计算内点距离的困难综合在一起,反映了学生没有掌握负数的概念 将负数和负债进行类比,以便清除学生的错误概念

(斯腾伯格,霍瓦斯,1997)

我国学者皮连生(2011)从教学过程的三个环节——课前计划、课堂教学过程和课后教学评价比较了专家型教师与新手教师的差异。在课前计划环节,专家型教师的课时计划简洁、灵活、以学生为中心并具有预见性,他们只突出了课的主要步骤和教学内容,并未涉及一些细节,而且这种计划更多保存在头脑内而非书面形式上。在课堂教学过程中,专家型教师课堂规则明确,并能坚持执行,有一套维持学生注意力的完整方法,教学方法与教学策略丰富且选择适当。在课后评价环节,专家型教师更多关注学生对新知识的理解而非课堂管理状况。

另有国内外学者从教学风格、专业知识、教学策略等多方面比较了专家型教师与新手教师的区别。其中,连榕(2004)通过实证研究总结的专家型教师的四方面特点较为全面。这些特点为:教学策略以课前计划、课后评估、反思为核心;具有鲜明的情绪稳定性、理智、注重实际、自信心和批判性强;情感投入程度高,职业的义务感和责任感强;良好的师生互动、强烈的职业成就感。

三、教师心理健康

1. 心理健康及其标准

心理健康是一个较为复杂和模糊的概念,到目前为止并没有一个明确的定义。根据世界卫生组织(WHO)关于健康的解释及相关组织和专家的表述,可以将心理健康状态理解为:个体在社会生活中能够发挥自己的能力,能够应付正常的生活压力,能够有成效地从事工作,能够对其社区和集体作出自己的贡献,实现自身的社会价值,而并不仅仅是没有精神障碍或疾病。也就是说,心理健康的人的基本心理活动过程内容完整、协调一致,其知、情、意、行、人格完整和协调,能适应社会,与社会保持同步。

2. 教师心理健康及其标准

(1) 教师心理健康的含义

根据心理健康的一般含义可知,教师心理健康是指教师具有一种持续的积极发展的心理状态。在这种状态下,教师无论是在教育教学中还是在日常生活中,都能适应良好,能充分发挥心理潜能,而不仅仅是没有心理疾病。

在实际运用中,"教师心理健康"一词实际包括两层含义:一是指教师达到健康水平的良好的心理状态;二是指对教师进行心理健康教育以及促进教师心理健康水平的相关工作与努力。这项工作旨在培养教师优良的心理品质,训练其心理自我调节能力,并对教师可能发生的心理障碍和心理疾病进行防御和治疗。

作为传授知识、塑造灵魂的教师,要使教育对象健康成长,其自身的心理必须是积极发展的、健康向上的,在这一心理健康水平下,教师才能从积极的视角,以积极的价值取向,用积极的内容和方式教书育人,而且能使学生具备健康的心理。

(2) 教师心理健康的标准

在确定教师心理健康的主要指标时,既要符合心理健康的一般标准,又要体现教师职业的特殊性。综合有关观点,教师心理健康的标准应包括以下五个方面。

① 热爱教师职业,乐于教书育人。心理健康的教师认同、悦纳教师职业,热爱、坚守教育工作,对教师职业充满信心和热情。他们能够正确认识教师职业在社会生活中的角色、地位和社会功能,积极地投入到工作中去,善于在教育教学中发挥自己的才干,体验到自己的价值,并因此获得满足感和成就感。

② 能正确接受并接纳自己,心态良好。心理健康的教师能够正确地了解自我,对自

己的能力、性格等作出恰当的分析和评判,明确自己的优势和长处,了解自己的不足和缺点;能恰当地体验自我,较少自卑、自傲或自负,具有自尊、自爱和自信,在教育活动中有较高的教育效能感;能有效地控制自我,对现实环境有较为客观的感知和认识,能平衡自我与他人、理想与现实的关系,具有自我控制、自我调适的能力,能根据自身的实际情况确定工作目标和个人抱负,选择符合自己的最佳发展方向和方式。

③ 具备优良的教育教学水平。具备优良教育教学水平的教师,具有正确的教育价值观、知识观、课程观、教学观、学生观、学习观等教育观念;具有敏锐的观察力和客观了解学生的能力,具有较快地获取信息、适宜地传递信息和有效地运用信息的能力;能根据学生的生理、心理和社会性特点富有创造性地理解教材,选择教学方法,设计教学方案;具有课程生成和发展的能力、处理好教育教学活动中偶发事件的机智和能力、较强的教育科研能力和教育独创性,在教学活动中能不断学习、不断进步,能适应教育环境和要求的变化。

④ 情绪积极稳定,善于自我调控情绪。由于教师的工作对象是人,情绪和情感健康对于教师来说尤为重要。心理健康的教师在教育活动和日常生活中能真实地感受情绪并恰当控制情绪,能保持乐观、积极而稳定的教育心境,较少有抑郁和焦虑;还要做到不将生活中的不愉快情绪带入课堂,能冷静处理课堂环境中的不良事件;在情感方面,教师应具有良好的道德感、理智感和美感,关心和热爱每一个学生,具有及时给予爱和接受爱的能力。

⑤ 具有和谐的人际关系。心理健康的教师能恰当处理与学生及其家长、领导及同事的关系,同时也能处理好与家庭成员及其他人员的关系;在与学生的交往中能做到关系融洽并建立威信,能够理解并乐于帮助学生;与同事相处时以尊重、信任、赞美、喜悦等正面态度为主,善于和同事合作;能积极、真诚地与人沟通,能客观地评价别人。

第二节 教师心理的常见问题

一、教师角色冲突

角色冲突是指当一个人同时扮演着两个或两个以上的角色时,有时会不能胜任,造成不合时宜而发生的矛盾或冲突。教师角色冲突是站在不同角度对教师职业的描述,是指教师在扮演不同社会角色时产生的角色行为与角色认知或角色期望不协调时产生的内心体验。教师角色冲突包括教师的角色间冲突和教师的角色内冲突。教师的角色间冲突包括权威性长辈与知心朋友之间、教员与父母之间,以及领导者与顺应者之间的角色冲突;教师的角色内冲突则包括不同角色期望引起的角色冲突与角色本身的局限引起的角色冲突。

1. 教师的角色间冲突

教师的角色间冲突是指教师必须同时扮演不同的角色,由于缺乏充分的时间和精力,无法满足这些角色提出的期望而产生的冲突。教师扮演的角色是丰富多样的,包括教员、长辈、领导者、顺应者、朋友、心理保健者、纪律执行者、研究者等角色。教师在面临着诸多角色期待时各个角色之间必然会产生各种各样的冲突。

(1) 权威性长辈与知心朋友的角色间冲突

教师需要宽容、理解和尊重学生,积极地创造条件使学生的个性得到充分自由的发展。但是,教师始终是班级的一个权威性人物。无论在知识的拥有量还是对班级的控制权方面,教师都应处于绝对优势和学生认可的权威位置,这样才能有效地影响学生。教师还扮演着学生的"知心朋友"角色,表现出对学生的热情、关心、爱心、真诚,把自己放在与学生平等的位置。因此,教师在教育教学过程中努力成为学生知己的同时,又不能有失教师身份,不能失去必要的理智和原则,不能为了取悦学生和赢得信任而迁就学生。因为教师作为学生的朋友并不是完整意义上的以个人感情为支配主线的私人关系。师生关系实质上是一种制度化的支配和从属关系,是以公务情感为基础的朋友关系,因此教师不能过分热衷于朋友角色的扮演。大量的教育教学实践证明,任何没有职业权威和盲目追求师生友谊的教师,其教育教学效果都不能得到有效保证。

(2) 教员与父母的角色间冲突

教员角色是教师要表现的最核心角色,它具有很强的职业性和专业性。这种角色的履行主要表现为对学生进行传道、授业和解惑。随着社会高速发展和知识量的迅猛增长,教师角色更应彰显教师作为指导者和促进者的功能。由于教育对象处于未成年阶段,客观上还需要中小学教师在一定程度上扮演父母角色,如同父母一般可亲和可依赖。但事实上,教师角色与父母角色之间存在着较大的差异性和冲突性——学生要求教师既是教员又是父母,这就要求教师既可敬又可亲和可依赖。但现实中,一些教师形成了教员化人格,行为拘谨、呆板、摆架子和过于严厉,易使学生产生可畏而不可亲的感觉;另一些教师则过分担当了父母角色,对学生们百般呵护而淡化了教员角色,造成学生从生活上对父母的依赖转移到对教师的依赖,这样既牵扯了教师的大量精力,影响教学,也不利于学生的自理和自主能力的培养。

实践探索 13-1　　教师角色冲突与教师心理健康状况

调查表明,教师角色冲突加剧已成为导致教师心理健康状况不佳和出现职业倦怠的重要原因。据一项对3 340名教师亚健康状况的调查发现,中小学教师心理亚健康检出率为66.17%;另一项对北京市昌平区中小学教师的职业压力与心理健康状况的调查显示,有28.6%的教师压力非常大,有49.6%的教师压力比较大,两者相加有压力的教师竟高达78.2%。因冲突多、压力大,在中小学教师中有50%的人表示"如果有机会会考虑换工作"。

高校教师心理健康状况同样令人担忧。一项由浙江大学进行的调查表明,有21.36%的高校教师表现出中等严重程度以上的焦虑症状;有15.45%的高校教师表现出中等严重程度以上的抑郁症状。而影响高校教师心理健康的主要因素大多与教学、科研、工作中的冲突有关,如常接受超过自己能力的工作,每天工作超过10小时,睡眠时间小于6小时,节假日经常加班,没有体育锻炼;工作得不到足够的认可、成就、自我实现、履行责任、尊重、归属与爱等需要不能满足,感觉生活没意思;在知识突增、信息爆炸的今天,教师在很多知识上不再比学生"闻道在先",威信受到动摇,由此产生一定的心理压力等。上述调查研究的结论显示,当前我国教师角色冲突已达到比较严重的程度,应当引起学校和社会各界的关注和重视。

(董泽芳,2010)

(3) 领导者与顺应者的角色间冲突

教师作为领导者不仅意味着具有权力和专业知识,而且处于集体的核心位置,旨在控制、指导和督促学生的成长与学习。有效的教育教学与教师的有效领导是分不开的,良好班集体的形成和学生的健康成长都有赖于教师的有效领导。领导者角色使教师在教育教学过程中应始终处于主导地位。但学生是受教育的主体,具有主观能动性和独立人格,教师必须充分尊重学生的主体地位,顺应学生的身心发展规律。这就要求教师不应只扮演领导者角色,而应随时给予必要的同情和理解,减轻学生的焦虑和紧张,提供情感和心理的支持,即扮演顺应者的角色。有些教师因为很难同时扮演好这两种角色而处于两难境地,产生角色冲突。

2. 教师的角色内冲突

教师的角色内冲突是指两个或两个以上的对象对教师这一角色抱有矛盾的角色期望而引起的角色冲突。教师在工作中面临着来自国家政策、学校内部、学生家长和自我要求等各个方面对他们的角色期望,容易引发教师的角色内冲突。教师经常面临的角色内冲突有以下两类。

(1) 不同角色期望引起的角色冲突

① 来自校外的不同角色期望引起的角色冲突。国家要求教师严格执行党的教育方

针和政策,而家长以及一些教育管理工作者要求教师提高学生的成绩、提高升学率,不同的要求造成了教师的角色冲突。

② 来自校内各方面的不同角色期望引起的角色冲突。学校中不同身份的人对教师角色的期望是不同的。校长、书记、教研组长、同事等对教师的角色期望常常不一致,教师往往处于两难境地。

③ 来自社会角色定势和自身个体表现间差异的角色冲突。人们头脑中存在着较普遍的教师形象或一致的看法,要求教师成为品德高尚、学识渊博的"完人"。事实上,教师可能对教师角色活动有不同的意识取向与价值定向,于是导致教师个人的角色行为与社会上教师角色定势之间存在较大差异,从而使教师在心理上产生矛盾与冲突。

④ 来自社会评价和自我评价差异的角色冲突。这是当前困扰教师最现实、最剧烈的角色冲突。客观上,教育对社会发展的价值与作用,决定了教师及其职业劳动应当具有较高的社会地位和经济待遇。但是,社会上并没有真正形成与之相应的尊师重教的现实。面对这样现实,教师就会在社会生活中产生不公平的失落感,就会因自己的劳动价值与劳动报酬相背离而对职业失去兴趣。

(2) 角色本身的局限引起的角色冲突

角色本身的局限主要是指教师的认识水平、能力水平与角色需求间存在的差距。这些差距引起的角色冲突主要表现在以下三个方面。

① 教师的角色行为与必须履行的角色义务不符引起的角色冲突。作为教师,应该热爱教育事业、热爱学生,但由于种种原因,不少教师只是出于良心或迫于形势不得不履行角色义务,于是其言行表现与教师角色期望必然存在较大差距,由此产生角色内冲突。这种冲突常常表现为教师对工作的敷衍,对学校和周围同事的埋怨和冷漠,对学生的厌烦。久而久之,学生乃至学生家长对教师产生误会进而不满。

② 教师自身的价值观念与角色职责要求不符引起的冲突。教师作为社会的一员,自身特有的价值观念与教育教学过程中应传递的价值观念不可能完全相同。但是,教师的角色职责强调正面引导,教师为了成功地扮演职业角色,有时不得不在面对学生时压制自己的价值观念。由此,教师在面对不同价值观念或面对新旧价值观念冲突而进行调适时,必然出现冲突而导致心理矛盾。

③ 教师个人的能力与角色需求不符而引起的冲突。教师角色要求教师有较高的能力水平和多方面的才能,但在实际中,不少教师虽然主观上很努力,工作也积极热情,但常因能力有限而带不好班,面对"后进生"束手无策,并因此自信心不足。这种情况也致使教师的内心冲突和不安。

知识小窗 13-1　　教师如何解决自身的角色心理冲突问题

就教师自身而言,可以从以下五点来着手改善其角色心理冲突。

1. 树立正确的价值观和人生观

作为一名教师,就要树立正确的教育观、学生观、教师观、师生观。教师要负起教育的责任,把对教育事业的责任,对学生的诚挚的爱心,升华为教育者崇高的使命感与责任感。教师要加强自身的道德修养,要有乐于奉献的精神力量。

2. 增进人际沟通,加强信息交流

教师面临着来自社会、学校、家长、学生等各方面的压力,他们对于教师不同的角色期待会给教师带来一定的紧张感和无所适从感。因此,教师加强与各方的交流有助于其赢得他们对自己的角色理解与支持,从而减少角色冲突的发生。

3. 理清主次,有所为有所不为

教师扮演多重角色,在面临不同角色的取舍时势必会产生角色冲突。此时,教师自身要学会分清主次,抓住角色冲突的主要矛盾和矛盾的主要方面,降低角色冲突带来的困扰。

4. 了解并把握自我,扬长避短

教师要了解自己的个性、气质、性格和能力,了解并发挥自己的长处,利用各种客观因素弥补自身缺点,以长补短,学会自我身心调节,保持心理平衡状态,减轻角色冲突给自身带来的压力和不适感。

5. 放眼未来,终身发展学习

教师作为传道者,要学会并贯彻终身学习的理念。当今时代,教师面临着日益强烈的角色竞争,教师只有不断地更新自己的教育思想和观念,尽力提高和发展自己各方面的能力水平,才能跟上时代的步伐。教师更要学会学习、善于学习,掌握先进的现代教育技术和教育思想,才能在新时代立于不败之地。在面临角色冲突的时候,才能更有底气和能力。

(岑国桢,吴声远,2006)

二、教师成长过程中的问题

1. 教师的观念更新慢

由于教育实践中经常会面临内部和外部的各种挑战和问题,教育教学改革需要持续进行,且涉及新课程、新课标等多个主题。作为教育教学的要素之一的教师,为了能有效地解决发展过程中遇到的问题,就必须更新教育观念,才能跟得上时代的步伐。但现实中有些教师天天备课、讲课、批阅试卷作业,却很少考虑教学内容的重组、教学过程的优化、教学策略的更新以及学生兴趣的激发,每天的工作流于固定流程的循环。这具体表现为以下两方面。

(1) 主动发展观念弱化

绝大部分老师的责任心都很强,但由于受升学考试指挥棒的影响,很多教师只重"育分",不重"育人",满足于当一个熟练的"教书匠"。另外,超负荷的工作也导致一些教师疲于应付,疏于学习,即便有学习的机会,也只是喜欢接受那些模式化的、简单易行的教学方法的训练,相当多的教师没有把学习看作提升自身素质的重要途径。

(2) 应付任务的敷衍观念

一些教师对职后学习的认识较肤浅。在这些教师看来,教师的本职工作是学科教学,唯一需要关注的是考试成绩,学习和教学研究即使重要,也是"得不偿失"的事情,因为如果将时间和精力用于辅导成绩落后学生,往往在短期内就可以看到成绩,而学习和教学科研则过程漫长,无法产生立竿见影的效果。因此,部分教师对职后学习和教学科研有抵触心理或敷衍心理,采取消极应付的态度,甚至当成是额外的包袱,但求能够交差,应付检查。

2. 教师的知识更新慢

当今时代,信息传播与交换速度明显加快,知识日新月异,知识量以几何级数递增,这都对人才的培养和教育提出了更新、更高的要求。由于教育具有超前性,更需要教师知识与理念不断更新。然而,由于国内教师教育的物质条件、管理体制以及教师自我完善能力等诸多因素的制约,教师知识与理念更新的速度受到限制。例如,办学经费短缺、图书资料和网络资源匮乏会限制教师的学习和发展。

与一些发达国家相比,我国教师接受继续教育的时间少,部分培训流于形式,缺乏有效内容,没有高效的机制来保证教师继续教育的时间和质量。据统计,目前我国中小学教师有一千多万,而每年接受培训的人数只有十几万,按照这一速度,需要近百年的时间才能完成教师的全员培训。在这方面,应借鉴一些发达国家的经验。例如:法国建立了小学教师终身进修制度,每6年脱产进修12周;美国要求教师在证书期限未满之时,需在高等教育机构修得学分或学位换取证书,国家出巨资用于在职教师的培训;英国教师每7年便有1年带薪进修。这些能为教师知识的更新提供便利条件。

3. 教师的技能发展慢

从目前状况看,中小学教师的以下四项技能急需提升:一是心理健康教育技能。在心理健康教育技能的提升上,我国教师教育领域存在思想认识不足、职前培养与职后培训分离、理论学习与实践上脱离等问题。二是教育技术运用技能。有些教师计算机基础知识差,不能充分利用网络和多媒体资源改变传统的教学形式。三是发现和解决教育教学问题的技能。在教育教学中,有的教师对小问题容易忽视,对大问题不能分解、细化和解决,也不能及时发现教育教学过程中的隐性问题。四是组织教育教学活动的技能。有的教师教学模式单一、死板,不能激发学生的积极性,对偶发事件不能适当处理。

三、教师职业心理健康问题

1. 教师职业压力

职业压力(occupational stress)是指在工作环境中,使个人目标受到威胁的压力源长期持续地作用于个体,在个性和应付行为的影响下,形成一系列生理、心理和行为的反应过程。

近年来对我国中小学教师的调查研究显示,70%左右的教师认为自己面临较大的职业压力,且职业压力给自己造成了较大或很大影响(徐富明,申继亮,2003)。有研究表明,中小学教师职业压力主要来源于工作负荷、学生学业、社会及学校评价、专业发展和学生问题;11~15年教龄段的教师感受到最大的压力,之后逐渐减少;小学教师感受到的各项压力明显高于中学教师;学生问题如安全、行为问题是小学教师主要的压力源,而中学教师的压力更多来源于学生学业,特别是考试压力(李琼,张国礼,周钧,2011)。另有研究表明,学生成绩、教学任务和健康是教师压力的主要来源(汪莉,王志辉,2014)。

> **知识小窗 13-2　　　　　教师职业压力的缓解策略**
>
> 有学者提出,教师职业压力的缓解可采用以下策略和具体操作方法:一是诱因导向的策略,主要途径为化解压力源、维护性行为和寻求社会支持;二是反应导向的策略,主要通过改变生活习惯、改变思维方式和改变习惯行为实现;三是症状导向的策略,包括冥想减压、运动减压和休闲减压;四是效率导向的策略,包括进行有效的时间管理和克服拖延症。
>
> (伍新春,张军,2008)

2. 教师职业倦怠

职业倦怠(job burnout)是指个体在长期的职业压力下,缺乏应对资源和应对能力而产生的身心耗竭状态,往往是由于紧张工作而导致的对挫折的应激反应。研究表明,职业倦怠易产生于助人职业,如医护人员、警察、社会工作者、教师等,主要因为这类职业的工作特征是高情感、高奉献,即在工作过程中,员工需要消耗较多的时间和情感。

马斯拉奇(Maslach)认为,职业倦怠主要包括三个维度:(1)情绪耗竭。指在与他人互动的工作过程中,个体感觉自己的情绪资源已经用完,对工作缺乏热情,而且常伴有挫折感和紧张。情绪耗竭是职业倦怠的核心维度和最明显的症状表现,其特征是缺乏活力,没有工作热情,情绪波动大,容易迁怒他人,感到自己的感情处于极度疲劳状态,常感到焦虑、紧张、孤独、情感压抑。(2) 去人性化。去人性化属职业倦怠的人际关系维度,指在与他人互动的过程中,个体以不带感情和冷漠的方式回应周围人群,刻意在自身和工作对象间保持距离,对工作对象或组织表现出情感的冷漠、疏远等负面态度,对于工作对象为人的职业,其特征是视工作对象为"物"而非作为"人"。具体到教师职业,去人性化表现为减少接触或拒绝接纳学生,将学生视为没有感情的对象,或把学生当成自己的所属物来看待,对学生打骂或侮辱,对同事也常常持怀疑甚至敌对的态度。(3) 个人成就感低。个人成就感低属职业倦怠的自我表现评价维度,指个人对自己工作低成就的感受以及对自己负面的评价,对于教师职业,低成就感的表现是,教师感到工作中不再有什么值得去做,自我效能感下降,认为自己无法给学生的生活带来更大变化,并倾向于自我贬损,将工作中的不成功归因于自己缺乏能力,职业动机和热情下降,常出现职业退缩行为,如缺勤、离职等。

国内关于教师职业倦怠的研究表明,教师职业倦怠不同程度地存在,但各维度之间并不平衡。例如,一项调查研究发现,中小学教师职业倦怠较严重,其中初中教师高于小学和高中教师,女教师高于男教师,从教龄看,教龄11~15年的教师最严重(胡洪强,刘丽书,陈旭远,2015)。赵玉芳和毕重增(2003)对230名中学教师进行调查发现,中学教师的职业倦怠整体上并不严重,教龄6~10年是教师职业倦怠最严重的阶段,职称是影响教师职业倦怠的重要因素,性别、所在学校是否为重点以及是否为班主任对教师职业倦怠没有显著影响。从维度上看,有关调查研究表明,中小学教师在职业倦怠的三个维度上,情绪衰竭问题较为严重,去人性化、个人成就感低的问题尚不突出(宫贤平,等,2007;沈翰,2008)。

教师职业倦怠的产生受到包括社会、学校、学生及其家长、教师自身人格特质多方面因素的影响。首先,就社会层面而言,教师的职业倦怠会受到社会变迁的影响。在社会快速发展的时代背景下,要求教师不断提高自身能力和职业素质,这使得教师面临繁重的教育教学任务,工作压力加剧。另外,一些地区的教师工资待遇偏低,工作条件相对艰苦,这会挫伤教师的工作积极性,导致教师的心理疲劳。其次,就组织层面而言,学校本身是一个非常复杂的社会组织,其组织行为在相当大的程度上对教师产生影响。学校的领导方式、组织气氛和教学评价机制等都会对教师的工作积极性及创造性产生影响。学校中的同事关系、师生关系以及教师与家长之间的关系都会以各种各样的方式影响教师的身心状态。最后,就个人层面而言,教师自身的人格特质也是教师职业倦怠发生的重要原因。有研究表明,A型人格、低自尊、外控的教师更容易产生职业倦怠。怯懦、自卑、孤僻、狭隘等不良的人格特征与教师的职业倦怠有一定关联。具有诸如此类人格特征的教师在面对压力时可能不知如何应对,进而表现出职业倦怠的症状。

第三节 教师心理的发展

一、调适教师角色

调适教师角色是指协调教师扮演多个角色时产生的不适应与冲突,以促进各角色和谐统一的过程。调适教师角色包括自我调适和社会调适两方面。

1. 自我调适

自我调适是指教师通过自身努力,明确理解所承担的各角色的含义和要求,向符合角色要求与角色期望的方向发展的过程。自我调适应该做到以下两点。

(1) *正确认知教师角色*

教师要想协调好自己扮演的各种角色,有效完成各种角色行为,首先要弄清各种角色的内涵,掌握社会规范的要求,了解社会、学校、家长和学生对于教师角色的期望。在对角色正确认知的基础上,才能不断调整自己的角色行为,缩小实践角色与期望角色的差距。同时,在新的教育理念指导下,对传统单一的教师角色进行反思,增加角色意识,适应现代教师的多元化角色。

(2) *提高人格修养*

彼得洛夫指出:"教师只有不断地、系统地从事自身的修养,才能在自己的学生中得到很高的威信、尊敬和爱戴。"为满足角色要求,教师要不断提高个人修养,达到教师角色的内化和人格化。在教育活动中,逐步形成与教师角色相吻合的职业人格,不但能帮助教师较快地认同和接受合理的社会期望,而且为教师创造性地完善社会的期望角色以实现多种角色的统一奠定基础,从而从根本上缓解角色心理冲突。

2. 社会调适

社会调适是指调整社会为教师所提供的角色地位,提出新的符合社会实际和个人条件的角色期望,或改善条件以创造适合教师发展的环境。

由于教师的角色冲突很多源于社会、学校等外在因素,教师角色的社会调适可以从这些外在因素入手。

(1) *赋予教师角色合理的期望*

当前社会中的人们,特别是学生家长,对于教师的期望往往过多过高,使得教师难以适应角色要求。根据这种期望,教师要完成的任务十分复杂,不仅要传授知识,而且要培养学生学习能力,引导学生具备良好的品德和行为习惯,保证学生的身心健康等。因此,有必要通过多种途径指导人们正确认识教师角色的职能,不过分夸大教师的作用,不要对教师产生过多的不切实际的角色期望。

研究者指出,社会应认识到,教师首先是一个"人",一个置身于生活世界的具有个性诉求和生活体验的自然角色,对教师角色的期望不能脱离教师作为生活世界中一般个体的基本定位。因此,对教师的期望应当实际、具体、富有人情味,即应然的期望要建立在可能和合理的基础之上(刘要悟、朱丹,2010),营造支持教师职业威望的社会心理氛围。

(2) 提高教师的经济和社会地位

要充分理解、合理评价、切实尊重教师的角色活动,增强教师角色的使命感和荣誉感,关键在于通过增加教育投入、完善法制等途径提高教师的经济待遇与社会地位,尊重教师劳动的价值,维护教师的合法权益。学校要为教师提供良好的工作环境和工作条件,给教师教学、研究提供经费支持,丰富教师的专业生活内容等,以缓解由此而引起的教师心理冲突。

(3) 合理评价教师的角色行为

学校的评价体系应体现以人为本的思想,有利于促进教师的发展,使教师发挥优势,改善不足,将教师的角色压力变为不断提升自身素质的动力。学校领导要加强对教师劳动过程的管理,为教师提供一个宽松民主的业务环境,给予教师一定的教育教学自主权,尊重教师人格,同时及时进行角色活动的成就测评,让教师切实体会到评价是公正的,奖惩是合理的,促使教师端正教育观念和教学思想,以积极健康的心理状态,投身于教育教学工作,解除角色心理压力。

(4) 提升教师的角色经验和技能

教师要进行有意识的实践和锻炼,获得相适应的角色经验,提升扮演各种角色的技能。可以设置不同的角色情境对教师进行训练:一般是模拟现实教育教学环境中的某些情境,让一名教师扮演各种不同的角色,站在他人的立场上分析问题,处理问题,通过及时的反馈,了解别人的需求和感受,以使自己能更好地适应角色,表现出与角色相吻合的行为。例如:当学生在学习上遇到困难时,教师要及时给以点拨,孜孜不倦,做一个知识的传播者;当学生生病或人身安全受到威胁时,教师要给学生以无微不至的关怀,或挺身而出保护学生,担当起父母的角色;当学生情绪低落,感到压抑焦虑时,教师要循循善诱,及时疏导,承担起心理辅导人员的角色等。

二、促进教师专业成长

近年来,受到国外教师专业化策略以及校本教研理念的影响,我国一些学者提出了种种实践取向的、促进教师专业化发展的方法,以区别于过去单纯通过理论学习的取向。促进教师专业成长行之有效的方法主要有以下七种。

1. 观摩学习

观摩优秀教师的教育教学过程已被实践证明是一种有效的专业发展方式。观摩分为结构化观摩和非结构化观摩。结构化观摩要在观摩之前制订比较详细的观摩计划,确定观摩的主要对象、角度以及大致的程序。而非结构化观摩不具备以上特征。通常结构化观摩的效果要比非结构化观摩好。一般来说,在观摩之前,教师首先要对所观摩教学活动采用的教学模式、教学策略进行思考和预测。而在观摩过程中,要认真观察体会,观摩之后,则要对预测和实际情况进行分析比较,体会自己在观摩学习中学到的内容,以期有所提高和创新。

2. 案例研究

案例研究是广大教师开展校本教研的主要形式。案例是包含问题或疑难情境在内的真实发生的典型性事件,同时也可能包含解决这些问题的方法(吴永军,2007)。教学案例描述的是教学实践,它以丰富的叙述形式,向人们展示了一些包含教师和学生的典型行为、思想、感情在内的故事(郑金洲,2002)。

顾泠沅和王洁(2003)认为,以课例为载体,在教学行动中开展包括专业理论学习在内的教师教育——行动教育模式,既有利于提高课堂教学实效,又有利于教师的专业成长。案例教学是教师培训的重要途径,通过案例运用与讨论,可以帮助被培训教师理解教学中出现的两难问题,掌握对教学进行分析和反思的方式,可以大大缩短教学情境与实际生活情境的差距,促使被培训教师很好地掌握相关的理论。在实施过程中,案例教学大致可分成案例引入、案例讨论、概括总结三个基本环节。

3. 教师合作研讨

学者们呼吁建立教师专业成长的组织——教师合作学习、研究共同体,形成教师合作文化。因为"合作""共同研究、共同反思""共享"等方式更能促进教师的专业发展,是教师专业发展和创新的持久动力(吴永军,2007)。就教师合作研讨的有效组织形式而言,徐丽华和吴文胜(2005)认为,一是教研组的改进,把那种过于行政化的、重在教学规范的组织内涵转化为以教师专业发展为核心的学习共同体,二是合作研讨方式的多样化。可以有课题组活动方式、同行交流方式(集体备课、说课、微格教学、头脑风暴法)、结伴合作方式、专家引领方式等。

4. 微格教学

微格教学创始人之一德瓦埃认为,微格教学是一个缩小了的、可控制的教学环境,它使准备成为或已经是教师的人有可能集中掌握某一特定的教学技能和教学内容。微格教学通常以少数的学生为对象,在较短的时间内(一般5~20分钟),尝试进行小型的课堂教学,把这种教学过程录制成录像,在课后进行分析整理。这种方法适用于经验较少的实习生,对在职教师也有帮助。

5. 教学决策训练

在教师的课堂教学中包含着一系列的决策过程,例如,教师需要判断自己的教学行为能否引起所期望的学生的反应。若学生的反应符合期望,教师就会延续这一行为,反之则要对自己的教学进行调整。1967年,特维克(Twelker)制定了一套决策训练的程序,即首先向受训者提供他即将教授的班级的各种信息,包括学业水平、学习风格、班级气氛等,然后让受训者观看其他教师的教学录像,在指导者的指导下吸取其中最重要的部分,以供自己教学所用。这种方法可以改善受训者的教学行为,并且使他们对决策的有效线索更加敏感,而这也是专家型教师的重要特征。

学术研究 13-1　　　　专家型教师的成长规律

有学者总结了专家型教师成长的规律,主要包括:

一、专家型教师经历了教师成长的完整阶段,并在此后也能够继续发展。

二、专家型教师每一阶段的发展都十分完善且充足。

三、专家型教师的成长具有鲜明的自主性和研究性。他们具备研究型的认知方式,在成长过程中其教师专业知识也不断更新发展,与时俱进。

四、专家型教师与普通教师相比,具有与之不同的人格特征。其成长的内因在于自身具有强烈的专业发展意识、进取精神、鲜明的发展目标以及顽强刻苦的意志力。专家型教师具备进取型的人格特点。

五、专家型教师能够成长起来,也要依靠良好的外部条件的支持。比如,学校、政府乃至社会各界对于教育事业以及教师给予的良好的发展氛围。

(袁梦,2008)

---

6. 教学反思训练

教学反思是教师着眼于自己的教学活动过程来分析自己的行为、决策及其产生的结果的过程,是一种通过提高参与者的自我觉察水平来促进能力发展的手段。教师在反思过程中要经历具体经验、观察分析、抽象的重新概括以及积极的验证四个环节。陈琦和刘儒德(2011)将教学反思分为具体经验阶段、观察分析阶段、重新概括阶段以及积极验证阶段。在每个阶段中,教师有不同的任务。在具体经验阶段,教师要能够意识到问题并明确问题情境;在观察分析阶段,教师收集相关信息,审视自身,明确问题的根源所在;在重新概括阶段,教师要再次审视旧思想,寻求解决问题的新思想与新策略;在积极验证阶段,教师要检验上一阶段的假设,对其进行尝试或角色扮演。在对上述各环节检验的过程中,教师又可能遇到新的问题,因此这几个阶段是一个不断循环的过程。奥斯特曼和科特凯普(Osterman & Kottcamp,2007)认为,教育反思主要关注三个问题:"我是谁"——思考自己所扮演的角色与自己的特征;"我在哪里"——思考自己在职业生涯中的当前位置;"我将走向哪里"——明确自己到底需要什么、今后朝什么方向发展以及如何发展。

7. 教师行动研究

行动研究的方法创始于"二战"期间,于20世纪50年代被引入美国教育科学领域。20世纪60年代,英国课程专家斯腾豪斯(Stenhouse)在课程研究领域推广行动研究法,主张让"教师成为研究者",随后有学者提出"教师即研究者"的口号,促进了教师行动研究的发展。

教师行动研究与专家的研究有所不同。教师行动研究的问题来自日常教学经验,研究方法和途径可以是非正式的探索方法,包括教学日志、笔记、谈话记录等。另外,教师与专家的合作研究也是教师行动研究的一种方式。

三、增进教师的心理健康

教师的心理健康不仅关乎其自身,还关系到教育教学的质量。因此,必须从外部环境和教师自身两个角度采取有效措施,增进教师的心理健康。

1. 从外部环境入手增进教师心理健康

(1) 优化教育环境

教育部门应积极改善教师的生活工作条件,合理安排课量和工作量,避免让教师超负荷工作。减轻教师由于追求学生升学率而带来的心理负担,促使教师能按照教育规律和学生身心发展的特点来进行教育工作。加强媒体宣传等,促使人们充分认识教育和教师工作的重要性,积极树立教师的正面形象,从而营造出重视教育、尊敬师长的社会风气,也有利于增进教师的心理健康。

(2) 创设融洽、和谐的人际氛围

人际关系是影响教师心理健康的重要因素。由于应试教育过于强调学生的学业成绩,因此也在无形中营造了教师之间的竞争关系。不少教师在工作中长期积攒的压力如果得不到及时宣泄,就会形成心理问题。因此,教育管理者要通过开展各种活动把教师组织在一起,为教师创造交往的机会,融洽管理者与教师,以及教师与教师之间的关系,增进教师的心理健康水平。

(3) 健全学校的心理健康保障系统

当前学校的心理健康辅导对象往往是学生,而忽视了长期超负荷工作、身心俱疲的教师。事实上,学校心理健康保障系统首先应针对教师,只有保证了教师的心理健康,才能更好地为学生服务。学校应该把教师的心理健康教育工作纳入到教师继续教育的内容中,定期通过专家讲座、提供心理咨询服务等方式及时化解教师的心理问题,并使教师掌握一定的自我调节方法,有效地维护教师的心理健康。

学术研究 13-2　　　　教师情绪能力与倦怠的关系

情绪能力是个体在由情绪诱发的社会交往中体现出的自我效能。该能力包括八种具体的技能,分别是知觉自我情绪的能力、识别他人情绪的能力、情绪表达的能力、移情能力、认识到情绪经验与展现策略之间关系的能力、情绪调节的能力、意识到情绪决定某些关系的能力以及情绪的自我效能。

研究表明,教师的情绪能力与倦怠呈现显著负相关,与倦怠的对立面,即工作参与度呈显著正相关。情绪能力与倦怠之所以相关,并能预测教师的职业倦怠,很可能是因为情绪能力在调节压力进程和增加个体心理弹性方面起了重要作用,促使个体降低了自身的压力感,从而减少倦怠的可能性。而且作为一种心理资源,情绪能力能调节情绪失调和时间压力、幸福感和情绪失调、工作满意度和时间压力之间的关系,从而减少了情绪工作对教师的负面影响。情绪能力高的教师能在情绪事件中更好地接收健康的信息和行为倾向,这些信息的利用使得他们可以很好地应对压力和引导适应性行为,提高应对压力的适应性。此外,具有高社会情绪能力的教师能建立健康的师生关系,有效管理课堂和执行社会情绪学习的课程,这有助于营造良好的课堂氛围,从而加强教师的教学愉悦性、效能感和专业承诺,减少教师的职业倦怠。

情绪能力作为一个整体会影响教师职业倦怠,不过情绪能力成分之一的情绪调节能力在其中起了最关键的作用。情绪调节能力是指个体调节自己和他人情绪状态的能力。一个具有较高情绪调节能力的个体有大量的策略来保持令人满意的情绪,减少或修正那些自己和他人不想要的情绪。而倦怠正是教师在长期面对压力的情况下产生的各种消极情绪反应,是教师无法有效调节自己情绪的结果,因而倦怠与教师的情绪调节能力有极大关系,相关研究也证实了这一点。

(吴莹莹,连榕,2014)

---

2. 从内在因素入手增进教师心理健康

为了防止心理障碍,增进心理健康,不但要求有良好的外部环境,而且要求教师掌握心理健康的一般规律,从自我教育的角度出发加强自我保健。为此,应该注意以下三个方面。

(1) 树立正确的职业观

树立正确的职业观不但是成为优秀教师的必要条件,而且是保持心理健康的基础。

根据心理咨询的相关理论,只有用合理的理性的观念代替不合理的非理性的观念,才能矫正心理障碍,保持个体的心理健康。例如,如果教师能够把解决后进学生学习和品德发展中的问题当作教师职业活动中必不可少的组成部分,而不是要逃避的"麻烦事",就能以积极的心态面对后进学生,即使碰到一些挫折也能从容化解。

(2) 合理运用心理防御机制

心理防御机制,是指当一个人在遭受心理挫折后,通过一定途径摆脱痛苦、减轻不安、恢复情绪稳定、重新达到心理平衡的倾向。心理防御机制可分为消极的和积极的两类。消极的心理防御机制不能经常使用,否则易造成心理障碍或心理疾病,而积极的心理防御机制则可帮助人们保持自尊,减少焦虑、内疚、敌对等心理作用,它无论在促进人格适应还是维护心理健康方面都具有积极意义。

① 积极的心理防御机制。例如,升华作用、利他作用和幽默作用。

升华作用,是指把被压抑的不符合社会要求的原始冲动和欲望,用符合社会要求的建设性方式表达出来的一种防御机制。比如,当一名教师遭受着工作上的挫折时,转而通过阅读、创作、绘画、弹琴等抒发自己被压抑的情感,就是升华作用的表现。

利他作用,是指所采取的行动不仅能摆脱心理上的挫折,而且能帮助他人、有利于他人,受到社会赞赏的心理防御机制。比如,一位教师遭受失去亲人的生活变故后,并没有一直沉湎于悲伤,而是通过帮助遭受类似不幸的学生和同事,减少心理压力,维持心理健康。

幽默作用。使用幽默来化解自己所处的尴尬境地,或者通过幽默间接表达潜意识意图,在无伤大雅的情形中,表达想法,处理问题。这种心理防御机制称为幽默作用。

② 消极的心理防御机制。例如,否定作用、投射作用和文饰作用。

否定作用,是一种否定已存在或已发生的事实的潜意识心理防御机制。它将已发生的令人不快或痛苦的事情完全否定,以减轻心理上的痛苦。否定作用其实是一种心理上的逃避,虽然"眼不见为净"能暂时摆脱消极事件的影响,但将来还是需要面对。

投射作用,是凭主观想法去推及外界的事实,或把自己的过错归咎于他人的一种心理现象。作为一种消极心理防御机制,投射作用常常表现为把自己的不好的个性和行为特点投射到别人身上,认为别人也具有这些特点,从而达到心理平衡。例如,一位教师把自己工作中的失误解释为"人人都有可能犯错""换了别人也是一样",以减轻自己的心理压力,这就是投射作用的表现。

文饰作用,又可称为合理化作用,是指个人遭受挫折或无法达到要追求的目标时,用有利于自己的理由来为自己辩解,将面临的窘迫处境加以文饰,以隐瞒自己的真实动机或愿望,从而为自己进行解脱的一种心理防御机制。如将工作中的失误解释为工作任务太复杂、难免出错等。

(3) **学会自我心理调节的方法**

自我心理调节的方法很多,教师可以根据自己的实际情况,学习一些简单易行的方法。

自我暗示法,是指自己有意识地将某种观念暗示给自己,从而对自己的情绪和行为产生影响的方法。自我暗示通常是通过语言刺激来纠正或改变人的某种行为状态或情绪状态。例如,一个性格急躁的人在即将发火之际,告诫自己要冷静;一个长期处于烦恼和压抑心境中的人,告诫自己"想开一些"等。在进行自我暗示时,应克服消极的自我暗示,学习积极的自我暗示,这样才有利于心理健康。

宣泄法,是指将心中积郁的苦闷或矛盾倾诉出来,以减轻或消除心理压力,避免引起心理异常的方法。在生活中人们发现,凡是善于排遣不愉快情绪的人,绝大多数能保持心身健康;相反,总是积郁于怀或过分自我压抑的人,则容易患心身疾病。因此,将内心积郁的各种心理痛苦宣泄出来,是维护心身健康的重要方法之一。宣泄的具体做法很多,如体育锻炼、与亲朋好友深入交流等。

音乐调节法,是利用音乐对大脑皮层所起的刺激作用来影响情绪的方法。音乐可以使人血压正常、肌肉松弛、脉搏放缓,从而使人感到轻松愉快,精力充沛,消除紧张、压抑、忧虑和烦恼的情绪。研究表明,不同的调式音乐可以引起不同的情绪,如 E 调安定、D 调热烈、B 调悲哀、A 调昂扬等。因此,在音乐调节法中,选择合适的音乐也很重要。

本章开头的案例引入,讲述了一位有十多年教龄的教师面对重复工作,感觉到身心疲惫、缺乏热情的困惑,这一问题实质上就是本章涉及的教师职业倦怠现象。在中小学教师中,职业倦怠普遍存在,这种现象会使教师工作效率下降,育人效果受影响,也不利于教师的身心健康和个人职业发展。

要化解教师职业倦怠,首先离不开社会大环境的改善,如对教师职业的理解和尊重,减轻应试教育给教师的压力等;其次,教师要掌握心理健康的相关知识,学会调适角色冲突,树立正确的职业观,使用积极的心理防御机制;最后,教师应通过学习进修等努力提高业务水平,通过教育教学中的成功提升职业认同感。

本章小结

- 教师角色包括:知识及其获取方法的传授者、教学设计者、教学的组织者和管理者、教学

- 中的指导者和促进者、教学的反思者和研究者、终身学习者。
- 福勒认为,教师成长包括三个阶段:关注生存阶段、关注情境阶段和关注学生阶段。
- 教师心理健康是指教师具有一种持续的积极发展的心理状态。在这种状态下,教师无论是在教育教学中还是在日常生活中,都能适应良好,充分发挥心理潜能,而不仅仅是没有心理疾病。
- 教师心理健康的标准有:热爱教师职业,乐于教书育人;能正确接受并接纳自己,心态良好;具备优良的教育教学水平;情绪积极稳定,善于自我调控情绪;具有和谐的人际关系。
- 教师的角色间冲突是指教师必须同时扮演不同的角色,由于缺乏充分的时间和精力,无法满足这些角色提出的期望而产生的冲突。教师的角色间冲突包括:权威性长辈与知心朋友的角色间冲突;教员与父母的角色间冲突;领导者与顺应者的角色间冲突。
- 教师的角色内冲突是指两个或两个以上的对象对教师这一角色抱有矛盾的角色期望而引起的冲突。教师的角色内冲突包括,不同角色期望引起的角色冲突,以及角色本身的局限引起的角色冲突。
- 教师成长过程中存在的问题有:教师的观念更新慢;教师的知识更新慢;教师的技能发展慢。
- 教师职业心理健康问题有教师职业压力和教师职业倦怠。
- 调适教师角色是指协调教师扮演多个角色时产生的不适应与冲突,以促进各角色和谐统一的过程。包括自我调适和社会调适两方面。
- 促进教师专业成长的方法有:观摩学习、案例研究、教师合作研讨、微格教学、教学决策训练、教学反思训练、教师行动研究。
- 增进教师心理健康的途径:一是外部因素视角,包括优化教育环境,创设融洽、和谐的人际氛围,健全学校的心理健康保障系统;二是内在因素视角,包括树立正确的职业观,合理运用心理防御机制,学会自我心理调节的方法。

思考题

1. 什么是教师角色?教师经常扮演哪些角色?
2. 一般而言,教师成长的历程经过哪些阶段?表现出哪些特征?
3. 如何判断一位教师心理是否健康?
4. 教师经常面临的角色间冲突和角色内冲突有哪些?
5. 什么是教师职业压力?什么是教师职业倦怠?

6. 新教师如何成长为一名专家型教师？
7. 如何调适教师角色冲突？
8. 列举增进教师职业心理健康水平的对策。

问题探索

- 以六位同学为一个小组，开放式讨论教师经常扮演的角色类型、面临的角色冲突及其调适策略。
- 选择一位基础教育系统中的专家型教师，对其进行深度访谈，进而总结提炼专家型教师的特征，以及成长为专家型教师的理论和实践途径。
- 运用教师心理健康问卷，对上海市小学教师开展一次心理健康状况的调查，在此基础上分析原因并提出提升教师心理健康水平的方法。

参考文献

(一) 中文部分

阿伦森,等(2005).社会心理学[M].侯玉波,等,译.北京:中国轻工业出版社.

阿瑞提(1987).创造的秘密[M].钱岗南,译.沈阳:辽宁人民出版社.

奥加涅相(1983).中小学数学教学法[M].刘远图,译.北京:测绘出版社.

奥斯特曼,科特凯普(2007).教育者的反思实践:通过专业发展促进学生学习[M].郑丹丹,译.北京:中国轻工业出版社.

芭芭拉,詹姆斯(2002).学习动机的激发策略[M].伍新春,秦宪刚,张洁,译.北京:中国轻工业出版社.

鲍旭辉,何立国,石梅,游旭群(2012).客体—空间表象和言语认知风格模型及其测量[J].心理科学进展,20(4):523-531.

柏拉图,等(1992).学习心理[M].周谦,译.北京:科技出版社.

博卡尔兹(2006).学习动机的激发原理[J].刘瑛,译.远程教育杂志,1:21-26.

布莱克斯利(1992).右脑与创造[M].傅世侠,夏佩玉,译.北京:北京大学出版社.

布卢姆(1987).教育评价[M].上海:华东师范大学出版社.

蔡晓辉,戴忠恒(1993).有关开设思维能力训练课程对中学生智能水平影响的实验研究[J].心理科学,16(6):338-343.

岑国桢(2006).教育心理学[M].北京:中国人民大学出版社.

岑国桢,吴声远(2006).教师心理健康与职业道德培养[M].南宁:广西人民出版社.

岑延远(2012).基于自我决定理论的学习动机分析[J].教育评论,(4):42-44.

陈安福,张洪泰(2003).教育心理学[M].成都:成都科技出版社.

陈伯良(2013).通过同伴交往提升小学德育有效性的探索[J].中国教育学刊,S3:132-133.

陈家福(1993).以素质教育为中心深化教育改革[J].中国教育学刊,1:25-27.

陈君(2005).论品德的内化[J].求索,10:137-138.

陈琦(2001).教育心理学[M].北京:高等教育出版社.

陈琦,刘儒德(1999).当代教育心理学[M].北京:北京师范大学出版社.

陈琦,刘儒德(2005).教育心理学[M].北京:高等教育出版社.

陈琦,刘儒德(2007).当代教育心理学(修订版)[M].北京:北京师范大学出版社.

陈琦,刘儒德(2011).教育心理学[M].北京:高等教育出版社.

陈容,周丽,白春玉(1998).工读学校学生智力结构及其影响因素分析[J].中国校医,12(6):407-409.

陈熹微,李靖(2016).追加反馈在动作技能学习中的应用[J].南京体育学院学报(自然科学版),15(2):64-69.

陈英和,韩瑽瑽(2012).儿童青少年元认知的发展特点及作用的心理机制[J].心理科学,35(3):537-543.

陈英和,慕德芳,郝嘉佳(2011).有效测量元认知监控的新方法:master mind 任务分析[J].心理科学,34(3):750-754.

程黎,等(2013).11岁和15岁儿童学习动机和数学素养的关系[J].心理与行为研究,11(1):84-89.

崔景贵(2003).建构主义教育观述评[J].当代教育科学,1:9-11.

但林堂(2002).转化"后进生"要遵循教育规律[J].湖北教育,5:18.

德里斯科尔(2008).学习心理学:面向教学的取向[M].王小明,等,译.上海:华东师范大学出版社.

刁春婷,刘华山(2016).学习任务、认知风格对网络学习信息迷航的影响[J].教育研究与实验,2:66-70.

丁俊武(2007).动作技能学习理论的演变及发展展望[J].北京体育大学学报,30(3):420-422.

董纯才,刘佛年,张焕庭(1985).中国大百科全书:教育[M].北京:中国大百科全书出版社.

董奇,周勇(1994).论学生学习的自我监控[J].北京师范大学学报(社会科学版),1:8-14.

董奇,周勇,陈红兵(1996).自我监控与智力[M].杭州:浙江人民出版社.

董泽芳(2010).论教师的角色冲突与调适[J].湖北社会科学,1:167-171.

杜尚荣,郑慧颖,李森(2013).再论教学本质:复合型特殊交往说——兼论基于人文关怀的教学价值取向[J].现代教育管理,3:78-82.

杜威(1910).我们怎样思维·经验与教育[M].姜文闵,译.北京:人民教育出版社.

杜晓新(1999).元认知与学习策略[M].南宁:广西师范大学出版社.

杜雪娇,张奇(2016).样例设计及呈现方式对学习代数运算规则的促进[J].心理学报,48(11):1445-1454.

杜瑶琳,等(2014).中学班级创新氛围的特征及其对中学生日常创造性行为的影响机制[J].中国特殊教育,5:59-65.

段佳丽,吕若然,滕立新,王观,高维(2012).北京市2006—2011年中小学校教室照明状况分析[J].中国学校卫生,33(7):855-857.

樊琪(2001).自然科学概念形成过程中外显与内隐学习的比较[J].心理科学,24(6):676-679.

樊雯琪,杨欢耸(2014).智商在65到75间的低段小学生数学问题解决能力的调查与思考——以杭州市上城区某小学二年级学生为例[J].华中师范大学学报(人文社会科学版),A5:183-186.

冯国瑞(2015).灵感思维论[J].北京行政学院学报,4:105-109.

冯忠良(1998).结构化与定向化教学心理学原理[M].北京:北京师范大学出版社.

冯忠良,等(2006).教育心理学[M].北京:人民教育出版社.

冯忠良,伍新春(2000).教育心理学[M].北京:人民教育出版社.

甘诺,白晓东(2003).中学生学业成就动机与学习成绩的相关研究[J].上海教育科研,8:55-57.

甘卫群,刘万伦(2015).样例的概念属性呈现方式对初一学生分式概念学习的影响[J].数学教育学报,24(6):68-72.

高兵,周卫(2007)."爬行"教材的教学技巧[J].中国学校体育,1:70-71.

高觉敷(1983).评西方心理学史的时代精神说[J].心理学报,3:245-249.

格莱德勒(2007).学习与教学——从理论到实践[M].张奇,等,译.北京:中国轻工业出版社.

葛明贵(2006).学校创造学习心理与教育[M].合肥:安徽大学出版社.

耿达,张兴利,施建农(2015).儿童早期精细动作技能与认知发展的关系[J].心理科学进展,23(2):261-267.

宫贤平,王惠萍,张美峰,滕洪昌(2007).中学教师职业倦怠的现状调查[J].教育学术月刊,6:50-53.

谷传华,陈会昌,许晶晶(2003).中国近现代社会创造性人物早期的家庭环境与父母教养方式[J].心理发展与教育,4:17-22.

顾泠沅,王洁(2003).教师在教育行动中成长——以课例为载体的教师教育模式研究(上)[J].课程·教材·教法,1:9-15.

郭立军,刘凤伟(2016).从概念同化到概念形成的教学实践研究——以"倍的认识"为例进行的教学实践探索[J].课程·教材·教法,8:69-76.

郭希林(2007).国内有关"ARCS 动机设计模式"的研究综述[J].考试周刊,27:34-35.

郭有莘(2002).当前运动技能教育发展展望[J].体育与科学,23(5):57-59.

郭有遹(2002).创造力心理学(第三版)[M].北京:教育科学出版社.

韩进之(2003).教育心理学纲要[M].北京:人民教育出版社.

和美君,等(2012).数学能力与问句位置对小学生数学结构不良应用题表征的影响[J].心理发展与教育,28(3),276-282.

和平,王健(2005).14~16 岁女生习得排球运动技能过程的实验研究[J].武汉体育学院学报,39(4):79-83.

胡洪强,刘丽书,陈旭远(2015).中小学教师职业倦怠现状及影响因素的研究[J].东北师范大学学报(哲学社会科学版),3:233-237.

胡秀威(1999).一种信息处理的教学模式研究——概念获得模式[J].教育探索,1:41-42.

胡永斌,黄如民,刘东英(2016).网络学习空间的分类:框架与启示[J].中国电化教育,4:37-42.

黄甫全,王本陆(1998).现代教学论学程[J].北京:教育科学出版社.

黄丽衡,梁芸(2006).新课改呼唤在教学中建立关心型师生关系——诺丁斯关心理论的启示[J].苏州教育学院学报,23(3):29-31.

黄四林,林崇德,王益文(2005).创造力内隐理论研究:源起与现状[J].心理科学进展,13(6):712-715.

黄希庭(1991).心理学导论[M].北京:人民教育出版社.

黄兴帅(2006).关于适应创新教育的教师素质调查研究[J].宿州学院学报,21(2):117-120.

季浏(2006).体育心理学[M].上海:华东师范大学出版社.

加德纳(1999).多元智能[M].沈致隆,译.北京:新华出版社.

加涅(1985).学习的条件[M].陆有铨,译.北京:人民教育出版社.

加涅(1999).学习的条件和教学论[M].皮连生,译.上海:华东师范大学出版社.

贾小娟,胡卫平,武宝军(2012).小学生学习动机的培养:五年追踪研究[J].心理发展与教育,28(2):184-192.

姜雪平(2012).先行组织者教学策略在美术教学中的应用[J].教育理论与实践,11:61-62.

姜英杰,程利,李广(2003).美国学科教学中的元认知能力训练[J].外国教育研究,30(5):18-27.

蒋波(2006).竞争——合作学习对小学生数学成绩影响的实验研究[J].教育导刊,11:31-33.

蒋波(2006).应用学习:大学生知识学习的最终目的[J].江苏技术师范学院学报,12(5):67-70.

焦艳(2006).体育运动心理学——理论与应用[M].南京:南京大学出版社.

康玥媛,张楠,王光明,佘文娟,刘艳云(2016).高效率数学学习高中生数学成绩的影响路径[J].心理与行为研究,14(3):352-359.

克拉斯沃尔,等(1989).教育目标分类学第二分册(情感领域)[M].上海:华东师范大学出版社.

蒯超英(1999).学习策略[M].武汉:湖北教育出版社.

乐国安(2006).社会心理学[M].广东:广东高等教育出版社.

李秉德(1991).教学论[M].北京:人民教育出版社.

李伯黍,燕国材(2006).教育心理学[M].上海:华东师范大学出版社.

李红(2007).教育心理学[M].武汉:武汉大学出版社.

李敏(2015).品德可以在游戏中"玩"出来[J].人民教育,5:21-22.

李敏玉,等(2012).青少年创造性思维发展的研究综述[J].社会心理科学,9:16-19.

李琼,张国礼,周钧(2011).中小学教师的职业压力源研究[J].心理发展与教育,1:97-104.

李晔,李哲,鲁铱,卢静怡(2016).基于长期绩效的中小学教师胜任力模型[J].教育研究与实验,2:74-78.

连榕(1984).小学生解答分数应用题思维模式的实验研究[J].心理学报,1:15-20.

连榕(2004).新手—熟手—专家型教师心理特征的比较[J].心理学报,1:44-52.

林崇德(1989).品德发展心理学[M].上海:上海教育出版社.

林崇德(2002).教学与发展[M].北京:北京师范大学出版社.

林崇德(2003).学习与发展(修订版)[M].北京:北京师范大学出版社.

林崇德,杨治良,黄希庭(2003).心理学大辞典[M].上海:上海教育出版社.

林峰,等(2000).关于运动技能保持的研究[J].成都体育学院学报,6:67-70.

林洪新,张奇(2007).小学生代数运算规则的样例学习[J].心理学报,39(2):

257-266.

林玉莲,胡正凡(2006).环境心理学[M].北京:中国建筑工业出版社.

刘德恩,等(2001).职业教育心理学[M].上海:华东师范大学出版社.

刘丽虹,张积家(2010).动机的自我决定理论及其应用[J].华南师范大学学报(社会科学版),4:53-59.

刘菁菲,刘贤龙(2016).优秀听力学习者使用元认知策略的定量研究[J].教育研究与实验,5:93-96.

刘晓玲(2015).小学生学习动机水平、同伴交往与其学业成绩之间的关系研究[J].上海教育科研,4:32-35.

刘要悟,朱丹(2010).教育相关群体的教师角色期望之社会调适和教师自我调适[J].教师教育研究,2:35-39.

刘宗粤(2003).论社会态度的发生机制架构[J].浙江社会科学,5:100-103.

鲁娟(2014).论运动素质转移与运动项目迁移的关系——以健美操与体育舞蹈、体操为例[J].广州体育学院学报,34(4):55-58.

卢家楣(1986).对情感的分类体系的探讨[J].心理科学通讯,2:57-62.

卢家楣(1988).对当前大学生学习积极性及其对策的调查研究[J].教育与管理,2:81-88.

卢家楣(2002).心理学与教育[M].上海:上海教育出版社.

卢家楣(2004).教学的基本矛盾新论[J].教育研究,5:43-48.

卢家楣(2006).课堂教学的情感目标分类[J].心理科学,29(6):1291-1295.

卢家楣(2006).论情感教学模式[J].教育研究,12:55-60.

卢家楣(2006).情感教学心理学[M].上海:上海教育出版社.

卢家楣(2008).情感教学模式的理论与实证研究[M].上海:上海人民出版社.

卢家楣(2012).中国当代青少年情感素质研究[M].上海:上海人民出版社.

卢家楣,等(2003).绿、白两种颜色书写纸对学生心理影响的对比研究[J].心理科学,26(6):1000-1003.

卢家楣,等(2004).心理学——基础理论及其教育应用[M].上海:上海人民出版社.

卢家楣,等(2007).课堂教学的情感目标测评[J].心理科学,30(6):1453-1456.

卢家楣,等(2009).我国当代青少年情感素质现状调查[J].心理学报,41(12):1152-1164.

路海东(2000).学校教育心理学[M].长春:东北师范大学出版社.

路海东(2002).教育心理学[M].长春:东北师范大学出版社.

罗伯特·斯莱文(2004).教育心理学:理论与实践(第七版)[M].北京:北京大学出版社.

罗劲,等(2004)."知道自己知道"与"知道自己不知道"——一项有关知道感(FOIL)的脑成像研究[J].心理学报,36(4):426-433.

洛克(2000).迁移研究的发展与趋势[J].杨卫星,等,译.心理学动态,1:46-53.

马娟(2004).我国品德心理结构研究综述[J].四川教育学院学报,20(1):9-19.

马军朋,等(2016).认知风格影响归类过程中的神经活动——来自fmri研究的证据[J].心理发展与教育,32(2):139-148.

马启伟,张力为(1998).体育运动心理学[M].杭州:浙江教育出版社.

马郑豫,张家军(2015).中小学学生学习策略的调查研究[J].教育研究,6:85-95.

马治国,田凤梅,杜丽娜(2014).小学生对教师课堂教学行为品德认知的调查研究[J].教育科学,30(3):38-43.

毛晋平(2007).中学教育心理学[M].长沙:湖南人民出版社.

孟海江,苏新勇,郭宇刚(2014).速射动作表象训练对女子手枪运动员击发稳定性和情绪唤醒水平影响[J].中国体育科技,5:85-89.

莫雷(1997).论学习迁移研究[J].华南师范大学学报(社会科学版),6:50-58.

莫雷(2003).教育心理学[M].广州:广东高等教育出版社.

莫雷,陈战胜(2003).规则策略和样例策略在归类过程中的运用[J].心理学报,35(1):29-36.

莫雷,张卫,等(2005).学习心理研究[M].广州:广东人民出版社.

牟毅,朱莉琪(2006).儿童朴素物理学的错误概念及影响概念转换的因素[J].心理科学进展,14(5):697-703.

纳克帝(1997).规范与前概念[J].物理通报,5:1-3.

倪绍军(2004).中学数学规则教学研究[D].南京:南京师范大学硕士学位论文.

聂卫军(2009).英语学习中的性别角色差异[J].发展,5:127-128.

欧阳文修(2005).品德心理学[M].合肥:安徽大学出版社.

潘菽(1980).教育心理学[M].北京:人民教育出版社.

裴新宁(2001).概念图及其在理科教学中的应用[J].全球教育展望,8:47-51.

彭聃龄(1988).普通心理学[M].北京:北京师范大学出版社.

彭聃龄(2004).普通心理学(修订版)[M].北京:北京师范大学出版社.

彭杜宏,刘电芝,廖渝(2016).儿童早期工具创新表现及其影响因素与测评[J].学前教育研究,10: 38-46.

皮连生(1996).智育心理学[M].北京:人民教育出版社.

皮连生(1997).学与教的心理学(修订本)[M].上海:华东师范大学出版社.

皮连生(2011).教育心理学[M].上海:上海教育出版社.

皮连生(2006).学与教的心理学[M].上海:华东师范大学出版社.

朴永馨(1995).特殊教育学[M].福州:福建教育出版社.

祁乃成(1993).特级教师谈学习策略[M].北京:北京师范大学出版社.

祁小梅(2004).奥苏贝尔认知结构与迁移理论及教学[J].黑龙江高教研究,5: 99-100.

恰瑞罗特(2007).情境中的课程——课程与教学设计[M].杨明全,译.北京:中国轻工业出版社.

钱在森(1995).学习困难学生教育的理论与实践[M].上海:上海科技教育出版社.

乔纳森(2004).学习环境的理论基础[M].郑太年,等,译.上海:华东师范大学出版社.

全国青少年心理研究协作组(1985).国内二十三省市在校青少年思维发展的研究[J].心理学报,3: 286-295.

任桂英,等(1997).北京市城区儿童行为问题与感觉统合失调的调查报告[J].中国心理卫生杂志,11(1): 34-36.

任顺元(2004).心理效应学说[M].杭州:浙江大学出版社.

桑青松,潘有文(2006).策略型学习者认知心理结构及其运行机制[J].心理科学,29(4): 1004-1006.

山内光哉(1986).学习与教学心理学[M].李蔚,等,译.北京:教育科学出版社.

邵晶晶,张健,郝大魁(2009).从马斯洛需要层次理论看网络学习环境的设计[J].中国现代教育装备,6: 48-50.

邵瑞珍(1983).教育心理学——学与教的原理[M].上海:上海教育出版社.

邵瑞珍,皮连生,吴庆麟(1997).教育心理学[M].上海:上海教育出版社.

申荷永(2003).社会心理学:原理与应用[M].广州:暨南大学出版社.

申克(2003).学习理论:教育的视角[M].韦小满,译.南京:江苏教育出版社.

沈德立(2007).发展与教育心理学[M].大连:辽宁大学出版社.

沈翰(2008).课程改革背景下教师职业倦怠之再审视[J].现代教育科学,2: 107-109.

盛群力(1993)."为学习设计教学"——加涅教学设计观述评[J].外国教育资料,1:

15-24.

师保国,王黎静,徐丽,刘霞(2016).师生关系对小学生创造性的作用:一个有调节的中介模型[J].心理发展与教育,32(2):175-182.

师保国,许晶晶(2009).家庭环境对大学生创造性倾向的预测作用[J].首都师范大学学报(社会科学版),5:71-77.

史耀疆,闵文斌,常芳,王欢(2016).农村初中生学习焦虑现状及其与学业表现的关系[J].中国心理卫生杂志,30(11):845-850.

斯涅普坎(1987).数学教学心理学[M].时勘,等,译.重庆:重庆出版社.

斯腾伯格(1999).成功智力[M].吴国宏,钱文,译.上海:华东师范大学出版社.

斯腾伯格(2000).超越IQ——人类智力的三元理论[M].俞晓琳,吴国宏,译.上海:华东师范大学出版社.

斯腾伯格(2002).成功智力教学——提高学生的学习能力与学习成绩[M].张庆林,等,译.北京:中国轻工业出版社.

斯腾伯格(2003).教育心理学[M].张厚粲,译.北京:中国轻工业出版社.

斯腾伯格,霍瓦斯(1997).专家型教师教学的原型观[J].高明,张春莉,译.华东师范大学学报(教育科学版),1:27-37.

孙崇勇,刘电芝(2016).学习材料的背景颜色对认知负荷及学习的影响[J].心理科学,39(4):869-874.

孙鹏,邹泓,杜瑶琳(2014).青少年创造性思维的特点及其对日常创造性行为的影响:人格的中介作用[J].心理发展与教育,30(4):355-362.

孙智昌,项纯,李兰荣,等(2016).我国中小学生学习动力与学习策略的现状与对策[J].课程·教材·教法,3:78-85.

陶行知(1943.11.25).创造宣言[N].新华日报.

田慧生,李如密(1996).教学论[M].石家庄:河北教育出版社.

童方,付童,孙静(2012).中国大陆学习困难儿童韦氏智力测验对照研究的元分析[J].中国循证儿科杂志,7(5):364-371.

王本陆,等(2004).课程与教学论[M].北京:高等教育出版社.

王策三(1985).教学论稿[M].北京:人民教育出版社.

王钢,刘衍玲(2006).国内关于学生品德不良研究述评[J].四川教育学院学报,22(9):19-24.

王光明,佘文娟,王兆云(2016).高中生数学元认知水平调查问卷的设计与编制[J].

心理与行为研究,14(2): 152-161.

王健敏(2002).道德心理学[M].浙江:浙江教育出版社.

王利娜(2014).自我效能感、学习动机与大学生英语自主学习关系的实证研究[J].广西师范大学学报(哲学社会科学版),50(3): 195-200.

王文静(2004).促进学习迁移的策略研究[J].教育科学,20(2): 26-29.

王翔南(2006).学习环境中的气味与记忆成绩相关性研究[J].中国行为医学科学,15(10): 926-928.

王耀廷,王月瑞(2006).心理学史上的76个经典故事[J].上海:汉语大词典出版社.

王永固,张庆(2014).Mooc:特征与学习机制[J].教育研究,9: 112-120.

王志军,陈丽(2014).联通主义学习理论及其最新进展[J].开放教育研究,5: 11-28.

汪莉,王志辉(2014).中小学教师健康状况调查与分析[J].现代中小学教育,11: 106-110.

吴洁清,董勇燕,周治金(2015).教师创造性教学行为对中学生创造性问题解决的影响[J].应用心理学,21(3): 281-288.

吴庆麟,等(2000).认知教学心理学[M].上海:上海科学技术出版社.

吴莹莹,连榕(2014).情绪能力:探讨教师情绪的新视角[J].心理科学,5: 1197-1203.

吴永军(2007).促进教师专业发展:范式、途径、方法[J].当代教育科学,12: 19-21.

吴增强(2002).学习心理辅导[M].上海:上海教育出版社.

伍新春,张军(2008).教师职业倦怠预防[M].北京:中国轻工业出版社.

武杰(1990).国外学习困难儿童研究概述[J].江西教育(管理版),7: 18-20.

武欣,张厚粲(1997).创造力研究的新进展[J].北京师范大学学报(社会科学版),1: 11-18.

肖芳(2005).论品德的层次划分及理想道德人格标准[J].求索,4: 133-134.

肖谷清,等(2005).组织策略在化学教学中的运用[J].化学教育,12: 27-28.

肖少北(2001).布鲁纳的认知—发现学习理论与教学改革[J].外国中小学教育,5: 38-41.

熊川武(1997).学习策略论[M].南昌:江西教育出版社.

徐碧波,林崇德,杨永宁(2010).样例顺序和解释方式对问题解决迁移的影响[J].心理科学,33(2): 278-281.

徐长江(1999).工作压力系统研究:机制、应付与管理[J].浙江师范大学学报,5: 29-35.

徐富明,申继亮(2003).教师的职业压力应对策略与教学效能感的关系研究[J].心理科学,4:745-746.

徐丽华,吴文胜(2005).教师的专业成长组织:教师协作学习共同体[J].教师教育研究,17(5):41-44.

许晓玲(2004).构建"以学生为中心"的教学模式[J].山西广播电视大学学报,6:19-20.

燕国材(1998).学习心理学[M].北京:警官教育出版社.

燕国材(2002).智力因素与学习[M].北京:教育科学出版社.

燕良轼,颜志雄,邹霞(2014).儿童习得性无助的成因、机制及其缓解[J].学前教育研究,5:57-60.

杨丹(2009).让概念教学走进生活[J].小学时代·教师,8:73.

杨俊华(2009).中职生自我体验与自主学习的策略研究[J].经济研究导刊,13:242-243.

杨淑琴(2007).教育学教程[M].上海:华东师范大学出版社.

杨蕴睿,刁永锋(2008).利用多媒体技术优化动作技能的学习反馈[J].中国现代教育设备,7:32-34.

姚宝骏(2014).高中生生物学概念形成与教学效果的实验研究[J].教育学术月刊,10:100-103.

姚梅林(2000).当代迁移研究的趋向[J].心理发展与教育,3:55-58.

姚梅林(2006).学习心理学——学习与行为的基本规律[M].北京:北京师范大学出版社.

叶露,丁芳(2014).小学儿童对"仁慈"概念和行为的理解及教育建议[J].苏州教育学院学报,(6):125-130.

殷恒婵,等(2003).体育教学中运用运动技能学习迁移的研究[J].沈阳体育学院学报,1:66-68.

于海昌(2006).论社会规范的学习与大学生品德的构建[J].思想政治教育研究,4:51-52.

俞国良(1996).创造力心理学[M].杭州:浙江人民出版社.

俞国良(2003).品德与社会性[J].教育科学研究,5:43-46.

俞国良(2006).社会心理学[M].北京:北京师范大学出版社.

袁梦(2008).专家型教师的成长之路[M].长春:吉林大学出版社.

袁维新(2003).概念转变学习:一种基于建构主义的科学教学模式[J].外国教育研究,6:22-27.

袁维新(2003).生物教学中错误概念的诊断与矫治[J].课程·教材·教法,5:46-50.

袁维新(2004).西方科学教学中概念转变学习理论的形成与发展[J].比较教育研究,3:33-38.

张朝洪,凌文辁,方俐洛(2004).态度改变的睡眠者效应研究概述[J].心理科学进展,12(1):79-86.

张承芬(2006).教育心理学[M].济南:山东教育出版社.

张春兴(1991).现代心理学[M].上海:上海人民出版社.

张春兴(1992).张氏心理学辞典[M].上海:上海辞书出版社.

张春兴(1998).教育心理学——三化取向的理论与实践[M].杭州:浙江教育出版社.

张春兴,林清山(1982).教育心理学[M].台北:东华书局.

张大均(1997).教学心理学[M].重庆:西南师范大学出版社.

张大均(2004).教育心理学[M].北京:人民教育出版社.

张德(1993).心理学[M].长春:东北师范大学出版社.

张德琇(1982).教育心理研究[M].北京:教育科学出版社.

张建伟(1998).概念转变模型及其发展[J].心理学动态,3:33-37.

张力为,毛志雄(2003).运动心理学[M].上海:华东师范大学出版社.

张履祥(1999).创造学习心理教育[M].合肥:安徽大学出版社.

张履祥(2000).论心理素质教育课程的建构[J].心理科学,23(5):603-604.

张奇(1999).学习理论[M].武汉:湖北教育出版社.

张奇,蔡晨(2015).规则样例学习的实验研究和理论探索[J].心理与行为研究,13(5):614-620.

张奇,林洪新(2005).四则混合运算规则的样例学习[J].心理学报,37(6):784-790.

张庆林(1995).当代认知心理学在教学中的应用[M].重庆:西南师范大学出版社.

张庆林(1997).元认知发展与主体教育[M].重庆:西南师范大学出版社.

张文兰,成小娟,夏小刚(2016).中学生基于电子书包学习的动机现状及其归因分析[J].中国电化教育,7:80-86.

赵超,王羽佳,陈莹,王志中(2012).高中生学习策略的调查研究[J].中国健康心理学杂志,20(5):755-757.

赵承福(2002).创造教育研究新进展[M].济南:山东人民出版社.

赵介城,等(1982).MMPI在上海地区试用测查结果分析[J].心理科学通讯,6:22-28.

赵玉芳,毕重增(2003).中学教师职业倦怠状况及影响因素的研究[J].心理发展与教育,1:80-84.

郑金洲(2002).案例教学:教师专业发展的新途径[J].教育理论与实践,7:36-41.

钟启泉(1994).差生心理与教育[M].上海:上海教育出版社.

周菲,程天君(2016).中学生教育期望的性别差异——父母教育卷入的影响效应分析[J].教育研究与实验,6:7-16.

周俏敏(2016).小学生学习迁移的产生及对教育的启示[J].中小学心理健康教育,6:8-11.

周瑛(1994).教育心理学[M].北京:警官教育出版社.

周勇(1992).国外关于阅读理解监控的研究综述[J].心理发展与教育,3:45-49.

周勇(1993).元认知监控的研究方法[J].心理发展与教育,3:43-46.

周志毅(2006).网络学习与教育改革[M].杭州:浙江大学出版社.

朱宁波,袁媛(2013).青少年道德榜样教育现状的调查研究[J].教育科学,29(5):64-69.

朱智贤(1989).心理学大词典[M].北京:北京师范大学出版社.

邹枝玲,施建农(2003).创造性人格的研究模式及其问题[J].北京工业大学学报(社会科学版),3(2):93-96.

(二) 外文部分

Adams, J. A. (1987). Historical review and appraisal of research on the learning: Retention and transfer of human motor skill. *Psychological Bulletin*, 101, 41-74.

Adelson, E. H. (1980). *Handbook of adolescent psychology*. New York: Wiley.

Allport, G. W. (1935). Attitudes. In C. Murchison (Ed.), *A handbook of social psychology* (pp.798-844). Worcester: Clark University Press.

Ames, C. (1992). Classrooms: Goals, structures, and student motivation. *Journal of Educational Psychology*, 84(3), 261-271.

Anderson, J. R. (1995). *Cognitive psychology and its implication*. New York: Freeman.

Atkinson, J. W. (1964). *An introduction to motivation*. Oxford: Van Nostrand.

Ausubel, D. P. (1960). The use of advance organizers in the learning and retention of meaningful verbal material. *Journal of Educational Psychology*, 51(5), 267 – 272.

Ausubel, D. P. (1978). In defense of advance organizers: A reply to the critics. *Review of Educational Research*, 48 (2), 251 – 257.

Ausubel, D. P., & Fitzgerald, D. (1961). The role of discriminability in meaningful learning and retention. *Journal of Educational Psychology*, 52 (5), 266 – 274.

Ausubel, D. P., & Youssef, M. (1963). Role of discriminability in meaningful paralleled learning. *Journal of Educational Psychology*, 54 (6), 331 – 336.

Ausubel, D. P., Novak, J. D., & Hanesian, H. (1978). *Educational psychology: A cognitive view* (2nd). New York: Holt, Rinehart and Winston.

Ayres, A. J. (1972). *Sensory interaction and learning disorders* (pp. 258 – 259). Los Angels: Western Psychological Services.

Bandura, A. (1977). Self-efficacy: Toward a unifying theory of behavioral change. *Psychological Review*, 84(2), 191 – 215.

Bandura, A. (1982). Self-efficacy mechanism in human agency. *American Psychologist*, 37(2), 122 – 147.

Barns, B. R. (1972). The effects of organizers on the learning of structured anthropology materials in the elementary grades. *The Journal of Experimental Education*, 42(1), 11 – 15.

Bassok, M., & Holyoak, K. J. (1989). Interdomain transfer between isomorphic topics in algebra and physics. *Journal of Experimental Psychology: Learning, Memory and Cognition*, 15 (1), 153 – 166.

Berlyne, D. E. (1974). Information and motivation. In A. Silverstein (Ed.), *Human communication: Theoretical explorations*. Hillsdale: Lawrence Erlbaum.

Berlyne, D. E., & Frommer, F. D. (1966). Some determinants of the incidence and content of children's questions. *Child Development*, 37 (1), 177 – 189.

Beverly, J. D., & Joel, R. L. (1996). Assessing student's application of a mnemonic strategy: The struggle for independence. *Contemporary Educational Psychology*, 21(1), 83 – 93.

Bloom, B. S. (1956). Development and applications of tests of educational achievement. *Review of Educational Research*, 26, 72-88.

Bloom, B. S. (1968). Learning for mastery. *Education Comment*, 1(2), 1-12.

Bloom, B. S. (1976). *Human characteristics and school learning* (pp. 39). New York: McGraw-Hill Book Company.

Bousfield, W. A. (1953). The occurrence of clustering in the recall of randomly arranged associates. *Journal of General Psychology*, 49, 229-240.

Bovair, S., Kieras, D. E., & Polson, P. G. (1990). The acquisition and performance of text-editing skill: A cognitive complexity analysis. *Human-Computer Interaction*, 5, 1-48.

Bower, G. H., & Hilgard, E. R. (1981). *Theories of learning*. Bergen: Prentice-Hall Englewood Cliffs.

Bransford, J. D., & Schwartz, D. L. (1999). Rethinking transfer: A simple proposal with multiple implications. In A. Iran-Nejad and P. D. Pearson (Eds.), *Review of research in education* (pp. 60-100). Washington, DC: American Educational Research Association.

Brophy, J. (1981). Teacher praise: A functional analysis. *Review of Educational Research*, 51(1), 5-32.

Brophy, J. (1987). Synthesis of research on strategies for motivating students to learn. *Educational Leadership*, 45(2), 40-48.

Brown, A. L. (1983). Development of strategies for reading intelligently. In A. L. Brown (Ed.), *Issues in cognition: Proceedings of a joint conference in psychology* (pp. 117-135). Washington, DC.: National Academy of Sciences.

Brown, A. L., & Palincsar, A. S. (1984). Reciprocal teaching of comprehension-fostering and comprehension-monitoring activities. *Cognition and Instruction*, 1(2), 117-175.

Brown, A. L., Day, J. D., & Jones, R. S. (1983). The development of plans for summarizing tests. *Child Development*, 54(4), 968-979.

Brown, C., & Duguid, P. (1989). Situated cognition and the culture of learning. *Educational Leadership*, 18(1), 32-42.

Bruner, J. S. (1960). *The process of education*. Cambridge: Harvard University Press.

Bruner, J. S., Goodnow, J. J., & Austin, G. A. (1956). *A study of thinking* (pp. 330). Oxford: John Wiley and Sons.

Bugental, J. F. (1967). The challenge that is man. *Journal of Humanistic Psychology*, 7(1), 1-6.

Carr, M., & Alexander, J. (1994). Metacognition and mathematic strategy use. *Applied Cognitive Psychology*, 8(6), 583-595.

Chabris, C. F., Steele, K. M., Bella, S. D., Peretz, I., Dunlop, T., Dawe, L. A., et al. (1999). Prelude or requiem for the Mozart effect? *Nature*, 400(6747), 826-828.

Chi, M. T., Miriam, B., Matthew, L. W., & Peter, R. (1989). Self-explanations: How students study and use examples in learning to solve problems. *Cognitive Science: A Multidisciplinary Journal*, 13(2), 145-182.

Chi, M. T., & Vanlehn, K. (1991). The content of physics self-explanations. *Journal of the Learning Sciences*, 1(1), 37-69.

Chiviakowsky, S., & Wulf, G. (2002). Self-controlled feedback: Does it enhance learning because performers get feedback when they need it? *Research Quarterly for Exercise and Sport*, 73(4), 408-422.

Cooper, G., & Sweller, J. (1987). Effects of schema acquisition and rule automation on mathematical problem solving transfer. *Journal of Psychology*, 79(4), 347-362.

Covington, M. V. (1984). The self-worth theory of achievement motivation: Findings and implications. *The Elementary School Journal*, 85(1), 5-20.

Cunningham, D. J., Duffy, T. M., & Knuth, R. A. (1991). The textbook of the future. In C. McKnight, A. Dillon, and J. Richardson (Eds.), *Hypertext: A psychological perspective*. London: Horwood Publishing.

David, H. L., & Capraro, R. M. (2001). Strategies for teaching in heterogeneous environments while building a classroom community. *Education*, 122(8), 80-86.

Davies, S. P. (1994). Knowledge restructuring and the acquisition of programming expertise. *International Journal of Human-Computer Studies*, 40(4), 703-726.

Day, V. H. (1980). Attribution retraining and academic persistence. *Dissertation Abstracts International*, 40(7-B), 3362.

Delclos, V. R., Littlefield, J., & Bransford, J. D. (1985). Teaching thinking through LOGO: The importance of method. *Roeper Review*, 7(3), 153–156.

Dewey, J. (1910). *How we think*. New York: Dover Publications.

Dorsey, M. F., & Hopkins, L. T. (1930). The influence of attitude upon transfer. *Journal of Educational Psychology*, 21(6), 410–417.

Driver, R., & Scanlon, E. (1989). Conceptual change in science. *Journal of Computer Assisted Learning*, 5(1), 25–36.

Dunbar, K. (1997). How scientists think: On-line creativity and conceptual change in science. In T. B. Ward, S. M. Smith, and J. Vaid (Eds.), *Creative thought: An investigation of conceptual structures and processes*. Washington, DC: American Psychological Association.

Durkheim, E. (1973). *The dualism of human nature and its social conditions*. Chicago: The University of Chicago Press.

Dweck, C. S., & Elliott, E. S. (1983). Achievement motivation. In P. Mussen, and E. M. Hetherington (Eds.), *Handbook of child psychology* (pp. 643–691). New York: Wiley.

Ebbinghaus, H. (1885). *Memory: A contribution to experimental psychology*. New York: Teacher's College, Columbia University, Bureau of Publications.

Edward, D. B. (1984). Critical thinking is not enough. *Educational Leadership*, 42(1), 16–17.

Eggen, P. D., & Kauchak, D. P. (2001). *Educational psychology: Windows on classrooms*. Upper Saddle River, NJ: Merrill Prentice Hall.

Eisenberg, N. (1995). Relations of shyness and low sociability to regulation and emotionality. *Journal of Personality and Social Psychology*, 68(3), 505–517.

English, D. (1985). Happiness: When does it lead to self-indulgence and when does it lead to self-denial? *Journal of Experimental Child Psychology*, 39(2), 203–211.

Fabre, J. H. (1912). *Social life in the insect world*. London: T. F. Unwin.

Fearon, D. D., Copeland, D., & Saxon, T. F. (2013). The relationship between parenting styles and creativity in a sample of Jamaican children. *Creativity Research Journal*, 25(1), 119–128.

Fessler, R., & Christensen, J. (2006). *The teacher career cycle: Understanding and guiding the professional development of teachers. Boston: Allyn and Bacon.

Festinger, L. (1957). *A theory of cognitive dissonance.* Stanford: Stanford University Press.

Flavell, J. H. (1970). Developmental studies of mediated memory. In H. W. Reese, and L. Lipsitt (Eds.), *Advances in child development and behavior* (pp. 5). New York: Academic Press.

Flavell, J. H. (1979). Metacognition and cognitive monitoring: A new area of cognitive-developmental inquiry. *American Psychologist*, 34 (10), 906 – 911.

Flavell, J. H., Beach, D., & Chinsky, J. (1966). Spontaneous verbal rehearsal in memory tasks as a function of age. *Child Development*, 37(2), 283 – 299.

Gagné, R. M. (1974). *Essentials of learning for instruction.* Hinsdale: The Dryden.

Gagné, R. M. (1977). *The conditions of learning* (3rd). New York: Holt, Rinehart and Winston.

Gagné, R. M. (1985). *The conditions of learning and theory of instruction.* New York: Harcourt Brace College Publishers.

Garner, R., & Kraus, C. (1981). Good and poor comprehender differences in knowing and regulating reading behaviors. *Educational Research Quarterly*, 6(4), 5 – 12.

Gates, A. I. (1917). *Recitation as a factor in memorizing.* New York: University printing office, Columbia University.

Glass, D. C., & Singer, J. E. (1972). *Urban stress.* New York: Academic Press.

Glass, D. C., & Singer, J. E. (1973). Experimental studies of uncontrollable and unpredictable noise. *Representative Research in Social Psychology*, 4(1), 165 – 183.

Gross, T. F., & Mastenbrook, M. (1980). Examination of the effects of state anxiety on problem-solving efficiency under high and low memory conditions. *Journal of Educational Psychology*, 72(5), 605 – 609.

Guilford, J. P. (1967). *The nature of human intelligence.* New York: McGraw-Hill.

Guilford, J. P. (1986). *Creative talents: Their nature, uses and development.* New York: Buffalo.

Gwin, R. P., & Norton, P. B. (1993). *The new encyclopedia Britannica* (pp. 765). Chicago: Encyclopedia Britannica Inc.

Hallman, R. J. (1965). Principles of creative teaching. *Educational Theory*, 15(4), 306–316.

Harlow, H. F. (1966). Maternal behavior of rhesus monkeys deprived of mothering and peer associations in infancy. *Proceedings of the American Philosophical Society*, 110(1), 58–66.

Hartman, J. A., Rapoport, R. B., & Metcalf, K. L. (1989). Candidate traits and voter inferences: An experimental study. *Journal of Politics*, 51(4), 917–932.

Heider, F. (1958). *The psychology of interpersonal relations* (pp. 322). New York: Wiley.

Honey, P., & Mumford, A. (1986). *Learning styles questionnaire*. King of Prussia: Design and Development, Inc.

Hopkins, L. P. (1886). *Educational psychology*. Boston: Lee and Shepard.

Hull, C. L. (1920). Quantitative aspects of the evolution of concepts. *Psychological Monographs*, 28(1), 1–86.

Johnson, D. W., & Johnson, R. T. (1990). Cooperative learning and achievement. In S. Sharan (Ed.), *Cooperative learning: Theory and research* (pp. 23–37). New York: Praeger Publishers.

Judd, C. H. (1908). The relation of special training and general intelligence. *Educational Review*, 36, 28–42.

Kahle, J., & Meece, J. (1993). Research on gender issues in the classroom. In D. Gabel (Ed.), *Handbook of research on science teaching and learning*. New York: Macmillan.

Katz, L. G. (1972). Developmental stages of preschool teachers. *The Elementary School Journal*, 73(1), 50–54.

Keller, J. M., & Kopp, T. W. (1987). An application of the ARCS model of motivational design. In C. M. Reigeluth (Ed.), *Instructional theories in action: Lessons illustrating selected theories and models* (pp. 289–320). Hillsdale: Lawrence Erlbaum Associates.

Kelley, T. L., Ruch, G. M., & Terman, L. M. (1925). *Stanford achievement test*. New York: World Book Company.

Kelman, H. C. (1961). Processes of opinion change. *Public Opinion Quarterly*, 25(1), 57 - 78.

Kimble, G. A. (1961). *Hilgard and Marquis' conditioning and learning*. East Norwalk: Appleton Century Crofts.

Kohlberg, L. (1969). Level of moral development as a determinant of preference and comprehension of moral judgments made by others. *Journal of Personality*, 37(2), 225, 28.

Kohlberg, L., & Blatt, M. (1973). The effects of classroom moral discussion upon childrens level of moral judgment. In *Recent research in moral development*. New York: Holt, Rinehart and Winston.

Kohler, W. (1929). *Gestalt psychology*. New York: Horace Liveright.

Kohler, W. (1951). Relational determination in perception. In L. A. Jefferss (Ed.), *Cerebral mechanisms in Behavior, the Hixson symposium*. Oxford: Wiley.

Kohler, W., & Winter, E. (1925). *The mentality of apes*. Oxford: Harcourt, Brace.

Kreutzer, M. A., Leonard, C., & Flavell, J. H. (1975). An interview study of children's knowledge about memory. *Monographs of the Society for Research in Child Development*, 40(1), 1 - 60.

Lange, C. (1888). Neue experiment über den vorgang der einfachen reaction auf sinneseindrucke. *Philosophy Research*, 4, 479 - 510.

LaPiere, R. T. (1934). Attitudes vs. actions. *Social Forces*, 13, 230 - 237.

Lorch, R. F., Lorch, E. P., & Klusewitz, M. A. (1993). College students' conditional knowledge about reading. *Journal of Educational Psychology*, 85(2), 239 - 252.

Lundquist, P., Kjellberg, A., & Holmberg, K. (2002). Evaluating effects of the classroom environment: Development of an instrument for the measurement of self-reported mood among school children. *Journal of Environmental Psychology*, 22(3), 289 - 293.

Maccoby, E. E., & Jacklin, C. N. (1974). *The psychology of sex differences*. Stanford: Stanford University Press.

Maehr, M. L., & Sorensen, R. L. (1976). Toward the experimental analysis of continuing motivation. *Journal of Educational Research*, 69(9), 319–322.

Magill, F. N. (1995). *International encyclopedia of sociology* (pp. 1328–1329). Pasadena: Salem Press Inc.

Malone, T. W. (1981). Toward a theory of intrinsically motivating instruction. *Cognitive Science*, 5(4), 333–369.

Marini, A., & Genereux, R. (1995). The challenge of teaching for transfer. In A. McKeough, J. Lupart, and A. Marini (Eds.), *Teaching for transfer: Fostering generalization in learning*. Hillsdale: Lawrence Erlbaum Associates.

Martin, E., Trigwell, K., Ramsden, P., & Lueckenhausen, G. (1986). Academics' experiences of understanding of their subject matter and the relationship of this to their experiences of teaching and learning. *Instructional Science*, 33(2), 137–157.

Martin, J., & VanLehn, K. (1995). Student assessment using Bayesian nets. *International Journal of Human-Computer Studies*, 42(6), 575–591.

Mary, L. G., & Keith, J. H. (1983). Schema induction and analogical transfer. *Cognitive Psychology*, 15(1), 1–38.

Mary, L. G., & Keith, J. H. (1980). Analogical problem solving. *Cognitive Psychology*, 12(3), 306–355.

Maslow, A. H. (1954). The instinctoid nature of basic needs. *Journal of Personality*, 22(3), 326–347.

Maslow, A. H. (1968). Some fundamental questions that face the normative social psychologist. *Journal of Humanistic Psychology*, 8(2), 143–153.

Mayer, R. E. (1980). Elaboration techniques that increase the meaningfulness of technical text: An experimental test of the learning strategy hypothesis. *Journal of Educational Psychology*, 72(6), 770–784.

McKeachie, W. J. (1990). The real world of teaching improvement: A faculty perspective. In M. Theall, and J. Frankies (Eds.), *Effective practices for improving teaching: New directions for teaching and learning* (pp. 21–37). San Francisco: Jossey-Bass Inc.

Michelene, T. H., Chi, M. B., Matthew, W. L., Peter, R., & Glaser, R. (1983). Self-explanations: How students study and use examples in learning to solve problems. *Cognitive Science*, 13(2), 145–182.

Midlarsky, E., & Bryan, J. H. (1972). Affect expressions and children's imitative altruism. *Journal of Experimental Research in Personality*, 6, 2-3, 195-203.

Moran, S. L., Illig, K. A., Green, R. M., & Serletti, J. M. (2002). Free-tissue transfer in patients with peripheral vascular disease: A 10-year experience. *Plastic and Reconstructive Surgery*, 109 (3), 999-1006.

Neisser, U. (1967). *Cognitive psychology*. New York: Appleton Century Crofts.

Newcomb, T. M. (1961). *The acquaintance process*. New York: Holt, Rinehart and Winston.

Noddings, N. (2003). *Caring: A feminine approach to ethics and moral education* (2nd ed.). California: University of California Press.

Ornstein, P. A., & Naus, M. J. (1975). Rehearsal and organizational processes in children's memory. *Child Development*, 46, 818-830.

Osborn, A. F. (1948). *Your creative power*. New York and London: Charles Scribner's sons.

Osborn, A. F. (1963). *Applied imagination: Principles and procedures of creative problem-solving*. Oxford: Scribners.

Osgood, C. E. (1949). The similarity paradox in human learning: A resolution. *Psychological Review*, 56, 132-143.

Osgood, C. E., & Charles, E. (1949). The similarity paradox in human learning: A resolution. *Psychological Review*, 56(3), 132-143.

Overmier, J. B., & Seligman, M. E. P. (1967). Effects of inescapable shock upon subsequent escape and avoidance responding. *Journal of Comparative and Physiological Psychology*, 63(1), 28-33.

Palinscar, A. S., & Brown, A. L. (1984). Reciprocal teaching of comprehension-fostering and comprehension-monitoring activities. *Cognition and Instruction*, 1(2), 117-175.

Papert, S. (1997). Educational computing: How are we doing? *Technological Horizons in Education Journal*, 24 (11), 78-80.

Parnes, S. J., & Noller, R. B. (1977). *Guide to creative action*. New York: Macmillan Reference.

Perkins, D. N., & Salomon, G. (1988). Teaching for transfer. *Educational*

Leadership, 46 (1): 22 - 32.

Peter, P. , & Margaret, R. (1994). Learning strategies and transfer in the domain of programming. *Cognition and Instruction*, 12(3), 235 - 275.

Peterson, R. C. , & Thurstone, L. L. (1932). The effect of a motion picture film on children's attitudes toward Germans. *Journal of Educational Psychology*, 23(4), 241 - 246.

Piaget, J. (1932). *The moral judgment of the child*. Oxford: Harcourt, Brace.

Pintrich, P. R. , & de Groot, E. V. (1990). Motivational and self-regulated learning components of classroom academic performance. *Journal of Educational Psychology*, 82(1), 33 - 40.

Pirolli, P. , & Recker, M. (1994). Learning strategies and transfer in the domain of programming. *Cognition and Instruction*, 12 (3), 235 - 275.

Posner, G. J. , Strike, K. A. , & Gertzog, W. A. (1982). Accommodaion of a scientific conception: Toward a theory of conceptual change. *Science Education*, (66), 211 - 227.

Raths, L. E. , Harmin, M. , & Simon, S. B. (1966). *Values and teaching*. Columbus, OH: Merrill.

Rauscher, F. H. , Shaw, G. L. , & Ky, K. N. (1995). Listening to Mozart enhances spatial-temporal reasoning: Towards a neurophysiological basis. *Neuroscience Letters*, 185(1), 44 - 47.

Reber, A. S. , & Allen, R. (1978). Analogic and abstraction strategies in synthetic grammar learning: A functionalist interpretation. *Cognition*, 6(3), 189 - 221.

Reed, S. K. , Ernst, G. W. , & Banerji, R. (1974). The role of analogy in transfer between similar problem states. *Cognitive Psychology*, 6 (3), 436 - 450.

Rinehart, S. D. , Stahl, S. A. , & Erickson, L. G. (1986). Some effects of summarization training on reading and studying. *Reading Research Quarterly*, 21(4), 422 - 438.

Rogers, C. R. (1969). *Freedom to learn: A view of what education might become*. Columbus: Merrill Publishing Company.

Rogers, C. R. , & Anderson, H. H. (1959). *Creativity and its cultivation*. New York: Harper and Row.

Rokeach, M. (1973). *The nature of human values*. New York: The Free Press.

Rosch, E. (1977). The appropriateness of integration models in the creation of social impressions. *Zeitschrift für Sozialpsychologie*, 8(4), 247–255.

Rose, C. (1996). *Accelerated learning*. Bucks: Accelerated Learning Systems.

Rosenbaum, M. E., & Franc, D. E. (1960). Opinion change as a function of external commitment and amount of discrepancy from the opinion of another. *The Journal of Abnormal and Social Psychology*, 61(1), 15–20.

Rosenthal, R., & Jacobson, L. (1968). *Pygmalion in the classroom: Teacher expectation and pupils' intellectual development*. New York: Holt, Rinehart and Winston.

Rossman, J. (1931). *The psychology of the inventor*. Oxford: Inventors.

Ryan, E. B., Ledger, G. W., & Robine, D. M. (1984). Effects of semantic integration training on the recall of pictograph sentences by children in kindergarten and first grade. *Journal of Educational Psychology*, 76(3), 387–398.

Sawrey, J. M., & Telford, C. W. (1965). *Educational psychology* (pp. 370–392). Boston: Allyn and Bacon.

Scandura, J. M. (1969). New directions for theory and research on rule learning: II empirical research. *Acta Psychologica*, 29, 101–133.

Schneider, W. (1986). Recall, clustering, and metamemory in young children. *Journal of Experimental Child Psychology*, 41(3), 395–410.

Schraw, G., Horn, C., Thorndike, C. T., & Bruning R. (1995). Academic goal orientation and students' classroom achievement. *Contemporary Educational Psychology*, 20(3), 359–368.

Shemwell, J. T., Chase, C. C., & Schwartz, D. L. (2015). Seeking the general explanation: A test of inductive activities for learning and transfer. *Journal of Research in Science Teaching*, 52(1), 58–83.

Siegler, R. S., & Chen, Zhe (1998). Developmental differences in rule learning: A microgenetic analysis. *Cognitive Psychology*, 36(3), 273–310.

Siler, S. A., & Willows, K. J. (2014). Individual differences in the effect of relevant concreteness on learning and transfer of a mathematical concept. *Learning and Instruction*, 33, 170–181.

Simon, H., & Newell, A. (1972). *Human problem solving*. New York: Prentice-Hall.

Simonton, D. K. (1972). Significant samples: The psychological study of eminent individuals. *Psychological Methods*, 4(4), 425-451.

Simpson, E. J. (1972). *The classification of educational objective in the psychomotor domain: In the psychomotor domain* (3). Washington: Gryphon House.

Skinner, B. F. (1983). *A matter of consequences: Part three of an autobiography*. New York: Random House.

Slavin, R. E. (1983). *Cooperative learning*. New York: Longman.

Slavin, R. E., Madden, N. A., Dolan, L. J., Wasik, B. A., Ross, S. M., & Smith, L. J. (1994). "Whenever and wherever we choose": The replication of success for All. *Phi Delta Kappan*, 75(8), 6399-6647.

Slife, B. D., Weiss, J., & Bell, T. (1985). Separability of metacognition and cognition: Problem solving in learning disabled and regular students. *Journal of Educational Psychology*, 77, 437-445.

Smith, A. E. (2000). Middle school career exploration: The role of teachers and principals. *Education*, 120(4), 626-630.

Sommer, R. (1969). *Personal space*. Englewood Cliffs, NJ: Prentice-Hall.

Sperry, R. W., Gazzaniga, M. S., & Bogen, J. E. (1969). Interhemispheric relationships: The neocortical commissures; syndromes of hemisphere disconnection. *California Institute of Technology*, 14(1), 273-290.

Spiro, R. J., Feltovich, P. J., Jacobson, M. J., & Coulson, R. L. (1991). Random access instruction for advanced knowledge acquisition in ill-structured domains. *Educational Technology*, 31 (5), 24-33.

Spranger, E. (1928). *Types of men*. Oxford: Niemeyer.

Staats, A. W., Staats, C. K., & Biggs, D. A. (1958). Meaning of verbal stimuli changed by conditioning. *American Journal of Psychology*, 71, 429-431.

Steele, K. M., Bass, K. E., & Crook, M. D. (1999). The mystery of the Mozart Effect: Failure to replicate. *Psychological Science*, 10(4), 366.

Sternberg, R. J. (1972). *Handbook of creativity*. New York: Cambridge University Press.

Sternberg, R. J., & Frensch, P. A. (1993). Mechanisms of transfer. In D. K. Detterman, and R. J. Sternberg(Eds.), *Transfer on trial: Intelligence, cognition, and instruction*. Westport: Ablex Publishing.

Sternberg, R. J., & Grigorenko, E. L. (1995). Thinking styles. In D. H. Saklofske, and M. Zeidner (Eds.), *International handbook of personality and intelligence*. New York: Plenum Press.

Stevens, R. J. (1991). The effects of cooperative learning and direct instruction in reading comprehension strategies on main idea identification. *Journal of Educational Psychology*, 83(1), 8–16.

Stevens, R. J., & Slavin, R. E. (1991). When cooperative learning improves the achievement of students with mild disabilities. *Exceptional Children*, 57(3), 276–280.

Stipek, D. J. (1998). *Motivation to learn: From theory to practice* (2nd ed.). Boston: Allyn and Bacon.

Swanson, H. L. (1990). Influence of metacognitive knowledge and aptitude on problem solving. *Journal of Educational Psychology*, 82, 306–314.

Taylor, C. W. (1988). Various approaches to and definitions of creativity. In Sternberg, R. J. (Ed.), *The nature of creativity: Contemporary psychological perspectives* (pp. 99–121). New York: Cambridge University Press.

Taylor, I. A. (1972). *A theory of creative transactualization*. Creative education foundation. New York: Buffalo.

Tennyson, R. (1980). The teaching of concepts: A review of instructional design research literature. *Review of Educational Research*, 50(1), 55–70.

Thorndike, E. L. (1898). Experiments with cats. *Animal intelligence: An experimental study of the associative processes in animals* (pp. 12–31). New York: Columbia University Press.

Thorndike, E. L., & Woodworth, R. S. (1901). The influence of improvement in one mental function upon the efficiency of other functions: II The estimation of magnitudes. *Psychological Review*, 8(4), 384–395.

Thorndike, E. L., Robert, L., & Elizabeth, H. (1977). *Measurement and evaluation in psychology and education*. New York: John Wiley.

Thorpe, W. H. (1963). *Learning and instinct in animals*. Cambridge: Harvard

University Press.

Thurstone, L. L. (1928). Attitudes can be measured. *American Journal of Sociology*, 33, 529–554.

Twelker, P. A. (1967). Classroom simulation and teacher preparation. *School Review*, 75(2), 197–204.

Tyson, L. M., Venville, G. J., Harrison, A. G., & Treagust, D. F. (1997). A multidimensional framework for interpreting conceptual change events in the classroom. *Science Education*, 81(4), 387–404.

Von Glaserfeld, E. (1991). Knowing without metaphysics: Aspects of the radical constructivist position. In F. Steier (Ed.), *Research and reflexivity* (pp. 257). London: Sage Publications, Inc.

Walczyk, J. J., & Hall, V. C. (1989). Is the failure to monitor comprehension an instance of cognitive impulsivity? *Journal of Educational Psychology*, 81(3), 294–298.

Waldrop, M. F., Halverson J., & Charles, F. (1975). Intensive and extensive peer behavior: Longitudinal and cross-sectional analyses. *Child Development*, 46(1), 19–26.

Wallas, G. (1926). *The art of thought*. London: Jonathan Cape.

Watson, J. B., & Rayner, R. (1920). Conditioned emotional reactions. *Journal of Experimental Psychology*, 3(1), 1–14.

Weaver, C. A., Bryant, D. S., & Burns, K. D. (1995). Comprehension monitoring: Extensions of the kintsch and van dijk model. In K. W. Walter, A. Charles, S. Mannes, and C. R. Fletcher (Eds.), *Discourse comprehension: Essays in honor of Walter Kintsch* (pp. 177–193). Hillsdale: Lawrence Erlbaum Associates, Inc.

Weiner, B. (1972). Attribution theory, achievement motivation, and the educational process. *Review of Educational Research*, 42(2), 203–215.

Weiner, B. (1980). A cognitive (attribution)-emotion-action model of motivated behavior: An analysis of judgments of help-giving. *Journal of Personality and Social Psychology*, 39(2), 186–200.

Weiner, B. (2000). *Motivational psychology*, New York: Wiley.

Williams, F. E. (1970). *Encouraging creative potential*. Englewood Cliffs, N. J: Educational Technology Publications.

Witkin, H. A. (1949). The nature and importance of individual difference in perception. *Journal of Personality*, 18 (2), 145, 28.

Witkin, H. A., Lewis, H. B., Hertzman, M., Machover, K., Meissner, P. B., & Wapner, S. (1954). *Personality through perception*. Oxford: Harper.

Wittrock, M. C. (1977). Instructional Psychology. *Annual Review of Psychology*, 28, 417-459.

Wittrock, M. C. (1983). Learning science: A generative process. *Science Education*, 67(4).

Woodrow, H. (1927). The effect of type of training upon transference. *Journal of Educational Psychology*, 18 (3), 159-172.

Zeaman, D., & House, B. J. (1963). The role of attention in retardate discrimination learning. In N. R. Ellis (Ed.), *Handbook of mental deficiency* (pp. 159-223). New York: McGraw-Hill.